Cocina para profesionales

Cocina para profesionales

HOTELES, RESTAURANTES, RESIDENCIAS

E. Loewer
Jefe de Cocina. Profesor de la Escuela Hotelera de Lausanne

CUARTA EDICION

1989

MADRID

Traducido y adaptado por:
ANGELINA GATELL

© Editions Spes, David Perret Editeur, Lausanne
© de la edición española, Editorial Paraninfo, S.A., Madrid (España)
© de la traducción española, Editorial Paraninfo, S.A., Madrid (España)

Título original francés:
CUISINE. Connaissances générales

Reservados los derechos para todos los países de lengua española.
Ninguna parte de esta publicación, incluido el diseño de la cubierta
puede ser reproducida, almacenada, o transmitida de ninguna forma,
ni por ningún medio, sea éste electrónico, químico, mecánico,
electro-óptico, grabación, fotocopia o cualquier otro, sin la previa
autorización escrita por parte de la Editorial.

Impreso en España
Printed in Spain

ISBN: 84-283-0283-9

Depósito Legal: M-44655-1988

 Magallanes, 25 - 28015 MADRID   (12301/39/90)

Iberica Grafic, S.A., C/ Atienza, 1 y 3 - Fuenlabrada (Madrid)

PREAMBULO

(De la tercera edición original)

El buen rendimiento de la cocina se ve comprometido por:
el encarecimiento de los artículos alimenticios
y el aumento de los gastos generales

En esta tercera edición sometemos a estudio este problema capital. Bastantes capítulos se han retocado para adaptarlos a las circunstancias actuales;

otros son nuevos:

el control de mercancías;
la ciencia alimentaria y la cocina dietética;
la organización de una cocina;
el vocabulario en cinco lenguas.

Inspirándonos en los métodos más modernos, hemos respetado las tradiciones que nos parecen más útiles. Esperamos alcanzar así el fin que nos hemos propuesto:

SERVIR A LA PROFESION

Advertencia

Todos los precios referidos a pesetas que figuran a lo largo de la obra, a efectos de cálculos diversos, son siempre supuestos.

Se han establecido de forma simplificada para su mejor adaptación a posibles cálculos en las monedas equivalentes de cada país.

CAPITULO PRIMERO

INSTALACION Y ORGANIZACION DE UNA COCINA

Al planear la instalación de una cocina debe concederse más importancia a los servicios que ha de prestar que al rango del establecimiento.

Si se da más importancia a la rapidez del servicio, la cocina debe instalarse en la **misma planta** que el comedor, sólo separada por el "office". Esta es, teóricamente, la mejor solución cuando se dispone del espacio requerido.

Lo más frecuente es que la cocina se tenga que instalar en un sótano, lo que crea bastantes problemas:

lentitud en el servicio;
los platos no se sirven a la temperatura conveniente;
uso permanente de electricidad;
instalaciones de montacargas, pasaplatos, sistemas de ventilación costosos, etc.;
empleo de personal suplementario y
disputas entre el personal de cocina y el de servicio.

En esas condiciones, el rendimiento de una cocina es deficiente.
La cocina ideal es aquella donde

se respetan las leyes de higiene;
el personal realiza el mínimo esfuerzo y da el mínimo de pasos;
los locales están distribuidos con lógica, es decir, donde el personal, con desplazamientos cortos, se provee de toda clase de material y víveres necesarios.

También es conveniente que el arquitecto prevea la posibilidad de agrandar o reformar los locales.

Plan esquemático de una gran cocina
Disposición de principio

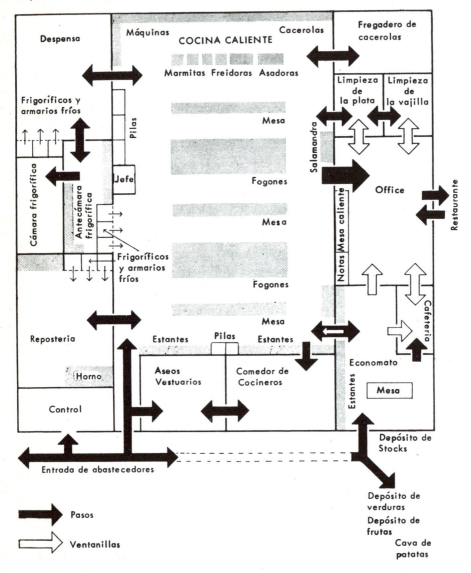

LOCALES DE UNA GRAN COCINA

La cocina caliente;
la repostería (armarios fríos);
la despensa (frigorífico y armarios fríos);
locales para hortalizas y frutas;
economato y oficina de control;
cafetería;
fregaderos para cacerolas, etc.;
departamentos para limpieza y bruñido de plata y vajillas.

Si se trata de una explotación importante debe contar, además, con un despacho para el jefe de cocina, un comedor para los cocineros, vestuario y duchas.

INSTALACIONES Y MATERIAL
DE UNA COCINA CALIENTE, GRANDE O PEQUEÑA

Fogones: a carbón, a gas, eléctricos o a mazut;
parrillas: a carbón vegetal, gas, electricidad o infrarrojos;
salamandras: para gratinados y glaseados;
asadores: a gas, electricidad, carbón vegetal o leña;
marmitas basculantes: a gas, electricidad, etc., para la cocción de verduras, caldos y sopas;
surtido de marmitas y cacerolas de todos los tamaños, de cobre, aluminio o acero inoxidable (figs. 1 y 2);
mesas de trabajo con tablas para trinchar;
mesa caliente;
rejillas cromadas o de acero inoxidable;
pilas para limpieza de verduras;
freidoras automáticas (fig. 4);
freidoras-asadoras;
autoclaves;
estantes y porta-cacerolas.

El material

Máquinas para rallar queso y pan;
máquina pasapurés;
máquinas para picar carnes;
braseras de todos los tamaños (fig. 3);
salteras;

Fig. 1. *Cacerola.*

Fig. 2. *Marmita.*

Fig. 3. *Brasera.*

Fig. 4. *Freidora automática.*

besugueras (fig. 8) y, a ser posible, una cacerola especial para rodaballos;
"baños maría" de diferentes tamaños, para jugos y salsas (fig. 5);
placas para asados de carnes;
pasadores;
tamices de crin y metálicos (fig. 6);
cazos, cucharones;
espumaderas (fig. 10);
"chinos", pasadores de forma cónica (fig. 9);
varillas o batidores (fig. 13);
espátulas de hierro y de madera para las reducciones de caldos, salsas, cremas, etc. (figs. 11 y 12);
barreños y pilas para limpieza y lavado de hortalizas;
peroles de cobre para la cocción del azúcar y las confituras (fig. 14);
sartenes para fritos y tortillas (fig. 15);
cestas y raseras para fritos (figs. 16, 17 y 18);
"setas" (fig. 20);
cestas para verduras y legumbres (fig. 21);
máquinas para pelar patatas (fig. 7);
máquinas para escurrir verduras y ensaladas.

Algunos consejos

Aun cuando no se disponga de un gran capital, el material debe ser suficiente.

El revestimiento de estaño de los recipientes de cobre, y de determinados utensilios, debe ser de calidad. Esta se conoce por su brillantez y porque al limpiarlos no se ennegrece el paño utilizado. El Código Alimentario español, que regula el uso de artículos y utensilios, establece que el estaño debe tener un 99 por 100 de pureza.

Las mesas de trabajo deben ser recias, con patas y soportes de metal galvanizado.

El suelo de la cocina no debe ser resbaladizo ni difícil de limpiar.

Las paredes deben revestirse con azulejos hasta dos tercios de su altura, por lo menos.

Limpieza y control

Después de cada servicio se debe:
limpiar y engrasar los fogones;
limpiar las máquinas a diario y engrasarlas periódicamente;
fregar el suelo y las mesas;
guardar y ordenar la vajilla y cubertería;
la mesa caliente debe lucir en todo momento;

---

(1) Véase el Código Alimentario o similar que rija estas normas en cada país.

INSTALACION Y REORGANIZACION DE UNA COCINA

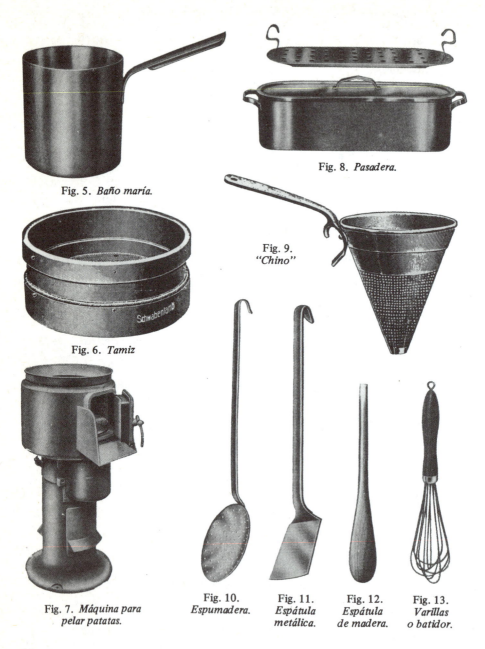

Fig. 5. *Baño maría.*

Fig. 8. *Pasadera.*

Fig. 6. *Tamiz*

Fig. 9. *"Chino"*

Fig. 7. *Máquina para pelar patatas.*

Fig. 10. *Espumadera.*

Fig. 11. *Espátula metálica.*

Fig. 12. *Espátula de madera.*

Fig. 13. *Varillas o batidor.*

revisar mensualmente el material y máquinas;
hacer semestral o anualmente un inventario completo.

Bajo las marmitas y freidoras se preverán salidas para grasas y líquidos con el fin de facilitar su limpieza.

Una cocina moderna debe estar muy bien ventilada, con aire acondicionado y aspiradores potentes que eliminen olores, vapores y humos.

También es conveniente la instalación de "dictáfonos" repartidos entre la cocina caliente, la repostería y la despensa, para que el jefe de cocina pueda dar sus órdenes sin levantar la voz.

LA DESPENSA

a) **Las instalaciones**

Cámaras frigoríficas para carnes (temperaturas de 2 a 4 grados centígrados), provistas de barras móviles y ganchos inoxidables para suspenderlas;
antecámaras frigoríficas para almacenamiento;
armarios frigoríficos para la cocina caliente;
armarios frigoríficos para pescados, con cierres herméticos y anaqueles enrejados (temperatura a 0 grados centígrados);
mesas grandes para trinchar y preparar;
morteros con sus majas;
pilas, barreños, lebrillos, para limpieza de carnes y pescados;
estantes para platos, fuentes, entremeseras, etc.;
viveros de pescados;
máquinas para cortar fiambres;
tajos para huesos y para trocear las carnes (fig. 22);
máquinas para picar y "blitzs" o "media luna".

b) **El material**

Balanzas;
terrinas;
boles y ensaladeras, a ser posible de metal inoxidable;
cuchillas, sierras para huesos y machetes aplastaderas (figs. 25, 26 y 27);
así como la mayoría de los útiles ya enumerados en el apartado de la cocina.

Observaciones

Todo establecimiento debería estar provisto de una o varias instalaciones frigoríficas, con sistemas de regulación automática (termostato para la temperatura e higrómetro para la humedad), para refrigeración de alimentos.

INSTALACION Y REORGANIZACION DE UNA COCINA

Fig. 14. *Perol.*

Fig. 15. *Sartén.*

Fig. 16. *Cesta para fritos.*

Fig. 17. *Cestilla para nidos.*

Fig. 18. *Rasera.*

Fig. 19. *Corta-patatas.*

Fig. 20. *"Seta"*

Fig. 21. *Cesta para legumbres y verduras.*

Congelación no es lo mismo que **refrigeración**. En un congelador la temperatura oscila entre 35 ó 40 grados bajo cero, para las carnes, y entre 50 ó 60 grados bajo cero para frutas y verduras. Con esas temperaturas, los cristales de hielo que se forman en los tejidos celulares son tan finos que no pueden horadar las fibras.

Una vez congelados, los alimentos se conservan en los mismos congeladores o en frigoríficos, a temperaturas de 15 ó 18 grados bajo cero.

Debido a un fenómeno biológico y químico, el frío impide a todo producto vegetal o animal su descomposición y corrupción. Los víveres permanecen intactos, tanto en su composición natural como en su apariencia externa. El procedimiento permite la conservación de alimentos perecederos en grandes cantidades, lo que hace posible compras interesantes cuando los precios son bajos y disponer durante todo el año de una gran variedad de víveres.

La descongelación, sobre todo cuando se trata de carnes y frutas, debe hacerse lentamente, y mejor en los frigoríficos de refrigeración.

Las carnes y pescados magros soportan más tiempo la congelación que los grasos.

Tiempos de conservación:

    Carnes ... ... de 3 a 6 meses
    Pescados ... ... de 2 a 3 meses
    Frutas y verduras ... ... de 7 a 10 meses

LA REPOSTERIA

a) **Las instalaciones**

    Hornos especiales: a vapor o eléctricos, a gas o coke, para repostería, *puddings* y postres calientes. Deben disponer de varios pisos para cocciones a distintas temperaturas;
  mesas de mármol para trabajar las pastas y amasar el *fondant;*
  mesas o tableros para los preparados;
  estantes para moldes de todas clases;
  cajones grandes para harinas, azúcar, almendras, pasas, etc.;
  heladoras con sus sorbeteras;
  armarios frigoríficos (temperatura de 2 a 4 grados centígrados);
  armarios fríos;
  batidoras para claras y amasados.

b) **El material**

  peroles de cobre;
  cacillos para el azúcar;

INSTALACION Y REORGANIZACION DE UNA COCINA

Fig. 22. *Tajo para huesos.*

Fig. 25. *Cuchilla.*

Fig. 26. *Machete aplastadera.*

Fig. 27. *Sierra para huesos.*

Fig. 23.
Utensilio para quitar las escamas.

Fig. 28. *Espátula para pescados.*

Fig. 24.
Especiero.

Fig. 29. *Corta-huevos.*

placas para disponer las pastas o preparados;
boquillas y mangas pasteleras (fig. 31);
cajas de cortapastas acanalados (fig. 30);
moldes de todas clases (figs. 32, 33, 35 y 36);
pesos;
y los utensilios enumerados ya en el apartado de la cocina.

DEPOSITO DE HORTALIZAS

Los productos hortícolas son plantas que se alteran y ajan con facilidad. El calor y el hielo engendran en ellos una putrefacción prematura, por lo cual hay que disponer de locales muy aireados, al abrigo de los rayos cósmicos y de las heladas. Deben elegirse preferentemente sótanos orientados al Norte. Las hortalizas deben disponerse, sin amontonarlas, en estantes enrejados, agrupadas por variedades, para evitar pérdidas de tiempo.

También se debe tener en cuenta que el almacenamiento prolongado de las hortalizas lleva consigo una pérdida importantísima de sus valores nutritivos.

EL ECONOMATO

El economato es un servicio muy importante. Sirve a la vez de depósito y de control de víveres como: artículos coloniales, conservas diversas (botes y tarros), productos lácteos, etc. El local debe ser espacioso, estar bien aireado y protegido de la humedad. Estará provisto de estanterías con compartimientos para los botes de conserva, cajas de té, café, tisanas, etc.

El economato moderno se equipa con pequeños silos metálicos, para la conservación de cereales y leguminosas, con amplios cajones basculantes para harinas, azúcares, etc. Debe disponer de un armario frío (temperatura de 4 a 6 grados centígrados), para conservar mantequillas, leche, huevos y quesos finos.

El control debe ser minucioso: ninguna mercancía se entregará sin el correspondiente "vale", firmado por el jefe de cocina.

DISTRIBUCION DE LAS BRIGADAS DE COCINA

El jefe de cocina elige su personal, teniendo en cuenta:
    a) características del establecimiento;
    b) platos que debe preparar.

En principio hay tres tipos de brigada:

Fig. 30. *Caja de cortapastas.*

Fig. 33. *Molde para cakes.*

Fig. 35. *Molde para savarines.*

Fig. 36. *Molde para timbales.*

Fig. 34. *Pesajarabes.*

Fig. 37. *Cepillo para harina.*

Fig. 31. *Manga pastelera y boquillas.*

Fig. 38. *Jeringa para fideos.*

Fig. 32. *Molde para bizcocho.*

Fig. 39. *Cuchara para helados.*

ATRIBUCIONES DEL JEFE DE COCINA Y SUS SUBALTERNOS

1. Brigada para una cocina pequeña

2. Brigada para una cocina de tipo medio

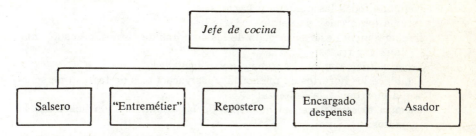

3. Brigada para una gran cocina

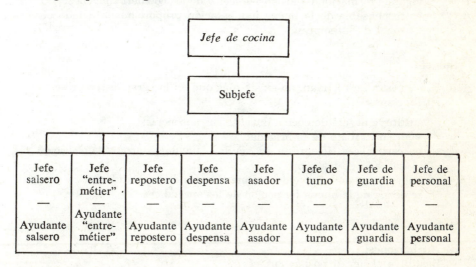

Otros puestos de una gran brigada

Jefe de entremeses, "grill-cook" o encargado de parrilla, dietético, carnicero, pescadero, jefe de caldos y sopas.

ATRIBUCIONES DEL JEFE DE COCINA Y DE SUS SUBALTERNOS

Jefe de cocina

Jefe de cocina es quien posee calificaciones profesionales suficientes y dirige o ha dirigido personal. El efectivo de una brigada de cocina indica la importancia del puesto.

Atribuciones del jefe de cocina:
- compone todas las minutas y la carta;
- estudia los precios de venta;
- frecuentemente está encargado de las compras de carnes, pescados, hortalizas y frutas;
- reparte juiciosamente el trabajo de su brigada;
- establece los horarios de presencia y las vacaciones de todo su personal;
- vigila el orden y la limpieza;
- asegura el servicio en el momento de las comidas y verifica todos los platos;
- es responsable del buen rendimiento de su cocina y participa en diversos controles;
- vigila la formación de los aprendices y de los cocineros jóvenes;
- es responsable de la buena alimentación proporcionada a todo el personal de la empresa.

Subjefe

Este puesto, en realidad, no existe más que en las grandes empresas.
Atribuciones:
- sustituye al jefe de cocina durante sus ausencias;
- vigila el trabajo de la brigada;
- en caso necesario, presta su ayuda a un departamento demasiado recargado de trabajo;
- en las horas de las comidas asume el envío de los pedidos;
- se ocupa de la buena formación de los aprendices.

Salsero

Atribuciones:
Sustituye al jefe si no hay subjefe.

Prepara:

las salsas calientes;
todos los pescados, excepto los fritos y emparrillados;
los crustáceos calientes;
todas las carnes, excepto las asadas y emparrilladas;
la mayoría de los primeros platos y entremeses calientes.

Entremétier

Prepara:

sopas y consomés;
hortalizas y guarniciones de hortalizas;
las patatas, excepto las fritas;
los huevos;
las pastas alimenticias y los platos farináceos.

Encargado de despensa

Se ocupa:

del deshuese y troceo de las carnes y pescados crudos, que distribuye a la cocina caliente;
de los rellenos de carnes, de pescados, *quenelles* y albóndigas;
de las preparaciones de volovanes, croquetas, empanadillas y *pâtés*;
de todos los platos fríos, comprendidos los platos artísticos de *buffet* frío;
de las salsas frías y ensaladas, excepto las ensaladas verdes.

Asador

Prepara:

los asados;
los emparrillados de carnes y pescados;
las frituras;
vacía y prepara todas las aves y la caza de pluma.

Repostero

Se ocupa:

de todos los postres calientes y fríos;
de los helados;
de la repostería para el té.

Colabora con la cocina caliente y fría en la preparación de las diversas pastas.

Jefe de turno

Sustituye a los ausentes durante las vacaciones, descansos o enfermedades.

Jefe de guardia

Ejecuta los pedidos durante la ausencia de la brigada, terminados los servicios del mediodía y de la noche.

Cocinero del personal

Es el encargado de preparar las comidas del personal.

ESCALA DE REDUCCION DE GRAMOS A ONZAS
(28,7 gramos la onza)

Gramos		Onzas	Gramos		Onzas	Gramos		Onzas
5	equivalen a	0,174	150	equivalen a	5,22	1.150	equivalen a	40,07
10	"	0,348	200	"	6,96	1.200	"	41,81
15	"	0,522	250	"	8,71	1.250	"	43,55
20	"	0,696	300	"	10,45	1.300	"	45,30
25	"	0,870	350	"	12,19	1.350	"	47,04
30	"	1,044	400	"	13,94	1.400	"	48,78
35	"	1.218	450	"	15,68	1.450	"	50,52
40	"	1,392	500	"	17,42	1.500	"	52,26
45	"	1,566	550	"	19,16	1.550	"	54,00
50	"	1,740	600	"	20,90	1.600	"	55,75
55	"	1,914	650	"	22,64	1.650	"	57,52
60	"	2,088	700	"	24,38	1.700	"	59,23
65	"	2,262	750	"	26,12	1.700	"	59,23
70	"	2,436	800	"	27,87	1.750	"	60,97
75	"	2,611	850	"	29,61	1.800	"	62,71
80	"	2,785	900	"	31,35	1.850	"	64,45
85	"	2,959	950	"	33,10	1.900	"	66,20
90	"	3,133	1.000	"	34,84	1.900	"	66,20
95	"	3,307	1.050	"	36,58	1.950	"	67,94
100	"	3,481	1.100	"	38,33	2.000	"	69,68

OBSERVACIONES.—Damos esta escala por el interés que ofrece en algunos países sudamericanos.

CAPITULO II

TERMINOS DE COCINA

Abierto: se dice del arroz cuando se infla hasta el punto de reventar, lo que no debe ocurrir, porque se empasta el guiso.

Aderezo: condimentos varios que complementan un manjar.

Adobo: salsa compuesta con vinagre o vino, condimentos y finas hierbas.

Ahumar: exponer las carnes o pescados al humo para darles un sabor especial y prolongar su conservación.

Al natural: se dice de un manjar, crudo o cocido, sin aliño.

Aliño: lo mismo que aderezo.

Armar: preparar un ave, para asar, atando o cosiendo sus miembros con bramante, con el fin de que no se deforme durante la cocción. Un ave bien armada tiene mejor presentación y facilita su trinchado.

Aspic: fiambre hecho a base de filetes de carnes de ave, caza o pescado, adicionados de trufas y otras guarniciones, cubiertos con gelatina transparente y cuajados en moldes especiales.

Bañar: cubrir con gelatina un cuerpo. También se llama así a lustrar con un pincel, mojado en huevo batido, pastas, pasteles, etc.

Baño maría: modo especial de cocción para los preparados que no deban hervir en recipientes puestos directamente sobre el fuego. La operación se hace introduciendo la vasija con la preparación en otro recipiente mayor conteniendo agua hirviendo. Se emplea para cocer flanes, foie-gras o caza, en terrinas.

Bardas de tocino: lonchas de tocino graso, cortadas muy finas, de diferentes tamaños, según el uso. Se aplican para asar las pechugas de las aves, las carnes magras, etc.

Barón: se da este nombre a un asado de cordero que comprende los dos cuartos traseros del animal —lomo doble y las dos piernas—. Esta denominación pasó del inglés al francés y de éste al español.

Bisque: sopa preparada con un puré de cangrejos y las colas de los mismos.

TERMINOS DE COCINA

Blanquear: poner a cocer en agua hirviendo, durante más o menos tiempo, pescados, carnes, hortalizas, etc., con el fin de quitarles acidez y el color debido a la sangre. Se blanquean los morros, callos y manos de ternera para darles flexibilidad y facilitar su preparación. También se blanquean las cortezas de tocino, algunas hortalizas, etc.

Boquillas: instrumentos de latón, de forma cónica, que se adaptan a la manga pastelera. Pueden ser redondas, ovaladas, lisas y acanaladas, según el uso.

Brasear: Cocer en horno suave un "caldo corto" con carnes, pescados, etc. Se emplea un recipiente especial llamado brasera o una cacerola tapada.

Bridar: coser o atar un ave para armarla.

Broqueta: aguja o varilla para asar pequeños trozos de carne, ensartándolos en ella e intercalando guarniciones diversas.

Brunoise: término francés con el que se denominan las hortalizas cortadas en dados de 1 a 3 mm. de grueso.

Caldo: alimento líquido, más o menos concentrado, que se obtiene por cocción en agua de carnes o huesos, con hortalizas y aromáticos.

Caldo corto: caldo compuesto de agua con hortalizas, aromáticos, vino —vinagre a veces—, para la cocción de carnes y pescados.

Caramelo: punto que alcanza el azúcar al fundirse, adquiriendo un bonito color ambarino. Cuando se deja pasar este punto el azúcar se quema y desprende un olor acre y adquiere un sabor amargo. El azúcar quemado se emplea para colorante.

Carbonada: adaptación del vocablo francés *carbonade*. Carne troceada, cocida, para asarla o emparrillarla.

Cincelar: cortar finamente hortalizas, dándoles forma de filamento. También se llama así a hacer incisiones poco profundas en el lomo de un pescado, con el fin de facilitar su cocción.

Clarificar: operación que tiene por objeto hacer límpidas las gelatinas, caldos, jugos y mantequillas.

Clavetear: incrustar en las carnes pedacitos de trufas o lengua a la escarlata. Se hace con una aguja de madera.

Cocotera: adaptación de la voz francesa *cocotte* y que significa: cazuela pequeña de barro refractario. Generalmente se emplea para huevos. Las hay de diversos tamaños.

Concassé: voz francesa empleada muy frecuentemente en cocina y que significa: tomate picado gruesamente. También se emplea para el azúcar y el hielo.

Concentrar: reducir un líquido, un jugo o un puré, por evaporación.

Cordón: adorno en forma de cordón para decorar un plato. El ingrediente o ingredientes del cordón siempre es distinto o distintos a los del plato.

Cortada-o: se dice que una salsa se corta cuando se separan sus componentes. También se dice cuando un consomé, caldo o jugo han fermentado.

Corteza: parte exterior de la naranja, limón, etc., y parte exterior del tocino, queso, etc.

Costrón: adaptación de la voz francesa *croûton* y que significa: trozo de pan frito, de forma cuadrada o triangular. Se emplea para guarnecer o montar algunos platos. También se preparan con pan sin miga, rellenándolo con el aderezo y montar así el plato.

Coulis: voz francesa que significa jugo concentrado de tomate. Si se trata de otro fruto se complementa la voz con el nombre del mismo.

Cuajar: espesar caldos y salsas hasta solidificarlos, formando una capa cuajada sobre el alimento.

Cubrir: verter sobre una preparación una salsa o crema, de modo que quede cubierta.

Chamuscar: quemar las plumas, espolones o pelo de las aves o caza, pasándolos por la llama. La llama del alcohol es la mejor, porque no ahuma.

Chifonada: adaptación de la voz francesa *chiffonnade* y que significa: lechuga o acedera, finamente cortadas y cocidas en mantequilla, sin ningún otro aditamento. Se emplea para sopas y se pone en el momento de servirlas.

Dados: formas cúbicas, más o menos grandes, de una guarnición.

Decantar: dejar un líquido en reposo —caldo, jugo, etc.— para trasegarlo a otro recipiente sin que pasen los posos.

Desbrozar: quitar las partes no comestibles de una verdura.

Desengrasar: quitar la grasa de la superficie de un jugo, caldo o salsa, después o durante la cocción.

Deshelar: descuajar, por medio de vino blanco, agua, caldo u otro líquido, el jugo de una carne que ha cristalizado en el fondo del recipiente en que cuece.

Despojos: cuello, alones y estómago de las aves; vísceras, sesos, glándulas, intestinos, etc., de las reses de matadero, y, de modo general, todos los subproductos de la matanza.

Dorar: dar a los alimentos un bonito color amarillo tostado. Puede hacerse en sartén, saltera, placa, al fuego o en el horno.

Duxelles: voz francesa con la que se designa una especie de picadillo de setas.

Empanar: pasar una vianda, antes de freírla o cocerla, por huevo batido y pan rallado, o miga de pan rallado.

Emparrillar: asar las carnes, pescados, hortalizas, etc., sobre parrillas puestas al fuego.

TERMINOS DE COCINA

Engrasar: untar con mantequilla, manteca, grasas o aceite un plato, un molde o cualquier recipiente, con el fin de que los alimentos no se adhieran a las paredes o fondos de los mismos.

Enharinar: pasar por harina un alimento para freírlo o rehogarlo.

Enriquecer: acentuar el sabor de un jugo, salsa o consomé, aumentando la cantidad de carne o añadiendo jugos concentrados o reduciendo la propia salsa.

Escaldar: sumergir unos instantes en agua hirviendo determinadas viandas para ablandarlas o mondarlas con mayor facilidad.

Escalfar: cuajar un manjar en agua hirviendo o en cualquier otro líquido; la cocción se termina apartada del fuego directo. Principalmente se emplea para los huevos que han de quedar muy blandos y para las *quenelles*. También se escalfa un pescado poniéndolo en agua hirviendo y retirándolo al primer hervor.

Espolvorear: cubrir ligeramente, o en parte, con queso rallado, harina, perejil, miga de pan o azúcar, un preparado.

Espumar: retirar cuidadosamente con la espumadera, o espátula de madera, la espuma e impurezas de un caldo o salsa, hasta dejarlos perfectamente limpios.

Estofar: cocer un alimento con poco o ningún líquido en un recipiente cerrado.
Estovar: Rehogar.

Exprimir: prensar carnes, hortalizas, frutas, etc., envolviéndolas en una tela para extraerles el agua o jugo. También se llama así a extraer el zumo de las frutas por medio de un "exprimidor".

Farsa: ingredientes diversos, picados y mezclados para rellenos, albóndigas, *pâtés*, *quenelles*, galantinas, etc.

Filete: trozo de carne o pescado, cortado fino y en forma de lámina.

Finas hierbas: conjunto de tomillo, laurel, perejil, estragón, etc. La proporción de cada una de ellas se calcula teniendo en cuenta el poder aromático y el guiso al que van destinadas.

Fondo de alcachofa: cogollo o parte tierna de la alcachofa.

Fondo de cocina: caldo de huesos de ternera, u otra res, para añadir a otros guisos.

Fondo de pastel: pasta extendida por medio de un rodillo hasta reducirla al espesor deseado. Sirve para forrar moldes, como base de tartas, tartaletas, *pâtés*, etc.

Forrar: barnizar un molde u otro recipiente, formando una capa de picadillo o gelatina, para envolver ciertos manjares. El forrado también se aplica a las piezas heladas.

Fumet: voz francesa que se aplica a los líquidos, más o menos concentrados, en los que se han cocido pescados, setas, trufas, etc.

Gelatina: sustancia incolora y transparente obtenida por cocción de huesos de animales, una vez clarificada y enfriada. También sustancia sólida de cola de pescado.

Glasear: rociar las viandas con su propio jugo y meterlas en el horno para abrillantarlas. También es poner un filete de pescado o cualquier otra vianda en la salamandra para dorarla rápidamente.

Grado: densidad del jarabe —su contenido en azúcar y no su grado de calor—. Para conocer su densidad se emplea un pesajarabes.

Gratinar: someter al horno, o salamandra, determinados alimentos hasta obtener una superficie con la costra dorada.

Incisión: cortar muy superficialmente las viandas para que no se abran al cocerlas, o para ayudar a cocerlas por ser demasiado gruesas.

Juliana: hortalizas cortadas en tiritas finas y alargadas. Por extensión se dice también de la carne cortada de ese modo.

Lamas: lonchas o rodajas muy finamente cortadas.

Lecho: sinónimo de capa en la confección de una pasta o de cualquier otro preparado, cuyos elementos separados se superponen. Pero, principalmente, referido a la primera capa o base.

Limpiar: dejar perfectamente limpio un pescado, una carne, un ave, etc., eliminando las partes nerviosas, pieles, grasas, escamas, espinas, etc.

Macerar: poner en un líquido en frío algunas sustancias cuyos principios se quieran extraer. (Véase también: Marinar.)

Mantequilla amasada: mezcla de mantequilla y harina, a partes iguales, finamente amasada. Se emplea para ligar rápidamente ciertas salsas, especialmente las salsas *velouté* y crema.

Marinar: poner en remojo carnes o pescados en un líquido más o menos condensado —vino, zumo de limón, etc.—; también se utiliza con finas hierbas o especias. El jabalí, la liebre y el corzo se marinan para que queden más tiernos. Se pueden conservar bastante tiempo hirviéndolos. (Véase también: Macerar.)

Mechar: introducir mechas de tocino, jamón, etc., en carnes, pescados, aves, etc., con ayuda de una aguja especial de acero. También es atravesar las piezas de lado a lado con tiras de tocino más o menos graso.

Mirepoix: voz francesa que se da al conjunto de hortalizas y finas hierbas rehogadas en manteca, mantequilla o aceite. Las hortalizas se cortan en grandes dados También lleva recortes de tocino. Se emplea para enriquecer el sabor de un ragú, por ejemplo.

TERMINOS DE COCINA

Mojar: añadir la cantidad de líquido necesario, agua, caldo, vino, etc., a cualquier guiso.

Mondar: quitar las pieles de las frutas, hortalizas, etc.

Montar: batir enérgicamente las claras de huevo y la nata.

Mortificar: dejar que las carnes se enternezcan por tiempo y reposo.

Pan rallado: pan secado al horno, molido y tamizado. Se utiliza para empanar croquetas, escalopes, etc. El pan rallado blanco se obtiene pasando miga de pan seco por el tamiz grueso.

Pasar: hacer que pasen las salsas, tomates, patatas, legumbres, verduras, frutas, etc., por un pasapurés, un tamiz o un colador.

Pegar: unir, para soldarlos, los bordes de una pasta. Se puede utilizar el cortapastas. También se dice que un guiso se ha "pegado" cuando se adhiere al fondo del recipiente por efectos de la caramelización del jugo.

Pesajarabes: instrumento de cristal, parecido a un termómetro, especialmente concebido para dar el contenido de azúcar de un jarabe. Para ello se introduce en el líquido y su escala graduada indica en grados la densidad del jarabe.

Picadillo: véase también: Farsa.

Preparar: disponer las carnes para guisarlas o darles la forma más conveniente.

Punta: pequeña cantidad de sal o especias que se adiciona a un guiso, tomando como medida el extremo del mango de una cuchara o la punta de un cuchillo.

Punto: cocción perfecta de los alimentos cocinados.

Raja: cada una de las tajadas redondas y gruesas en que se corta un pescado grande. Se aplica también para frutas y hortalizas.

Recortes: restos de una carne o verdura, antes o después de la cocción.

Reducir: concentrar o espesar un jugo, un puré o una salsa, por medio de una cocción prolongada.

Rehogar: sazonar una vianda a fuego lento, sin agua y muy tapada, para que le penetren la manteca o aceite y otras cosas que se echen en ella.

Rociar: regar la carne u otra vianda con su jugo o su grasa.

Rodaja: loncha cortada transversalmente: una rodaja de morcillo, de zanahoria, de cebolla, de limón, de chorizo, etc.

Roux: voz francesa que se da a un compuesto de harina y grasa —aceite, mantequilla, etc.—, cocido al fuego. Se emplea para espesar salsas, sopas u otros guisos. Según éstos, la cocción será más o menos prolongada. Para las salsas blancas se utiliza antes de que adquiera color.

Salmuera: solución de agua, sal común, sal de nitro y aromáticos, que se utiliza para la salazón de carnes y pescados. Con frecuencia se pone también azúcar moreno.

Salpicón: picadillo de ave, jamón, carne o pescado, para relleno de croquetas, empanadillas u hojaldres. También se hacen con frutas, para postres.

Saltado: se dice del alimento frito en poco aceite o mantequilla.

Saltear: cocer un alimento, a fuego vivo, sin caldo, en una saltera, haciéndolo saltar constantemente para evitar que se pegue o tueste.

Sazonar: acentuar el sabor por medio de condimentos, tales como la pimienta, el pimentón, la cayena, la mostaza, el vinagre, la sal, etc.

Sudar: poner alimentos al fuego en un recipiente cerrado para extraerles su jugo y que éste conserve todo su valor nutritivo.

Tapizar: revestir el interior de un molde, forrado, con guarniciones como decoración.

Tornear: dar formas diversas, por medio de un cuchillo, a las hortalizas y frutas destinadas para guarnición o adorno.

Trabajar: remover, batir salsas, masas y pastas, con una espátula o batidor, para alisarlas o trabarlas. Se trabaja un bizcocho, por ejemplo, batiéndolo vigorosamente con una espátula o con las varillas.

Trabar: ligar, espesar las salsas. Se dice que una salsa está bien trabada cuando presenta un aspecto consistente, cremoso y fino.

Trabazón: hay varias clases de trabazón: trabazón a base de huevos para ciertas salsas blancas y sopas; se compone normalmente de una o varias yemas adicionadas de un poco de nata. Se llama también trabazón a una mezcla de harina o fécula, agua, vino blanco, caldo, etc. Esta trabazón debe ser fluida y sirve para trabar y espesar salsas y ragús. Para los jugos se emplea la fécula.

Zumo: líquido que se extrae de las frutas u hortalizas exprimiéndolas.

CAPITULO III

CONOCIMIENTO DE LOS PRODUCTOS

El conocimiento de los productos exige del cocinero un riguroso estudio de los mismos, porque no sólo debe conocer la procedencia, aspecto exterior y empleo, sino además la composición química y biológica, si quiere conservarlos adecuadamente.

Los productos de calidad se presentan de múltiples formas, consistencias y colores y, a veces, es difícil distinguirlos de los otros. Es verdad que la ley sobre los artículos alimenticios garantiza en parte los posibles fraudes, pero sólo en parte, lo que hace necesario saber distinguirlos.

Los productos se dividen en tres grupos principales:

De origen animal: leche, mantequilla, queso, carne.
De origen vegetal: cereales, hortalizas, frutas, etc.
De origen mineral: sal, salitre, etc.

CEREALES, HARINAS DIVERSAS Y FECULAS

Variedades de trigos y productos a base de trigo y otros cereales

Por granos o cereales se entiende las plantas cuyos granos sirven para fabricar las diferentes clases de harinas.

En Europa se cultiva principalmente el trigo, el centeno, la cebada y la avena; en Asia, el arroz; en América, el maíz; en Africa central, el mijo.

Los cereales, con sus numerosas variedades, son la base de la alimentación de la mayor parte de la humanidad.

Seiscientos millones de europeos, de americanos e hindúes se alimentan con trigo y centeno.

Setecientos millones de asiáticos se alimentan con arroz.

Varios millones de africanos, hindúes y chinos, comen mijo.

El elemento más nutritivo de los cereales es el **almidón,** cuyo porcentaje es del 66 por 100, mientras que la albúmina sólo entra en un 10 por 100 y el agua en un 13 por 100. El 11 por 100 restante está constituido por fibras, grasas y sales.

El trigo se emplea, fundamentalmente, para la elaboración del pan que, junto con la carne, es base de la alimentación de casi todos los pueblos desarrollados. Además, la harina de trigo se emplea también para la repostería, la elaboración de postres, salsas y sopas.

Entre los principales trigos citaremos:

Trigo común.—Es la variedad más cultivada y consumida.

Trigo duro o recio.—También llamado **trigo de primavera,** es el que proporciona la mayor parte del grano en la elaboración de harinas para las pastas alimenticias, las sémolas y las semolinas.

Trigo compacto.—Con sus dos variedades de invierno y primavera es de calidad relativamente baja, deficiente en proteínas, y se emplea, sobre todo, en harinas para repostería y bizcochos.

La producción española de trigo es, aproximadamente, de unos 3.530.000 toneladas y ocupa el 14 lugar en la producción mundial.

Los principales países exportadores son: EE. UU., Canadá, U. R. R. S., Australia y Argentina.

El trigo es el cereal más extendido: se cultiva en todo el mundo y crece muy bien en las regiones templadas. Resiste los largos y rigurosos inviernos, si está cubierto por la nieve. Se cosecha hasta en altitudes de 1.000 metros.

Es muy importante distinguir los trigos blandos de los trigos recios o semoleros. Los trigos blandos tienen el grano blanco y aspecto harinoso; al microscopio se observan pequeños espacios entre las moléculas de almidón que no dejan pasar la luz. Los trigos recios, que son de mayor valor nutritivo, presentan una capa de aspecto vítreo; las moléculas de almidón están ligadas entre sí por materias albuminosas; la luz puede atravesarlas. Estos trigos, ricos en gluten, son indispensables para la fabricación de las pastas alimenticias: fideos, macarrones, etc. La sémola es un trigo recio, quebrantado y puede ser blanca o amarilla.

Aspecto y composición de un grano de trigo

El corte de un grano de trigo muestra que está compuesto de cuatro partes esenciales:

1. La envoltura exterior o cascarilla, que protege al grano de la intemperie.
2. La envoltura de salvado, que contiene albúmina, sustancias minerales y vitamina **B.**

3. La almendra harinosa (almidón con albúmina de gluten). El gluten sirve para la panificación.
4. El embrión, situado en la base del grano y que contiene, además de vitamina **B**, albúmina y grasa. El aceite de semillas de trigo contiene la vitamina **E**.

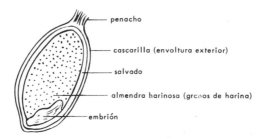

Fig. 40.
Esquema de un grano de trigo.

Grados de molturación y clases de harina

Las diversas variedades de harinas se deben al sistema elegido para su elaboración, a la composición de sus elementos nutritivos, a la variedad de cereal del que se obtienen y a los usos a que se destinan.

Con el fin de orientar mejor al consumidor hemos huido de una nomenclatura demasiado amplia a cambio de concretar mejor los tipos de harinas más usuales.

Harina blanca.—Es el producto finamente molido que se obtiene en la molturación del trigo, convirtiendo de un 68 a un 72 por 100 del grano en harina. Según su calidad se clasifica en buena, regular y baja.

Harina flor.—O de primera, es la que se obtiene del corazón del grano. Corresponde a un grado de molturación del 20 al 40 por 100, y la semiblanca puede alcanzar hasta el 70 por 100.

Harina fosfatada.—Es aquella a la que se ha añadido una pequeña cantidad de fosfato monocálcico. En pastelería se emplean harinas de levadura conteniendo fosfato monocálcico, bicarbonato sódico y sal.

Harina gluten.—Es la que contiene proteínas en una proporción bastante elevada y a la que se le priva de la mayor parte del almidón.

Harina integral.—Se obtiene de la molienda del trigo y contiene todos los elementos del grano limpio. Su grado de molturación da el 100 por 100 de los componentes del trigo.

Sémola.—Es el trigo sin la corteza, molido en basto y cuidadosamente purificado. Su granulación determina su clasificación: sémola gruesa, sémola fina y semolina. Suele ser de color crema claro y se obtiene de trigos recios, ricos en proteínas. Se emplea para sopas, ñoquis, platos dulces, pastelillos, etcétera. Su conservación, sobre todo en verano, exige una atención especial, pues la polilla de la harina deposita en ella sus larvas.

Otros cereales

Arroz.—De todos los cereales es el más pobre en materias grasas y nitrogenadas; por el contrario, es muy rico en almidón. El arroz es originario de la India, pero hoy se cultiva en toda la zona intertropical y en algunas zonas templadas, entre las cuales se encuentra Europa: norte de Italia, Grecia y España.

Los grandes productores de arroz, en Asia, son el Japón, la India y China, y es base de su alimentación.

En Europa, Italia proporciona más de la mitad de la producción arrocera. España ocupa el segundo lugar. El arroz fue introducido por los musulmanes en las provincias mediterráneas y en algunas de la Andalucía interior.

En España, la principal región productora es la valenciana, seguida de Tortosa y Murcia. Ultimamente se ha extendido a Castellón de la Plana, ribera de Navarra y marismas de Sevilla.

Las variedades más cultivadas en España son: *balilla, benlloch, colusa, blue-rose, bomba, sueca* y *calasparra*. Se ensayan también algunas nuevas variedades, como la *inger*, de Italia, y la *tremesina*, de la isla de Santo Domingo.

La nutrición unilateral del arroz, caso frecuente en la India y el Extremo Oriente, produce una avitaminosis por carencia de la vitamina **B**, enfermedad conocida con el nombre de "beriberi".

El arroz se cuece en agua, caldo o leche. Con él se hacen sopas, arroces secos, caldosos, *risottos*, arroces *pilaw*, postres y numerosos platos, entre los que destaca, con fama universal, la *paella valenciana*. Además, sirve para la fabricación de alcohol y almidón. La harina de arroz no es apropiada para la panificación, pero se utiliza con el nombre de crema de arroz para la confección de sopas.

Avena.—Es un cereal muy estimado por sus cualidades nutritivas y refrescantes. En cocina se utiliza en diferentes formas: en granos enteros, triturados, o en harina para la confección de sopas.

Copos de avena o Quaker Oats.—Son los granos limpios de impurezas, cocidos al vapor, secados y molidos por medio de cilindros. Los principales países abastecedores son Argentina y Checoslovaquia.

Cebada.—Es un cereal muy resistente que se adapta a condiciones climatológicas muy variadas. Soporta la sequedad y resiste los climas extremados.

CONOCIMIENTO DE LOS PRODUCTOS

En las zonas cálidas, este cereal crece rápidamente, bastándole cuatro meses para su desarrollo y madurez. En cocina se emplea, sobre todo, con el nombre de *cebada perlada,* que son los granos mondados y redondeados, en máquinas, con distintos grosores.

Centeno.—Es un cereal apreciado por sus cualidades alimenticias, que puede cultivarse en todas partes: en terrenos pobres y climas rudos, donde el trigo no crecería. La harina de centeno, mezclada con la de trigo, da un pan moreno que tiene la ventaja de conservarse tierno durante mucho tiempo. Es el cereal de los países del Norte y de las regiones montañosas. Además, sirve para la fabricación de alcohol, de almidón y de glucosa. El principal país exportador es Estados Unidos.

Maíz.—Es un cereal originario de América. Es base de alimentación en un gran número de países. Se emplea mucho en Italia, en España, en Francia, en América Central y Meridional. La harina de maíz, amarillo o blanco, en algunos países y regiones sustituye a la de trigo en la fabricación de pan. Proporciona sémolas, más o menos finas, que sirven para la confección de sopas, gachas, pastelillos, etc. Del maíz se extrae una fécula muy blanca, conocida con el nombre de "maizena". El principal país exportador es la Argentina.

El alforfón o trigo sarraceno

No es propiamente un cereal, pero su harina se utiliza para la fabricación de pan —de ahí su nombre de "trigo sarraceno"—, galletas y unos panecillos llamados "blinis", que se sirven con el caviar. Se cultiva en Rusia —en terrenos graníticos—, en el Canadá y en algunas regiones de Francia, Alemania y España.

La soja

Es originaria de Asia, pero se cultiva también en Europa y en los Estados Unidos. Es una planta leguminosa con fruto parecido al fréjol, comestible y muy nutritiva. Sus granos son muy ricos en materias nitrogenadas y en grasas.

Durante la última guerra, la harina de soja prestó grandes servicios. Se emplea mezclada con otras harinas para la confección de sopas, salsas y purés. También se emplean las de judías, guisantes, etc.

Las féculas (almidones)

Son un polvo blanco, compuesto de carbono, hidrógeno y oxígeno, que se extrae de los vegetales (patatas, arroz, sagú, etc.). Hay cuatro variedades:

1) Féculas de producción nacional, como las que se obtienen del arroz, la patata y el trigo.

2) Féculas exóticas, como el salep, la tapioca, el sagú, etc.

3) Féculas de legumbres, como las que se obtienen de judías, guisantes y lentejas.

4) Féculas de frutas, como las que se obtienen de castañas, plátanos y bellotas dulces.

Se utilizan, principalmente, para ligar jugos, salsas, sopas, etc.

Perlas del Japón.—Se hacen con una pasta de almidón de sagú o de mandioca y se redondean en forma de pequeñas perlas. Se emplean como la tapioca corriente.

Sagú.—Se llama así a la fécula que se obtiene de la palmera del mismo nombre; proviene de la médula del tronco de diferentes variedades de las Indias Orientales y del Brasil. El árbol lo derriban poco antes de su floración, lo sierran en partes de unos dos metros de largo, de las que se extrae la médula. El sagú se emplea en cocina como la tapioca, pero, como espesa demasiado, se usa más para trabar o para la preparación de ciertas sopas y regímenes.

Tapioca.—Es un producto sacado de las raíces feculentas de la mandioca, árbol que se produce en el Brasil, en la Guayana y en las Antillas. Las raíces, grandes y ricas en almidón, se limpian y tratan con agua hasta que el ácido prúsico que contienen queda eliminado por completo. Luego se utiliza el mismo procedimiento que para el sagú.

LA LECHE

La leche es un alimento precioso y fundamental para la nutrición. En Europa, la industria lechera más importante es la de Suiza, cuya economía se ve favorecida por ella con una renta anual de más de quinientos millones.

La leche de los diferentes mamíferos varía de composición según la especie, raza o alimentación. La leche contiene casi todas las sustancias indispensables para la nutrición.

El pasturaje en prados proporciona abundante leche, pero más rica en agua que en sustancias nutritivas. El trébol da a la leche un gusto y un perfume muy agradable, mientras que el turtó le da un sabor amargo.

La composición de la leche natural, aproximadamente, es la siguiente:

Materias minerales	0,7 %
Albuminoides	3,5 %
Grasa	3,7 a 4 %
Hidratos de carbono	4,6 %
Agua	87,5 %

CONOCIMIENTO DE LOS PRODUCTOS

La leche se emplea de muchas formas en la alimentación. En cocina se usa para la preparación de sopas, salsas, cremas y postres.

De ella se obtiene la mantequilla y el queso. La leche reposada se separa lentamente en dos partes; la materia grasa sube a la superficie y forma la nata; lo que queda debajo es la leche descremada o desnatada. Después de un tiempo más o menos largo, según la temperatura, la leche se coagula.

Para conservar la leche hay que **esterilizarla**, es decir, hervirla, para destruir los fermentos que contiene.

La **pasterización** es uno de los principales procedimientos empleados para su conservación. Para ello se calienta la leche recién ordeñada a temperatura de 90 grados y se la enfría bruscamente. Este método permite una conservación de días y su expedición a grandes distancias para el abastecimiento de las ciudades.

La **leche condensada** es una leche a la que se le ha eliminado una gran parte de agua por evaporación. Inmediatamente de condensada se envasa en botes de lata o cristal y se esteriliza por medio de autoclaves a temperaturas de 120 grados. Después sólo hay que añadir agua para utilizarla. La leche condensada rinde un gran servicio, sobre todo, en los lugares donde no se puede conseguir leche fresca.

La **leche en polvo** es una leche, casi siempre descremada, a la que se le ha extraído el agua rápidamente por evaporación, hasta dejarla semilíquida. Inmediatamente se pasa por unos cilindros calientes que le hacen sufrir una especie de laminado. La leche en polvo se conserva muy bien. Sirve para la fabricación del pan de leche, del chocolate con leche, etc. Las harinas lacteadas son mezcla de leche en polvo y pastas de harina candeal, sin sal ni levadura.

No es aconsejable consumir leche cruda, porque puede contener bacilos de la tuberculosis u otros microbios o impurezas.

GRASAS ANIMALES, GRASAS Y ACEITES VEGETALES

Manteca

Se obtiene derritiendo la grasa del cerdo y, en cocina, se emplea con mucha frecuencia.

También se emplean otras grasas: de ave, de riñones de ternera, de carnero o de vaca.

Mantequilla

La mantequilla se fabrica con la nata de la leche. Se separa de ella, bien naturalmente, dejándola reposar en un lugar fresco, o bien por procedimientos mecánicos, por medio de máquinas desnatadoras o centrifugadoras. La mantequilla se obtiene al aglomerarse los glóbulos grasos de la nata por medio del batido. Donde mejor se conservan las mantequillas es en frigoríficos, con temperaturas de 10 a 15 grados bajo cero. También pueden conservarse salándolas. El porcentaje de sal autorizado varía según las legislaciones. En España se autoriza la incorporación de un 5 por 100 en peso, como máximo, de sal comestible en polvo. La operación se hace amasando la mantequilla con la sal. También puede cocerse, a fuego lento, con el fin de eliminar el agua y otras sustancias: caseína, azúcar de la leche y sales.

La más frecuente y desagradable alteración de la mantequilla es su enranciamiento. Esto se debe a la acción de la luz solar y a la del calor, que pueden alterar la mantequilla de mejor calidad. A veces se produce el fraude del exceso de agua. Una mantequilla de buena calidad debe contener, aproximadamente, un 16 por 100 de agua, un mínimo del 80 por 100 de materias grasas y no debe rebasar el 3 por 100 de acidez.

Mantequilla de cocina

Es una mantequilla ya rancia, demasiado ácida, no apropiada para el consumo directo. Se emplea, por lo regular, en forma de mantequilla fundida o cocida. La cocción provoca la separación de la grasa de las demás sustancias: caseína, azúcar, etc.

También se puede obtener mantequilla de cocina a partir del suero del queso, sometido a un tratamiento especial, pero no puede utilizarse como mantequilla de mesa y ha de contener, como mínimo, un 82 por 100 de materias grasas.

Margarina

La margarina es un sucedáneo de la mantequilla. Se extrae de los tejidos grasos del buey y de la vaca, depurada por fusión y decantación, a la que se añade aceites vegetales (cacahuete, coco, etc.). Debe contener, como mínimo, un 84 por 100 de materias grasas.

Hay otros sucedáneos que se obtienen a partir del coco, de la palma y del cacao.

Aceites

Hay numerosas variedades de aceites, pero el de oliva es el mejor. Puede emplearse tanto en frituras y emparrillados como en guisos, en salsas frías, como la mayonesa, etc., y en ensaladas.

Hay quienes prefieren el aceite de cacahuete y apoyan su preferencia en que el sabor de la oliva que conserva el primero no agrada a todo el mundo, pero en realidad la preferencia se debe más a la baratura del aceite de cacahuete. Existen también otros aceites, como el de adormidera, de girasol, de colza, de palmiste, etc., pero son menos apreciados.

CONOCIMIENTO DE LOS PRODUCTOS

LOS QUESOS

El queso es el resultado de la coagulación de la leche, más o menos desnatada, influido por el cuajo (extracto del estómago de la vaca). En el comercio el cuajo se encuentra en forma líquida o en polvo. Es lo que provoca la separación de la caseína contenida en la leche.

Composición aproximada de un queso semigraso:

    Grasa ... ... 31 - 36 %
    Albuminoides ... ... 30 - 32 %
    Sales ... ... 6 - 7 %
    Agua ... ... 30 - 32 %

Los quesos se dividen en dos grandes grupos:

    a) **quesos de pasta cocida;**

    b) **quesos de pasta no cocida o poco cocida.**

Estos dos grandes grupos se dividen, a su vez, en *quesos salados o sin salar,* en *quesos doble grasos, extragrasos, semigrasos, grasos y magros.*
Según su consistencia se denominan como *quesos de pasta blanda y de pasta prensada.*
Durante la fermentación del queso, la caseína se transforma en peptona; otra parte se descompone en sustancias que dan al queso un sabor y aroma especiales. Los quesos fermentados son buenos estimulantes de la digestión; facilitan la asimilación de las grasas y de los hidratos de carbono. Estos quesos se preparan con leche de vaca, de cabra, de oveja o con la mezcla de leches.
Los quesos de pasta cocida se conservan durante mucho tiempo. Se preparan con leche de vaca y los principales son:

Emmenthal.—Se vende en piezas de 80 a 120 kilos. Para obtener un kilo de este queso se necesitan de 10 a 12 litros de leche. Los agujeros han de ser regulares y húmedos y tener de dos a tres centímetros de diámetro.

Gruyère.—Se fabrica en ruedas de 30 a 40 kilos. Procede principalmente de los cantones de Fribourg y Vaud. Sus orificios son pequeños.

Parmesano.—Se fabrica en Italia, en los alrededores de la ciudad de Parma. Es un queso duro, para rallar, que se conserva durante años. Lo frotan con hollín para protegerlo de la humedad y de los insectos.

Sbrinz.—De fabricación suiza, es un queso excelente para rallar. Adquiere su calidad al cabo de tres o cuatro años.

Los quesos de pasta prensada, pero no cocida, son los siguientes:

Chester.—De origen inglés, su fabricación es parecida a la del holandés. Se obtiene igualmente de la leche de vaca.

Edam.—Originario de Holanda, se presenta en forma de bola (generalmente se le llama queso de bola). Se hace con leche de vaca descremada y coagulada en 15 ó 20 minutos con un cuajo fuerte. Su pasta, compacta, es amarillenta. Cuando la fermentación está a punto, le dan una mano de aceite de linaza o también de parafina.

Gorgonzola.—Es un queso italiano, graso, de 12 a 15 kilos, cuyo interior contiene mohos como el *Roquefort,* pero hecho con leche de vaca.

Roquefort.—Queso de lujo de origen francés. Se hace exclusivamente con leche de oveja y su interior está surcado de mohos producidos por la siembra de un hongo obtenido de la miga de pan. Es un queso de los más apreciados.

Hay otros quesos parecidos, como el *Azul de Auvergne* o el *jaspeado danés,* por ejemplo, pero se fabrican con leche de vaca.

Los más destacados quesos-crema, sin salar, son:

Brie.—Se fabrica principalmente en Francia. Es tierno y se caracteriza por los mohos verdes de su corteza. Es de difícil conservación.

Camembert.—De la misma clase que el *Brie,* pero más pequeño. Es un queso muy fino, con la corteza cubierta de mohos. El más conocido es el de Normandía.

Vacherin.—Queso cremoso y de consistencia blanda que se fabrica en la Suiza francesa. Se hace con leche de vaca recién ordeñada.

Entre los quesos de fabricación española destacan los siguientes:

Burgos.—Es un queso sumergido en salmuera.

Cabrales.—Parecido al *Roquefort,* pero muy fermentado.

Cáceres.—Para su coagulación se emplea la flor de cardo.

Manchego.—Queso de oveja fabricado en distintos grados de grasa y generalmente conservado en aceite.

Existen aún numerosos productos que sería prolijo enumerar, especialmente en lo que se refiere a quesos fundidos y grasos, a los quesos semigrasos y magros, como el *Appenzell;* los quesos de hierbas, de cominos, el *Limbourg, Tilsit;* algunas especialidades como el *Schabzieger;* los quesos de cabra, etc.

LOS HUEVOS

Los huevos de gallina son los más utilizados en la alimentación, pero también se consumen huevos de otros animales: patas, pavas y pájaros.

CONOCIMIENTO DE LOS PRODUCTOS

El huevo está compuesto de tres partes: la cáscara (7 grs.), la clara o albúmina (35 grs.) y la yema o vitelo (18 grs). El peso medio de un huevo es de 60 gramos. La clara contiene fundamentalmente albuminoides; la yema, materias grasas. A pesar de su pequeño volumen, la yema es seis veces más nutritiva que la clara y contiene gran cantidad de fósforo.

Dos huevos proporcionan 140 calorías, equivalentes a 350 gramos de leche y 50 gramos de carne. Contiene también el 12,5 por 100 de albúmina; el 1 por 100, de sales diversas; el 12,5 por 100, de grasa, y el 74,5 por 100, de agua.

Por su riqueza en albuminoides, grasa y fósforo, los huevos nos proveen, mejor que la carne, de los elementos necesarios para el desarrollo y sostenimiento de los órganos. Es un alimento de fácil digestión y asimilación. Sin embargo, no conviene abusar de su consumo, pues ciertos residuos, que contienen en gran cantidad, pueden producir trastornos, especialmente en el hígado.

Las sales de fosfato y el sulfato de cal, la magnesia y el carbonato alcalino, contenidos en el huevo, ennegrecen los utensilios de plata.

El huevo se coagula a 70 grados centígrados.

La comprobación del estado de los huevos se hace a trasluz, por medio de un aparato llamado *ovoscopio*. El huevo fresco se ve transparente; el dudoso presenta puntos oscuros y, casi siempre, un vacío de aire muy pronunciado. Un modo muy sencillo de comprobar el estado de un huevo consiste en sumergirlo en una solución de agua con un 10 por 100 de sal:

a) Si el huevo se va al fondo del recipiente está fresco y tiene de uno a tres días.

b) Si se mantiene entre dos aguas se puede considerar fresco, pero de tres a seis días.

c) Si sube a la superficie es que no está fresco.

Los huevos se alteran con facilidad, sobre todo en las épocas de calores fuertes.

Los huevos bebidos crudos son muy nutritivos, así como pasados por agua, y conservan todas sus virtudes alimenticias; pero cocidos y duros son menos nutritivos y más indigestos.

Veamos ahora algunos procedimientos para su mejor conservación:

Congelación.—Se cascan, se les adiciona un poco de cloruro o fluoruro de sodio y se conservan en recipientes metálicos a temperatura de 12 a 15 grados bajo cero. No deben descongelarse hasta el momento de su utilización, pues se descomponen rápidamente.

Desecación.—(Huevos granulados o en polvo.) Se preparan secándolos a baja temperatura hasta que adquieren una consistencia semilíquida, luego pastosa, y, por último, harinosa.

La desecación se hace con la clara y yema juntas o tratándolas independientemente.

Inmersión en silicato de sosa.—(Wasserglas.) Los huevos se sumergen en una solución de agua con silicato de sosa, a razón de 10 litros de agua por litro de silicato. Este reviste al huevo de una capa impermeable que impide que penetren las bacterias.

Refrigeración.—Es el mejor sistema. Consiste en meter los huevos en una cámara frigorífica, bastante húmeda, a temperatura de cero grados centígrados, lo que permite conservarlos en excelente estado durante cerca de nueve meses.

La producción y consumo de huevos son muy considerables. Entre los principales países productores se encuentran: Yugoslavia, Bulgaria, Polonia, Dinamarca, Holanda, Francia y Argentina.

Los huevos constituyen de por sí un plato que puede prepararse de infinitos modos. Son indispensables para una gran cantidad de preparaciones: repostería, cremas (yemas y claras por separado); para ligar salsas y sopas (yemas solas); para merengues, *soufflés,* farsas, albóndigas (claras solas); se usan también para clarificar caldos y gelatinas. Sin los huevos, la repostería carecería de interés para los aficionados a la buena mesa.

LOS CONDIMENTOS

Se llaman condimentos a unas sustancias que se añaden a las viandas para aromatizarlas, suavizarlas, acidularlas, salarlas o engrasarlas. Algunos condimentos son alimenticios; la mayoría, aromáticos. En manos de los cocineros constituyen preciosos auxiliares, pues les permiten transformar el sabor de los alimentos; una vianda acre se vuelve suave; una insípida, aromática; lo ácido, azucarado; lo indigesto, fácil de digerir. En fin, por medio de los condimentos, un alimento natural, desprovisto de propiedades nutritivas, adquiere la riqueza necesaria para el mantenimiento de la energía corporal.

Los condimentos no tienen como única misión mejorar el sabor de los platos o proporcionárselo, sino que, además, actúan enérgicamente, por vía refleja, sobre el dinamismo del estómago; excitan el apetito, solicitan la secreción de las glándulas salivarias, gástricas, pancreáticas y las del hígado e intestinos; favorecen la transformación de los alimentos en sustancias que ayudan a la diálisis.

Como sucede con tantas otras cosas, el abuso de ciertos condimentos (picantes, salados, ácidos, por ejemplo), puede perjudicar y provocar trastornos en el estómago.

La calidad y el valor aromático de los condimentos dependen, en primer lugar, de su origen, frescura y conservación.

CONOCIMIENTO DE LOS PRODUCTOS

Excepto la sal y el nitro, todas las sustancias empleadas como condimentos son vegetales.

Los pueblos vegetarianos, en particular los que habitan las regiones cálidas de la Tierra, son los que consumen mayor cantidad de condimentos fuertes.

Los condimentos y las hierbas aromáticas se emplean en cocina para las preparaciones de base: fondos, caldos, carnes, etc.

Llamamos la atención de los cocineros sobre el hecho de que el uso abusivo de los condimentos destruye el sabor natural de las viandas.

CONDIMENTOS ALIMENTICIOS

Azúcar

El azúcar se obtiene, principalmente, de la caña de azúcar y de la remolacha.

La caña de azúcar es una planta gramínea, cuyo tallo está lleno de un tejido esponjoso que contiene, aproximadamente, un 20 por 100 de azúcar. Se cultiva en los países cálidos: Las Antillas, América Central y del Sur, Las Indias, Filipinas, Formosa, Africa y Australia. La recolección se efectúa antes de la floración, ya que es en ese momento cuando el jugo contiene el máximo de azúcar.

Durante mucho tiempo el azúcar fue un producto de lujo que sólo se despachaba en farmacias. Hacia mediados del siglo XVIII, unos químicos, Margraff en Berlín y Achard en Francia, consiguieron extraer el azúcar de la remolacha. Desde entonces este alimento de primer orden se puso al alcance de todos. Los principales países exportadores de azúcar son: Cuba, la U. R. S. S., EE. UU., Alemania, Hawai, Mauricio, Barbados, Reunión y Fidji.

También se obtiene azúcar de otros vegetales, como el *sorgo,* gramínea originaria de Africa y de la India; del *arce,* de la *savia de ciertas palmeras,* de *cereales,* de las *uvas* y otras *frutas.*

Su uso en cocina es muy importante, ya que es base de todos los platos dulces, repostería, pastelería, confitería, jarabes y conservas.

Azúcar de leche.—Se extrae del cuajo de la leche, por evaporación, cristalización y purificación, y se emplea como alimento para los niños.

Azúcar glas o en polvo.—Es un polvo de azúcar obtenido de los sobrantes de la preparación de las diferentes clases de azúcar refinado, pasados por un tamíz de seda.

Azúcar moreno.—Es azúcar no refinado, de color moreno claro y, debido a la melaza que contiene, algo húmedo y pegajoso. Se emplea en la confección de cierta repostería, *puddings,* salazón de carnes: buey, vaca, jamón, lengua, etc.

Glucosa.—Es un azúcar obtenido del almidón del arroz, de las féculas de los cereales: trigo, avena, maíz, etc. Este azúcar se conserva en estado líquido y es incoloro. Se utiliza en confitería para facilitar la cocción del azúcar, en las conservas de frutas, jarabes, etc. En tiempos de escasez se emplea bastante el azúcar obtenido de las uvas y otras frutas.

Miel.—Es una sustancia azucarada que las abejas producen con el néctar de las flores. La miel fue el primer alimento azucarado que consumió el hombre. Se menciona ya en los más antiguos relatos bíblicos. Entraba en la composición de algunas bebidas y platos. Era el azúcar de los antiguos. Actualmente se emplea en pastelería, confitería y en la confección de algunos platos dulces.

Francia produce una gran cantidad de miel de excelente calidad. Son famosas las mieles de Chamonix, Languedoc, Dauphiné y Narbonne. Suiza produce también gran cantidad de miel de primera calidad, aunque insuficiente para el consumo, teniendo que importar de cinco a seis mil quintales por año, procedentes de los países siguientes: Guatemala, Costa Rica, Chile, México y Francia. En España se producen excelentes mieles, siendo una de las más famosas la de la Alcarria, cuyo prestigio se extiende fuera de sus fronteras.

En el comercio se encuentra miel procedente de América y Africa, pero son productos poco cuidados que se deben depurar antes de consumirlos. La buena miel es suavizadora y ligeramente laxante. Por sus propiedades cáusticas conviene a los asmáticos y es un buen remedio contra las afecciones de la garganta.

Cacao

El cacao es el fruto del cacaotero. Fue importado de México por Hernán Cortés, introduciéndolo en España a principios del siglo XVI, sin que tuviera una gran acogida de momento, pero cuando se aprendió a prepararlo convenientemente su consumo aumentó de modo considerable, hasta convertirse en un auténtico lujo. Desde España se extendió al resto de Europa. Francia e Inglaterra fueron los primeros países que lo utilizaron.

El cacao es la base de uno de los alimentos más deliciosos y nutritivos: el chocolate, que se elabora con las semillas del cacao, tostadas, molidas y mezcladas con azúcar.

Los principales países productores son: Africa Ecuatorial, Brasil, México, Guatemala, Venezuela, Las Antillas y Asia.

El cacao se presenta en el comercio en forma de almendras, encerradas en vainas; estas vainas también se tuestan y muelen junto con las almendras o granos, proporcionando un chocolate de calidad inferior.

La almendra del cacao se compone, aproximadamente, de:

Materias grasas (manteca de cacao)	50 %
Materias azoadas	17 %
Materias amiláceas	17 %
Agua	8 %
Teobromina (sustancia análoga a la cafeína del café y a la teína del té)	2 %
Sales diversas	6 %

Las calidades del chocolate dependen enteramente de la perfecta combinación de las mezclas y variedades de cacao; algo parecido a lo que sucede en la obtención de un buen café.

Los chocolates de más fama y calidad son los suizos. Seleccionan y mezclan cacaos de calidad superior y los transportan en las mejores condiciones. Se presta una atención especial a la selección de los granos, al tostado, a la molienda y a la justa adición de aromáticos: azúcar, vainilla, canela.

Los diferentes productos del cacao empleados en cocina son:

Cacao en polvo.—Se obtiene de los panes duros que salen de la prensa hidráulica después de extraída la materia grasa. Estos panes se trituran primero y, luego, se pulverizan y tamizan, para ser convertidos finalmente en un polvo aromático de color tostado oscuro. El cacao en polvo sirve para confeccionar cremas, helados, pasteles y repostería diversa.

Cobertura de chocolate.—Se obtiene de la pasta de cacao natural. Pasos sucesivos entre dos cilindros metálicos, cada vez más cerrados, la afinan progresivamente hasta alcanzar el punto previsto. A continuación se mezclan diferentes pastas de cacao, azúcar y manteca de cacao líquida, según proporciones determinadas para cada calidad. Se emplea en la preparación de chocolatinas, figuritas y otros motivos de adorno, pastelería, etc.

Manteca de cacao.—Es una sustancia muy grasa extraída de los granos del cacao. Estos granos se someten a una serie de molturaciones en unos cilindros de los que salen hechos una pasta bastante líquida; esta fluidez se consigue por la acción de unas muelas y del calor. Luego, todavía caliente, la masa pasa a una prensa hidráulica; por una presión sostenida y potente, se extrae la mayor parte de la manteca de cacao. Esta materia grasa es muy apreciada, porque contiene sustancias aromáticas que confieren al chocolate y al cacao grandes cualidades de conservación.

La manteca de cacao la emplea el pastelero para la confección de la dulcería que exige horno suave y para toda clase de bombones.

Café

El café es el fruto del cafeto, arbusto cultivado en los países tropicales. El café es originario de Arabia. Fue introducido en Europa hacia el año 1600 por los venecianos, pero no se convirtió en bebida popular hasta mucho más tarde.

Los principales países europeos consumidores de café son: España, Alemania, Francia, Países Bajos, Suiza, Bélgica, Italia y Noruega.

El café se vende en granos verdes que posteriormente se tuestan para el consumo. Los mejores son: el Moka, el Martinica, el Guadalupe, el de Guatemala y el de Puerto Rico. Los de Ceilán, Santos, Java, Venezuela, Brasil, Colombia y Guinea, son de calidades secundarias.

El café de color verde es por lo general un café fuerte que se conserva bien; el café amarillo es aromático y ligero. La calidad del café no se debe sólo a su origen, sino también a las sabias mezclas y al tueste, que debe ser muy meticuloso. Una vez tostado, si se quiere que conserve el aroma, no debe guardarse más de quince días y siempre en frascos o botes de cierre hermético. El aroma lo pierde más rápidamente una vez molido. Se ha comprobado también que la calidad del agua influye en su sabor.

El café es un estimulante de primer orden; ayuda a la digestión y estimula al sistema nervioso y al cerebro, neutraliza los efectos del alcohol. Es un excitante cuyo abuso produce insomnio.

En cocina se emplea para la confección de cremas, helados, pastelería, repostería y ciertas bebidas refrescantes.

Té

El té es la hoja de un arbusto originario de China y Japón, donde es conocido desde hace siglos. El té exige un clima regularmente húmedo. La recolección se hace al cabo del tercer año de haber sido sembrado.

Se divide en dos clases:

Té negro.—Son las hojas fermentadas que se secan rápidamente en horno.

Té verde.—Son las hojas sin fermentar y secadas lentamente en horno.

India y Ceilán abastecen de excelente té negro, pero no puede rivalizar con el de China. El té verde es mucho más estimulante que el negro, pero puede producir desórdenes en el sistema nervioso y en el estómago.

El té se utiliza en cocina para preparar una crema helada, excelente y muy refrescante.

CONDIMENTOS AROMATICOS

Especias-frutos y especias-semillas

Anís.—Es una planta anual cultivada en Italia, España, en Oriente y América del Sur. Se utiliza en repostería. España produce un anís de calidad que exporta a distintos países, entre ellos a Suiza.

CONOCIMIENTO DE LOS PRODUCTOS

Bayas de enebro.—Provienen de un arbusto que crece en Europa y Asia. Las de Italia son las mejores .Sirven para condimentar las carnes, el ahumado y el *chucrut*.

Comino.—Sirve para aderezar charcutería, callos y otras especialidades. Se cosecha cada dos años.

Culantro.—El de calidad es rojizo y tiene un sabor muy agradable. Se emplea para sazonar carnes, adobos, el *chucrut.* y los preparados "a la griega". Se produce en la Europa Central y Meridional.

Curry.—Es un producto de especias exóticas muy apreciado. Normalmente se compone de cúrcuma, jengibre, tamarindo (fruto amarillento de pulpa agridulce), guindillas, culantro, flores de mirística, pimienta, clavo, canela, laurel, ajo, pescados, crustáceos secados al aire y limón. Las imitaciones que se hacen no pueden competir con el auténtico curry de Madras, Ceilán o Malasia, porque se hacen sin pescado ni crustáceos. Se utiliza en todos los platos que llevan este nombre y muy especialmente con el cordero, el carnero, las aves y los huevos.

Guindilla.—Pimiento pequeño y muy picante.

Hinojo.—Sus tallos se utilizan como verdura y sus semillas, en las especias compuestas.

Macis.—También se llama flor de moscada y es, sencillamente, la envoltura de la nuez. Se usa como especia para sopas y carnes, en la preparación de salchichas finas y en extractos de especias compuestas.

Mostaza.—Se extrae de una planta llamada mostaza negra. Hay varias clases de mostaza y las más conocidas son:

Mostaza de Burdeos.—Es una pasta blanda a base de mostaza negra.

Mostaza de Dijon.—Es amarilla y más fuerte que la anterior.

Las dos se obtienen macerando las semillas limpias en sal, vinagre y agraz (jugo ácido extraído de una uva grande mal madurada) y diversas plantas aromáticas.

Mostaza inglesa.—Es una mezcla de mostaza blanca y negra molidas y cúrcuma en polvo.

Las mostazas se utilizan para las salsas calientes y frías, los *sandwichs,* en la mesa, etc.

Nuez moscada.—Es el fruto de un árbol originario de las Indias Orientales llamado mirística. El fruto entero tiene el grosor y color de un albaricoque.

El color blanco gredoso que recubre a la nuez se debe a la cal en la que se sumerge para evitar su germinación y que sea atacada por los insectos.

Pimentón o **Paprika.**—Se cultiva en la Europa Meridional, en particular en Hungría y España. Se obtiene del pimiento rojo y es muy apropiada para aderezar el *goulasch*, ciertos ragús, preparados de ave y para embutidos.

Pimienta.—Es el fruto de un arbusto trepador, originario de los bosques de Malabar, donde crece rápidamente sin exigir cuidados. Se cultiva también en la India, las Islas de Sonda, Java, Sumatra y Borneo, principales países de producción. Hay dos clases de pimienta: blanca y negra. La blanca, más empleada en cocina, se obtiene por la maceración, en agua de mar, de los granos de pimienta negra, que se desecan y descascarillan inmediatamente. La pimienta negra se utiliza para salazones, salmueras y adobos de charcutería. La pimienta molida pierde muy pronto su sabor y aroma, por lo cual debe molerse en el momento justo de su empleo. Esto es válido para todas las especias. Las que se compran molidas casi siempre están falsificadas, falsificaciones que no se descubren sino después de largas investigaciones químicas y microscópicas.

Fig. 41.
Paprika (pimiento rojo)

Pimienta de Cayena.—Es una pimienta obtenida de un pimiento picante. Esta pimienta, muy fuerte, es originaria de América. El fruto es más grande que el pimiento común. Sirve para dar sabor fuerte a salsas y ragús.

Vainilla.—Es la vaina de una planta trepadora, originaria de México, actualmente cultivada en regiones cálidas como Java, Madagascar, Las Antillas, las Islas de la Reunión, etc. Sirve para aromatizar cremas, repostería, helados, etc. También entra en la elaboración del chocolate y se utiliza en la fabricación de algunos licores.

Especias-flores

Alcaparras.—Son los botones, todavía cerrados, de la planta del mismo nombre. Se dejan florecer un poco y después se ponen en vinagre. Se producen en el Mediodía francés, en Turquía, Argelia y España.

Azafrán.—Son los estigmas desecados de la flor de la planta del mismo nombre. Una vez recogida la flor se cortan los estigmas y se pasan rápidamente por el fuego. A continuación se ponen a secar al sol.

Para obtener un kilo de azafrán se necesitan unas 500.000 flores, aproximadamente. Esto explica que el precio del "verdadero" azafrán sea tan elevado. España es el principal país productor. El azafrán es indispensable en numerosas preparaciones culinarias.

El azafrán de las Indias o "cúrcuma" no tiene nada de común con el anterior. Proviene de una raíz que sirve para la composición del polvo de curry y de la mostaza inglesa.

Clavo.—Es el capullo de la flor del clavero, secado al sol. Se produce en Zanzíbar, Singapur y las Molucas.

Fig. 42.
Enebro

Fig. 43.
Azafrán

Especias-corteza

Canela.—Es la corteza, despojada de su epidermis, de las ramas del canelo. Se produce en Asia y especialmente en Ceilán. Una vez seca, la corteza se enrolla sobre sí misma.

Se emplea en multitud de licores, en pastelería, confitería y, sobre todo, en la confección de postres de cocina, cremas, compotas, *puddings,* jarabes, salsas al vino, ponches, vinos calientes, etc.

Especias-raíces

Jengibre.—Se obtiene de la raíz de la planta del mismo nombre. Se cultiva en la India y las Antillas. Su color es blanco o amarillento y su sabor

CONDIMENTOS AROMATICOS

Fig. 45.
Mejorana

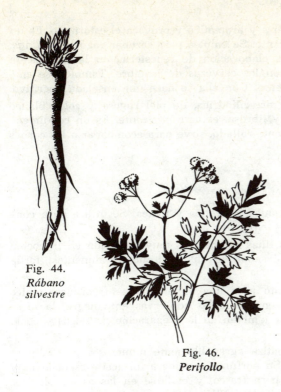

Fig. 44.
Rábano silvestre

Fig. 46.
Perifollo

Fig. 47.
Estragón

Fig. 48.
Romero

51

acre y ardiente. Es de olor fuerte y aromático y provoca el estornudo. Es un poderoso estimulante y refrescante. Se emplea para sazonar ragús, *puddings*, caldos, pan de jengibre, en la elaboración de repostería, en la fabricación de bebidas no espirituosas y en las cervezas de jengibre. También se emplea como alimento y condimento. Con ella se hace una ensalada aperitivo.

Rábano silvestre.—Es una raíz cilíndrica, de piel rugosa y color blanco amarillento. Su carne, blanca y fibrosa, es acre y picante. Es un condimento aromático que, preferentemente rallado, sirve para acompañar a las carnes frías, cocidas o asadas.

Especias-hojas

Ajedrea.—Planta muy aromática, diurética y tónica. Se utiliza para condimentar habas, judías verdes y *chucrut*.

Cebollino.—Pertenece a las finas hierbas. Es muy socorrido en la cocina y enriquece agradablemente el sabor de una multitud de alimentos: tortillas, sopas, etc.

Estragón.—Es un condimento aromático, ligeramente afrodisíaco, tónico y estimulante. Con su aroma enriquece las conservas en vinagre, la mostaza y las ensaladas. Se utiliza también en la preparación de salsas y como guarnición.

Laurel.—Enriquece y aromatiza agradablemente numerosos guisos, pero no es prudente abusar de él. Su perfume se debe a un aceite esencial muy suave. Debe emplearse seco, pero fresco, y evitarse en las salsas blancas. Por el contrario, es muy agradable en las salsas al vino tinto.

Mejorana.—Su sabor es ligeramente picante y amargo. Se emplea sobre todo para aromatizar ciertos embutidos.

Menta.—Se usa principalmente en las salsas a la menta y, a veces, en ciertas ensaladas.

Ocimo.—Es un condimento muy aromático, que se emplea en la preparación de las carnes, salsas y especias compuestas.

Orégano.—Es una planta de tallos vellosos. Sus hojas y flores son muy aromáticas y se utilizan como condimento.

Perejil.—Es una planta medicinal, utilizada también en cocina como condimento y como adorno.

Perifollo.—Parecido al perejil, exhala un olor aromático muy pronunciado. Entra en la composición de las finas hierbas y se utiliza principalmente en sopas y ciertas salsas.

Romero.—Es un pequeño arbusto de olor muy aromático. Tónico y excitante, es de sabor cálido, un poco amargo. Se utiliza para las carnes, salsas y especias compuestas.

CONDIMENTOS AROMATICOS

Salvia.—Es una planta de hojas pequeñas y aterciopeladas, que se emplea para condimentar la caza, los rellenos y ciertos platos de carne y verduras.

Tomillo.—Tiene propiedades aromáticas y estimulantes. Se emplea como condimento de carnes, caldos y en las especias compuestas.

Yerbabuena.—Planta de hojas vellosas, de olor agradable. Se emplea en salsas, caldos, infusiones, etc.

Fig. 49.
Salvia

Fig. 50.
Ocimo (Basilicón)

Nitro

Se encuentra en el subsuelo en forma de cristales puros. Blanco y sin olor, se utiliza sobre todo para salazones, pues intensifica el bonito color rojo de las carnes. Puede endurecerlas si se emplea en grandes dosis. Es muy soluble en agua caliente.

Sal

Muy excepcionalmente se encuentra la sal en perfecto estado de pureza, por lo que hay que purificarla por diferentes procedimientos. Hay dos clases de sal, la que se extrae de las minas, llamada sal gema, y la sal marina que se recoge en las salinas después de la lenta evaporación del agua del mar.

Vinagre

La mayoría de los líquidos alcohólicos producen el vinagre, por fermentación acética, bajo la acción de un hongo; pero sólo el vino, tinto o blanco, produce vinagres de gran calidad.

En los regímenes puede sustituirse por zumo de limón.

OTROS PRODUCTOS COMPLEMENTARIOS

Agar-agar.—Se suele emplear como sucedáneo de la gelatina. Es un preparado a base de algas marinas de los mares asiáticos. Gracias a su sabor neutro puede utilizarse en cocina y confitería, para jaleas, cremas, etc. El agar-agar es aproximadamente ocho veces más fuerte que la gelatina.

Almendras.—Son los frutos del almendro, cultivado en gran cantidad, sobre todo, en los países mediterráneos. Hay una especie dulce y otra amarga que, exteriormente, apenas se diferencian. Las mejores almendras dulces son las de Mallorca, Alicante, Málaga y Valencia, en España. Las almendras amargas proceden casi todas del norte de Africa y del sur de Francia. La almendra dulce se consume como postre y se emplea en la elaboración de repostería, pastelería, fabricación de mazapanes, aceite y leche de almendras.

Angélica.—Es una planta silvestre que crece en los Alpes. Los tallos, cortados en trozos de 12 ó 14 centímetros de longitud, se confitan con azúcar. Se emplea en pastelería y confitería.

Avellanas.—Son los frutos, ricos en aceite, de sabor agradable, del avellano, arbusto que se produce en toda Europa. Las avellanas se emplean en pastelería, repostería y confitería.

Gelatina.—Se obtiene, sobre todo, por cocción prolongada de huesos, cartílagos, morros de vaca o ternera, etc. En el comercio se encuentra en forma de láminas, transparentes, sin olor ni sabor. La gelatina se disuelve en agua caliente y se solidifica por enfriamiento. Se emplea en cocina y repostería, para la confección de jaleas e infinitos postres de cocina.

Levadura.—Se conoce con este nombre a la utilizada en panadería y pastelería. Se obtiene por cultivo de un hongo microscópico en un medio nutritivo obtenido de los cereales. Después de eliminar el agua queda una masa blanca amarillenta, de olor aromático.

Naranjas y limones confitados.—Se utilizan en la preparación de numerosos platos dulces.

Nueces.—Se emplean en cocina, pastelería y confitería. Con ellas se hace también un aceite excelente de un gusto muy especial que no agrada a todo el mundo.

Pasas.—Se obtienen de diferentes clases de uvas que se dejan secar al sol en la misma, cepa o artificialmente. Se producen en Asia Menor, Grecia, Italia, España y California. Las mejores se sumergen inmediatamente después de recolectadas en un baño de potasa, agua y aceite, del que se retiran pasados unos minutos y se secan. Con este tratamiento su bonito color amarillo claro se conserva durante mucho tiempo. La principal exportadora es Esmirna.

Las pasas de Esmirna y Málaga son de granos grandes, con pocas pepitas y sabor a moscatel. Las de Corinto son pequeñas y sin pepitas. Se emplean en cocina para la repostería, confitería y postres dulces.

Pistachos o alfóncigos.—Son los frutos ovales, de unos dos centímetros de longitud, del pistachero, cultivado en el Mediterráneo. La envoltura exterior, carnosa, de color rojo oscuro, rodea a una nuez blanca y dura, como de hueso, que encierra el fruto verde, comestible y utilizado como las almendras. Se emplean en cocina, repostería, confitería y también en charcutería.

LOS COLORANTES

Caramelo

Se obtiene del azúcar calentado a una temperatura de 200 a 220 grados. Convertido en una masa espesa, se disuelve en agua para conseguir lo que se llama el color caramelo, muy útil para colorar helados, jugos y consomés.

Hay otros colorantes que se emplean en pastelería, tales como el *bretón* amarillo, verde o rojo. Se consigue disolviendo en el fuego 100 gramos de colorante rojo en polvo (cochinilla), en 4 litros de agua. Se añade 1 y 1/2 kilo de azúcar en polvo y 1 decilitro de álcali. Se filtra todo mientras está caliente, se deja enfriar y se embotella.

Esencias.—Son líquidos conseguidos por destilación de sustancias vegetales. Las más empleadas en cocina son: esencia de almendras, de anchoas, de cangrejos, de anís, de limón, de naranja y de canela.

También se encuentran en el comercio condimentos preparados, a base de tomate, de pimientos, de setas, etc. Estos condimentos se sirven en la mesa, en sus mismos envases, para carnes, etc.

Por ejemplo: Mixed Pickles al vinagre o a la mostaza.
      Tomate Ketchup
      Mango Chutney
      Horse Radish
      Mushroom Ketchup
      Tabasco Sauce
      Worcestershire Sauce

Y los productos concentrados Maggi, Knorr, Avecrem, Starlux, y otras marcas.

CONOCIMIENTO DE LOS PRODUCTOS

LOS PESCADOS

Pez, denominación genérica que se da a una gran variedad de animales vertebrados que viven en el agua. Los peces tienen aletas (órganos de locomoción), piel desnuda, viscosa o con escamas, corazón de un solo ventrículo, sangre roja y fría y temperatura variable. Muchos disponen de una vejiga natatoria llena de aire que pueden comprimir o dilatar para hundirse en las profundidades o remontarse a la superficie del agua.

La cantidad y variedad de peces es considerable, siendo casi todos comestibles. Hay peces en todas las aguas, dulces o saladas, frías o cálidas, sin que por ello varíe demasiado la estructura de las especies.

Pescado es el pez comestible sacado del agua. Es el término que emplearemos en todo el libro, tanto si se trata de peces de agua dulce como marinos, referidos a su medio ambiente o fuera de él, dispuestos para su venta o preparados para el consumo.

El pescado ofrece una fuente de alimentación insuficientemente explotada en muchos países. En buena parte se debe a la ignorancia de sus posibilidades de condimentación, a la facilidad de alteración de su carne y al olor característico que suelen rehuir muchas amas de casa.

Gracias a la organización de transportes rápidos, hoy se puede consumir el pescado perfectamente fresco.

Desde el punto de vista culinario hay que observar que la carne de los pescados que viven en agua salada no es más salada que la de las especies que viven en agua dulce. Y que las especies que viven en estanques donde manan aguas minerales calientes, como las de los mares del Norte, de los ríos y los lagos de las regiones templadas, exigen, poco más o menos, según especies, la misma condimentación y los mismos tiempos de cocción.

Los pescados de aguas estancadas y pantanosas no se deben comer. Hay algunos que producen enfermedades de la piel, úlceras, herpes y urticarias. Las personas con afecciones de la piel deben abstenerse de comer pescados de mar, sobre todo los grasos, de piel viscosa, por su difícil digestión, así como los crustáceos, y deben elegir preferentemente los pescados de agua dulce.

La cantidad de azufre y fósforo de algunos pescados de mar es tan importante que se puede decir que son los más poderosos reparadores del organismo cerebral, constituyendo un alimento precioso para los hombres dedicados al estudio.

Menos pesado y también menos alimenticio que la carne, pero más fácil de digerir, el pescado selecto constituye un alimento muy apropiado para variar el régimen alimenticio de personas agotadas, convalecientes, ancianos y niños.

Los pescados de agua dulce y los de mar se subdividen en finos, selectos, ordinarios y comunes.

ALGUNOS PESCADOS DE AGUA DULCE

Pescados	Habitat	Tamaño	Peso	Época	Preparación
Anguila	(f) E. R. M.	50-100 cm.	500-1.500 g.	Todo el año	Cocida, frita, emparrillada, ahumada, marinera.
Barbo	(m) R.	20- 60 cm.	500-1.000 g.	Otoño, invierno	Frito, molinera.
Boga	(f) R. E. L.	30- 50 cm.	300-1.000 g.	Invierno, primavera	Cocida, marinera, molinera.
Carpa	(f) E. R. L.	25- 40 cm.	400-1.500 g.	Verano, otoño, invierno	Cocida, marinera, braseada.
Esturión	(m) R. M.	70-500 cm.	5- 800 kg.	Invierno, primavera	Braseado, ahumado, cocido.
Fera	(f) L.	30- 50 cm.	250-2.000 g.	Verano, otoño	Cocida, molinera, frita.
Gobio	(m) R.	8- 15 cm.	80- 150 g.	Verano	Frito.
Lota	(f) L. R.	20- 40 cm.	200-1.000 g.	Verano, otoño	Molinera, frita, hígado y lechaza.
Lucio	(m) L. R. E.	35-120 cm.	250- 12 kg.	Otoño, invierno	Toda condimentación.
Perca	(f) L. R.	15- 35 cm.	100-1.000 g.	Verano	Frita, molinera, al vino blanco.
Salmón	(m) R. L. M.	50-150 cm.	2- 6 kg.	Verano	Cocido, emparrillado, ahumado.
Salmón chevalier	(m) L.	25- 70 cm.	200-2.500 g.	Verano, otoño	Cocido, molinera.
Trucha arco iris	(f) Piscicultura	20- 50 cm.	180-2.000 g.	Todo el año	Cocido, molinera.
Trucha de río	(f) R.	25- 60 cm.	200-1.500 g.	Verano	Cocido, molinera.
Trucha de lago	(f) L.	50-120 cm.	1.000-5.000 g.	Verano	Cocida, fría, emparrillada.
Trucha asalmonada	(f) L.	40-100 cm.	500-3.000 g.	Verano	Cocida, fría.

Abreviaturas: (m), masculino; (f), femenino; (e), estanque; (l), largo; (m), mar; (r), río.

ALGUNOS PESCADOS DE MAR

Pescados	Habitat	Tamaño	Peso	Epoca	Preparación
Abadejo	(m) Artico	30-100 cm.	2- 6 kg.	Todo el año	Todas.
Acedía	(f) O.	20- 40 cm.	200-2.000 g.	Todo el año	Frita, molinera, al vino blanco.
Arenque	(m) O. N. Ma.	15- 20 cm.	150- 200 g.	Todo el año	Emparrillado, molinera, conservas.
Atún	(m) M.	100-150 cm.	150- 300 kg.	Todo el año	Emparrillado, braseado, conservas.
Boquerón (anchoa)	(m) M. O. N.	10- 20 cm.	50- 120 g.	Primavera, verano	Fritos, conservas, entremeses.
Caballa	(f) O. M.	20- 25 cm.	250- 400 g.	Todo el año	Asada, a la inglesa, conservas, frita.
Congrio	(m) M. O.	100-200 cm.	2- 6 kg.	Todo el año	Cocido, asado, molinera.
Dorada	(f) M. O.	30- 60 cm.	1.000-2.000 g.	Todo el año	Cocida, molinera, frita.
Dorada Saint Pierre	(f) t. l. m.	25- 50 cm.	200-1.500 g.	Todo el año	Cocida, sopa, vino blanco.
Eperlano	(m) N.	10- 20 cm.	100- 130 g.	Primavera	Frito, molinera, marinera.
Gallo	(m) M. O.	30- 70 cm.	1.500-4.000 g.	Todo el año	Cocido, asado.
Halibut o fletan	(m) N.	100-200 cm.	5- 100 kg.	Todo el año	Cocido, molinera.
Lenguado	(m) t. l. m.	20- 50 cm.	150-3.000 g.	Todo el año	Todas.
Merluza	(f) N.	30-100 cm.	2- 6 kg.	Todo el año	Cocida, molinera, emparrillada.
Morena	(f) Ma.	60-200 cm.	1- 4 kg.	Todo el año	Frita, marinera, cocida.
Pescadilla	(f) O. Ma. M.	25- 30 cm.	200- 600 g.	Todo el año	Frita, cocida.
Platija	(f) O.	15- 40 cm.	150-2.000 g.	Todo el año	Todas.
Raya	(f) Ma. O. M.	60-200 cm.	4- 50 kg.	Todo el año	Cocida.
Róbalo (lubina)	(f) O. M.	30- 80 cm.	2- 5 kg.	Verano	Cocida, asada, sopas, molinera.
Rodaballo	(m) t. l. m.	50-100 cm.	2- 10 kg.	Todo el año	**Cocido**, asado.
Salmonete	(m) Ma. O. M.	15- 25 cm.	200- 350 g.	Todo el año	Bullabesa, asado, frito.
Sardina	(f) N. Ma. O. M.	10- 20 cm.	60- 200 g.	Primavera	Frita, conservas.

Abreviaturas: (m), masculino; (f), femenino; (M), Mediterráneo; (N), Norte; (t. l. m.), todos los mares; (O). Océano Atlántico; (Ma), Mancha.

Los índices significativos de **frescura,** iguales para todos, son:

      La tersura del cuerpo.
      La firmeza de la carne.
      Los ojos vivos, brillantes, saltones.
      Las agallas, branquias, de color rojo vivo.
      Franco olor a mar muy agradable.

Por el contrario, de no estar fresco, los ojos se presentan hundidos en las órbitas y mortecinos, la carne cede a la presión suave de los dedos y el olor que desprende recuerda al amoníaco.

Comparando los precios de la carne y el pescado se observa que los de la carne son relativamente estables, mientras que los del pescado están sujetos a fluctuaciones, según su abundancia o escasez. Cuando se compra pescado hay que calcular un porcentaje bastante elevado de desperdicios que varía, según las especies, entre un 25 y un 45 por 100, incluso, hasta un 50 por 100 si se trata de pescados en épocas de desove.

El pescado se mantiene fresco durante varios días por medio de la **refrigeración, congelación** o, sencillamente, recubriéndolo con hielo, siempre que el frío sea constante. Basta retirarlo del medio frío para que, en poco tiempo, sobrevenga la descomposición: su piel se reseca y acaba desprendiendo un olor a amoníaco muy pronunciado, sin que se pueda detener ya su corrupción aun cuando se vuelva a poner rápidamente en hielo. Esto ocurre principalmente con la raya, el rodaballo, el lenguado y, en general, con todos los pescados planos ricos en fósforo.

La **conservación** en botes de lata esterilizados se emplea a gran escala para determinadas especies: salmón, sardinas, boquerones, atún, bonito, almejas, mejillones, etc.

El **secado** se utiliza principalmente con el bacalao y el eglefino.

El **ahumado,** para el arenque, el salmón, el esturión, el eglefino, la anguila, etc.

La **salazón,** para el arenque, el bacalao, las anchoas, etc.

Algunos pescados se preparan también en **escabeche:** atún, sardinas, bonito, caballa, etc.

CARACTERISTICAS DE ALGUNOS PESCADOS DE AGUA DULCE

Anguila.—Es una de las especies que se desarrollan más rápidamente. Hacia los cuatro años alcanzan pesos de 1 1/2 a 2 kilos. Contrariamente a otras especies de agua dulce, el desove lo hace en el mar.

La anguila de río es de mejor calidad que la de estanque. La primera tiene el lomo claro, con reflejos verdosos y el vientre plateado; la de estanque presenta el lomo oscuro y el vientre amarillo sucio. Pero cualquiera que sea su procedencia se debe conservar viva hasta el momento de su preparación. Su carne es delicada, pero algo pesada e indigesta.

En algunas regiones las anguilas son tan abundantes que constituyen verdaderas fuentes de riqueza. Esta riqueza se comprende mejor si se sabe que después de recorrer miles de millas todas las anguilas de Europa se reúnen en las profundidades del mar de los Sargazos, cerca de las costas de las islas Bermudas y de las Antillas, y que son varios millones de huevos los que desova cada hembra.

Fig. 51. *Anguila*

Millares de millones de crías, *angulas,* remontan estuarios y ríos al finalizar el invierno y al comienzo de la primavera.

Las anguilas se preparan de diversos modos: *cocidas en caldo corto, fritas, emparrilladas, a la marinera, al vino blanco.*

Se conservan ahumándolas, salándolas y escabechándolas.

Barbo.—Es un pescado muy parecido a la carpa. Su carne es ordinaria, sosa y tiene abundantes espinas. Necesita una condimentación fuerte y puede prepararse *frito, a la marinera* y *a la meunière* o *molinera.*

Boga.—Se cría en ríos, lagos y estanques. Si se pesca en aguas corrientes su carne es blanca y fina, pero con muchas espinas; pescada en estanques, además de tener la carne grasa, tiene un gusto a cieno muy desagradable. En este caso hay que tenerla en agua corriente unos días. Se prepara *cocida, en filetes, a la meunière y a la marinera.*

Carpa.—Es de carne pesada y nutritiva. La más apreciada es la de río, pues la de estanque casi siempre sabe a cieno. Para quitarle este sabor hay que hacerle tragar, antes de que muera, un vaso de vinagre de Jerez. Con ello el pez suda, sudor que se le elimina al escamarlo. Sin embargo, en algunos países, es la más conocida y apreciada.

Las mejores son las del Rhin y el Volga. Se preparan *cocidas, fritas; marinera y braseadas.*

Esturión.—Es la mayor de las especies de agua dulce conocida en Europa. Vive en los mares, pero, cuando llega la primavera, remonta los gran-

CARACTERISTICAS DE ALGUNOS PESCADOS DE AGUA DULCE

des ríos, como el Volga, el Danubio, el Garona, etc., y el mar Azov, para desovar.

En el mar se alimenta de arenques, caballas y bancos de peces pequeños, pero cuando remonta los ríos su alimentación la constituyen las truchas y los salmones. Los mejores ejemplares se pescan en el Volga y llegan a alcanzar de 4 a 5 metros de largo, así como un peso de varios cientos de kilos. La verdadera patria del esturión es Rusia, donde la pesca se cifra en millones de piezas.

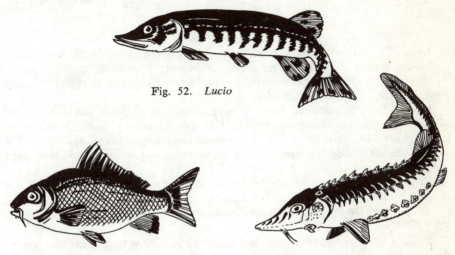

Fig. 52. *Lucio*

Fig. 53. *Carpa*

Fig. 54. *Esturión*

Entre las variedades de esturiones, el más apreciado es el *esturión uso* o *beluga*, del que se obtiene el mejor caviar. Su carne, no muy apreciada entre nosotros, es muy solicitada en Rusia, donde se emplea también su médula en la elaboración de *pâtés*.

Se sirve *braseada, cocida* o en *escalopes*.

Fera.—Es una especie que se pesca en los lagos suizos. La más conocida y apreciada es la del lago Leman y la del lago Constanza. Llega a pesar hasta 2 kilos y su carne es blanca y delicada. Ha de comerse recién pescada porque se pasa pronto.

Se prepara *cocida, frita, meunière* o *molinera*, en *filetes*, etc.

Gobio.—Es pequeño. Mide sólo de 8 a 10 centímetros de largo. Se encuentra en casi todas las corrientes de agua. Se le distingue fácilmente por el tamaño y por las barbillas que adornan su boca. En algunas regiones de

Francia, en especial en las zonas del Marne y del Sena, figura invariablemente como plato del día en los pequeños y grandes restaurantes.

Se prepara en *fritura*.

Fig. 55. *Gobio*

Lota.—Se cría en lagos y ríos. Su piel es viscosa como la de la anguila; su carne, blanca y un tanto indigesta, no es muy apreciada.

Se prepara en *fritura* o *meunière* o *molinera*. El hígado, muy voluminoso, y la lechaza, son muy estimados.

Lucio.—Se cría en ríos, lagos y estanques. Los mejores son los que se pescan en agua corriente; sus carnes son más blancas y finas. Pueden alcanzar hasta 15 kilos, pero son más exquisitos los que pesan sólo de 1/2 a 2 kilos. La carne de los grandes, un tanto correosa, se suele emplear para *quenelles*.

El lucio tiene el inconveniente de sus muchas espinas y, en la época del desove, no tiene ningún valor.

Se prepara *frito, emparrillado, cocido, marinera, molinera* o *meunière* y en *filetes*.

Perca.—Vive en lagos y ríos. Su carne es blanca y fina, pero con abundantes espinas. Como la carpa, es el único pez que se defiende de la voracidad del lucio, gracias a unas lancetas que arman su parte dorsal. Se pesca durante todo el año.

Cuando son grandes se preparan en *filetes*, al *vino blanco, meunière* o *molinera*, o *fritas*.

Salmón.—Se pesca en todos los grandes ríos, cuando los remonta para desovar durante la primavera. Abunda en Europa, en los fiordos noruegos y suecos y en los lagos de Escocia, donde alcanzan los 20 y los 30 kilos. También abunda en América, Alaska y Japón. En los ríos de Siberia, donde se obtiene en grandes cantidades, da lugar a importantes industrias conserveras, montadas en las mismas zonas de pesca, que exportan sus productos al mundo entero.

El salmón se congela para su venta en todos los mercados del globo. Es cierto que así pierde calidad, pero, en cambio, se incrementa su consumo, ya que el procedimiento permite precios más bajos a los del salmón fresco.

En Europa son famosos los del Loira y del Rhin. En este último se pesca de noviembre a marzo y después desaparece.

CARACTERISTICAS DE ALGUNOS PESCADOS DE AGUA DULCE

Este exquisito pescado tiene infinitas aplicaciones y se prepara de muchas formas: *cocido entero,* en *trozos grandes,* en *rajas,* en *lonchas* y *medallones; emparrillado en filetes* y en *escalopes;* en *quenelles, muselina,* etc.

Es el pescado de las grandes cenas y banquetes. A pesar de su elevado precio es muy interesante para el servicio de hoteles de primer orden.

Se conserva en botes, salado y ahumado. De este último modo es uno de los entremeses más selectos y apreciados.

Fig. 56. *Perca*

Fig. 57. *Salmón*

La deliciosa carne rojiza del salmón del Atlántico, solicitadísima en las mesas europeas, alcanza precios tales que la convierten en un manjar de lujo.

Otras variedades de salmón, con justa fama, son: el *salmón jorobado* o *salmón rosado,* y el *plateado,* ambos del Pacífico.

Las huevas del salmón se preparan también como caviar.

Salmón chevalier.—Puede considerarse uno de los mejores pescados de agua dulce. Se encuentra en casi todos los lagos de Europa y en algunos ríos. Su carne, muy fina y exquisita, puede rivalizar con la de la trucha. Alcanza hasta 80 centímetros de largo.

Los grandes se sirven *cocidos* con salsas diversas; los pequeños, a la *meunière* o *molinera* o en *fritura.*

Se pescan durante todo el año, menos en los meses de enero y abril.

Trucha.—Hay truchas de diferentes especies, todas ellas muy estimadas por la calidad y finura de su carne, aromática y de fácil digestión. Como el salmón, es un pescado de agua dulce caro y difícil de conservar. Debe comerse muy fresca.

La trucha de río y de corrientes rápidas es el mejor y más delicado de todos los pescados de agua dulce. Se distingue por unos puntos rojos y negros que tiene en el lomo, y por su forma alargada y fina. Se encuentra en casi todas las corrientes de agua, tanto en la llanura como en la montaña. Su tamaño no sobrepasa los 40 centímetros y su peso oscila entre 1/2 y 1 kilo.

Es excelente *cocida al "azul"*, *servida con una salsa holandesa* o con *mantequilla fundida*.

Existe una gran trucha de río que puede alcanzar de 2 a 4 kilos. Se encuentra en los grandes ríos y sus afluentes; remonta, en otoño, la corriente para el desove.

Se sirve casi siempre *cocida entera*, en *rodajas*, a la *meunière* o *molinera* y *emparrillada*.

Trucha arco iris.—Es una variedad originaria de la Alta California. Hace muchos años fue traída a Europa, donde se aclimató rápidamente. Vive muy bien en aguas más templadas que las de la trucha común. Se encuentra en los mercados durante casi todo el año. Es excelente aun cuando no tanto como la de río. Se prepara del mismo modo.

Trucha asalmonada. — De carne rosa, puede pesar de 2 a 5 kilos. Se pesca en muchos lugares, pero, en grandes cantidades, sólo en los lagos del norte de Europa. Es muy estimada por la delicadeza de su carne. Su calidad y el tinte rosado que la distingue los adquiere en determinadas aguas, donde se alimenta de crustáceos.

Fig. 58. *Trucha de lago*

Trucha de lago o trucha plateada.—Se encuentra en casi todos los lagos suizos. Su peso puede alcanzar los 15 kilos. Se prepara del mismo modo que el salmón.

EL CAVIAR

El caviar goza de un gran prestigio. Es de precio elevado y uno de los manjares de lujo por excelencia.

Se obtiene de las huevas del esturión, que se pesca principalmente en aguas de Rusia y del Irán.

Las pesquerías están centralizadas en las desembocaduras de los grandes ríos que vierten sus aguas en el mar Caspio.

Toda la producción del Irán se destina a la U. R. S. S. Rumanía también exporta caviar, pero en muchísima menos cantidad que Rusia, primera productora del mundo.

La elaboración del caviar es muy minuciosa; es un arte que se transmite de padres a hijos. La preparación pasa por diferentes fases y manipulaciones que exigen mucho cuidado y destreza. Las membranas de los esturiones se frotan sobre unos tamices para separar los huevos, que caen sobre unos recipientes. Los de mejor calidad se salan un poco para utilizarlos como caviar fresco; los de calidad inferior se curan con un 10 por 100 de sal y se envasan, previa selección de color, para que el contenido de los botes sea uniforme.

Gracias a esta preparación especial, los huevos conservan su gusto suave y fresco durante largo tiempo, siempre que se tengan en lugar frío, a temperaturas que oscilen entre 0 ó 2 grados bajo cero.

Beluga.—Pesa de 600 a 700 kilos y es el más grande de los esturiones. Con sus huevos se prepara el mejor caviar. Son grandes y oscuros, con envolturas tan finas que revientan a la menor presión.

Los huevos pequeños son menos frágiles y de mejor calidad; el color se define entre gris acero y gris oscuro. Proceden de esturiones más pequeños, cuyo peso oscila entre 50 y 100 kilos. Es la calidad que se expende en los establecimientos de lujo.

Hay caviares inferiores, elaborados con huevas de salmón, carpas, etc. Suelen ser de color rosado, pero no pueden competir con los anteriores; en cambio tienen la ventaja de su reducido precio.

Los huevos de un buen caviar debe ser firmes, secos y brillantes.

El caviar se sirve en hondos recipientes de cristal, sobre otros que contienen hielo picado.

Se acompaña con berros, sobre canapés de mantequilla o con huevos duros.

Las guarniciones obligadas son: *blinis* (especie de rebanadas de pan moreno), *toast*, mantequilla ligeramente salada, trozos de limón y cebolla muy picada.

Las bebidas más adecuadas para acompañar al caviar son el vodka, sherry o champán.

CARACTERISTICAS DE ALGUNOS PESCADOS DE MAR

Todos los pueblos y ciudades marítimas se abastecen con la pesca diaria de sus costas, pero sólo las del Océano, las de la Mancha, del mar del Norte y del Mediterráneo tienen pesca suficiente para la exportación. Ellas abastecen a las grandes ciudades europeas.

Veamos ahora algunos de los principales pescados de mar.

Abadejo.—Es el "bacalao" fresco y se pesca en los mares del hemisferio Norte: Islandia, Noruega y Terranova. Es de una fecundidad extraordinaria: un abadejo de unos 10 kilos produce por año de 2 a 3 millones de huevos. Los holandeses, ya en el siglo XI, lo pescaban en cantidad y lo conservaban en sal.

Actualmente es objeto de un comercio muy extenso y su pesca da vida a gran cantidad de pescadores. Su carne es blanca, laminada, de fácil digestión y muy fina cuando se cuece. Tiene pequeñas espinas adheridas a su gruesa piel. Su color es de un gris oliváceo sobre el lomo. El vientre es blanco y su tamaño llega a alcanzar un metro de largo.

Se sirve *cocido, con salsas, mantequilla tostada, emparrillado, meunière* o en *filetes,* etc.

En salazón se llama bacalao. En ciertas épocas del año, los pescadores parten de los puertos europeos, en flotillas, hacia los lugares de pesca, de donde no regresan hasta que sus barcos se hallan repletos de la preciosa carga. La primera operación es separarles la cabeza, luego se abren, se limpian, se aplanan, se salan y se les pone en barricas hasta el momento de expedirlos al mundo entero.

Antes de usar el **bacalao** hay que ponerlo en remojo, por lo menos durante doce horas, en agua fría, corriente. Si no se pone en agua corriente hay que cambiar el agua varias veces.

Se prepara *cocido,* en *croquetas,* en *buñuelos, al pil pil,* etc.

En Inglaterra, para darle mayor consistencia, los pescadores le dan unos cortes, a intervalos de 5 cms., cuando aún están vivos, pues una vez muertos ya no tiene eficacia.

Acedía.—Es un pescado de poco valor. Su carne, insípida, sirve para la bullabesa, con los mismos preparados que la platija.

Arenque.—Con el abadejo es uno de los pescados de mar más consumidos. La fecundidad del arenque es prodigiosa. Su multiplicación sobrepasaría toda imaginación si todos los huevos se lograran. Pero se calcula en un 1 por 100 los huevos que llegan a lograrse, debido a que son muy buscados y devorados por los demás peces.

El arenque se produce en los mares del Norte. En determinadas épocas forman bancos extensísimos y de un espesor tan grande y denso que asfixian, en las profundidas, a cientos de miles de peces.

La pesca del arenque es una de las más importantes. Sólo los holandeses le dedican unos 3.000 barcos. Los pescadores de América y Japón sacan de los mares enormes cantidades de este pescado.

El arenque fresco se prepara de diferentes modos: *emparrillado. molinera* o *meunière, cocido,* servido con *salsa de mostaza,* al *curry,* a la *indiana,* al *gratin,* etc. Hay que condimentarlo siempre a base de sabores fuertes.

El arenque se conserva *salado,* en *escabeche,* en *filetes al vino blanco* y *ahumado.*

Atún.—Difiere bastante de todos sus congéneres. Es grande y ventrudo, su color es negruzco y su hocico puntiagudo. A pesar de su corpulencia y fuerza, es miedoso; el menor ruido le asusta y se lanza, aturdido, contra las redes de los pescadores. Su velocidad es prodigiosa. Abunda en el Mediterráneo. La carne se parece a la de la vaca; es firme y nutritiva, pero de difícil digestión. Puede alcanzar de 150 a 700 kilos de peso.

Fresco, se puede *emparrillar,* prepararse en *filetes, adobarse, mecharse* y *brasearse.* Como más se consume es en conserva al aceite. (Se cortan unos trozos de atún de 3 centímetros de grosor, se lavan bien, se cuecen en agua salada, con una ramita de hinojo, hasta que la espina empieza a separarse de la carne. Entonces se escurren en un tamiz, y se dejan enfriar. Se separan las pieles, las espinas y se envasan en latas que se esterilizan al baño maría durante una hora.)

Boquerón (anchoa).—Es pequeño y se pesca en todos los mares. Los mejores son los del Mediterráneo. Los pescadores de Marsella, Niza, Génova, Cataluña y Andalucía lo pescan con redes, desde abril a julio. En España los más apreciados son los de las costas de Málaga que, unido a una gran técnica en la freiduría, los exportan fritos a casi toda la nación.

Grandes cantidades se conservan por medio de la salazón —la llamada anchoa— o en aceite. En lo primero se distingue el Levante español, y, en lo segundo, el Norte.

La anchoa se emplea bastante como entremés, en salsas y, como guarnición, en forma de pasta.

Caballa.—Se parece al arenque. Vive formando parte de inmensas colonias para sus peregrinaciones a través de los océanos. La caballa es de forma alargada, tiene el lomo azul acerado y el vientre plateado. Hacia finales de julio es cuando más abunda en los mercados.

Su carne es blanca y apetitosa, pero un poco grasa e indigesta.

Puede prepararse a la *meunière, a la inglesa,* y, sobre todo, *asada.* Se conserva en *aceite, al vino blanco, en filetes,* etc.

Congrio.—Se llama también anguila de mar, pero difiere de la de río en sus proporciones y color de la piel, gris por la parte superior y blanca por la inferior. Puede medir hasta un metro y medio de largo y tener 30 ó 40 centímetros de diámetro. Abunda en las costas de Inglaterra y Francia.

Dada su baja calidad apenas se emplea en la cocina hotelera.

Se prepara como la anguila y sirve también para diferentes sopas de pescado y para la bullabesa.

Dorada.—Se pesca, sobre todo, en el Mediterráneo y en el golfo de Gascuña. Es un hermoso pez, notable por sus grandes ojos y sus amplias escamas. Por su forma se parece un tanto al sargo. Su carne es blanca y firme.

Los mejores modos de condimentarla son: *asada, meunière* o *molinera* y *cocida.*

Dorada Saint-Pierre.—Es de color gris sucio. Su fealdad es notoria y su forma desgraciada. Quizá por estas tres causas goza de poco favor en algunos países. Sin embargo, es uno de los mejores pescados de mar que existen, y los ingleses, más prácticos que nosotros, lo tienen en gran estima. Su carne es blanca y delicada.

Eperlano.—Es pequeño. Mide sólo de 10 a 12 centímetros de longitud. Aunque se pesca en la desembocadura de los ríos se considera como de mar, ya que apenas los remonta más que las mareas. Su carne es delicada y perfumada. Hay que comerlo muy fresco.

Se prepara, casi siempre, *en fritura*.

Gallo.—Se parece al lenguado, sólo que su forma es más alargada y sus barbillas más largas. También es más plano y menos carnoso. Aunque poco estimado, es sabroso y de fácil digestión.

Se prepara del mismo modo que el rodaballo, la platija y el lenguado.

Halibut o fletan.—Por su forma se parece al rodaballo y al lenguado, pero es bastante más grueso. Es el "gigante" de los pescados planos. Puede alcanzar hasta 2 metros y pesar de 100 a 150 kilos. Es muy conocido en Holanda. En Noruega se seca y sala del mismo modo que el bacalao. La carne, blanda y grasa, es de difícil digestión. Fresco se prepara como el rodaballo.

Lamprea.—Se parece a la anguila por la forma de su cuerpo, pero difiere de ella por la conformación de su cabeza, que es redondeada. Su boca, como la de la sanguijuela, tiene la facultad de actuar como una ventosa y succionar con tal fuerza que puede quedar adherida a las maderas y piedras, e, incluso, a los cuerpos de los peces grandes. Los ejemplares mayores alcanzan cerca de un metro de largo.

Todas las preparaciones reseñadas para la anguila le son aplicables.

Lenguado.—Es uno de los pescados más utilizados en cocina. Más que ningún otro se presta a infinidad de preparaciones. Es frecuente en casi todos los mares. Durante el invierno baja al fondo del océano y no lo abandona hasta la primavera. Se nutre de pequeños mejillones y de huevas de pescados, pero tiene que defenderse de los cangrejos que le consideran presa fácil y apetitosa. El cuerpo del lenguado es aplanado y ancho, negruzco por encima y blanco lechoso por debajo. En las costas de Inglaterra alcanza, a veces, los 3 kilos de peso. De él se sacan filetes carnosos y sin espinas. Su carne es firme, blanca y sabrosa. Se sirve *entero* o en *filetes, frito, con salsas apropiadas, meunière o molinera, emparrillado, al gratin,* etc.

Merluza.—Es de carne blanca y sabrosa. Todos los modos de preparar el abadejo se aplican a este pescado, más fino, pero de más difícil conservación.

Morena.—Raramente se ve en los mercados. Es un pescado de alta mar, de la familia de la anguila, pero de dimensiones mucho mayores. Nada como la lamprea y los demás peces de su especie. Dicen que su mordedura es venenosa, por eso, cuando los pescadores la sacan fuera del agua, toman grandes precauciones. El modo más expeditivo para matarla es cortarle la cabeza y la extremidad de la cola. Esto es lo que suelen hacer los marineros. Cuando se cría en vivero alcanza un gran volumen. Se prepara como la anguila.

Mújol.—Abunda en el Mediterráneo, remonta los ríos y comprende un gran número de variedades que se distinguen más por los colores de sus escamas que por la calidad de las carnes. Sin embargo, es mejor el que habita en los fondos rocosos. Los que se pescan en los mismos puertos saben a cieno.

Se prepara *a la marinera, cocido, con salsas, emparrillado y a la menuière*. Su carne, sosa, pide una fuerte condimentación.

Las huevas, preparadas convenientemente, proporcionan un caviar aceptable.

Pescadilla.—Abunda en las costas europeas bañadas por el Atlántico. La del Mediterráneo es más grande, pero menos fina. Cuando se ven perseguidas por grandes peces se acercan a las costas para protegerse. Su lomo es de color oliváceo y el vientre de un blanco brillante con reflejos plateados. Se pesca durante todo el año, pero la época más favorable empieza en octubre y acaba en febrero. Su carne es delicada, tierna y digestiva. Es muy apropiada para enfermos y convalecientes.

Se sirve preferentemente *frita*, pero también puede prepararse en *filetes, al gratin, en salsa verde y en blanco*.

Platija.—Se parece al lenguado, pero se diferencia de él por unas manchas amarillas que aparecen en sus aletas, por su cabeza más puntiaguda y un saliente entre los ojos. Es un pescado muy común que abunda en todas las costas. Su carne es blanca e insípida. Necesita una buena condimentación.

Suele servirse *frita*. También se prepara *a la meunière y al gratin*.

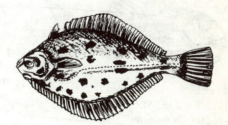

Fig. 59.
Platija

Raya.—Es de cuerpo ancho y plano y puede alcanzar grandes dimensiones. Su cola es grande y voluminosa. Casi nunca se vende entera en los mercados. Normalmente se le elimina la cabeza y la cola para facilitar el transporte. Existen diferentes variedades, casi todas comestibles. Antes de emplearla es conveniente ablandarla a golpes, sin exagerar, pues se descompone muy pronto y, entonces, exhala un olor a amoníaco tan desagradable como malsano. La raya es un alimento de primer orden, tan rico en nitrógeno como la carne. Contiene, además, gran cantidad de fósforo.

Se prepara *frita, a la meunière,* pero como mejor está es *cocida* y acompañada con mantequilla negra, alcaparras y unas gotas de vinagre.

Róbalo o lubina.—Mide de 30 a 80 centímetros de longitud y su carne es

Fig. 60.
Raya

Fig. 61.
Salmonete

Fig. 62.
Lenguado

muy estimada. El róbalo común se pesca, sobre todo, en el Mediterráneo, en las costas del mar del Norte y en el Atlántico.

Existen otras variedades: el rayado, que se pesca en las costas rocosas de América, y el "águila de mar", que puede alcanzar dos metros de longitud.

Puede servirse *cocido, emparrillado, a la meunière y en filetes,* o como elemento de la bullabesa.

Rodaballo.—Hay varias especies. Se pesca en todas las costas europeas. Una de las mejores variedades se pesca en el Mediterráneo, especialmente en las costas rocosas. La carne del rodaballo es exquisita, de digestión fácil, de buen gusto, reparadora y recomendada para estómagos delicados y para convalecientes. Se prepara, casi siempre, *cocido,* acompañado con diversas salsas. Puede servirse también *en filetes, a la meunière, al gratin, a la mornay,* etc.

Tiene mucho desperdicio, sobre todo las hembras. Para obtener una ración de 300 gramos, por ejemplo, hay que adquirir 400 gramos.

Salmonete.—Es un pescado muy solicitado por los buenos degustadores. Con este nombre se conoce a una serie de pescados rojos, de los que existen unas ocho variedades; pero el verdadero salmonete es el que tiene dos barbillas en la mandíbula. El dorso es rojo, los flancos y el vientre rosa argentado, la cabeza fuerte y la boca pequeña. Abunda en el Mediterráneo. Su carne es blanca, muy fina y delicada.

CARACTERISTICAS DE ALGUNOS PESCADOS DE MAR

Se prepara *emparrillado, frito, a la provenzal, a la oriental, al horno y al gratin en frío.*

Sardina.—Es pequeña, parecida al arenque y, como él, nómada; viaja formando bancos. Se pesca en alta mar y en las costas. Constituye la base de la mayor industria pesquera del hemisferio occidental. La sardina es delicada y no puede exportarse fresca, pues se descompone muy pronto.

Se prepara *frita, a la provenzal,* etc. Se conserva *salada, ahumada,* en *latas, en aceite* y *en tomate,* etc.

Para su conservación se fríen ligeramente en aceite antes de envasarlas. Una vez soldadas, las latas se esterilizan al baño maría durante una hora. Así se conservan las sardinas mucho tiempo. Se las sirve como entremés.

Fig. 63. *Rodaballo*

Fig. 64. *Atún*

CRUSTACEOS, MARISCOS, BATRACIOS, MOLUSCOS Y REPTILES

Los crustáceos, que sustituyen al pescado en muchas ocasiones, son platos de lujo y de alta cocina, debido a sus elevados precios. Entre los más apreciados citaremos el *bogavante,* el *cangrejo de mar y río,* la *cigala,* la *langosta* y el *langostino.*

Los crustáceos tienen la particularidad de enrojecer al cocer, debido al color carminado que tienen y que, en el momento de la cocción, se extiende por las porosidades del caparazón. Excepto el cangrejo de río, todos los crustáceos son marinos.

CONOCIMIENTO DE LOS PRODUCTOS

Generalmente se sirven fríos, *cocidos, al caldo corto,* acompañados con *salsa mayonesa.* También se toman calientes *a la americana, a la Newbourg, a la cardenal, bordelesa, emparrillados* de.

Bogavante.—Se pesca en grandes cantidades en los mares del norte. Abunda en las costas de Noruega, de Escocia, del Atlántico y en América, donde constituye un importante comercio.

En conserva se emplea como entremés.

Tiene dos pinzas, casi siempre desiguales, una oval, grande; la otra, oblonga, más pequeña. Es de color verde oscuro, tirando a negro, con las antenas rojizas. Cuando se compran bogavantes vivos hay que tener la precaución de atarles las pinzas para que no se hieran entre sí. Las langostas y los bogavantes que se compran cocidos suelen estar mal preparados y tener varios días. Deben comprarse vivos. Para comprobar su vitalidad se los coge por el centro del cuerpo.

Camarón.—Es el más pequeño de los crustáceos de mesa. Existe una gran variedad de camarones y se pescan en todas las costas. El más estimado es el del mar de la Mancha, en los alrededores de Cherburgo. El camarón rosa, que se vuelve rojo en la cocción, es el más sabroso; el gris, que no cambia de color después de cocido, es inferior. Se emplea casi siempre como *guarnición,* como *entremés,* en *budines, salsas, tortillas,* etc.

Cangrejo de mar.—Hay varias clases y algunas viven en aguas estancadas o pantanosas. Estos crustáceos son peligrosos, pues pueden ocasionar enve-

Fig. 65.
Cangrejo

nenamientos, debido a la alimentación; como son muy voraces, comen cualquier cosa, hasta cadáveres de animales, etc.

Se preparan como los bogavantes o langostas y los congrejos de río. Con ellos se hacen *jugos, ensaladas* y *entremeses.*

CRUSTACEOS, MARISCOS, BATRACIOS, MOLUSCOS Y REPTILES

Cangrejo de río.—Llegan a alcanzar edades hasta de veinte años y no están verdaderamente buenos hasta que tienen cinco o seis años. Es un plato muy apreciado. Algunos ríos los producen muy grandes, como los del Rhin, que son muy famosos. Sólo se pescan en ciertas épocas del año y únicamente durante algunas semanas. Como los de mar, son muy voraces, y, entre ellos, entablan luchas encarnizadas, con pérdidas de miembros, pero, como todos los crustáceos, tienen la facultad de regenerarlos. Esto explica por qué se encuentran ejemplares con una pata más corta que la otra o pinzas desiguales.

Se suelen servir fríos, como *entremeses;* calientes, a la bordelesa, a la Nantua y *a la polaca;* también sirven para *guarnición de pescados, timbales,* etc. Con ellos se hace la famosa *sopa de cangrejos.*

Cigala.—Su tamaño se aproxima al del cangrejo grande de río. Su color es anaranjado, los extremos de sus pinzas y patas son blancos y, al cocer, no cambia de color. A veces alcanza gran tamaño.

Se prepara como todos los crustáceos y se utiliza, también, para la bullabesa.

Langosta.—Se diferencia del bogavante porque carece de pinzas y por sus antenas más largas que el cuerpo, recubiertas de pelos y púas. Su carne es más tierna y más sabrosa. La langosta se pesca en todos los mares, pero, sobre todo, en los de aguas cálidas, en las costas de Francia, España y Portugal. Las mejores son las del Mediterráneo. Desde hace años, grandes barcos pesqueros van a buscarlas a las costas de Africa. Estas langostas, aunque buenas también, no son tan excelentes como las de las costas europeas.

En el momento de ponerlas a cocer, las langostas, lo mismo que los bogavantes, deben estar vivas. La carne de una langosta muerta antes de su cocción está fofa y no tiene sabor. Su peso se calcula en relación al volumen. Puede medir hasta 40 centímetros de largo y pesar de 1 a 4 kilos.

Langostino.—Es de color blanco sucio y, al cocerse, se vuelve blanco rosado. Su caparazón es, por lo general, aquillado y alargado por delante; su abdomen es largo y encorvado. Son excelentes los de las costas del Mediterráneo, donde llegan a alcanzar hasta 25 centímetros de largo. Su carne es muy apreciada.

Se preparan igual que las langostas.

MARISCOS

Almeja.—Se encuentra en todos los mares del globo, sobre todo en las regiones frías. A veces produce trastornos parecidos a la indigestión. Las almejas cogidas en el fango suelen ser perjudiciales y hay que abstenerse de comerlas desde finales de abril hasta primeros de septiembre.

Antes de servir las almejas hay que rascarlas y limpiarlas en varias aguas. Apenas se consumen crudas. Se preparan *a la marinera, a la Cantabria,* en *salsa poulette,* y, sobre todo, *como guarnición de pescados.*

Ostra.—De todos los mariscos es el más apreciado. Casi siempre se consumen crudas, dispuestas en sus mismas conchas sobre hielo picado y acompañadas con rebanadas de pan moreno con mantequilla y unos trozos de limón. Abundan en las costas del Atlántico y en los mares de la Mancha y del Norte. La ostra alcanza su máximo tamaño a los tres o cuatro años. Las especies más famosas son las de Cancale, Rochefort, Grandeville, Ostende, Arcachon y Marennes. En España, las de El Grove, Villagarcía de Arosa y Arcade. Las llamadas **Marennes verdes** son las más estimadas y disputan el primer puesto a las ostras inglesas, según los gastrónomos. Hace años que ha aparecido una nueva ostra, cada vez más solicitada: la **portuguesa** u **ostión,** cuya concha es deforme, gruesa e irregular, pero su carne, aunque menos delicada que las otras, no está exenta de grandes cualidades que le valen numerosos partidarios.

Las ostras se transportan en cajitas de madera, en las que se disponen horizontalmente con la valva hueca hacia abajo y protegidas con plantas marinas para abrigarlas del contacto del aire.

Se sabe que la ostra está fresca cuando opone fuerte resistencia al intentar abrirla; cuanto más difícil resulta separar las valvas, más fresca está. Se conoce que está sana por la nitidez de su carne, así como por la limpidez de las aguas donde se cría. La ostra enferma está entreabierta, su cuerpo es blando y lechoso. Al abrirla hay que cuidar de que su carne quede entera. Los meses cálidos son desfavorables para la ostra; su transporte entonces es delicado y peligroso —no hay que olvidar que debe ser consumida viva, pues muerta puede causar graves intoxicaciones—. Su máxima calidad la alcanza a partir del mes de noviembre.

La ostra también se puede consumir cocida, como guarnición de algunos platos y entremeses calientes.

Caracol

Para que el caracol posea todas las cualidades apreciadas por sus adeptos debe ser cogido cuando está "tapado", es decir, de finales de octubre a mediados de marzo. Si se cogen antes de este período, para guisarlos hay que haberles hecho "ayunar" durante unos quince días, con el fin de "purgarlos" y evitar indigestiones debidas a las hierbas que han ingerido. El caracol de viña es de más calidad.

Como mejor se preparan es *a la bordelesa,* pero ciertos guisos meridionales dan resultados deliciosos.

Rana

Sólo se come la parte trasera, es decir, las ancas, que se suelen vender ensartadas en espetones de madera. La primera condición para su empleo es que estén frescas y se sabe porque la epidermis aparece tensa y brillante. Su mejor momento es el otoño.

Es un alimento ligero, fácil de digerir, apropiado para enfermos y convalecientes. Antes de prepararlas hay que cortarles los extremos.

Se las sirve a la *marinera, meunière, en salsa poulette, fritas, a la provenzal,* etc.

Tortuga

Entre las numerosas variedades de tortugas marinas existentes, hay una que, desde el punto de vista gastronómico, supera a todas por sus grandes calidades: la *tortuga verde* o *camuaga*. Las otras, en general, son buscadas, más en razón del precio que alcanzan sus conchas que por su empleo en cocina, pues muchas de ellas no son comestibles.

La tortuga verde sólo se cría en los grandes mares. Desde el Senegal a Australia y de Australia a los mares del Japón se la encuentra por todas partes. La tortuga verde alcanza dimensiones considerables y llega a pesar hasta 400 kilos. Pero desde el punto de vista culinario, las más estimadas son las medianas, cuyo peso oscila entre 100 y 150 kilos.

Las tortugas se capturan en grandes cantidades en las costas arenosas y desiertas de las islas de la Ascensión y San Vicente, donde acuden dos veces al año para poner sus huevos. También se capturan en alta mar, donde, cuando el tiempo es calmo y la mar tranquila, suben a la superficie para dormir y calentarse al sol.

Parte de las tortugas así capturadas se transportan vivas a los más diversos lugares, pero, sobre todo, a América e Inglaterra. Sin embargo, a pesar del gran consumo de tortugas, los pescadores no encuentran salida suficiente para su botín, por ello ponen en conserva las partes más apreciadas que más tarde exportan en latas o las secan al sol para su posterior venta.

De todas las sopas que se consumen en América e Inglaterra, la más estimada es la de tortuga de mar. Hoy se sirve la *sopa de tortuga*, clara o ligada, en toda Europa.

LAS CARNES

La carne se compone principalmente de albúmina, grasa y agua, en cantidades variables que dependen de la especie y estado del animal.

Aproximadamente, 100 gramos de carne contienen:

	Albúmina	Grasa	Agua
Buey-vaca			
Carne grasa	19	25	55
Carne magra	21	4	74
Ternera			
Carne grasa	19	11	69
Carne magra	22	2	75
Carnero			
Carne grasa	17	29	53
Carne magra	21	4	74
Cerdo			
Carne grasa	16	34	49
Carne magra	21	7	71

Se dice que la carne es **jaspeada** cuando contiene una buena proporción de grasa **entre** los músculos; **punteada**, cuando la grasa se encuentra **dentro** del músculo —entre las fibras musculares—; **blanca**, cuando es rica en grasa, pobre en sangre y en pigmentación muscular.

El sabor y calidad de la carne varía, para un mismo tipo de animal, según los años, raza, nutrición, clima y estado de salud. El pasturaje en prados o los piensos a base de heno o herbajes perfumados de ciertas regiones, dan carnes de buena calidad. No ocurre igual con los animales que se engordan a base de desperdicios —residuos de hoteles, desechos de verduras— que dan carnes de calidad inferior.

Hay animales que proporcionan **carnes rojas** y otros **carnes blancas.**

Entre los primeros tenemos: buey, vaca, cordero, cerdo, caballo; la caza de pluma y pelo; algunos volátiles como la oca, el pato, el pichón y la pintada;

entre los segundos: ternera, cordero lechal, cabrito, conejo y algunas aves de corral, como el pollo, la pularda, el capón, la gallina y la pava.

Los animales deben permanecer en los mataderos por lo menos veinticuatro horas antes de sacrificarlos. El transporte, la marcha, al fatigarlos provoca un calentamiento de la musculatura y si el animal es sacrificado inmediatamente su carne tiende a la descomposición. Ahora bien, esas veinticuatro horas debe estar en ayunas, pues, si come, como después del sacrificio la digestión no se interrumpe, ciertos microbios pasan del intestino a la sangre, corrompiendo la carne rápidamente. Además, los gases que se desprenden del estómago y del intestino pueden impregnar la carne y reventarla. Por eso hoy se eviscera al animal antes de quitarle la piel. El sangrado se hace inmediatamente después de muerto, para obtener carnes limpias de sangre, condición indispensable para su buena conservación. A continuación se despoja de sus vísceras y se pasa a desollarlo. Las reses se dividen en dos o cuatro partes para facilitar el transporte hasta las carnicerías. Los despojos u órganos interiores se llevan a despachos especiales, triperías, donde se limpian y preparan. La diferencia entre el peso de los animales vivos y el de los mismos en canal, es decir, la pieza en bruto vendida al carnicero, es muy importante. El rendimiento aproximado es el siguiente:

55 % para el buey o vaca   50 % para el carnero
60 % para la ternera   70 % para el cerdo

Como es lógico, estos porcentajes están sujetos a pequeñas variaciones, debidas a ciertos factores: edad, raza, estado físico y robustez. El conocimiento de estas proporciones sirve para saber determinar el peso y precio de la carne en relación al precio del animal vivo. Por ejemplo: una res viva pesa 950 kilos. Si se le considera un rendimiento del 55 %, su peso en canal será de 522,5 kilos. Es decir: si el precio de la res viva es de 42 pesetas kilo, el precio de la res en canal es de 76,32 pesetas kilo.

Tanto el carnicero como el jefe de cocina han de tener en cuenta una pérdida de peso debida a circunstancias diversas:

1. Se sabe que la carne contiene una importante parte de agua, calculada del 65 al 75 % si es magra y del 35 al 45 % si es grasa.
2. La experiencia demuestra que una carne, expuesta un tiempo normal y en buenas condiciones, hasta el momento de su venta, pierde un 7 % de su peso, aproximadamente.
3. Las carnes expuestas al público varias horas, o conservadas demasiado tiempo en el frigorífico, necesitan refrigerarse para evitar un aspecto desagradable o un olor a carne muy reseca.
4. Hay que limpiar las grasas de las carnes para contentar a los clientes.

Los datos anteriores tienen por objeto asesorar a compradores y vendedores para que puedan determinar y comprobar el precio de compra o venta de la carne.

Los mataderos, con sus instalaciones de establos, salas de sacrificio, etcétera, son, desde hace años, objeto de importantes perfeccionamientos. Los locales comunes han sustituido a los compartimientos particulares, donde el control resultaba más difícil. Las construcciones modernas están dotadas de sistemas de transportadores aéreos que permiten el traslado de las carnes desde todos los locales hasta el lugar de la carga, con lo cual se evita el manoseo y facilita los trabajos.

Desde que la carne sale del matadero hasta el momento de su consumo debe estar protegida de toda posibilidad de corrupción. Uno de los procedimientos más sencillos, para una conservación corta, es exponerla a una corriente de aire frío y seco y con la mayor oscuridad posible, con el fin de alejar las moscas.

El frío es el procedimiento más seguro de conservación. La congelación previene y detiene la corrupción, conservando la carne en buen estado durante mucho tiempo. El **frío artificial** ha hecho posible y fácil el transporte de carnes a grandes distancias.

Puestas de nuevo a temperatura normal, las carnes congeladas se conservan más tiempo en buen estado que las frescas, a condición siempre de que el deshielo se haga tomando ciertas precauciones, sin las cuales la carne perdería sus principales condiciones y cualidades. Deben descongelarse lentamente, en una cámara fresca y seca, a la temperatura de cero grados centígrados, para evitar que se cubra de escarcha. También puede colocarse en una corriente de aire, teniendo cuidado de limpiarla frecuentemente con un trapo seco.

Cuando la carne se enfría a 2 ó 3 grados bajo cero, no está congelada, pero puede conservarse durante varias semanas sin perder sus cualidades ni modificar su aspecto, siempre que esta temperatura se mantenga en cámaras con el conveniente grado de humedad. Aparte de la impresión de frío que produce, no se distingue de una carne recién sacrificada. Y lo mismo ocurre después de la cocción.

La consistencia firme y elástica de una buena carne varía según el tiempo transcurrido desde el sacrificio. La carne recién sacrificada, todavía palpitante y blanda, se vuelve más consistente después de la cocción que la carne seca. Prácticamente la carne no se consume hasta varios días después de sacrificada, sobre todo la de buey, vaca, cordero, cerdo y caza. Las transformaciones que se consuman durante el faenado, oreo y conservación, hacen a la carne más tierna, por una especie de maceración debida a la acumulación del ácido láctico.

La menor o mayor gordura de un animal sirve para determinar su calidad. Cuanto más graso es, más sabrosa y tierna será su carne. Los animales magros, en cuanto a calidad de la carne, ocupan el último lugar.

Como ya hemos visto anteriormente, la carne magra contiene hasta un 75 por 100 de agua, es decir, dos veces más que la carne grasa, que sólo contiene un 35 por 100. La merma de esta última es considerable, debido a la licuación de la grasa, mientras que la magra apenas pierde peso, dado que sus fibras musculares se atrofian y los huesos, tendones, nervios y pieles no varían. Sin embargo, la compra de carne magra supone una falsa economía, pues lo que se recibe principalmente es agua, huesos y nervios, mientras que la parte nutritiva del músculo ha desaparecido casi por completo.

Cualquiera que sea la calidad de una res, no todas sus partes tienen el mismo valor, o mejor aún, no son igualmente solicitadas. Por eso se clasifican de acuerdo con las partes a que corresponden.

El modo de dividir el animal en la carnicería, su troceo, nomenclatura y clasificación varía bastante de un país a otro. Pero, de un modo general, se puede decir que los trozos más estimados pertenecen a la zona muscular que rodea la pelvis, la columna vertebral —menos el cuello y el rabo— y la pierna. Los trozos de segunda contienen más nervios y se detallan más difícilmente: paletilla y costillar bajo. Los trozos de tercera están situados en las regiones extremas —patas, cuello, carrillada— y partes inferiores de las paredes abdominales y torácicas.

Carnes nocivas

La carne es un alimento de primer orden, pero su buen estado y calidad no son fáciles de distinguir por un consumidor inexperto. Pocos artículos hay tan sujetos a errores de apreciación.

Por la facilidad con que se descompone, pronto puede ser inadecuada para el consumo. La carne de un animal enfermo es muy peligrosa debido a los elementos contagiosos que contiene.

De acuerdo con las legislaciones actuales, los veterinarios mandan retirar del consumo toda aquella carne que presente principios virulentos o tóxicos para el hombre, o alteraciones que la adulteren, haciéndola repugnante, indigesta, insuficientemente nutritiva, o pueda provocar trastornos al consumidor. Estas carnes son recogidas y destruidas por el fuego (incineración).

A veces aparecen en las carnes larvas de moscas, de gusanos y de moscardas, pero esto no es grave. La eclosión de los huevos se produce en unas horas y las larvas invaden los intersticios musculares; por repugnante que sea, la presencia de esas larvas no hace a la carne incomestible. Si no hay putrefacción o descomposición, una simple y cuidadosa limpieza basta para que la carne quede utilizable.

Alteraciones debidas a enfermedad o estado particular de la res

La investigación de las diversas causas de insalubridad, debidas a enfermedad o a ciertos estados de la res, es la parte más difícil de la tarea de un inspector veterinario. El examen del animal entero, o en cuartos, en el matadero, cuando los principales órganos pueden verificarse, permite reconocer la carne impropia para el consumo. En la carnicería ya es más difícil, pues la carne se ha troceado y sólo se puede juzgar secciones musculares y óseas, grasas y lo que resta de las membranas serosas, vasos sanguíneos y ganglios linfáticos.

Las causas de insalubridad pueden clasificarse en cinco grupos:

Carnes no alibles.—Son las carnes de animales demasiado jóvenes —terneras, corderos lechales— sacrificados demasiado pronto, después de su nacimiento. La carne es pálida, blanda, gelatinosa; los huesos, blandos; la grasa, gris y sucia. Estas carnes carecen de todo valor nutritivo —no alibles— y sus propiedades laxativas se clasifican entre las carnes malsanas.

Magrez extrema.—Es una importante reducción de volumen de los músculos, pudiendo llegar a la caquexia (adelgazamiento pronunciado, atrofia de músculos y desaparición de la grasa que se vuelve gelatinosa). Esta carne es impropia para el consumo.

Carnes repulsivas.—La ictericia es muy pronunciada; es decir, la intensa coloración amarilla de la grasa y de los tejidos blancos hacen a la carne invendible.

No hay que confundir esta alteración ictérica con la coloración amarillenta de la grasa de ciertos animales alimentados en prados, que en nada merma su calidad.

En la categoría de carnes repulsivas entran también las carnes con olor anormal, como consecuencia de la ingestión de ciertos remedios o alimentos, de secreciones, o por haber conservado largo tiempo sus vísceras después de sacrificada. En cualquier caso esta carne debe eliminarse del consumo.

Carnes enfermas.—En esta clasificación entran las carnes de animales que padecen enfermedades inflamatorias agudas. Las variables alteraciones que presentan son visibles, principalmente, en las partes carnosas voluminosas (pierna, lomo) y se dividen en:

febriles, cuando las carnes provienen de animales que han tenido calentura. El músculo aparece decolorado y, al cortarlas, al contacto con el aire, toman un tinte rosado característico que las distingue fácilmente si se compara con un segundo corte más reciente. La carne, además, se presenta acuosa, desprende un olor repelente, como el del cloroformo; en el buey huele a leche agria. Según el grado de alteración, la carne se declara condicionalmente apropiada o impropia para el consumo;

sanguinolentas, cuando provienen de animales que han sangrado mal, como consecuencia de contusiones o heridas. También pueden provenir de animales que hayan padecido cólicos, frío o calor; los vasos sanguíneos contienen entonces sangre o coágulos y se comprueban hemorragias en diferentes músculos. Cuando el aspecto sanguinolento es general, la carne no puede venderse.

fatigadas, cuando provienen de animales sometidos a violentos esfuerzos musculares; cansados por transportes penosos, marchas largas o forzadas, o que hayan sufrido malos tratos, etc. Estas carnes contienen una gran cantidad de desperdicio debido a la fatiga muscular. La carne muy trabajada se colorea excesivamente (rojo oscuro) y se seca y endurece; tiene un olor característico, parecido al de la manzana reineta. Es de difícil conservación pues se corrompe fácilmente.

Afecciones parasitarias.—La lepra, enfermedad verminosa de los músculos, se observa principalmente en el cerdo y el buey o vaca. Se caracteriza por la presencia de pequeñas vesículas transparentes, alojadas en el espesor de la carne muscular.

La enfermedad es bastante frecuente en los cerdos de determinadas comarcas y se conoce porque la vesícula ovoide presenta un gran diámetro, que puede variar de 5 a 10 milímetros. En su superficie se observa un puntito blanco, opaco, que se destaca sobre el fondo redondo de la superficie del músculo o de la sección. Ese punto no es otra cosa que el embrión o larva de la tenia (solitaria). Introducido en el tubo digestivo del hombre se desarrolla y se transforma en gusano adulto, solitaria. El número de vesículas leprosas es a veces considerable y la carne está como cribada.

La cocción mata al germen de la tenia cuando la temperatura alcanza los 90 grados centígrados. Por esto, en los países de poco consumo de cerdo crudo, son raros los casos de infección por la tenia. La salazón de la carne de cerdo destruye también los parásitos pasadas tres o cuatro semanas. En la carne salada la vesícula disminuye de tamaño y sólo es visible el puntito blanco.

ALGUNAS NORMAS SOBRE INSPECCION DE CARNES

Todos los países tienen montados servicios de inspección sanitaria para impedir la venta y consumo de todas aquellas carnes que se encuentren en malas condiciones.

En España, desde el año 1914, está prohibido el sacrificio de reses fuera de los mataderos municipales. En las zonas rurales que no disponen de tales establecimientos oficiales se autoriza a sacrificar el cerdo y otros animales menores en los domicilios particulares, pero a condición de someterlos, previamente, a la inspección veterinaria.

Las carnes y preparados cárnicos que entren en las localidades de consumo han de ir acompañados de sus correspondientes certificados de sanidad, expedidos por el veterinario o inspector del matadero de que procedan.

Sobre marcados de carnes, el Código Alimentario Español establece en su artículo número 3.10.07: "Las canales de las carnes frescas de consumo local serán marcadas con carácteres legibles e indelebles, a tinta o fuego, en cada uno de sus "cuartos", como mínimo, con el sello de Inspección Sanitaria correspondiente al matadero de procedencia. Esta marca podrá ser sustituida por marchamos metálicos, plásticos, o de cualquier otra materia que se autorice, sujetos a la canal por precintos invulnerables.

Las carnes defectuosas que se autoricen para el consumo llevarán debajo del sello de Inspección una **D** (inicial de defectuosa), de tamaño igual al resto de la inscripción. Esta inicial, de análogas dimensiones, será la **L** (inicial de lidia), cuando las canales procedan de reses sacrificadas en lidia, y una **E** (inicial de équido) cuando sean de caballar, mular o asnal.

En las carnicerías se conservará para vender en último lugar la zona donde se halla el distintivo de la Inspección Sanitaria de las carnes.

CONOCIMIENTO DE LOS PRODUCTOS

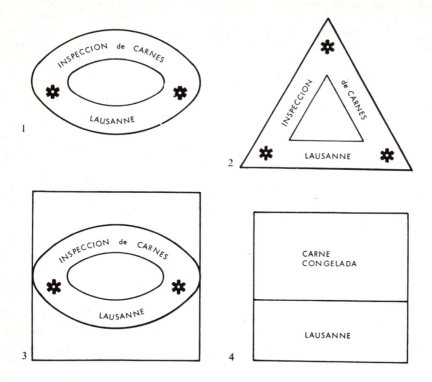

Fig. 66. *Sellos de inspección usados en Lausana, Suiza*

Las canales de las carnes refrigeradas y congeladas serán marcadas o distinguidas, además, con el número de registro oficial sanitario del matadero frigorífico de procedencia.

La carne troceada y fileteada, para ser vendida, irá en envases de material plástico o de cualquier otro autorizado en el capítulo IV de este Código, con los distintivos de color correspondientes a la clase y categoría que corresponda, fijado en las reglamentaciones complementarias. En las bolsas y envolturas constará, además de los datos exigidos en el artículo 2.04.17, el número del registro sanitario del matadero de procedencia, llevando sujeto el marchamo correspondiente que garantice la salubridad de estas carnes.

Si los trozos, filetes o picado procediesen de un almacén frigorífico autorizado para realizar estas operaciones de fraccionamiento de carne, en la envoltura o bolsa y marchamos se hará constar, además del número del matadero de procedencia, el del almacén donde ha sido fraccionada."

CARACTERISTICAS, ASPECTO Y NOMENCLATURA DE LAS PIEZAS Y TROZOS DE LOS DISTINTOS ANIMALES DE CARNICERIA

El buey y la vaca

Estos animales son los más extendidos por la geografía del hombre y sus carnes son de las empleadas en cocina. Son los bóvidos más comunes en Europa, en la mayor parte de Africa y Asia, en Australia y América. De América nos llegan los extractos de carnes como: Liebig, Bovril, etc., al tiempo que la mayoría de las carnes congeladas. En general, los países de las zonas templadas son los mejores para el buey y la vaca, pues los climas extremados sólo producen razas viciadas o deformes. En Europa, los principales países productores de ganado bovino son Francia e Inglaterra.

Francia cuenta con las famosas razas Charolesa y Limosina, entre otras. Inglaterra, país donde se consume mucha carne de buey, cuenta, entre otras, con las razas Scotch Highland, Sussex y la Hereford, la más estimada. Otros países producen también excelentes carnes: Holanda, Dinamarca, Suiza, Alemania y, naturalmente, América.

Las características generales de una buena carne de buey o vaca son las siguientes:

        olor característico: agradable y fresco;
        color rojo vivo;
        consistencia firme;
        carne jaspeada;
        grasa bien distribuida;
        grano fino.

La carne de las costillas debe poder separarse con facilidad; no se debe consumir hasta pasados unos días después de sacrificada.

Según la raza o nutrición, la grasa adquiere a veces un color amarillo, pero no debe ser muy acentuado. La carne roja amarillenta proviene de vacas viejas. La carne de toro es roja-negra, dura y desprende un olor desagradable. Generalmente no se utiliza en la cocina de hoteles y restaurantes.

Clasificación y empleo de los trozos

La clasificación y distribución del buey o la vaca no es igual en todos los países. En España se divide en trozos y éstos en calidades, que son las siguientes:

Primera calidad: Solomillo, lomo bajo, alto, o chuletas, cadera, babilla, tapa y contratapa.

Segunda calidad: Espaldilla, aguja, morcillo, tapa de chuletas.

Tercera calidad: Falda, pescuezo, pecho, rabo.

CONOCIMIENTO DE LOS PRODUCTOS

Existe otra calidad que podríamos llamar **escogida**, que se refiere exclusivamente al solomillo.

El *solomillo* sirve para asados y emparrillados y proporciona los *chateaubriands, tournedos, filetes mignons* o *medallones*.

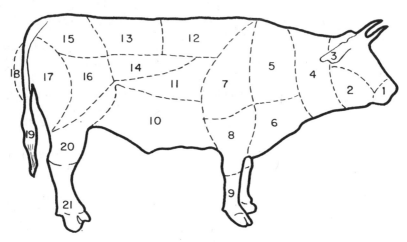

Fig. 67. *La vaca*

1) Morro.—2) Papada.—3) Oreja.—4) Pescuezo.—5) Aguja.—6) Pecho.—7) Espaldilla.—8) Morcillo.—9) Pata.—10) Falda.—11) Costillar.—12) Lomo bajo.—13) Lomo alto.—14) Solomillo.—15) Cadera.—16) Babilla.—17) Contratapa.—18) Tapa.—19) Rabo.—20) Morcillo.—21 Pata

El *lomo* se compone de dos partes: *lomo alto* y *lomo bajo*. El alto es la parte más ancha y se destina al *roastbeef* y *entrecôtes;* el bajo es la parte más estrecha y se emplea para asados y bistecs.

La *babilla,* para asados, imitando el *roastbeef.*

La *cadera,* para filetes y braseados.

La *contra,* para guisados, porque es algo seca.

La *tapa,* para filetes.

La *espaldilla,* cuartos traseros de la res, se emplea en trozos para guisados y braseados.

La *aguja,* para guisados, ragús, estofados, etc.

El *morcillo,* carne gelatinosa, es excelente para cocidos.

La *aleta,* parte del pecho sin huesos, para guisados, ragús y cocidos. La parte magra puede utilizarse para estofados y caldos.

El *pescuezo* y el *rabo* sólo se emplean para caldos y sopas.

En la tabla del carnicero la res se divide en cuatro partes: dos cuartos traseros y dos cuartos delanteros.

PIEZAS Y TROZOS DE DISTINTOS ANIMALES DE CARNICERIA

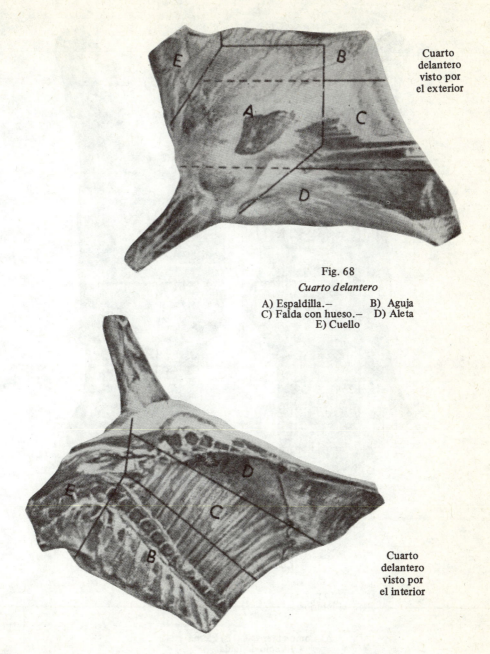

Fig. 68
Cuarto delantero
A) Espaldilla.— B) Aguja
C) Falda con hueso.— D) Aleta
E) Cuello

CONOCIMIENTO DE LOS PRODUCTOS

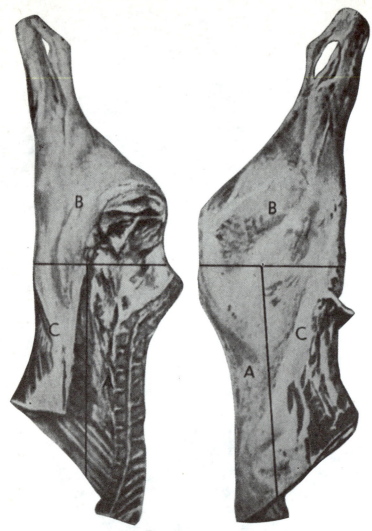

Fig. 69.
Cuarto trasero

visto por el interior   visto por el exterior

A) Lomo entero.— B) Pierna
C) Vacío de falda

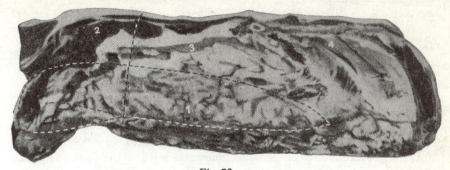

Fig. 70
Lomo entero
1) Solomillo.—   2) Tapilla.—   3) Lomo.—   4) Entrecôte

Fig. 71.
Lomo deshuesado
a) Tapilla.—*   b) Lomo.—*   c) Solomillo.
* Ver detalle de estas piezas en las figuras 98
y 99 de las páginas 194 y 196.

Los cuartos delanteros comprenden las espaldillas, la aguja, la aleta, la falda con huesos y el pescuezo.

Los cuartos traseros comprenden el lomo entero, pierna y falda (vacío).

Los despojos son:

Lengua: se sirve fría, salada o ahumada, cocida o braseada, caliente o fría.

Sesos: para preparar volovanes, fritos y rebozados.

Hígado y riñones: de calidad secundaria, apenas se emplean como no sea en algún plato muy determinado.

Tripas y callos: se emplean más en servicios de bares.

Mollejas y tuétano: sirven para los volovanes o como elementos de guarnición:

La ternera

La ternera lechal es la que ha sido exclusivamente alimentada con leche. Su calidad la alcanza hacia los dos meses de edad; antes su carne carece de valores nutritivos, es blanduzca, viscosa e indigesta. Los huesos son blandos y la carne, muchas veces, malsana.

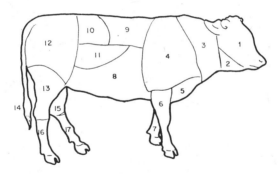

Fig. 72
La ternera

1) Cabeza.—2) Papada.—3) Pescuezo.—4) Espaldar.—5) Pecho.—6) Muñón.—7) Mano.—8) Falda.—9) Lomo alto.—10) Lomo bajo.—11) Riñonada.—12) Cadera.—13) Pierna.—14) Rabo.—15) Muñón.—16 y 17) Manos

Cuando la carne de ternera es de buena calidad presenta un color blanco sonrosado, firme al tacto; si, por el contrario, es de tono más oscuro, el animal o ha sido mal alimentado o ha comido hierbas o heno. Esta coloración se debe muchas veces a que la carne está fatigada.

La ternera se consume durante todo el año, pero su mejor época es de junio a septiembre.

Suiza, y concretamente el cantón de Berna, provee terneras de primera calidad. En Francia se pretende que las de los alrededores de París y las de Normandía, son las mejores. En España gozan de merecida fama las de Avila.

La carne de ternera, poco nutritiva, es, en cambio, refrescante y de fácil digestión. Su consumo es muy importante en los servicios de hoteles y restaurantes. Esta carne, sana y ligera, es muy indicada para la cocina de régimen. Cualquiera que sea su empleo, la carne de ternera debe servirse siempre bien cocida.

Clasificación y empleo de los trozos

Primera categoría: piernas, lomo o silla, lomo alto y *carré*.
Segunda categoría: espaldar, pecho.
Tercera categoría: pescuezo, muñones, cabeza y manos.
Despojos: lengua, sesos, hígado, mollejas, riñones, callos y manos.

Una pierna de ternera de 12 kilos se reparte del modo siguiente: tapa, 2,5 kilos; contra, 2 kilos; riñonada, 2 kilos; muñón, 1,5 kilos; huesos y desperdicios, 4 kilos.

Las diferentes partes de la pierna sirven para asados. De ella se obtienen los escalopes, *noisettes,* granadinas, rizos o pulpetas, *piccata* y *émincés*.

La silla, parte comprendida entre el lomo alto y la pierna, figura como gran plato o asado. Se sirve horneada o asada entera en sartén o cazuela. Cortada a lo largo en dos y deshuesada, envuelta con el *filete mignon* y los riñones, recibe el nombre de riñonada y se sirve horneada o asada entera en sartén o cazuela.

Cortada en lonchas, la silla proporciona los *steaks* de ternera.

Del *filete mignon* se obtienen *las noisettes* y medallones.

El carré es la parte comprendida entre la silla y el pescuezo. Se hornea entero. De él se sacan las chuletas, que se sirven empanadas, salteadas, emparrilladas, etc.

El espaldar deshuesado y enrollado puede hornearse o asarse en sartén o cazuela. Las partes de más nervios, así como el pescuezo y los muñones, se emplean para salteados, ragús, guisados y *blanquettes.*

El pecho se deshuesa y se hornea o se asa en cazuela o sartén. También se puede rellenar de diferentes modos. Cortado en amplias lonchas, se sirve como entrada con diversas guarniciones. Además se emplea para ragús y *blanquettes.*

Despojos: cabeza, manos, hígado, mollejas, seso. lengua, callos, grasa, huesos.

La cabeza, bien limpia y escaldada, se sirve como entrada, cocida y acompañada de salsas diversas; frita, rebozada o empanada.

CONOCIMIENTO DE LOS PRODUCTOS

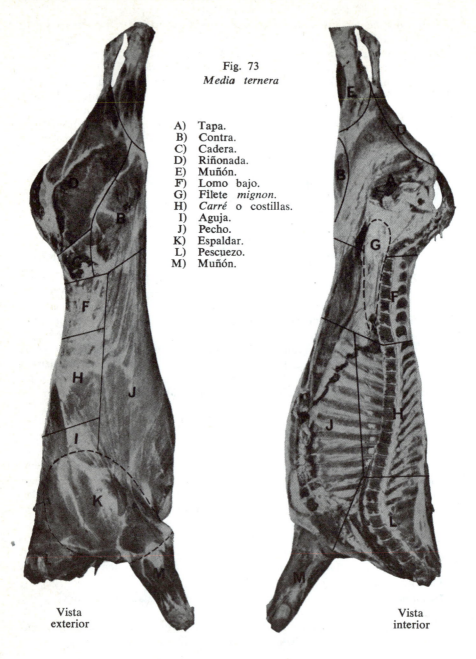

Fig. 73
Media ternera

A) Tapa.
B) Contra.
C) Cadera.
D) Riñonada.
E) Muñón.
F) Lomo bajo.
G) Filete *mignon*.
H) Carré o costillas.
I) Aguja.
J) Pecho.
K) Espaldar.
L) Pescuezo.
M) Muñón.

Vista exterior

Vista interior

Las manos se sirven a la *poulette,* en vinagreta, empanadas o emparrilladas. También se emplean para reforzar los fondos de braseados, para espesar los fondos de gelatina y para preparar los callos.

El hígado se sirve finamente cortado, salteado al vino blanco o al Madera, en lonchas salteadas en mantequilla, acompañadas de tocino emparrillado (hígado a la inglesa), en broquetas y entra en la confección de rellenos para *quenelles* y *pâtés*.

Las mollejas son excelentes y exquisitas entradas. Se sirven braseadas y acompañadas de guarniciones, en pequeños escalopes al natural o empanados. También se emplean en las guarniciones de carnes y aves, en los *bocaditos* y *volovanes*.

El seso se sirve cocido en mantequilla negra, *a la poulette, al gratin, en soufflés, rebozados;* también se emplea para los *bocaditos y volovanes*.

La lengua se sirve cocida o braseada como entrada.

Los callos se emplean más para servicios de bares.

La grasa, muy fina, cocida y mezclada con mantequilla, proporciona una excelente grasa para cocina.

Los huesos sirven para los caldos, cocidos, fondos blancos o tostados, sopas, salsas gelatinadas, *pâtés* y platos fríos.

El cordero

La denominación de cordero sólo se aplica durante su primer año de vida. Durante ese período de tiempo su carne sufre ciertas modificaciones, particularmente en el momento del destete. Hasta este momento se llama cordero lechal y tiene, aproximadamente, cuatro meses de vida. Su carne es blanca y de grano muy fino, después se vuelve levemente rosada y, por último, se oscurece.

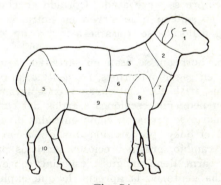

Fig. 74
El cordero
1) Cabeza.—2) Pescuezo.—3) Espalda.—4) Silla.—5) Pierna.—6) Costilla.—7) Pecho.—8) Espaldilla.—9) Falda.—10) Manos

CONOCIMIENTO DE LOS PRODUCTOS

Como todas las carnes blancas, la del cordero lechal debe cocerse muy bien, mientras que la del cordero mayor debe dejarse sangrante y rosada.

Para el consumo se destinan los machos; las hembras —ovejas—, para la reproducción y la leche.

En Suiza se crían muy buenos corderos, así como también en Inglaterra, Normandía, la comarca de Camargue (Francia) y Alemania, debido a una cuidada selección.

En España tienen fama los de Toledo, pero son excelentes los de toda Castilla, Aragón y Navarra.

De entre los infinitos modos de preparar el cordero, el mejor es, sin duda, el asado, que hace la carne más gustosa y digestiva.

Detalle de un cordero de 12 kilos

1. Silla: 2 kilos; *Carré* —espalda y costilla—, 1 y 1/2 kilos; las 2 piernas; 4 kilos.
2. Las 2 espaldillas: 2 kilos; costillar bajo y falda: 1 kilo.
3. Despojos, excepto los riñones y el seso, son de poco valor.
4. Huesos y desperdicios: 1 y 1/2.

Empleo de los diferentes trozos

El barón, trozo que comprende la silla y las dos piernas. Es muy apropiado para un servicio importante y se suele trinchar ante el cliente. Se *hornea* o se *asa a la broche.*

La silla es excelente horneada. Dividiéndola en dos, a lo largo, se obtiene el solomillo, que también puede asarse.

El carré, casi siempre se sirve asado. Cortado en chuletas, éstas se emparrillan, empanan, se saltean o se sirven en entradas diversas.

Las *piernas* puedan hornearse o asarse a la *broche,* en sartén o cazuela, o servidas a la inglesa.

Las *espaldillas* se hornean, se asan en sartén o cazuela, se cuecen a la inglesa, se preparan en ragús, navarines, *Irish-stew,* al curry, etc.

El *pecho* en ragús, *irish-stew,* al curry y en epigramas.

Las *noisettes* son pequeños escalopes sacados del *carré* o del solomillo; se saltean, se empanan o se preparan como entradas diversas.

El **carnero,** como el buey, proporciona una de las mejores carnes. Si es menos estimada, en cambio, presta preciosos servicios para la variación de minutas. Como esta carne tiene un gusto especial, sobre todo la de oveja o carnero viejos, mucha gente no la aprecia, lo que explica su escasa aceptación.

El carnero es originario de Asia, pero actualmente se cría en todas partes. La calidad depende de la raza, la nutrición, los pastos y el clima.

PIEZAS Y TROZOS DE DISTINTOS ANIMALES DE CARNICERIA

América del Sur y Australia poseen gran número de cabezas que destinan no sólo para carne, que en esos países no tiene gran valor, sino para la obtención de lana y cueros. Estos países exportan a Europa carneros congelados que proporcionan considerables servicios para la alimentación de las grandes ciudades, abasteciéndolas de carnes sanas y baratas.

En Europa, los mejores carneros y corderos se crían y seleccionan en los praderíos de las costas marítimas. Cuando mejor está la carne es en otoño y a principios del invierno, dado que han pasado el verano pasturando, porque está grasa y fina. La carne de los que pasan el invierno en los establos toma un sabor a lana y a sudor y un olor muy desagradable.

Hay carniceros, poco escrupulosos, que venden cabra por carnero. Se conoce porque el cuello de la cabra es más alargado y la carne del pecho es magra y por el saliente del espinazo. Mientras que el carnero de buena calidad tiene una carne roja, ligeramente oscura, con un grano tanto más fino cuanto mejor se haya criado.

Para que la carne de carnero esté tierna debe mortificarse. No se consume hasta después de ocho o diez días de sacrificado. Nunca debe tener más de dos o tres años; pasada esta edad, se vuelve duro y correoso.

Detalle de un carnero de 27 kilogramos:

Las dos piernas, 9 kgs.; los *carrés,* 4 kgs.; la silla, 3 kgs.; el pecho, 2,4 kgs.; las espaldillas, 4,5 kgs., y los huesos y desperdicios, 4 kgs.

Los despojos, como los del cordero, tienen poco valor.

Se preparan y guisan como los del cordero.

El cerdo

El cerdo de primera calidad tiene la carne sonrosada, veteada de grasa y el grano fino; el tocino es abundante, blanco y firme. Los cerdos alimentados con desperdicios vegetales, de pescados o de carnes descuartizadas, tienen la carne pálida, como lavada, y un olor, a veces, repugnante.

La carne de primera calidad se obtiene de cerdos castrados a los 30 ó 40 días de nacidos y sacrificados a los 12 ó 18 meses. Después ni el verraco, ni la cerda, aun castrados, dan buena carne.

La carne de cerdo se consume fresca o después de diferentes elaboraciones, como el salado, el ahumado y sus transformaciones en productos de charcutería.

La carne de cerdo la asimila fácilmente el estómago pero le obliga a una laboriosa digestión, que puede ayudarse con una masticación concienzuda (para que disocie las fibras) y por una cocción prolongada que destruya a un tiempo los embriones de la tenia y de la triquina. Los que sufren enfermedades de la piel no deben comerla.

La cocina de un hotel de primera categoría no puede servir frecuentemente cerdo, excepto el jamón. Por el contrario, es muy apreciado y solicitado en los restaurantes.

El detalle del cerdo comprende:

Trozos de **1.ª categoría:** jamón, lomos y solomillo.
Trozos de **2.ª categoría:** paletillas, pecho y pescuezo.
Trozos de **3.ª categoría:** cabeza, orejas, brazuelos, manos, rabo.

El empleo de los diferentes trozos es el siguiente:

El *jamón* puede condimentarse fresco, pero como más se consume es salado, ahumado o seco.

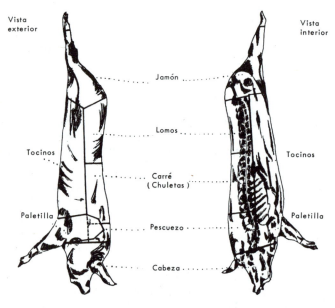

Fig. 75
El cerdo

Los *solomillos* se hornean o asan en sartén o cazuela. Se preparan también como las chuletas y acompañan al chucrut, coles, etc.

Los *lomos* se preparan como los solomillos y las chuletas se emparrillan, empanan, saltean, etc.

Las *paletillas*, con más cantidad de nervios que los jamones, pueden emplearse frescas, horneadas o asadas en sartén. Deshuesadas, enrolladas, ahumadas y saladas, se utilizan como el jamón. El *pecho* se usa fresco para ragús, farsas para terrinas o *pâtés*. *Salado* proporciona el tocino magro para el chucrut, coles, etc. *Ahumado* da el tocino magro ahumado o "bacon". La *cabeza, lacón, manos, orejas, jeta* y *rabo* se salan. Estos trozos se emplean para guarnición del chucrut, la compota, las coles, así como para los potes, muy apreciados como platos regionales.

El *lechón* se suele preparar entero, al horno y, a veces, relleno.

Algunos países están especializados en la salazón del cerdo y, en particular, del jamón.

Entre los **jamones franceses,** gozan de reputación, los de Bayona y Reims. El de Bayona se distingue por la firmeza de su tocino y el sabor aromático de su carne.

Los **jamones alemanes** de más renombre y consumo son los de Munich, Hamburgo, Ghotha y Stuttgart. Son apreciados por la firmeza de su carne magra, que permite comerlos crudos.

Los **jamones de Parma** también son muy apreciados y finos, pero, al estar poco salados, no se conservan mucho tiempo.

Los **jamones suizos** también son muy requeridos, sobre todo los de la montaña, salados y secados al aire. Son excelentes para comer crudos.

Los **jamones de Italia,** de Parma o Módena, son poco conocidos fuera del país. Están preparados pero pecan de salados. En Italia se acostumbra a conservar los jamones en aceite, manteniéndolos frescos y preservándolos del enranciamiento y los insectos.

Los **jamones de Inglaterra** son muy famosos por la calidad de las distintas razas de cerdos, mejoradas y seleccionadas por medio de cruces. Lo mismo que en los bovinos, los ingleses han llegado a reducir la grasa y los huesos de los cerdos, en provecho de la carne, gracias a una alimentación estudiada que aumenta su delicadeza. Los jamones de York, con sus particulares métodos de salazón, son los más famosos. Se comen calientes o fríos.

Los **jamones de España** gozan de una grandísima fama, sobre todo los llamados *serranos*. Son poco salados.

Las aves de corral

Las hay **de dos clases:** de **carnes blancas** y de **carnes rojas.**

Entre las primeras se cuentan las de la gallina, la *poularde,* el capón, el pollo, la pintada, la pava, el pavo y el pavipollo.

Entre las segundas se encuentran los patos, pichones, palomos y ocas.

La cría y engorde de las aves es una rama importante de la producción agrícola. Los países donde se cultivan abundantemente los cereales son los que proporcionan las mejores razas. En Francia tenemos las de Bresse, Mans, Flèche, Houdan y Normandía, que son aves de gran calidad. Holanda, Bohemia y Bélgica también producen aves excelentes, pero sin comparación con las francesas. La supremacía de estas últimas se debe, sin duda, a las razas, selección, alimentación y clima.

De unos años a esta parte se han creado en otros países europeos explotaciones avícolas que producen también muy buenas aves.

La calidad de un ave se advierte por las siguientes características:

Es joven cuando tiene la piel blanca y fina, el cuello y las patas gruesos, el pecho carnoso y el esternón tierno y flexible.

El animal viejo tiene las patas delgadas y rugosas, la piel áspera y el esternón duro.

Capón y poularde.—Son animales jóvenes, de buena raza, castrados hacia los seis meses, y tratados con un procedimiento especial de engorde acelerado. Estas aves son piezas de selección, destinadas, por lo general, para los asados y trufados que se sirven en las grandes comidas.

Se utilizan también como entradas ricas, preparadas de infinitas formas.

Gallina.—Las ponedoras pueden comerse perfectamente hasta los dos años, después resultan duras y correosas y no son utilizables más que para los caldos. Cuando son jóvenes pueden prepararse como entradas diversas: *a la tolosana, braseada,* etc.

Oca.—Es tierna hasta los seis u ocho meses, cuando todavía es un ansarón de 4 ó 5 kilos. Después su carne se vuelve dura y correosa. Se conoce si una oca es tierna por el pico, cuya parte inferior será blanda y flexible. Ciertas plumas de las alas también ayudan a conocer la edad, pues presentan una incisión, parecida a una limadura, por cada año de vida. La oca se prepara del mismo modo que los capones y *poulardes,* pero, cuando es algo dura, es conveniente asarla o brasearla. Se prepara en *salmis,* con castañas, etc. En ciertos países se crían para la producción del *foie gras.* Alsacia, el sudoeste francés, Hungría y Alemania lo fabrican en grandes cantidades. Estos animales engordados de un modo especial, acelerado, proporcionan hígados que pueden alcanzar un kilo de peso, pero la carne pierde calidad. Los hígados se consumen frescos, en conservas, en *pâtés* y en terrinas.

Pato y patipollo.—Existen muchas razas, de las cuales las más conocidas son: el pato de Nantes, famoso por la calidad de su carne fina y sabrosa; el de Rouen, que debe su fama no sólo a la finura de su carne y su sabor especial, sino también al modo de sacrificarlo. No se sangra como a los demás patos, sino que se le mata por medio de un pinchazo en la región de la nuca o por retorcimiento del cuello, lo que implica la ruptura de la médula espinal. Durante la agonía se le arrancan las plumas del vientre y se golpea la carne repetidamente, bien con la mano, bien con una vara de avellano. Esto produce hemorragias y equimosis a flor de piel. El pato sacrificado de este modo se presenta en el comercio con la cabeza, cuello, las extremidades de las alas y la nunca con sus plumas; el vientre y la espalda es lo único que se despluma. Ha de comerse fresco, pues al no estar sangrado se corrompe con facilidad.

El patipollo es un pato joven con un kilo o kilo y medio de peso. Por lo general se asa y se sirve en entradas diversas. El patipollo es tierno hasta los seis o siete meses; pasado este tiempo se convierte en pato y comienza a endurecerse. El patipollo o el pato de granja, el más conocido entre nosotros, si no iguala en finura a los citados anteriormente no es menos exquisito cuando es joven, sobre todo acompañado con nabos, aceitunas, guisantes, etc. La mejor época es la comprendida entre marzo y finales de agosto. En el Languedoc y en otras regiones del sudoeste de Francia se crían para la producción de *foie gras*. Con el hígado se preparan las célebres terrinas y *pâtés* de Amiens, Languedoc y Alsacia, de fama mundial. Ciertos gastrónomos dicen que el hígado de pato es más fino que el de oca. El pato se prepara en asado y en múltiples formas.

Pava y pavo.—La carne es sana y de fácil digestión cuando no alcanzan los doce meses. El peso varía entre 3 y 6 kilos. La mejor época es la de noviembre a febrero. Se sirven enteros, como plato fuerte y asado, horneados o rellenos. El pavo que pasa de los 18 meses está duro y correoso. La edad se conoce por las patas; las de los jóvenes son negras, y rojas después de los dos años. Es el plato típico por la Navidad, sobre todo en Estados Unidos, Inglaterra y Europa occidental.

El pavipollo es un pavo menor de seis meses; su carne es fina y delicada. Todas las preparaciones indicadas para los pollos y capones le son aplicables.

Fig. 76
Pintada

Pichón.—Su peso medio es de 300 a 400 gramos. Se asa, se rellena, etc. Se sirve como entrada.

Para que su carne sea tierna debe estar recién salido del nido. Es un plato delicado. El pichón se cría en todas partes fácilmente. En el norte de Italia constituye una especialidad. Los de Padua, Burdeos y Bresse tienen

CONOCIMIENTO DE LOS PRODUCTOS

fama por la finura de la carne. El pichón es ardiente, por lo que no es apropiado para determinados enfermos.

Pintada o gallina de Guinea.—Es originaria de Africa. Abunda en Guinea y en las regiones de Argelia y Túnez, donde aún se encuentra en estado salvaje.

Introducida en Europa por los romanos se ha aclimatado muy bien en ella. Se cría con facilidad en las granjas junto con los pollos y demás aves de corral. La carne de las pintadas jóvenes es fina y se parece un tanto a la del faisán. Son buenas durante los meses comprendidos entre junio y diciembre. Se puede preparar del mismo modo que los faisanes, capones, perdigones y pollos. Por término medio pesan de 1 a 1,200 kilogramos.

Pollo.—El *de grano* es un pollo o pollita joven, que pesa entre los 700 y 800 gramos, que se alimenta especialmente con granos. Se prepara como el pollo reina y es muy apropiado para el servicio a la carta.

El *pollo reina* pesa entre 1 y 1,500 kilogramos y se emplea *asado, emparrillado, salteado* y en *entradas diversas*.

El *pollo tomatero* es un pollito de dos meses. Se prepara *asado, en cazuela, a la paisana, con guisantes*, etc.

La mejor época para los pollos es la comprendida entre julio y febrero; durante este período están bien cebados y la carne es muy fina, abundan y el precio es relativamente bajo. Hacia la primavera escasean y se venden caros. En la actualidad, por incubación artificial, se obtienen buenos pollos durante todo el año y los precios se mantienen.

EL CONEJO

Nos referimos al conejo casero o de granja. Tiene como antecesor al "conejo europeo", que se supone oriundo de los países del Mediterráneo occidental.

Su alimentación es una dieta perfectamente estudiada, en la que intervienen la avena, el maíz, el salvado del trigo, la harina de linaza, sustancias calcáreas, harina de huesos y sal yodada, combinados con forrajes frescos a base de alfalfa y zanahoria.

La carne del conejo es blanca y delicada, más suave que la de la liebre y más fácil de digerir. No debe comerse recién sacrificada; ha de esperarse a que los miembros recuperen su elasticidad.

Se prepara de infinitas formas: *asado, salteado, en gibelotte*, con *salsa de tomate* y diversos guisos. Sustituye muy bien al pollo en la *paella valenciana*.

LA CAZA

Por caza se entiende todos los animales que viven libremente en la Naturaleza, cuya carne es comestible. Se divide en caza de pluma y de pelo,

LA CAZA

según se trate de aves o de cuadrúpedos. Estos a su vez se dividen en caza menor y caza mayor. La menor la componen el conejo de campo y la liebre; la mayor, el corzo, ciervo, gamo, gamuza, jabalí y jabato, entre otros.

Sólo nos referiremos a los que se consumen en cocina de hotel; hay otros animales que eludimos porque se alejan del tema de este libro.

La caza mayor se detalla como la carne de matadero. Los principales trozos son los perniles, lomo y *carré*, que se asan; el pecho, espaldillas y cuello se usan para *ragús* y *encebollados*.

La carne de la caza mayor se marina con vino, vinagre, zanahorias, cebollas, aromáticos (tomillo, laurel, bayas de enebro) y sal y pimienta en grano. Este adobo enternece la carne y elimina el sabor penetrante que la caracteriza.

Caza de pelo

Ciervo.—Vive en los bosques. La hembra es la cierva, y el joven, el cervato (hasta la edad de un año). La carne de ciervo, parecida a la de la gamuza, es muy fina. El cervato constituye un buen plato de caza. Cuando es viejo hay que tomar muchas precauciones: mortificar su carne moderadamente, adobarla, picarla y cocerla de modo que quede tierna para que los platos preparados con ella sean suculentos y dignos de las mejores mesas.

Corzo.—Habita los bosques de las planicies de todas las regiones de Europa. La edad se conoce por el número de mogotes que presentan los cuernos. El corzo sólo está bueno cuando tiene de 1 a 3 años, después resulta correoso y duro. Se trocea como el carnero. Los principales trozos son: piernas, lomo, *carré* o costillar, que generalmente se sirven asados; pueden uti-

Fig. 77
Corzo

Fig. 78
Gamuza

lizarse frescos o adobados. Los trozos secundarios (espaldillas, pecho, cuello, etc.) se cocinan en *encebollados* y *ragús*.

Gamo.—Como la del ciervo, su carne es fina y delicada, cuando es joven; adulto resulta duro, correoso y carece de valor.

Gamuza y rebeco.—Viven en alta montaña (Alpes y Pirineos). Cazados jóvenes y tratados como el corzo son excelentes platos de caza.

Jabalí.—Si no es joven su carne es poco apreciada, por su sabor demasiado pronunciado y por su dureza, lo que obliga a marinarla durante varios días. Se prepara igual que el cerdo.

Jabato.—Es el jabalí de menos de un año. Su carne es menos rojiza que la del jabalí y más parecida a la del cerdo, pero como es algo sosa hay que enriquecerla con condimentos y adobos. Los jamones, solomillos y *carré* son los mejores trozos. Los demás pueden salarse como los del cerdo.

Reno.—Es un cuadrúpedo de la variedad del ciervo, que habita en el norte de Europa (Noruega, Laponia), donde vive en libertad casi completa y en grandes rebaños. La variedad conocida con el nombre de *caribú* vive en

Fig. 79
Gamo

Fig. 80
Jabalí

el Canadá y en el norte de América. La carne de reno es excelente y muy alimenticia. En algunos países sustituye a las carnes de bovinos. Se sirve fresca o adobada y se prepara igual que toda la caza y las carnes de mataderos.

La liebre

Se encuentra en todos los países. En Europa hay dos variedades, la común y la de muda, cuya piel se vuelve blanca en invierno. Habita en la alta montaña, en los Alpes y en Rusia.

Su carne es mediocre. La liebre de Alemania y Alsacia es más grande, pero menos fina que la de Francia y Suiza. En España se produce una liebre muy grande que se la denomina *matacán*. Las mejores son las que se crían en lugares abundantes en plantas aromáticas, como el tomillo, romero, sercol, etc., proporcionando a su carne un gusto especial.

Fig. 81
Liebre

La carne de la liebre no debe mortificarse demasiado, pues se descompone rápidamente y puede ser nociva.

Se prepara de numerosas formas: *asadas enteras;* lomo y piernas picados y *asados,* acompañados con una salsa *a la crema,* agria; en *encebollados, pâtés* calientes y fríos, *en terrinas,* etc.

Caza de pluma

Puede dividirse en tres clases:

a) caza acuática;
b) caza de bosques y montañas;
c) caza de campos y praderas.

Agachadiza.—Es muy semejante a la becada, pero bastante más pequeña. Se prepara del mismo modo.

Alondra.—Habita en campos y praderas. Abunda en Francia, Italia, España, Suiza y Bélgica, donde vive todo el año. Su carne es muy delicada, muy agradable, nutritiva y de fácil digestión. Asada es exquisita. Se presta a gran variedad de preparaciones y es base de muchos *pâtés.*

Avefría y chorlito.—Viven en grupos, en lugares húmedos y pantanosos y en los bordes de los ríos. Como la becada no se evisceran y pueden prepararse del mismo modo que ella. Sus huevos son muy apreciados por su delicado sabor y propiedades reparadoras; se venden muy caros y exigen de siete a ocho minutos de cocción.

Becada o chocha.—Es un ave de paso de la especie de las zancudas. Aparece a finales de septiembre, octubre o noviembre, según las regiones. Pasa el invierno en los pantanos o en los oquedales húmedos, y desaparece nuevamente en febrero o marzo. La becada, reina de los pantanos, es de carne roja. Cuando es joven es un plato muy suculento. Para que esté buena debe mortificarse, aunque sin exageración. Su carne es agradable, estimulante, nutritiva y de fácil digestión.

Bitor o Rey de las codornices.—Se presta a las mismas preparaciones que la codorniz. Es muy fino, pero un poco graso. Se sirve asado.

Codorniz.—Es un ave emigrante que vive en bandadas durante la primavera y el otoño. Abunda en las regiones donde se cultivan cereales y en las praderas. En ciertos lugares, las enlatan para abastecer los mercados durante todo el año. Casi siempre se asa, envuelta en una hoja de vid o en una barda de tocino. También se sirve como entrada caliente o fría.

Fig. 82
Faisán

Faisán.—Es originario de China, Japón y todo el Asia Meridional. Existe una gran variedad de faisanes: dorado, plateado, real y común. El común se encuentra en todos los bosques de Europa. Su carne es de primera calidad y puede prepararse de infinitas formas. Pero, como toda la caza de pluma, resulta más suculenta asada.

Para que conserve todo su sabor debe mortificarse durante ocho o diez días. Si pasa de este tiempo, el faisán resulta malsano e indigesto y pierde todo su sabor. Sólo es bueno hasta los quince meses; después resulta duro e insípido y sólo es aprovechable braseándolo o asándolo en sartén o cazuela.

Si no se prepara asado, se sirve como entradas diversas: *salteado, trufado,* con *chucrut, coles,* en *pâtés, galantinas y terrinas.* Se sabe si un faisán es joven cuando el espolón está poco desarrollado y el esternón es tierno y flexible. La edad de la hembra se conoce sólo por el esternón.

Ganga.—Se cría en todos los bosques de Europa. Su plumaje es gris rojizo y varía de color según los lugares. Sus patas están provistas de pelo en vez de plumas. La carne es blanca, muy olorosa y delicada, si es de animal joven. Una de las mejores formas de prepararla es asada, servida con una salsa crema ácida o una *Bread-Sauce*. Puede prepararse en *salmis;* también se hacen *pâtés* (calientes o fríos), *galantinas* y *terrinas*.

Fig. 83
Perdiz

Fig. 84
Codorniz

Fig. 85
Becada

Hortelano.—Se sirve, por lo general, asado (al horno o a la *broche*). Es muy fino y goza de buen prestigio culinario.

Oca salvaje.—Es acuática y de paso. Se prepara como la oca doméstica.

Paloma torcaz.—Su carne es correosa y poco estimada.

Pato salvaje y cerceta.—Caza acuática, abundante en todas partes. La mejor época es de octubre a febrero. Se suelen servir asados.

Perdiz y perdigón.—Hay diferentes variedades: roja o real, blanca o gallina de nieve, que se caza en la alta montaña. La gris, que es la más conocida en Europa, abunda en Francia, Italia, Hungría y en las planicies de Rusia. El norte de España también es rico en perdices grises. La perdiz es una caza selecta que habita en prados y rastrojos. La perdiz adulta peca de algo dura y se condimenta casi siempre *braseada*, para diversas *entradas*, en *salmis*, con coles, chucrut, y en *pâtés*, calientes o fríos. Su edad se sabe por

Fig. 86
Paloma torcaz

las patas, que son de un gris negruzco y rugosas cuando es adulta y, también, por las plumas de la pechuga, que forman un peculiar dibujo parecido a una herradura.

Se asa envuelta en una hoja de vid y una barda de tocino y se sirve sobre costrones o en canapés, con uvas del país. También se sirven como entradas diversas.

El perdigón es la perdiz joven. Se distingue por sus patas que son amarillas y porque la pechuga no presenta el citado dibujo de la perdiz adulta.

Perdiz real o perdiz roja.—Algo más grande que la gris, tiene la carne blanca y muy delicada. Se prepara del mismo modo.

Tordo.—Aparece cuando maduran las uvas, a las que es muy aficionado. Se encuentra en toda Europa. El tordo de montaña, que se nutre de raíces de enebro, es muy estimado.

Aparece en el mercado de septiembre a marzo. Asado, se sirve como entrada caliente o fría. Es una caza perfecta y deliciosa, de digestión fácil cuando está gordo y graso.

Urogallo o gallo salvaje.—Vive en todos los montes de Europa. Su carne, un poco negruzca, es, sin embargo, muy perfumada. Ofrece la particularidad de que la pechuga, blanca cuando es joven, se oscurece al envejecer. Un macho puede pesar de 1 a 1 1/2 kilos y la hembra, más pequeña, pesa un kilo, aproximadamente.

El gran urogallo es mucho más grande; puede pesar entre dos y tres kilos.

Cuando es joven resulta excelente, pero cuando es viejo la carne está dura y correosa. Generalmente se prepara *asado, albardado* y servido sobre costrones o canapés. Le va muy bien una *salsa crema ácida* o una *Bread-Sauce*. Debe emplearse fresco, pues mortificado pierde su particular sabor.

HORTALIZAS Y LEGUMBRES

Las hortalizas, productos de la huerta, se caracterizan por su contenido de agua, 85 a 90 por 100. Comparándolas con los alimentos que hemos tratado hasta aquí, las hortalizas son muy inferiores en sustancias nutritivas, pero ricas en vitaminas. Por su contenido de ácidos vegetales, sales y sustancias que las hacen agradables al gusto, las hortalizas son muy importantes en la alimentación del hombre. Excitan el apetito y facilitan la digestión.

Una gran variedad de plantas silvestres han sido considerablemente mejoradas por el cultivo y la selección. Hoy poseemos una gran cantidad de hortalizas que desconocían nuestros antepasados.

Para que se conserven todo lo posible las sustancias nutritivas de las hortalizas, deben estovarse, sencillamente, **en sus propios jugos. La cocción en abundante agua y el blanqueo prolongado hace que las hortalizas pierdan hasta un 50 por 100 de sus sales y potasas.** De todos modos, lo dicho no se puede tomar al pie de la letra, pues algunas hortalizas ganan al ser blanqueadas y la pérdida mineral que resulta de esta operación no tiene apenas importancia.

Para conservar largo tiempo las hortalizas se recurre a la desecación, la inmersión en salmuera, esterilización o congelación.

Clasificación de las hortalizas:

Bulbos: ajos, cebollas, puerros, cebollitas francesas.

Coles: berzas, broculis, broculis americanos, coles de Bruselas, coliflores, coles de Milán, lombardas, repollos y "bordes".

Frutos: berenjenas, guindillas, maíz, pimientos dulces y picantes.

Hojas y tallos tiernos: acederas, acelgas, achicorias, berros, borrajas, cardos, endivias, escarolas, espinacas, grelos, lechugas y mastuerzos.

Inflorescencias: alcachofas, alcauciles.

Legumbres verdes: guisantes, habas, judías y tirabeques.

Pepónides: calabacines, calabazas, calabazas de cidra o confiteras, pepinos.

Raíces: achicorias, apios, colinabos, colirrábanos, chirivías, escorzonera (salsifí negro), nabos, nabos gallegos o redondos, rabanitos, rábano, remolacha de mesa, salsifis y zanahorias.

Tallos jóvenes: apios, espárragos de huerta y trigueros.

Legumbres secas

Son las semillas de las leguminosas comestibles: guisantes (verdes y amarillos), garbanzos, judías, fríjoles, habas, lentejas. Todas estas legumbres contienen azúcares, almidón hasta el 50 por 100, grasas y celulosa. También contienen sustancia albuminoide vegetal, formada por la legúmina que, con las sales de calcio, da un producto insoluble; estas legumbres cuecen difícilmente en aguas demasiado calcáreas.

Las legumbres secas son muy alimenticias. Se emplean para guarniciones de carnes, como platos de legumbres, en potajes, en ensaladas y en la preparación de purés.

Hay que ponerlas en remojo, en agua templada, durante algunas horas, sobre todo si son algo viejas. Sirven también para hacer harinas o cremas que se emplean preparadas con leche o caldo, como purés o como sopas. Algunas de estas harinas contienen, además, cacao, leche en polvo, huevos, etcétera.

Con las legumbres se preparan conservas guisadas con aliños completos: carne, tocino, etc., extractos y compactos cocinados como el Avecrem, Maggi, Knorr, etc.

HONGOS Y SETAS

Los accidentes por el consumo de setas se deben a causas diversas. Para prevenirlos, el Código Alimentario Español recoge disposiciones que se incluyen en el capítulo XIII de este libro.

La frescura de las setas es muy importante. Algunas, como el champiñón y el níscalo, no se pudren, mientras que el boleto, por ejemplo, debido a la cantidad de albúmina que contiene, se descompone fácilmente, provocando un envenenamiento parecido al que produce la carne y pescado "pasados". Además, hay que tener en cuenta que determinadas setas, inocuas para la mayoría de la gente, no son toleradas por algunas personas.

Muchos suelen emplear procedimientos populares para distinguir las buenas de las venenosas; el de la moneda de plata, por ejemplo. Desgraciadamente estos procedimientos no dan resultados positivos; por el contrario, constituyen un verdadero peligro.

La composición de las setas varía según la especie. En ellas se encuentran:

Agua ... ...   82 a 92 %
Materias minerales (potasa, ácido fosfórico)   1,5 %
Celulosa y azúcares ... ...   3 %
Grasa ... ...   1 %
Albuminoides o materias azoadas ... ...   2 a 4 %

Fig. 87
Amanita phalloide
(Venenosa)

Fig. 88
Boleto
(Comestible)

Como se ve, las setas representan un alimento completo, cuyo valor nutritivo está muy lejos de ser despreciable. Es falso creer que las setas no tienen más valor nutritivo que el que le confieren los ingredientes con que se condimentan.

Las setas más utilizadas en cocina son:

Boletos.—Se cogen en primavera y otoño. Existen numerosas variedades, pero el mejor es el que tiene la parte superior de color marrón claro u oscuro, el pedúnculo ancho y carnoso, blanco o parduzco.

Es excelente *asado, a la bordalesa, a la crema, al gratin, a la provenzal*, etcétera.

Cagarrias o colmenillas.—Son las preferidas de los aficionados a las setas. Hay dos clases: rubias y pardas. Las dos son excelentes. Sin embargo, hay una variedad que se emplea principalmente seca, pero no posee su delicioso aroma.

Los que sostienen que las colmenillas no deben limpiarse antes de prepararlas están en un error. Nosotros aconsejamos, por el contrario, una minuciosa limpieza, incluso lavarlas en varias aguas.

Se preparan *a la crema, salteadas, en tortilla, rellenas,* etc.

Níscalo, robellón.—Es muy apreciado y su recolección es más fácil; no se le puede confundir con ninguna otra especie. Se conocen por el color uniformemente anaranjado. Su forma es irregular y, cuando maduran, la parte superior se alarga en forma de embudo. Se encuentran entre junio y septiembre.

Se emplean sobre todo para guarniciones y entremeses; también se saltean, asan, etc.

Setas de los campos o champiñón de París.—Deben ser blancos y firmes. La sombrilla debe formar cuerpo con el pedúnculo. Los que están demasiado abiertos, presentan el color gris negruzco y la sombrilla se separa con facilidad, son demasiado viejos.

Deben utilizarse dentro de las venticuatro horas de su recolección.

Se preparan *a la crema,* en *rebanadas de pan frito, asados* y como *guarniciones diversas, rellenos* y *salsas,* etc.

Fig. 89
Níscalos

Fig. 90
Colmenillas

Trufas.—Se desarrollan en las raíces de ciertos árboles, como la encina y el haya. Contrariamente a las demás setas que salen en busca del aire y el sol necesarios para su crecimiento, la trufa nace y se desarrolla bajo la tierra, permaneciendo invisible. Por ello hay que recurrir a cerdos o perros adiestrados especialmente para la búsqueda de esta apreciada variedad.

La trufa se encuentra en algunas provincias francesas, donde constituye un producto de gran interés comercial.

Aunque existen muchas variedades, la más apreciada es la del Périgord. En otoño, después de las heladas, es cuando se encuentran las mejores.

La trufa blanca de Pièmond está muy lejos de compararse con la "perla" del Périgord. También se encuentra en otros países, pero ninguna es comparable con la francesa.

En Navidades y Año Nuevo es cuando más se consume.

Es conveniente disponer de procedimientos apropiados para su esterilización, con el fin de procurar una reserva para todo el año. La cocción de la trufa es de lo más sencillo: se limpia con agua, se monda, se cuece con mantequilla, como si se tratase de una verdura, o al jerez para una guarnición. Las mondaduras, a su vez, se esterilizan también y se emplean para perfumar salsas.

LAS PATATAS

Las patatas son muy ricas en agua, pues contienen un 75 por 100, aproximadamente. Es uno de los alimentos más importantes debido a la gran proporción de almidón que contienen. La composición de la patata es la siguiente:

Agua	78 - 80 %
Almidón	18 - 20 %
Albuminoides	1,5 - 2 %
Materias minerales	1 %

Las variedades tempranas se recolectan en los meses de marzo o abril, y, en el litoral Mediterráneo, en enero y febrero. Las tardías se recolectan dos meses después.

Son infinitos los platos que se preparan a base de patatas y forman parte como guarnición de otros muchos.

Conservar las patatas es fácil, basta guardarlas en cavas, a temperaturas que no bajen de cero grados, y bien ventiladas. Las patatas se hielan fácilmente, lo que las inutiliza para el consumo.

Las variedades que se cultivan pasan de las 1.300. En España se recolectan unas 150 variedades, muchas de ellas de bastante calidad.

Las patatas muy harinosas se emplean principalmente para sopas y purés. Para otros guisos no sirven, porque se deshacen con la cocción.

La patata de Holanda se emplea para la fritura.

CONOCIMIENTO DE LOS PRODUCTOS

Algunas variedades, como la "early", borgoñesa y las nuevas, son muy apropiadas para asar.

Hay países que recogen grandes cantidades de este tubérculo que exportan a los que no producen suficiente para abastecer su consumo. Alemania es un gran productor de patatas, que dedica al consumo alimenticio, a la fabricación de féculas y de alcohol.

La patata es oriunda de Sudamérica y se da el caso curioso de que la producción americana representa hoy la décima parte de la producción europea. En Europa la introdujo Federico el Grande y, en Francia, el botánico Parmentier.

Cuadro general de las épocas del año de las hortalizas

HORTALIZAS	*Primavera*	*Verano*	*Otoño*	*Invierno*
Acelgas	*	*		*
Alcachofas	*	*		*
Ajos	*	*	*	*
Apios	*			
Berenjenas		*		
Calabacines		*		
Calabazas			*	
Cardos			*	*
Cebollas	*	*	*	*
Cebolletas	*		*	
Coles	*		*	*
Coles de Bruselas				*
Coliflores	*			*
Escarolas				*
Espárragos	*			
Espinacas	*			*
Guisantes		*		
Habas	*			
Judías verdes	*	*	*	*
Lechugas	*	*	*	*
Lombardas				*
Nabos	*			*
Patatas	*	*	*	*
Pimientos		*	*	*
Puerros	*		*	*
Remolachas	*	*		*
Tomates	*	*		
Zanahorias	*	*	*	*

LAS FRUTAS FRESCAS

Nunca se insistirá bastante sobre la importancia que tienen las frutas en la composición de las minutas de hoteles y restaurantes. Después de una comida copiosa, no hay nada más refrescante y delicioso que una pera de agua, un melocotón, una ciruela o un racimo de uvas. Las confituras que se preparan con la mayoría de ellas (compotas, mermeladas, etc.) son alimentos verdaderamente nutritivos y apetitosos, y constituyen excelentes desayunos.

No hay duda de que las frutas son un estupendo complemento de las comidas, pero hay que tener algunos conocimientos sobre ellas para conseguir su mejor rendimiento. Sobre todo han de estar perfectamente maduras y presentadas con arte, si se trata de frutas frescas, y aderezadas sabiamente si se trata de frutas cocinadas.

Además, un adecuado conocimiento de las frutas evitará pérdidas, a veces considerables, debidas a un mal transporte, un embalaje defectuoso o un almacenamiento en malas condiciones. Es necesario conocer las principales especies y variedades, sus respectivas calidades y defectos, así como las épocas de recolección y precios correspondientes. Hay que saber distinguir un fruto sano de otro tarado, aun cuando la tara sea casi imperceptible. También se debe conocer las normas comerciales y precios de lonja del día.

Los países meridionales europeos suelen ser ricos en agrios, entre los que destaca España con su producción de naranjas. La manzana se cultiva extensamente en casi toda Europa, especialmente en el centro y norte. La uva, de especial importancia, independientemente de su empleo como fruta fresca, es origen de una industria de primer orden: la fabricación de vinos, sobre todo en España, Francia e Italia.

La producción frutal española es muy importante y de excelente calidad, por lo que es muy solicitada en los mercados extranjeros. Sería prolijo enumerar las múltiples variedades de frutas que ofrece el agro español, por lo que nos limitaremos a las más extendidas:

albaricoques	mandarinas
brevas	manzanas
cerezas	melocotones
ciruelas	melones
fresas	naranjas
fresones	nísperos
granadas	peras
guindas	plátanos
higos	sandías
limones	uvas

CONOCIMIENTO DE LOS PRODUCTOS

Variedades de algunas de las reseñadas

Variedades	Recolección	Características
Cerezas y guindas		
Anglais hative.	Junio.	Fruto grueso, muy rojo, de sabor dulce y acidulado.
Bigarreau temprana.	Junio.	Fruto grueso y rojo oscuro brillante.
Blanca de Provenza.	Junio.	Fruto grueso, color blanco cera.
Garrafal de Esperen.	Junio.	Fruto muy grueso, carne blanca rosada, dura, muy dulce.
Garrafal de Lérida.	Julio.	Fruto grueso, muy encarnado.
Garrafal Moureau.	Mayo.	Muy grueso, rojo negruzco, carne fina y rojiza. Pedúnculos muy largos.
Garrafal Napoleón.	Junio.	Muy grueso, amarillo y rojo. Apropiado para confitar.
Guinda garrafal de Toro	Junio.	Muy grueso, rojo negruzco.
Temprana de Burlat.	Mayo.	Muy grueso, rojo vivo. Carne muy firme, dulce y jugosa.
Ciruelas		
Agen.	Agosto-septiembre.	Mediana, violácea. Carne amarilla. Indicada para pasa.
Climax.	Julio.	Grande, alargada, rojo púrpura. Carne firme, dulce y muy perfumada.
Francesa.	Agosto.	Muy grande, verde amarillento. Carne firme, muy dulce y perfumada.
Harris Monarch.	Agosto.	Grande, morado.
Menthley.	Junio-julio.	Grande, rojo carminado, sabor exquisito y muy perfumado.
Reina Claudia dorada.	Agosto.	Grande, amarillo. Carne jugosa y perfumada.
Reina Claudia de Tolosa.	Agosto.	Mediano y muy dulce.
Reina Claudia verde.	Agosto.	Mediano, verdoso. Carne jugosa, almibarada, deliciosa. Ideal para mesa y confitería.
Fresas y fresones		
Fresa de cuatro estaciones.	Todo el año, excepto invierno.	Mediano, rojo brillante. Carne muy perfumada.
Fresa reina de los valles.	Casi todo el año.	Alargada, rojo fuerte. Sabor y perfume deliciosos.
Fresón Husley.	Primavera.	Tamaño mediano.
Fresón Madame Moutot.	Primavera.	Muy grande, rojo muy vivo. El más grande de todos los fresones.
Fresón San Antonio.	Todo el año, excepto invierto. Abunda en primavera.	Carne dulce y aromática.

LAS FRUTAS FRESCAS

Variedades	Recolección	Características
Mandarinas		
Clementina.	Octubre.	Grande, muy coloreada.
Satsuma.	Octubre.	Grande, achatada, sin pepitas.
Manzanas		
Esperiega roja.	Octubre-noviembre.	Mediano. Carne muy fina, jugosa y dulce. Buena conservación.
Golden delicius.	Septiembre-octubre.	Mediano. Carne amarilla, firme, azucarada, jugosa y muy perfumada. Buena conservación en frigoríficos.
Golden Russet.	Octubre.	Mediano y grande. Carne firme, azucarada, ligeramente acídula. Buena conservación en frigoríficos.
Manyaga.	Octubre-noviembre.	Mediano. Carne firme, acídula. Larga conservación.
Micaela de Ademuz.	Noviembre-diciembre.	Grande. Carne fina, jugosa y acidulada.
Ortells u hortelana.	Noviembre-diciembre.	Mediano. Carne firme, jugosa, dulce y perfumada. Buena conservación.
Pearmain.	Octubre.	Mediano. Carne fina, perfumada y azucarada. Buena conservación en frigoríficos.
Red delicius.	Septiembre-octubre.	Mediano y grande. Carne amarilla, firme, azucarada y perfumada. Buena conservación en frigoríficos.
Redgold.	Septiembre-octubre.	Mediano. Carne blanca, muy aromática. Buena conservación en frigoríficos.
Reina de reinetas.	Agosto-septiembre.	Mediano. Carne firme, jugosa, azucarada y perfumada. Reducida conservación en frigoríficos.
Reineta encarnada.	Octubre-noviembre.	Buen tamaño. Carne de mucho sabor y perfumada.
Roja del Valle de Benejama.	Diciembre.	Pequeña. Carne firme, jugosa y algo acídula.
Scarlet Stayman.	Octubre.	Grande. Carne amarillo pálido, jugosa, azucarada, un poco acídula, muy perfumada. Prolongada conservación en frigoríficos.
Stark Jongrimes.	Julio.	Mediano y grande. Carne blanca, acídula y jugosa. Reducida conservación en frigoríficos.
Verde doncella.	Octubre.	Mediano. Carne firme, jugosa y muy azucarada.
Melocotones		
Amsden.	Junio.	Mediano, rosado. Carne blanda, muy jugosa y aromática.
Campiel.	Septiembre.	Grande, amarillo. Carne consistente, exquisita.

CONOCIMIENTO DE LOS PRODUCTOS

Variedades	Recolección	Características
Encarnado de Tudela.	Agosto.	Grande, liso. Exquisito.
Early Elberta.	Junio.	Muy grande. Carne amarillenta, roja alrededor del hueso, del que se desprende.
Gallur encarnado.	Septiembre.	Muy grande, amarillo rojizo. Carne firme, muy jugosa.
Grosse Mignone Ative.	Julio.	Mediano, coloreado. Carne blanca amarillenta, muy agradable, que se desprende del hueso.
Jerónimo.	Agosto.	Grande, amarillo rojizo. Carne firme, muy agradable.
May Flower.	Junio.	Grande, medio rojizo. Carne blanda muy jugosa y azucarada.
Precoz de Hale.	Julio.	Grande, púrpura. Carne blanca, sabrosa, que se desprende del hueso.
Reine des Vergers.	Julio.	Mediano, rojo con reflejos violeta. Carne blanca que se desprende del hueso.

Naranjas

Variedades	Recolección	Características
Cadena sin hueso.	Noviembre.	Grande, sin huesos, muy jugosa.
Navel.	Diciembre.	Mediano, piel fina. Pulpa muy jugosa, azucarada y sin huesos.
Navelate.	Tardía.	Redondo, sin huesos, lisa y fina de piel. Jugo muy abundante y pulpa suave.
Washington Navel.	Diciembre.	Muy grande, sin huesos. Muy jugosa y apreciada para mesa.

Peras

Variedades	Recolección	Características
Azúcar verde.	Agosto.	Regular. Carne blanca, fina y muy azucarada. Indicada para confitería y conserva.
Blanca de Aranjuez.	Agosto.	Grande. Carne blanca, muy acuosa, de exquisito sabor. Variedad comercial y de mesa.
Buena Luisa de Avranchas.	Agosto-septiembre.	Mediano. Carne dulce, fina y jugosa. Excelente para mesa.
Conferencia.	Septiembre-octubre	Regular y grande. Pulpa fundente, dulce y aromática.
De cura.	Noviembre	Grande. Carne blanca y muy dulce.
De limón.	Agosto.	Grande. Fina, acuosa, dulce-acidulada.
Decana del Congreso.	Octubre.	Grande. Acuosa y agradable. Exquisita.
Duquesa de Angulema.	Octubre.	Muy grande. Muy azucarada. Sabor especial muy agradable.
Ercolini o Coschis.	Final julio.	Grande y mediano. Jugosa y exquisita.

Variedades	Recolección	Características
Gamusinas.	Primero junio.	Pequeña. Carne firme, muy agradable y perfumada.
Manteca Clairgeau.	Novbre.-diciembre.	Grande y muy grande. Carne blanca y muy dulce.
Manteca de Hardy.	Agosto-septiembre.	Muy grande. Carne muy fina, jugosa, aromática. Excelente variedad de mesa.
Manteca Williams.	Final agosto.	Muy grande. Carne muy dulce, fina, fundente, de un sabor especial muy agradable.
Margarita Marillat.	Enero-marzo.	Muy grande. Variedad extra de mesa.
Max Red Barlett.	Septiembre	Grande. Carne blanca, dulce, jugosa, de sabor especial y exquisito.
Muslo de dama.	Septiembre.	Grande. Carne fundente, azucarada y muy agradable.
Passé-crassane.	Enero-marzo.	Grande y muy grande. Carne blanca, acuosa, muy azucarada y perfumada.
Roma.	Noviembre en adelante.	Grande. Carne finísima, exquisita. Se conserva todo el invierno.

Uva de mesa

Albillo de Madrid.	Temprana.	Blanca.
Aledo.	Tardía.	Blanca dorada.
Botón de Gallo.	Maduración media.	Rosada.
Colgadero.	Tardía.	Encarnada.
Chassela Doré.	Temprana.	Blanca.
Delitzia di Vaprio.	Maduración media.	Blanca.
Moscatel romano.	Maduración media.	Blanca.
Ohanes.	Tardía.	Blanca cera.
Pasa de Málaga.	Maduración media.	Encarnada.
Pasa valenciana.	Tardía.	Blanca crema.
Rosaki.	Maduración media.	Blanca dorada.
San Jaime.	Temprana.	Blanca.
Sin pepitas.	Temprana.	Dorada.
Valencia.	Tardía.	Blanca.

Cuadro general de las épocas del año de las frutas

FRUTAS	Primavera	Verano	Otoño	Invierno
Albaricoques	*			
Castañas				*
Cerezas	*			
Ciruelas	*	*		
Fresas, fresones	*	*		
Granadas				*

CONOCIMIENTO DE LOS PRODUCTOS

FRUTAS	Primavera	Verano	Otoño	Invierno
Higos, brevas		*		
Manzanas		*	*	*
Melocotones		*	*	*
Melones		*	*	
Naranjas	*			*
Nísperos	*			
Paraguayas		*		
Pavías		*		
Peras		*	*	*
Plátanos	*	*	*	*
Sandías		*		
Uvas		*	*	*

Principales defectos y enfermedades que desvalorizan la fruta

    Fruta acorchada.—Presenta puntos oscuros en la piel o en la pulpa. El sabor de la fruta es un tanto amargo.
    Fruta marcada.—Presenta manchas negras producidas por hongos parásitos y plagas de insectos, como el escarabajo de la ciruela o la polilla de la manzana, por ejemplo. Son principio de putrefacción y deben consumirse lo antes posible.
    Fruta pasada o harinosa.—Exceso de maduración. Debe consumirse lo antes posible.
    Fruta podrida.—Debido a diversos hongos que se desarrollan en los locales demasiado húmedos y mal ventilados.
    Fruta rugosa.—Debido a mala conservación, principalmente a falta de humedad.
    Fruta verde.—Defecto por maduración insuficiente o por causa de condiciones climatológicas adversas. En el último caso se puede acelerar la maduración depositando la fruta en locales con temperatura relativamente elevada (15 a 18 grados). Las que han madurado insuficientemente, por recogerlas antes de tiempo, son muy difíciles de madurar, y deben emplearse cocidas.
    Fruta vitrificada.—Presenta una zona con aspecto vítreo.
    Todas estas taras merman la calidad de la fruta y disminuyen su valor comercial. De acuerdo con las mismas se clasifica la fruta de una misma variedad, considerando su valor comercial, aspecto, color y estado, para fijar los precios definitivos.

Manzanas y peras de mesa

Clase A: fruta de primerísima calidad, sin tara alguna producida por insectos, golpes u otras causas, debiendo presentar un aspecto impecable. Debe mantener su pedúnculo y soportar el transporte y almacenamiento. La clasificación de clase A "extra" corresponde a la misma categoría, pero eligiendo y calibrando la fruta.

Clase B: la fruta de esta categoría sólo puede presentar defectos ligeros, taras producidas por frotamiento de las ramas, piel gruesa, daños de insectos, pero ya bien cicatrizados, etc. Estos defectos no han de influir en la calidad de la fruta, ni disminuir su valor comercial.

Clase C: la fruta de esta categoría debe admitir el transporte y la conservación. No se admiten las frutas verdes, recogidas antes de madurar, demasiado atacadas por insectos o parcialmente podridas.

La fruta de calidad inferior sólo es apta para cocida o sidra.

Conservación de la fruta

Las manzanas y peras de variedades tardías no pueden almacenarse durante mucho tiempo. Las variedades tempranas de esas frutas, como también las cerezas, albaricoques, melocotones y ciruelas, sólo se conservan durante algunos días y, en algunos casos, sólo horas.

La maduración de la fruta es un fenómeno que altera química y físicamente, su pulpa. Se transforma el almidón en azúcar, se modifican las pectinas, que de sólidas se convierten en semilíquidas, y se produce una disminución de la acidez. Estos fenómenos pueden ser favorecidos o retrasados por ciertos factores que, de hecho, determinan el tiempo de conservación de la fruta y son:

1. **El calor.**—Es el factor más importante. La temperatura más favorable para una buena conservación es, según las variedades, de 0 a 4 grados centígrados. También hay frutas que pueden conservarse a temperaturas más elevadas.

2. **La luz.**—Activa, aunque en menor medida, el fenómeno de la maduración. Un local para conservación debe ser lo más oscuro posible para no acelerar la maduración.

3. **Presencia en los locales de algunos gases, como el etileno.**—Cuando se acerca su maduración, la fruta desprende pequeñas cantidades de etileno (al tiempo que otras sustancias volátiles y clorosas) que aceleran la maduración de la fruta todavía verde. El etileno es un gas de composición química muy parecida a la del acetileno, gas que se encuentra también en el alumbrado. Este es el que utilizan para madurar los plátanos en un mínimo de tiempo.

Estas observaciones nos llevan a la conclusión de que la fruta temprana no debe nunca almacenarse junto con fruta tardía y que la que empieza a madurar debe retirarse inmediatamente del local.

4. **La humedad.**—Aunque no es un factor primordial para la conservación de la fruta, la humedad también juega un papel importante en ese terreno. En un local seco, la fruta pierde una parte de su peso, lo que es de gran importancia bajo el punto de vista económico. Además, la fruta se arruga y pierde todo valor como fruta de mesa. Una humedad excesiva, alcanzando la saturación, puede producir la descomposición de la fruta. El grado de humedad más favorable para una eficiente conservación es de 85 a 95 grados higr. (100/100 = saturación).

LOCALES PARA LA CONSERVACION DE LA FRUTA

No hay duda de que lo más eficaz para la mejor conservación de la fruta es la cámara frigorífica, ya que la temperatura y humedad pueden regularse automáticamente. Pero también presta excelente servicio una buena cava que reúna las condiciones que ya hemos expuesto anteriormente. En cierta medida, la ventilación puede hacer de regulador de temperatura y humedad. Para ello, el local destinado a la conservación de la fruta debe disponer de una toma de aire cerca del suelo y una salida a la altura del techo, con trampillas regulables para establecer una corriente de aire.

Locales demasiado húmedos.—El exceso de humedad es mucho más fácil de evitar que la sequedad. Basta prever una ventilación regulable de acuerdo con el grado higrométrico del local y del exterior.

Locales demasiado secos.—Puede remediarse con las siguientes precauciones: evitar los suelos de cemento o con baldosas y preferir la tierra; regar regularmente, si es necesario, con el fin de que el suelo permanezca húmedo; disponer una corriente de agua, en el suelo, con un inyector que la pulverice, procurando que no salpique a la fruta.

Si sólo se almacena una pequeña cantidad de fruta, basta cubrirla con parafina, pues no perjudica su aspecto y favorece la conservación, sobre todo a las manzanas de piel rugosa, que se estropean con facilidad. Sin embargo, las reinetas gris y las peras soportan mal esta envoltura.

Las manzanas también pueden conservarse en jaulas de mimbre, cubriendo los vacíos con papel aceitado.

PRESENTACION DE LA FRUTA

Un hotelero avisado debe tener la preocupación de presentar la fruta de forma vistosa y tentadora. Para ello se vale de los fruteros o cestas, bandejas o platos artísticamente decorados, para que de por sí ya constituyan motivos decorativos de las mesas. Los cestillos son más apropiados para grandes efectos de conjunto, en tanto que los fruteros, platos y bandejitas valoran más el aspecto y calidad de cada fruta.

Fruteros, platos, bandejas, cestas, acolchados con ramitas de abeto o de otras plantas, se guarnecerán con frutas variadas, de modo que sus colores y formas armonicen y ofrezcan un conjunto atrayente.

ESCALA DE REDUCCION DE GRAMOS A ONZAS
(28,7 gramos la onza)

Gramos		Onzas	Gramos		Onzas	Gramos		Onzas
5	equivalen a	0,174	150	equivalen a	5,22	1.150	equivalen a	40,07
10	”	0,348	200	”	6,96	1.200	”	41,81
15	”	0,522	250	”	8,71	1.250	”	43,55
20	”	0,696	300	”	10,45	1.300	”	45,30
25	”	0,870	350	”	12,19	1.350	”	47,04
30	”	1,044	400	”	13,94	1.400	”	48,78
35	”	1.218	450	”	15,68	1.450	”	50,52
40	”	1,392	500	”	17,42	1.500	”	52,26
45	”	1,566	550	”	19,16	1.550	”	54,00
50	”	1,740	600	”	20,90	1.600	”	55,75
55	”	1,914	650	”	22,64	1.650	”	57,52
60	”	2,088	700	”	24,38	1.700	”	59,23
65	”	2,262	750	”	26,12	1.750	”	60,97
70	”	2,436	800	”	27,87	1.800	”	62,71
75	”	2,611	850	”	29,61	1.850	”	64,45
80	”	2,785	900	”	31,35	1.900	”	66,20
85	”	2,959	950	”	33,10	1.950	”	67,94
90	”	3,133	1.000	”	34,84	2.000	”	69,68
95	”	3,307	1.050	”	36,58			
100	”	3,481	1.100	”	38,33			

OBSERVACIONES.—Damos esta escala por el interés que ofrece en algunos países sudamericanos.

CAPITULO IV

TECNICA CULINARIA

METODOS Y PROCEDIMIENTOS CULINARIOS

Los diferentes modos de cocción, o procedimientos culinarios, se basan en normas muy concretas. Es necesario observarlas en la práctica si se quiere tener éxito con un plato, tanto si es sencillo como complicado.

Los alimentos casi siempre ganan si se cuecen a fuego lento. No se debe poner más fuego que el necesario para mantener la ebullición; esto evita que el líquido se evapore, con la consiguiente pérdida de las sustancias nutritivas contenidas en los alimentos (vitaminas y sales minerales).

Hay dos clases de cocción:

1. Por ebullición, quedando los alimentos hervidos, más o menos privados de sus jugos.
2. Por asado o emparrillado, que forma, en la superficie de los alimentos, una costra tostada que impide la salida de los jugos.

La primera de estas operaciones es aplicable a las carnes, verduras y pescados hervidos, a las carnes y verduras braseadas, a los salteados y ragús.

La segunda se aplica a las carnes asadas, emparrilladas y salteadas, a los pescados salteados o emparrillados y a las frituras.

A todas las viandas que deban **hervir** (buey, vaca, carnero, gallina, pescado y verduras) hay que ponerles agua en proporción a su cantidad, con el fin de que no se aguachen. Cuando se trata de buey o vaca, por ejemplo, el caldo queda más rico y sabroso si se pone la carne en agua fría y se cuece lentamente. Si, por el contrario, se la pone en agua hirviendo, conservará más el jugo, pero el caldo quedará más flojo.

Se llama *braseado* a la cocción en *brasera*, o en cualquier otro recipiente herméticamente cerrado, biende carnes, verduras, etc., hechos en su propio jugo con hortalizas y plantas aromáticas. Algunas carnes se albardan antes de guisarlas para que queden menos secas. El tocino para albardar debe ser blanco y firme. Se rehogan antes de hacer el fondo para que éste resulte más aromático. Toda carne cocida en un jugo es una carne *braseada*.

Por lo general sólo se asan las carnes tiernas. La temperatura del horno debe regularse según la clase de carne. Para las carnes rojas —buey, vaca, cordero, cerdo, jabalí, venado, conejo, liebre, oca, pato, pichón, perdiz y faisán— el horno debe estar más fuerte, con el fin de que la costra se forme rápidamente e impida la salida de los jugos. Para que las carnes asadas adquieran un bonito color y queden crujientes, hay que rociarlas con frecuencia con su propio jugo. Se sabe que una carne está a punto cuando al tocarla resiste a la presión. Las carnes blancas —ternera, cordero lechal, cabrito, gallina, pollo, pavo, pintada, etc.— deben quedar bien cocidas. Se sabe que estas carnes están a punto cuando al pincharlas con una aguja sale de su interior el jugo completamente blanco y claro.

Las carnes, aves de corral y caza pueden albardarse o mecharse.—La barda de tocino protege las partes delicadas de ciertos animales, como las pechugas de las aves, contra el fuerte calor del horno, impidiéndoles secarse. Ciertas carnes de matadero y de caza pueden mecharse, por ejemplo: el solomillo de buey o vaca, la pierna de venado, un lomo de caza, el redondo de ternera, etc., así como las granadinas, las mollejas de ternera, etc. Los trozos grandes se despojan de pieles y nervios y con la ayuda de una aguja de mechar se les introducen pequeñas tiras de tocino graso, a una profundidad de un centímetro, aproximadamente, siempre en dirección de las fibras de la carne. El mechado tiene por objeto impregnar a ésta con un cuerpo graso que la haga más jugosa.

El emparrillado de carnes (*entrecôtes, tournedos, chateaubriands y chuletas*) y de pescados se hace sobre parrilla calentada por medio de gas, electricidad, infrarrojos o carbón vegetal. Este último es el mejor sistema, pues comunica un sabor especial a la carne. Tiene, además, la ventaja de que conserva todos sus jugos. Los trozos que se asen en parrilla deben condimentarse y cubrirse con aceite o mantequilla fundida. La parrilla estará más o menos caliente según el tamaño del trozo que se vaya a asar.

Las carnes deben emparrillarse en el último momento, para evitar que se sequen y pierdan calidad. Los pescados delicados, o poco frescos, conviene enharinarlos ligeramente antes de engrasarlos, para evitar que se peguen a la parrilla.

El asado en asador o a la broche.—Es esta una operación que exige mucho cuidado para que las carnes, así preparadas, ofrezcan al consumidor todos sus valores nutritivos. Una vez espetados los trozos en la varilla de hierro, de modo que no puedan moverse, se embadurnan con grasa derretida o aceite.

En la actualidad, los asadores están provistos de un sistema automático que los hace girar regularmente. Los trozos grandes de carne, o las aves enteras, necesitan una cocción más prolongada. Para que el fuego penetre en el interior de la carne sin que se queme el exterior, hay que asarla a fuego lento, aumentándolo hacia el final para dorar la carne. Cuando el asado deba hacerse rápidamente es necesario un fuego más vivo.

Fig. 91
Trozo de carne mechada superficialmente

Fig. 92
Redondo mechado de parte a parte

Fig. 93
Ave albardada

El asado en sartén o cazuela se emplea especialmente para las carnes blancas y las aves. Después de dorarlas se cuecen lentamente, con el recipiente tapado, junto con algunas hortalizas y hierbas aromáticas. La carne ha de rociarse con frecuencia durante la cocción.

Las carnes salteadas, por lo general, son trozos pequeños que se doran rápidamente en una saltera o en la sartén (*escalopes, medallones* de vaca o ternera, *chuletas. entrecôtes,* etc.).

Los ragús son carnes o aves troceadas y salteadas vivamente para dorarlas y concentrar los jugos, antes de cocerlas en las salsas o fondos que las acompañen.

Los salteados al minuto deben hacerse a fuego vivo para evitar que la carne se seque y endurezca, como sucede con los riñones, los filetes de hígado de ternera y los filetes de buey y ternera.

Las frituras son viandas cocidas en manteca, mantequilla o aceite, caliente y abundante. La escasez de grasa, lejos de ser una economía, es una pérdida, pues los alimentos se queman. Para que la fritura sea perfecta, los alimentos deben flotar en la grasa. De este modo no se ablandan y adquieren un bonito color dorado.

La grasa para las frituras debe estar bien caliente. Para comprobarlo basta echar en la sartén un diente de ajo o un trocito de pan; si el aceite crepita vivamente es que está a punto para freír.

Conviene freir poca cantidad de una sola vez, pues, de lo contrario, la grasa se enfría y cuece muy mal.

La construcción de aparatos modernos ha dotado a la cocina de **freidoras automáticas** que facilitan el trabajo y dan mayor seguridad. La inclusión de termostatos permite regular la temperatura de la grasa o aceite, lo que proporciona fritos perfectos (patatas, pescados, hortalizas, carnes, etc.), y realizar una economía importante en el consumo de aceite.

Algunas viandas deben freirse en dos veces, como las *patatas fritas, Pont-Neuf, souflées,* etc., así como los pescados que no se han cortado en filetes finos. Una fritura perfecta deberá quedar dorada, sin aceite y crujiente.

Después de utilizado, el aceite se pasa a través de un paño y se conserva en un recipiente destapado. De vez en cuando se le añade un poco de aceite recién frito. El mismo aceite servirá durante mucho tiempo, si se tiene cuidado de no quemarlo. El aceite recién frito se emplea para los platos delicados y el más viejo para los pescados. Para evitar que se queme hay que apagar el fuego antes de retirar los últimos alimentos que se frían.

La cocción al baño maría se hace colocando en un recipiente con agua hirviendo la cacerola, terrina o pote, que contiene los alimentos. Así se evita el contacto directo del fuego que los cocería demasiado rápidamente o los quemaría.

Este sistema de cocción se emplea casi siempre para los *soufflés,* los *puddings,* las *terrinas de carne,* de *foie gras, cremas,* etc.

La cocción al vapor puede hacerse en ollas a presión o en marmitas de doble fondo y también sobre rejillas, colocadas en el fondo de las cacerolas. Este sistema es excelente para las verduras delicadas, pero, sobre todo, para las patatas con piel y al natural.

Los gratinados son platos de hortalizas, carnes o pescados, ligados con salsa blanca o tostada, espolvoreados con queso o pan rallado, o con las dos cosas, y rociados con mantequilla fundida. Se ponen en el horno, al baño maría o a la llama de la salamandra, para que se doren las superficies. Algunos pescados en salsa, aderezados finamente, se gratinan sin queso ni pan rallado, como por ejemplo: los pescados *buena mujer, normanda,* etc. En este caso se llaman **glaseados,** pero la salsa debe contener suficiente mantequilla, nata o salsa holandesa para darles color.

La clarificación de los consomés, gelatinas y jaleas es una operación que hace a los consomés más claros y consistentes. Lo mismo sucede con las gelatinas y las jaleas. Para los consomés hay que reforzar el caldo de buey con una clarificación compuesta de carne de buey picada, hortalizas finamente cortadas y hierbas aromáticas. Para las gelatinas de carne, el fondo se hace, generalmente, con huesos de ternera, aromatizados con hortalizas y especias, clarificándolo después como un consomé. Si es necesario, sobre todo en verano, se añadirán unas hojas de gelatina. Las jaleas de frutas se preparan con zumos de frutas ligados con gelatina. Se clarifican con una clara de huevo únicamente.

Preparaciones de base para la cocina

La salmuera sirve para salar las carnes. Se prepara con un litro de agua, 400 ó 500 gramos de sal no refinada, 40 gramos de nitro y 70 gramos de azúcar moreno. Se le puede añadir también bayas de enebro, tomillo y laurel. El nitro da a la carne un bonito color rojo.

La salmuera debe cocerse y enfriarse antes de verterla sobre la carne. Esta ha de permanecer en ella de ocho a veinte días, según su grosor y el grado de coloración que se le quiera dar.

La marinada o adobo tiene por objeto aromatizar los alimentos, impregnándolos con el perfume del aliño. Ablanda las fibras de las carnes, conserva durante un tiempo, más o menos largo, las viandas sometidas a este tratamiento y suaviza el sabor demasiado acentuado que suele tener la caza, como ocurre con la gamuza, el ciervo y el jabalí.

Algunas carnes, sobre todo las de caza de pelo, se adoban con vino tinto o blanco y se aromatizan con zanahorias, cebollas, tomillo, laurel, bayas de enebro, clavos y pimienta en grano. En invierno la carne no debe estar en adobo más de dos o tres días, y, en verano, de uno a dos días. Un adobo cocido acelera la sazón de la carne.

El relleno o panade se emplea y puede prepararse de diferentes modos:

1. Se rehoga abundante cebolla picada y miga de pan, remojada antes con leche. Se seca al fuego y se pasa por la máquina.
2. Se hace una *pâté à choux*.

El roux sirve para ligar las salsas blancas. Se compone de unos 60 gramos de mantequilla fundida, o clarificada, mezclada con 80 gramos de harina. La mezcla se cuece a temperatura moderada durante 10 ó 15 minutos. Esta proporción es suficiente para un litro de salsa.

El fundido de tomate se compone de tomates *concassé*, reducido con chalotes picados y un poco de ajo.

La pasta para freír se emplea en la preparación de numerosos fritos: patatas, hortalizas, carnes, pescados, etc. Se compone de unos 500 gramos de harina tamizada, dos vasitos de cerveza, un poco de sal, medio decilitro de aceite y el resto de agua templada, formando una pasta fluida, sin grumos y lo bastante espesa para envolver lo que se vaya a freír. Debe reposar durante varias horas. En el último momento se le añaden dos o tres claras de huevo a punto de nieve. La pasta no debe trabajarse mucho para evitar que se endurezca y se vuelva gomosa.

Los extractos de carne se obtienen por reducción prolongada de jugos, y los de pescado, por la reducción de *fumet* de pescado. Sirven para enriquecer salsas.

La farsa para quenelles se hace deshuesando la carne y quitándole los nervios. Puede ser carne de ternera, de caza o de ave, e incluso de pescado. Se machaca en el mortero, se pasa por la máquina fina, se liga con una salsa tostada, o blanca reducida, se sazona y se trabaja con nata. A las *quenelles* de pescado se les añade además, en el mortero, unas claras de huevo y un poco de *panade*. Después se moldean las *quenelles,* se escalfan en caldo blanco o, si son de pescado, en un *fumet* de pescado.

La duxelles de setas se hace rehogando en mantequilla y vino blanco unos chalotes picados, a los que se añaden setas limpias y picadas. Se cuecen hasta dejarlas casi secas. Sirve para distintos rellenos y salsas.

El caldo corto para el pescado de agua dulce se hace, casi siempre, con agua salada, un poco de vinagre, zumo de limón o vino blanco, cebollas y zanahorias finamente cortadas, perejil, pimienta en grano, laurel y tomillo. Este caldo sirve también para los crustáceos. Para el pescado de mar, se hace sólo con agua salada y, si se quiere, acidulada ligeramente con zumo de limón. Una vez desalados durante varias horas en agua corriente, los pescados de mar se ponen a cocer en agua fría, aromatizada con tomillo, laurel y pimienta molida.

LOS FONDOS DE COCINA

Los fondos de cocina son base fundamental para la confección de sopas, salsas o jugos. Son para la cocina lo que los cimientos para un edificio.

Los principales son:

El caldo de buey.—Los mejores trozos del buey, o de la vaca, para este caldo son: las costillas, las espaldillas, la falda, el morcillo, la cadera y el cuello. También puede hacerse con huesos solamente. La carne, o los huesos, se ponen al fuego con el agua fría y se espuman al primer hervor. Se añaden verduras y se cuecen lentamente para que el caldo quede lo más claro posible. Los huesos de caña o tuétano, babilla y rodilla, son los más empleados. Como hay que mortificar un poco la carne para enternecerla, es conveniente blanquear los huesos antes de servirse de ellos. Se calculan, aproximadamente, 2 kilos de huesos por cada 5 litros de caldo. El tiempo de cocción es de 2 a 3 horas para la carne, según calidad y grosor de los trozos, y de 8 a 10 horas para los huesos.

El fondo blanco o caldo blanco se emplea para *sopas cremas y veloutés;* también para las carnes blancas y aves. Se hace con recortes de ternera, despojos y caparazones de aves, añadiendo zanahorias, puerros, cebollas y un ramito de finas hierbas. Ha de cocer 3 ó 4 horas lenta y regularmente, espumándolo y desengrasándolo con frecuencia —norma a seguir con toda clase de fondos—, reponiendo el caldo según se vaya consumiendo. Se calculan 2 kilos de huesos para 4 ó 5 litros de caldo.

El fondo tostado ligado sirve de base para numerosos derivados de salsas. Se hace del siguiente modo: huesos de ternera dorados en el horno con un *mirepoix*, aromáticos y tomate concentrado, todo ligeramente espolvoreado con harina y mojado con agua fría. La cocción dura, aproximadamente, de 8 a 10 horas. Se liga con harina tostada.

El fondo tostado claro sirve para calentar piezas horneadas de carne o aves. Se prepara como el fondo tostado ligado, pero sin harina, y se cuece lenta y regularmente para que quede claro. El tiempo de cocción es de 4 a 6 horas.

El jugo ligado es un jugo claro, bastante reducido, y ligeramente ligado con un poco de fécula o con *arrow-root*. Acompaña a las carnes asadas, verduras braseadas, etc.

El fondo de caza se hace con huesos de ternera, huesos y recortes de carnes de caza, o caparazones y despojos de aves. Se doran en el horno, se aromatizan con un *mirepoix* de hortalizas y especias y se mojan con agua. Este fondo sirve para calentar trozos de caza horneada. El tiempo de cocción es de 4 a 6 horas.

El fondo o fumet de pescado se emplea como base para mojar pescados y *veloutés*. Se compone de hortalizas finamente cortadas (puerros, zanahorias, perejil, tomillo y laurel) que se sudan con espinas y cabezas de pescados de mar, sin las agallas (preferentemente de rodaballo y lenguado). Este fondo se enriquece, si se quiere, con un picadillo de *setas de los campos*, y se moja con vino blanco y agua. El tiempo de cocción es, aproximadamente, de media hora.

SOPAS, POTAJES Y COCIDOS

Las sopas se dividen en dos clases bien distintas:

1. **Sopas ligadas**
2. **Sopas claras**

Primera variedad:

    a) Los purés simples con sus derivados.
    b) Los *veloutés* y cremas.
    c) Las sopas de verduras sin pasar.
    d) Las sopas a base de cereales.

Segunda variedad:

    a) Los caldos.
    b) Los consomés.

Los purés simples y sus derivados se componen de leguminosas (guisantes, lentejas, judías, etc.) o de verduras frescas y patatas. Se pasan por la máquina o pasa-purés, después por el "chino" y se guarnecen según la clase y el nombre.

Los principales son:

judías blancas o rojas, o guisantes, de.—Se prepara como la *Saint-Germain*, con la misma cantidad de leguminosas y el mismo tipo de cocción.

Algunas variedades

bretona: Puré de judías blancas con un poco de tomate.
Condé: Puré de judías encarnadas.
Dartois: Puré de judías blancas con *brounoise* de verduras.
Faubonne: Puré de judías blancas con juliana de verduras cocidas aparte.
vaudois: Puré de guisantes amarillos cocidos con cerdo salado (orejas, rabo, etc.) y aderezado con carnes cortadas en pequeños dados. Se acompaña con costrones de pan fritos en mantequilla.

lentejas, de.—Se preparan como la *Saint-Germain*, con la misma cantidad de lentejas por litro de sopa —150 a 180 gramos—, pero sin patatas.

Algunas variedades

Choiseul: Puré de lentejas con chifonada de acederas.
Esaú: Puré de lentejas con arroz muy cocido.
Imperator: Puré de lentejas con fondo de caza y trocitos de carne de caza cortados en forma de dados.
Parmentier: Se compone de puerros (sólo lo blanco) y cebollas finamente cortadas, sudados en mantequilla y mojados con caldo. Se añaden patatas, a razón de 350 gramos por litro de sopa. El tiempo de cocción es de 1 a 1 y 1/4 horas.

Algunos derivados

Crécy: Parmentier con puré de zanahorias.
cressonnière: Parmentier cocida con berros y guarnecida con berros frescos.
Darblay: Parmentier con juliana de verduras.
flamenca: Parmentier con coles de Bruselas en puré.
freneuse: Parmentier con puré de nabos.
garbure: Permantier con todas las legumbres pasadas.
santé: Permantier con chifonada de acederas y abundante perifollo picado.
velours: Parmentier-Crécy, guarnecido con tapioca.
Saint-Germain: Es un puré de guisantes frescos o secos. Se sudan unas cebollas y puerros finamente cortados junto con unos recortes de tocino, se añaden los guisantes, puestos en remojo la víspera, y se mojan con caldo o agua. Hay que cocerlos durante bastante tiempo, como mínimo dos horas,

y pasarlos. Se necesitan unos 150 ó 180 gramos de guisantes por litro de sopa, si no se ponen patatas.

Algunos derivados

Camelia: Puré de guisantes frescos aderazado con tapioca y juliana de ave y de puerros.
Fontange: *Saint-Germain* con chifonada de acederas.
Lamballe: *Saint-Germain* con tapioca cocida aparte.
Longchamp: *Saint-Germain* con fideos.
Marigny: *Saint-Germain* con guisantes frescos y judías verdes cortadas en rombos.

Veloutés y cremas

El *velouté* se compone de un *roux* hecho con 40 gramos de mantequilla y 50 gramos de harina por litro de *velouté*, mojado con un fondo de ave, fondo blanco o *fumet* de pescado, según se aplique a uno u otro de estos alimentos. El tiempo de cocción es, aproximadamente, de una hora. Pasado por la estameña, se liga con un poco de nata, unas yemas de huevo y, en el último momento, con mantequilla fresca. Después de añadidas las yemas y la nata, ya no debe seguir cociendo.

La crema se diferencia del *velouté* en que no lleva *roux*. Antes de poner en el recipiente el elemento para mojar (parecido al del *velouté*), se sudan en mantequilla unas cebollas y puerros cortados finamente. La leche sustituye a una pequeña parte del líquido y sirve también para diluir la harina de arroz, de cebada o avena. Esta mezcla se vierte en el caldo a razón de 40 ó 50 gramos por litro de sopa. Puede mejorarse con un poco de nata fresca. El tiempo de cocción es de 2 horas.

Los complementos de los *veloutés* y cremas se componen, por lo general, de costrones, juliana, *quenelles, royales* y elementos de base.

Algunas variedades de veloutés y cremas

andaluza (*Velouté* o crema): Mojado con un fondo blanco entomatado y guarnecido con tomate *concassé*, arroz y juliana de pimientos.
Argenteuil (*Velouté* o crema): Mojado con 3/4 partes de fondo blanco y una 1/4 parte de fondo de espárragos. Se guarnece con dados de puntas de espárragos.
Bagration (*Velouté* o crema): Mojado con un fondo blanco y guarnecido con trocitos de macarrones cocidos aparte.
Carmelita (*Velouté*): Mojado con un *fumet* de pescado y guarnecido con *quenelles* de pescado.
Derby (*Velouté* o crema al curry): Mojado con un fondo blanco y un fondo de ave, juliana de blanco de ave y arroz.

Dubarry (*Velouté* o crema): Mojado con 3/4 partes de fondo blanco y 1/4 parte de fondo a base de coliflor. Se guarnece con ramitos de coliflor.

María-Luisa (*Velouté* o crema): Ligado con crema de cebada y mojado con un fondo de ave. Se guarnece con verduras cortadas en pequeños dados y trozos de macarrones.

Sopas sin pasar o sopas de verduras

Todas las verduras empleadas para esta variedad de sopas deben cortarse finamente, pero en trozos irregulares. Las verduras se sudan primero con mantequilla y luego se mojan con caldo o agua. Tres cuartos de hora después se añaden patatas. El tiempo de cocción varía, según la clase de patata, entre una o dos horas. También se pueden añadir unos recortes de tocino.

Esta sopa se acompaña muy bien con costrones de pan o se guarnece con pequeños dados de carne. Se necesitan 250 gramos de verduras por litro de sopa y 150 gramos de patatas.

Algunas variedades

buena mujer: Cebollas, patatas y puerros.

cultivador: Toda clase de verduras y patatas. Se guarnece con pequeños dados de tocino magro ahumado.

hortelana: *Buena mujer* con fideos, chifonada de acedera y abundante perifollo picado.

normanda: Zanahorias, patatas y puerros. Se guarnece con fríjoles frescos.

paisana: Toda clase de verduras y patatas, guisantes, judías verdes cortadas a trocitos y abundante perifollo picado.

parisina: *Buena mujer* con rebanadas finas de pan, tostadas en el horno y servidas aparte.

Sopas a base de cereales

En esta clase figuran:

las sopas de *arroz*,
las sopas de *copos de avena*,
las sopas de *cebada*, brunoise de cebada perlada,
las sopas de *sémola*,

Hay que calcular 40 ó 50 gramos de cereal por litro de sopa.

Otras sopas

Bortsch polonés: Caparazones de pato dorados en el horno, aromatizados con hortalizas, lombarda y especias. Se cuece todo a fuego lento y se pasa.

Antes de servirlo se añade una juliana de hortalizas y remolachas, una juliana de carne de buey y de pato, y unas rodajas de salchicha. Aparte se sirve nata agria y zumo de remolacha cruda, previamente raspada.

Busega a la milanesa: Paisana de cebollas blancas, puerros, tomates *concassé*, guisantes, col, coliflor, callos de ternera cortados finamente y pequeños dados de tocino.

Chicken-soup (inglesa): Se cuece un pollo en un buen fondo blanco de ternera, se retira y se añade arroz blanqueado. Se trincha el pollo, se aderezan los trozos, se ponen en una sopera y se vierte la sopa encima.

Hochepot a la flamenca: Se hace con toda clase de verduras; cuantas más lleve más sabrosa será la sopa. En vez de vaca se ponen orejas y manos de cerdo, tocino y pecho de carnero salado.

Mille-fanti (italiana): Se vierte, en un consomé hirviendo, un compuesto de miga de pan, huevos y queso parmesano rallado. Batir con las varillas.

Minestrone (italiana): *Paisana* de verduras, judías blancas, tomates *concassé*, *spaghetti* cortados menudos. Se termina añadiendo tocino graso, ajo, perejil y ocimo (balisicón) todo finamente picado. Se acompaña con queso parmesano rallado.

Mullygatawny soup (americana): Se cuece un pollo cortado en pequeños trozos y se moja con caldo blanco. Aparte se preparan unos dados de jamón crudo, patatas, zanahorias, nabos y cebollas. Sudarlo todo, añadir un poco de curry, espolvorear con harina y mojar con el caldo del pollo. Se guarnece con los trozos de pollo y *arroz a la criolla*.

Mutton-broth (inglesa): Una *brunoise* de verduras con cebada perlada y mojada con caldo de carnero. Se guarnece con dados de carne de carnero.

Oxtail claro (inglesa): Trozos de rabo de buey rehogados con verduras y hierbas aromáticas. Se moja con agua o caldo. Se cuece suavemente para que quede claro. Aclarar en seguida con una clarificación de consomé. Se pasa y guarnece con pequeños dados de rabo de buey, una gran *brunoise* de verduras con guisantes, coñac y vino de Madera.

Pot-au-feu (francesa): Se hace con carne y huesos de vaca o de buey (costillas, morcillo, etc.) y hortalizas torneadas. Pueden añadirse despojos de pollo o gallina entera. Se sirven aparte pequeños costrones de pan, junto con pepinillos en vinagre, ensalada de remolacha, con sal, perejil y queso rallado.

Sopa a la cerveza (berlinesa): Se hace con un *roux* mojado con cerveza, dorada o negra. Aparte se prepara una infusión con un poco de ron y vino del Rhin, un trozo de jengibre y una corteza de canela partida, azúcar y corteza de limón. Cuando la sopa está terminada, se ligan unas yemas de huevo con mantequilla y la infusión, y se añaden a la sopa. Servir aparte rebanadas finas de pan, tostadas.

Sopa bourride a la provenzal (francesa): Se hace con unas rodajas de pescadilla gorda, salmonetes y pequeños pescados de roca, cebollas y puerros, agua y vino blanco, sal y pimienta. Se prepara un caldo como para hacer una bullabesa, pero más abundante. Se pasa el caldo y se liga con ajos, aceite, harina y yemas de huevo. Se cortan grandes rebanadas de pan, se tuestan, se disponen sobre una fuente y se vierte la sopa encima. El pescado se sirve aparte.

Sopa de cerezas (alemana): Se cuecen unas cerezas deshuesadas en agua y se hace con ellas un puré al que se le añade canela y corteza de limón. Se liga con un poco de fécula, se pasa por el tamiz y se hierve de nuevo con unas cerezas enteras deshuesadas. En el último momento, se añade una infusión de huesos de cerezas machacados y vino tinto de Burdeos. Aparte se sirven bizcochos cortados en pequeños trozos o costrones con mantequilla.

Sopa de harina a la alemana: Se hace con un *roux* y caldo blanco, todo ligado con yemas de huevo y nata. Se guarnece con una *brunoise* de verduras. Se añade carne de morcillo de ternera y despojos de ave, cortados en cuadraditos. Costrones de pan aparte.

Sopa stchi (rusa): Se prepara un caldo a la francesa (pot-au-feu) con pecho de buey. Se asa a medias un pato y se trocea. Se prepara un poco de chucrut picado. Media hora antes de terminar la cocción se añaden los trozos de buey y pato y se mojan con el caldo. Se cuece todo junto y se sirve con zumo de remolacha y nata agria.

Sopas españolas

Sopas de ajo (leonesa): En una cazuela se hierven dos litros de agua con ajos machacados, sal y pimentón. Se añade manteca de cerdo. A poco de hervir se echa pan finamente cortado. Se apartan, se dejan en reposo un cuarto de hora y se sirven.

Sopas de ajo (madrileña): Se corta pan en rebanadas muy finas. En una sartén se pone aceite y una vez caliente se echan unos dientes de ajo cortados en rodajas y se doran. Se añade el pan y una cucharadita de pimentón y se rehoga despacio durante dos o tres minutos. Se vierte sobre una cazuela de barro, se cubre con agua fría, se sazona con sal, se tapa, se acerca al fuego y se deja cocer durante cinco o seis minutos. Se cascan unos huevos y se colocan encima de la sopa. Cuando están cuajados se sirve todo en la misma cazuela.

Sopa de pescado a la donostiarra: En una cacerola se pone aceite, cebolla y zanahorias cortadas en rodajas finas. A medio dorar la cebolla se echan tomates picados y se rehogan un poco. Se añaden puerros, perejil y sal, y se termina de rehogar. Se moja con medio litro de agua y se cuece durante cinco minutos, añadiendo cigalas, almejas y pescado (cravacorra, una cabeza de merluza, media cabeza de congrio o rodaballo) y se deja cocer otros cinco minutos; se sacan las cigalas y las almejas, y a los diez minutos, el resto del pescado. Se quitan todos los huesos y se echan de nuevo a la cacerola, dejando que hierva todo durante una hora. Se pasa por el "chino", apretando bien para que pase todo, y se completa con agua o caldo hasta obtener un litro y cuarto. Se pone en el fuego en una cazuela, se echa sal y cuando hierve se pone arroz que se deja cocer durante veinte minutos. Se retira y se añade el pescado desmenuzado, las cigalas y las almejas.

Sopa de pescado con fideos a la barcelonesa: Se rehoga cebolla trinchada y se añade harina, congrio y cabezas de rape, tomates partidos por la mitad, laurel y perejil. Se moja con agua, se sazona con sal y pimienta y se pone a cocer durante dos horas. A media cocción se agrega ajo, azafrán, almendras y avellanas, machacados en el mortero, y se deja cocer otras dos horas. Se saca la cabeza del rape y el resto se pasa por un colador apretando mucho. Se pone a hervir y se echan fideos partidos en pedacitos, se desmenuza la carne de la cabeza del rape y se agrega. Se sirve en sopera añadiendo queso rallado.

Sopa mallorquina: Se corta pan en rebanadas muy finas. Se doran unos ajos y cebollas picados en una cazuela de barro. Se agregan tomates, después perejil y col cortada en trocitos. Una vez bien rehogado todo se pone una cucharada de pimentón encarnado y se moja con agua hirviendo hasta cubrir toda la verdura. Se cuece despacio hasta que la col esté tierna. Se sacan las verduras y se reservan. En el caldo se echa el pan, se colocan encima las verduras, se rocían con aceite crudo y al primer hervor se retira del fuego. Dejar reposar y servir en la misma cazuela.

Sopa segoviana del siglo I: En una cazuela de barro y en manteca de cerdo se doran unos ajos, perejil y laurel. Se agrega lomo cortado en dados, jamón y chorizo. Se rehoga todo y se añaden pequeños costrones de pan. Se moja con agua y se agrega pimentón y sal. A punto ya de retirarse se cuajan unos huevos en el mismo caldo. Se sirve todo en cazuela de barro.

Sopa zamorana: En una cazuela de barro se pone pan cortado en rebanadas finas y jamón picado. En un puchero aparte se ponen dos litros de agua, sal, ajos, pimentón y manteca. Cuando hierve un rato se echa en la cazuela sobre el pan y el jamón. Se tapa y se sirve.

Las sopas claras

Las sopas claras se hacen a base de:

caldo de carne o de huesos de buey (ver los fondos),
caldo de verduras,
caldo de ave,
consomé sencillo o doble.

El caldo de verduras se hace con cebollas, zanahorias, puerros, col, apio y se condimenta con ajo, laurel, pimienta en grano y sal. Las verduras deben lavarse muy bien, cortarse en tiras o en pequeños cuadrados, sudarlas en mantequilla y mojarlas con agua.

La cocción ha de ser lenta y debe durar unas dos horas. Pasado por la estameña, este caldo es muy apropiado para la confección de algunas sopas claras y ligadas.

Para determinados regímenes se suprime la mantequilla.

El caldo de ave se prepara con gallina y despojos de aves. Una vez blanqueado y enfriado se pone a cocer lentamente con verduras y hierbas aromáticas. Tiempo de cocción: dos o tres horas. Pasado por la estameña, este caldo es muy apropiado para los consomés de ave, las cremas y salsas blancas.

El consomé es un caldo más o menos consistente, según la *clarificación*, hecho de la manera siguiente: se emplea carne de buey limpia de grasas (con preferencia morcillo o recortes de otras carnes frescas), unos 500 gramos para tres litros de consomé. Se pica la carne y se le incorporan verduras finamente cortadas (zanahorias, apio, puerros, perejil), así como tomillo, laurel y unos granos machacados de pimienta. Se pone todo en una terrina con un poco de agua fría o caldo frío, triturándolo y dejándolo reposar durante una o varias horas para que los jugos, que servirán para clarificar el consomé, se amalgamen bien con el líquido. También pueden añadirse despojos de aves, dorados de antemano en la sartén. Se moja todo con caldo frío desengrasado, se pone al fuego suave y se remueve dos o tres veces antes de la ebullición. Cuando ésta ha comenzado se sigue cociendo a fuego lento de una y media a dos horas. No es necesario advertir que si el caldo es muy fuerte, debido a la carne o a los huesos, hay que disminuir la cantidad de clarificación.

Pasar el consomé a través de un lienzo fino o una servilleta, volverlo a cocer y desengrasarlo bien.

El consomé doble se prepara del mismo modo que el anterior, pero aumentando la carne y disminuyendo el caldo. Esto aumenta la concentración y el cuerpo del consomé. Evítese poner demasiada verdura, porque podría alterar el aroma.

Este consomé casi siempre se sirve en taza y acompañado de Jerez, Oporto, Sherry, etcétera.

El consomé frío es, prácticamente, un consomé doble, servido en taza y aromatizado con un vino, Oporto o Madera, por ejemplo. Se sirve también con una guarnición *royale, brunoise* de verduras, **juliana**, etc.

El consomé en gelatina: añadir en la clarificación una o dos hojas de gelatina por litro de caldo.

Las guarniciones para consomés

Las guarniciones como los fideos, pastas italianas, arroz, perlas del Japón, etc., se cuecen antes en agua salada, se escurren, se enfrían al chorro del grifo y se echan en el consomé. La sémola y la tapioca pueden cocerse aparte o en el mismo consomé.

Otras variedades de consomés

brunoise.—Guarnición de verduras (zanahorias, nabos, puerros, apio y perifollo) cortadas en cuadraditos.

Celestina.—Juliana de *crêpes* con finas hierbas.

juliana.—Guarnición de verduras cortadas en tiras muy finas.

Las verduras de estas tres variedades se cuecen en caldo aparte y se añaden al consomé en el último momento.

madrileña: Es un consomé al *fumet* de apio y tomate, guarnecido con tomates *concassé*, chifonada de acederas y arroz blanco molido.

royal.—El *royal* para consomés y sopas se prepara a razón de 10 huevos por litro de leche y consomé. Se cuece como los flanes, al baño maría. Los grandes moldes de tres cuartos a un litro exigen de cuarenta a cincuenta minutos de cocción lenta; los moldes pequeños, de quince a veinte minutos. El *royal* puede prepararse con purés diversos (ave, caza, verduras o pescados). Para asegurarse de que está a punto se introduce una aguja que debe salir seca. El *royal* se corta cuando está completamente frío, fraccionándose en trocitos, dados, bolitas, triángulos, etc., según los gustos, y se añade al consomé en la misma sopera.

Xavier.—Se prepara del siguiente modo: se bate un huevo con unos 25 gramos de harina de flor, sal, pimienta y nuez moscada (base para un litro de consomé). Se hierve el consomé, se coloca un pasador de agujeros grandes sobre la cacerola y se vierte el preparado, debiendo caer en el consomé en pequeños copos. La cocción es de dos a tres minutos.

Existen además **sopas especiales** que, por su finura, necesitan casi siempre artículos costosos y una laboriosa preparación.

Algunas recetas

bullabesa marsellesa.—Existe tal variedad de recetas que es muy difícil dar la que pueda agradar a todos, sin embargo, como se trata de una especialidad de la Provenza, es una herejía añadir otros ingredientes que no sean el tomate, el hinojo, el ajo, el pimiento y el azafrán. Se emplea una gran variedad de pescado (rascacio, salmonete, dorada Saint-Pierre, rape, congrio, mero, pescadilla, langosta o langostino, etc.). Para que la bullabesa adquiera su característico sabor hay que ponerle por los menos cinco o seis clases de pescado. Las cabezas y espinas servirán para la confección del *fumet*.

Se vacían, limpian y cortan los pescados en grandes trozos (3 ó 4 kilos, aproximadamente, para 10 personas). Se sofríen en una cacerola con un decilitro de aceite, dos cebollas medianas y dos puerros picados; luego cuatro o cinco tomates pelados y picados, 30 gramos de ajo machacado, una cucharada de perejil picado gruesamente, una pizca de hinojo, una hoja de laurel, un poco de pimienta molida, dos o tres gramos de azafrán. Cuando el tomate está bien deshecho se añaden los pescados de carne fina, se hierve todo durante unos diez minutos y se agregan los pescados de carne más basta (salmonete, mero, pescadilla, etc.), y se sigue cociendo suavemente durante siete u ocho minutos.

Se vierte el caldo de la bullabesa sobre rebanadas de pan francés y se sirve al mismo tiempo el pescado en una fuente honda.

Los grandes cocineros de Marsella dicen que es un error asar o dorar en aceite las rebanadas de pan.

También se puede preparar una *bullabesa* con pescados de agua dulce (lucio, anguila y corégono), a condición de que se moje con un *fumet* hecho con cabezas y espinas de pescado de mar.

Mock-Turtle Soup (falsa tortuga).—Se doran unos huesos de ternera (cabeza, manos, etc.). Se añade un *mirepoix* muy cargado de tomillo, romero, mejorana, laurel, pimienta machacada y ocimo, algunos tomates frescos o concentrado de tomate. Se enharina y se moja con un poco de vino blanco, de fondo blanco o caldo. Se cuece, aproximadamente, durante unas tres horas. Se pasa por la estameña. Se guarnece con unos dados de cabeza de ternera, cocida aparte, y se perfuma con un vino añejo de Madera en el momento de servirlo.

Sopa a la marinera (al estilo de Cádiz).—Se limpia un kilo de pescado variado (breca dorada y lisa de mar) y se pone a cocer cubriéndolo con agua fría. A los cinco minutos de cocción se aparta, se saca el pescado, se le quita las espinas y se pasa el caldo. En una sartén con aceite se fríe, a fuego lento, medio kilo de cebollas picadas, ajos y perejil, muy picados. Cuando empieza a dorarse la cebolla se pone todo en la cazuela, se añade el pescado desmenuzado, el caldo de cocerlo, completando con agua hasta un litro y medio, se añade sal, pimienta, pan cortado en rebanadas finas, se tapa la cazuela y se deja cocer lentamente.

Se sirve en la misma cazuela guarnecida con huevos duros cortados en rodajas. Las cantidades indicadas son, aproximadamente, para cuatro personas.

Sopa crema de langostinos.—Se cuecen 200 gramos de langostinos en agua hirviendo y sal. Se reservan dos colas limpias de cáscaras. Estas cáscaras, junto con los langostinos restantes, se machacan en un mortero hasta reducirlos a una pasta fina.

En una cacerola se ponen 30 gramos de harina de arroz y se deslíe con un litro de leche fría, procurando que no se formen grumos. Se pone la cacerola al fuego y se cuece, removiendo continuamente con una cuchara de madera para que la harina no se pegue en el fondo. Cuando está en ebullición se añade la pasta hecha con los langostinos y se deja hervir durante tres minutos. Se aparta del fuego y se pasa por la estameña y se vuelve a poner en la cacerola, que se habrá lavado.

Diez minutos antes de servirse se pone la crema al fuego, añadiendo una yema de huevo desleída con dos cucharadas de nata, coñac o Jerez, unas gotas de carmín vegetal y se sazona con sal, pimienta blanca molida y un poco de Cayena. Se deja cocer removiendo continuamente con una cuchara de madera, procurando que no se agarre al fondo, y, una vez en ebullición, se vierte en una sopera, en la que se habrá puesto nata, 100 gramos de mantequilla troceada y las dos colas de langostinos reservadas, cortadas en trocitos regulares. Servir inmediatamente. Estas cantidades son válidas para cinco personas.

Sopa de cangrejos.—Se cogen unos cangrejos de río vivos, se limpian cuidadosamente, se rehogan en aceite muy caliente y se añade un *mirepoix* de verduras con pimienta machacada. Se flamea al coñac, se añaden unos tomates *concassé*, se moja con vino blanco y *fumet* de pescado y se cuece durante quince o veinte minutos con un poco de arroz o crema de arroz.

Se retira una parte de la carne de las colas, que servirá para guarnición, y se machaca el resto en el mortero. Se pasa todo por el tamiz y se prensa con la estameña. Se calienta de nuevo, se rectifica de sal, se mejora con un poco de mantequilla fresca, nata y un chorrito de coñac. Se guarnece con las colas de cangrejo y arroz.

Sopa de tortuga.—Coger una tortuga viva con la cabeza hacia abajo y el peto de frente (parte inferior plana). Se le ata al cuello una pesa de un kilo, para que la cabeza se mantenga fuera de su concha. Se le corta el cuello muy a ras de la cabeza, se le dan dos cortes con el cuchillo bajo las aletas para facilitar la salida de la sangre. Se separa el peto muy cerca del caparazón, se abre y vacía la tortuga, sacándole las entrañas. Se desarticulan las aletas natatorias y se sacan las carnes interiores, se pone en remojo el caparazón y las aletas durante un minuto en una gran cacerola con agua hirviendo; luego se le quitan las gruesas escamas, con ayuda de un cuchillo, deslizando la hoja bajo cada una de ellas. Se corta el caparazón en grandes trozos cuadrados y las aletas en trozos de 5 ó 6 centímetros. El caparazón se pone en una cacerola y las aletas en otra. Se cubren con agua y se ponen a hervir, retirándolas del fuego a los 45 minutos de cocción. Se quita la grasa verde de las carnes interiores y éstas se ponen en una cacerola, mojándolas con agua fría y añadiéndoles el caldo de la cocción del caparazón y de las aletas. Agregar cebollas en gran cantidad, sal y pimienta. Se cuece todo a fuego lento durante unas 6 horas. Una hora antes de pasar la sopa, se añade ocimo, mejorana, tomillo, perejil y murtones en grano, todo muy fresco, la mejorana sobre todo, que es el condimento dominante. Se retiran a continuación los trozos del caparazón, que se habrán dejado en agua tibia, se corta la carne en trozos cuadrados cuidando que no quede ningún hueso. Ponerlos en un consomé de ave y cocerlo todo suavemente durante una media hora.

La variedad de tortuga más estimada para esta sopa es la *franca* o *verde* que abunda en las islas Canarias.

Receta de M. J. Favre, autor del "Diccionario Universal de la Cocina Práctica"

Los potajes

Los potajes no son otra cosa que caldos de olla. Su preparación requiere gran cuidado y se sirven, como todos los caldos y sopas, bien calientes. Por lo general están hechos a base de garbanzos, judías y acelgas, pero también pueden hacerse, para régimen vegetariano o para ciertos enfermos, poniéndoles otras verduras (espinacas, zanahorias, guisantes verdes, etc.).

Todas las legumbres secas que intervienen en los potajes deben ponerse en remojo la víspera. Las verduras se blanquean antes de incorporarse.

Algunas variedades

blanco.—En una olla con agua hirviendo se pone cebolla, una cabeza de ajos y una hoja de laurel; se agrega garbanzos y manteca de cerdo. Se pone todo a cocer a fuego lento. Aparte se cuecen unas judías blancas en agua fría y, al romper a hervir, se les cambia el agua por otra, igualmente fría, poniéndose a cocer de nuevo. A la mitad de la cocción se agregan las judías o los garbanzos, se deja cocer todo y se añaden patatas cortadas en trozos regulares. Sazonar con sal y pimienta. Cuando las patatas están casi cocidas se añade arroz, se deja cocer durante un cuarto de hora más y, después de reposar un poco, se sirve.

coles, de.— En una olla se pone un hueso de jamón, un trozo de tocino y otro de lomo. Se moja todo con caldo y se pone a cocer. Cuando rompe a hervir se espuma cuidadosamente y se echa la col picada muy fina, unos guisantes y judías verdes. Cocer todo a fuego lento. A media cocción se añaden patatas cortadas en trozos y 10 ó 12 salchichas. Sazonar con sal. Se sirve bien caliente.

garbanzos con espinacas, de.—En una olla con agua hirviendo se pone un un par de cucharadas de aceite y se agregan garbanzos lavados en agua templada. Se dejan cocer a fuego lento hasta que estén tiernos.

En una sartén se pone aceite y se fríen rebanadas de pan, cebollas finamente picadas, ajos y perejil. Se pone todo en un mortero, se machaca hasta formar una pasta y se deslíe con un poco de caldo de los garbanzos. Se cortan finamente unas espinacas, previamente blanqueadas, y se agregan a los garbanzos. Con una cuchara se raspa un pimiento seco, previamente remojado con agua caliente, y se echan las raspaduras en un mortero, se le agrega una yema cocida y se machacan. Desleír la pasta con un poco de agua y verterla sobre los garbanzos. A continuación se sazona con sal y pimienta y se deja que siga cociendo todo durante unos 15 minutos.

habas secas, de.—En una olla se ponen habas secas, puestas en remojo desde la víspera y se agrega un trozo de cabeza, una oreja y un trozo de espinazo de cerdo, una cebolla, 150 gramos de tocino, una morcilla, un diente de ajo y azafrán. Mojar con agua fría hasta cubrir. Se pone todo a cocer, a fuego muy lento, hasta que quede bien tierno y en su grasa.

vigilia, de.—En una olla grande se ponen a cocer 200 gramos de garbanzos. Aparte, en agua fría, se ponen 200 gramos de judías blancas, una cucharada de aceite y una cebolla. Cuando está hirviendo se pasa a la olla grande y se cuece hasta que todo esté casi tierno. Se añaden unas acelgas previamente blanqueadas y picadas. Una hora antes de servirlo se rehoga en un par de cucharadas de aceite, bastante cebolla y un poco de ajo, todo bien picado, con media cucharada de harina; se moja con el caldo del potaje y se cuela. Se preparan unos huevos duros y se pican, poniéndolos con el sofrito de cebolla, en el potaje. El caldo debe quedar espeso. Si se quiere, se puede añadir unos trozos de bacalao, previamente desalados. Esta receta es válida para 4 ó 5 personas.

Los cocidos

El cocido es uno de los platos españoles más clásicos y divulgados. Aunque los sistemas de cocción y los ingredientes básicos son los mismos, el cocido varía según el gusto y recursos peculiares de cada región.

Algunas variedades de cocidos

(Cantidades para 4 ó 5 personas)

andaluz.—En una olla con abundante agua se ponen 250 gramos de garbanzos, previamente remojados, 250 gramos de carne de vaca, 150 gramos de tocino, 100 gramos de jamón y un hueso de codillo. Cuando rompe a hervir se espuma y se deja cocer, a fuego lento, hasta que los garbanzos estén tiernos. Se saca el caldo y se reserva. Se añade a los garbanzos 250 gramos de judías verdes, cortadas por la mitad, previamente blanqueadas, 100 gramos de calabaza y 250 gramos de patatas. Se añade una cucharada de manteca y un poco de agua hirviendo y se cuece todo muy despacio para que no se deshagan las patatas.

En un mortero se machaca un diente de ajo, cuatro gramos de cominos, cuatro gramos de pimienta y un tomate asado sin piel. Se deslíe todo con un poco de agua y se vierte en la olla. Se sazona con sal y se deja cocer hasta que esté muy tierno todo y quede un poquito de salsa.

Se hace una sopa con caldo frío, unas rebanadas de pan muy finas, un diente de ajo muy picado. Se acerca al fuego y cuando rompe a hervir se retira. En verano se añade al cocido unos trozos de pera y membrillo.

castellano.—En una olla se ponen 3 litros de agua, 1 mano de cerdo, previamente chamuscada, 1/4 de gallina, 1 trozo de codillo, 1 hueso de rodilla, 500 gramos de morcillo de vaca. Se acerca al fuego y cuando rompe a hervir se agregan 250 gramos de garbanzos bien escurridos, una zanahoria y una cebolla asada a la plancha. Cuando empieza nuevamente a hervir se espuma y se deja cocer a fuego moderado durante unas 3 horas.

Aparte se preparan los rellenos con 2 huevos batidos, perejil y un ajo picado finamente y una taza de pan rallado. Se mezcla todo y se fríe en pequeñas porciones hasta que estén bien doradas. Se reservan. De la olla se saca el caldo, dejando un poco, y se agregan 500 gramos de patatas peladas y partidas en trozos, los rellenos y un chorizo. Se sazona con sal y se pone a cocer durante otra media hora.

En una cacerola se rehogan, previamente blanqueadas, 3/4 de kilo de judías verdes o repollo, en aceite frito en el que se habrá requemado un ajo.

Se pone a hervir el caldo de la sopa, sazonado con sal, se agrega 70 gramos de pasta menuda de sopa, se deja hervir 5 minutos, y se aparta.

En una sopera se sirve la sopa y, en una fuente, los garbanzos, patatas y rellenos alrededor. En otra fuente se sirve la verdura, con las carnes, tocino y chorizo trinchados alrededor.

catalán.—En una olla puesta al fuego con 3 litros de agua, se echan 250 gramos de morcillo de vaca, 100 gramos de tocino y un despojo de gallina. Cuando empieza a hervir se agregan 200 gramos de garbanzos y se sazona con sal. Se espuma, se tapa y se deja cocer, a fuego lento, durante unas dos horas. Se añaden 100 gramos de butifarra blanca, un kilo de col, bien lavada y partida.

En un plato se ponen 150 gramos de carne magra picada, un ajo picado, perejil y 50 gramos de pan rallado, se añade un huevo y 25 gramos de harina. Se mezcla todo, haciendo un rollo y se agrega a la cocción. Se continúa cociendo una hora aproximadamente y se añaden 400 gramos de patatas y un poco de azafrán. Se agrega agua hirviendo, si es necesario.

Cuando estén cocidas las patatas, se cuela el caldo en una cacerola, se pone a hervir y se echan 100 gramos de fideos finos. Cocer durante 5 minutos y apartar a un lado para que reposen. Se sirve la sopa en una sopera y, en una fuente, la carne, el tocino, la butifarra y la "pelota" (relleno), junto con el cocido.

Para la sopa debe sacarse 1 y 1/2 litro de caldo.

gallego.—Se pone en un puchero un trozo de lacón, un trozo de jamón, un 1/4 de kilo de carne de ternera, 1/4 de gallina, media cabeza de cerdo y 3 chorizos. Se llena de agua, se pone a hervir y cuando empieza la ebullición se agrega 1/4 de kilo de garbanzos, previamente remojados. Se deja cocer, a fuego lento, y hacia la mitad de la cocción se saca parte del caldo y se cuecen en él un repollo y un kilo de patatas.

Se sirve en tres fuentes. En una, las patatas y el repollo; en otra, los garbanzos con el chorizo, y en la tercera, la carne.

madrileño.—En un puchero con abundante agua fría se ponen 500 gramos de morcillo de vaca, 100 gramos de tocino, media gallina y 100 gramos de puntas de jamón. Se pone al fuego para que se caliente. Al iniciarse la espuma se retira con la espumadera y cuando empieza a hervir se añaden

250 gramos de garbanzos de Castilla, previamente remojados, junto con una mano de cerdo, salada y remojada con los garbanzos. Se agrega una cebolla tostada y sal y se aparta a un lado de la placa para que continúe hirviendo lentamente durante 3 horas, aproximadamente. Un cuarto de hora antes de retirarlo se añaden 6 patatas peladas y lavadas.

En una cacerola se pone un kilo de verduras (col, acelgas, cardillos o judías verdes), previamente blanqueadas, un chorizo y una morcilla. Se moja con agua y una vez cocido se escurre y se rehoga en aceite. Se saca el caldo para hacer la sopa, se pone a hervir en una cacerola y se cuecen en él pastas de sopa durante 5 minutos. Se deja reposar y se sirve en la sopera. Los garbanzos se disponen en una fuente con la carne trinchada alrededor, la gallina, el tocino, el jamón y la mano de cerdo. En otra fuente se sirve la verdura, las patatas, el chorizo y la morcilla trinchados. Se acompaña con salsa de tomate.

LAS SALSAS

A pesar de las numerosas y diversas salsas que existen, casi todas se derivan de unas cuantas salsas básicas:

1. La salsa medio glasa.
2. El *velouté* y la salsa alemana.
3. La bechamel.
4. Las salsas de pescado.
5. Las salsas de mantequillas.
6. La salsa de tomate.
7. Las salsas frías.
8. Las mantequillas compuestas.

La función de estas salsas básicas es la de proveer los elementos fundamentales a toda salsa. Es decir, que a una proporción dada de salsa básica se añadirán los diversos elementos que comuniquen a cada salsa su sabor particular. Ejemplo: una infusión de vinagre y aromáticos en la salsa medio glasa constituye la salsa *poivrade*. La salsa Aurora se obtiene añadiendo tomate a la salsa bechamel o *velouté*. La salsa bechamel, mezclada con Gruyère o parmesano y ligada con yemas de huevo, se convierte en la salsa Mornay.

Hay que insistir bastante sobre las dos condiciones principales en la preparación de las salsas básicas, en particular en lo que se refiere a jugos y salsas tostadas: **tiempos y cuidado.** La reducción progresiva, el espumado o desengrasado, exigen paciencia y tiempo. Una salsa bien espumada no debe tener grasa en la superficie, quedando así más fina y mejor.

Para evitar que en las salsas al *baño maría* se forme una película, lo que obligaría a pasarlas de nuevo, basta añadir unos trozos de mantequilla en la superficie.

Salsa medio glasa

Se obtiene por cocción y reducción de huesos de ternera, y de buey o vaca. Los huesos se doran previamente en una brasera, se les añade un *mirepoix* de zanahorias, cebollas cortadas en grandes trozos, un ramito de finas hierbas, 2 ó 3 dientes de ajo y un poco de tomate concentrado, que se rehoga con los huesos. Se espolvorea ligeramente con harina y se moja con agua fría. Se cuece durante 8 ó 10 horas y se espuma cuidadosamente.

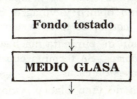

Algunos derivados

Salsa al Madera.—*Medio glasa* con fondo de ternera o de braseado, perfumada con vino de Madera. Se emplea para los *tournedos,* medallones de ternera, jamón, lengua, croquetas, etc.

Salsa bigarrade.—Un poco de azúcar, a punto de caramelo, diluido en vinagre y Oporto; jugo de pato reducido con zumo de naranja y limón y la corteza de estos frutos, cortada en juliana. Se liga ligeramente con *medio glasa*. Apropiada para el pato.

Salsa bordelesa.—Reducción de chalotes en vino tinto, mojada con *medio glasa*, tomate y, por último, mantequilla. Guarnición de tuétano de buey o vaca, limpio y cortado en dados o en rodajas. Apropiada para emparrillados, sobre todo de buey, y para ciertas verduras.

Salsa cazador.—Reducción de vino blanco, chalotes, setas y tomates *concassé*. Se moja con *medio glasa*. Se termina con finas hierbas y zumo de limón. Apropiada para caza y carnes salteadas.

Salsa Cumberland.—Juliana de cortezas de naranja, blanqueadas, reducidas en vino de Madera, alargada con *medio glasa* y fondo de caza, un poco de Cayena y jengibre en polvo. Se termina con una jalea de grosella diluida, una cucharada por salsera. Se emplea, caliente, para las carnes de caza de pelo.

Salsa charcutera.—Cebollas picadas, sudadas en mantequilla. Desleír en vino blanco y vinagre, mejor con *medio glasa* y terminar con mostaza. Se guarnece con juliana de pepinillos. Apropiada para emparrillados.

Salsa chaud-froid.—*Medio glasa* con vino de Madera, sin harina, con gelatina de carne un poco fluida. Puede completarse con diferentes jugos concentrados (de caza o pato, por ejemplo). Se emplea para platos fríos.

Salsa diabla.—Reducción de vino blanco, chalotes, vinagre, pimienta molida y un poco de Cayena. Se moja con *medio glasa*. Se termina de montar con mantequilla, zumo de limón, mostaza inglesa y finas hierbas. Apropiada para las aves asadas y emparrillados de carne.

Salsa Périgueux.—Trufas cortadas en daditos, reducción con vino de Madera. Se moja con *medio glasa*. Apropiada para empanadillas, *pâtés,* croquetas, etc.

Salsa picante.—Reducción de chalotes, alcaparras y pepinillos picados o cortados en juliana, con vino blanco y vinagre. Se moja con *medio glasa*. Apropiada para chuletas de cerdo, de ternera, carnero o lengua.

Salsa poivrade.—Reducción de pimienta machacada, chalotes picados, vino blanco, adobo de caza y recortes. Se termina con *medio glasa* con fondo de caza. Se emplea para las carnes de caza.

Salsa Robert.—Reducción de vino blanco, vinagre y cebollas picadas. Se moja con *medio glasa* entomatada y se refuerza con un poco de mostaza. Apropiada para emparrillados.

Salsa salmis.—Reducción de chalotes picados y caparazones de ave, partidos y machacados. Se añade vino tinto, se moja con *medio glasa,* se cuece durante una hora, se pasa por el tamiz y luego por la estameña para conseguir un jugo concentrado. Se añade mantequilla. También se le pueden poner trufas o champiñones picados.

Salsa tortuga.—Se añade, a una *medio glasa* entomatada y vino de Madera, una infusión hecha con caldo de tortuga y finas hierbas (ocimo, romero, salvia, tomillo y unos granos de hinojo). Muy apropiada para la cabeza de ternera.

Velouté

Para un litro de *velouté* se necesitan 60 gramos de mantequilla, o materia grasa, 70 ó 80 gramos de harina, sal y zumo de limón. Se suda, sin dorar, la mantequilla y la harina, se deja enfriar, se añade el fondo de ternera, de ave o de pescado, según el plato que acompañe. Se cuece durante una hora, aproximadamente, y se pasa por la estameña.

Salsa alemana

La salsa alemana es un *velouté* ligado con yemas de huevo y nata y reducido a la densidad deseada, al que se agrega mantequilla y se pasa por la estameña. Proporciones para la ligazón: dos yemas de huevo y un decilitro de nata por litro de salsa. Se bate la ligazón con las varillas en una saltera, se añade el *velouté* y se reduce a fuego vivo. Se termina con un poco de mantequilla fresca.

Algunos derivados

Salsa curry.—Cebollas sudadas en mantequilla. Se añade manzanas reinetas cortadas en dados y se espolvorea con curry. Se moja con un *velouté* de carne de ave o pescado, según su destino. Se añade nata y se pasa por la estameña.

Salsa chaud-froid.—*Velouté* con gelatina de carne. Puede hacerse con diferentes fondos: ternera, ave, etc., según se aplique a una u otra de estas carnes. Se emplea, sobre todo, para platos fríos.

Salsa de alcaparras.—*Velouté* con alcaparras dispuestas sobre la salsa.

Salsa de champiñones.—Salsa alemana con esencia de setas y guarnecida con champiñones pequeños.

Salsa de rábanos.—*Velouté* con rábanos rallados puestos en el último momento.

Salsa finas hierbas.—*Velouté* de finas hierbas ligeramente sudadas en mantequilla. Se aromatiza con zumo de limón. Apropiada para carnes y pescados.

Salsa poulette.—Salsa alemana al *fumet* de setas, aromatizada con zumo de limón y perejil picado.

Salsa suprema

La salsa suprema es un *velouté* de ave reducido con nata, sin yemas de huevo. Se reduce, a fuego vivo, un litro de *velouté* con dos decilitros de nata fresca, añadiéndose ésta, poco a poco, a medida que se opera la reducción. Apropiada para entradas blancas, aves, volovanes, pastelillos y *chaud-froids*.

Algunos derivados

Salsa albufera.—*Suprema* con gelatina de carne y mantequilla. Apropiada para aves.

Salsa Aurora.—*Suprema* ligeramente entomatada. Se emplea para huevos.

Salsa chaud-froid.—*Suprema* con gelatina de carne. Para piezas frías.

Salsa Ivoire.—*Suprema* a la gelatina de carne. Apropiada para aves.

Salsa rica.—*Suprema* con esencia de trufas y setas. Se guarnece con trufas cortadas en pequeños dados.

Salsa bechamel

Se hace con un *roux* blanco compuesto de 60 gramos de mantequilla y 80 gramos de harina por litro de leche. Esta proporción puede variar según su empleo. Se cuece la mantequilla y la harina sin dorarla y se deja enfriar. Se añade leche hirviendo, removiéndola enérgicamente, y se cuece durante una hora, aproximadamente. Se pasa por la estameña y se añade mantequilla.

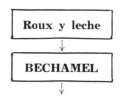

Algunos derivados

Salsa crema.—*Bechamel* con nata fresca. Apropiada para verduras.

Salsa Mornay.—*Bechamel* con queso rallado y yemas de huevo. Muy apropiada para gratinados. Para pescados, se perfuma con una reducción de pescado.

Salsa Soubise.—Se rehoga un puré de cebollas blancas en mantequilla. Se añade una *bechamel* y se cuece durante veinte o treinta minutos. Se pasa. Muy apropiada para rellenos. Ligada con yemas de huevo, sirve para cubrir y glasear las piezas "a lo Orlof" y "Nelson".

Salsas de pescado

Salsa al vino blanco

Esta salsa se compone de un *velouté* de pescado, o sea: un *roux* hecho con 60 gramos de mantequilla y 80 gramos de harina, mojado con un litro de *fumet* de pescado y cocido durante una hora. Este *velouté* se reduce a continuación a fuego vivo, con el concentrado obtenido por la cocción de los pescados. Puede añadírsele nata.

Algunos derivados

Salsa buena mujer.—*Salsa al vino blanco y fumet* de setas. Se monta con mantequilla y se añade un poco de *salsa holandesa* y nata.

Salsa cardenal.—*Salsa al vino blanco*, montada con mantequilla de bogavante o langosta y guarnecida con trufas.

Salsa de anchoas.—*Salsa al vino blanco*, montada con mantequilla de anchoas y aromatizada con un *fumet* de setas.

Salsa de camarones.—*Salsa al vino blanco*, montada con mantequilla de camarones y ligada con un poco de *salsa holandesa* y nata.

Salsa de ostras.—*Salsa al vino blanco*, perfumada con jugo de ostras y guarnecida con ostras escalfadas.

Salsa diplomático.—*Salsa al vino blanco*, montada con mantequilla de bogavante y guarnecida con dados de bogavante y trufas.

Salsa Dugléré.—*Salsa al vino blanco* con *fumet* de setas. Se añaden tomates *concassé*.

Salsa genovesa.—*Salsa al vino blanco*, ligada con yemas de huevo y montada con mantequilla fresca.

Salsa Joinville.—*Salsa al vino blanco*, montada con mantequilla de camarones.

Salsa marinera.—*Salsa al vino blanco*. Se añade una cocción reducida de almejas y se aromatiza con zumo de limón y finas hierbas.

Salsa normanda.—*Salsa al vino blanco,* perfumada con fondo de ostras y setas, ligada con nata y yemas de huevo.

Salsas de mantequilla

Salsa holandesa

Receta para 10 personas. Se reduce, a fuego vivo, en una saltera bien estañada, dos cucharadas de vinagre y otro tanto de agua con unos granos machacados de pimienta. Se deja enfriar completamente y se añade un poco de agua fría. Se pone tres o cuatro yemas de huevo y se trabaja con las varillas hasta que se consiga una masa espesa y esponjosa. Se añade entonces, lentamente, 300 ó 400 gramos de mantequilla fundida, no muy caliente y montada como una mayonesa. Si la salsa queda demasiado espesa se rebaja con un poco de agua caliente. Se sazona con sal, zumo de limón y un poco de Cayena, y se pasa por la estameña. Esta salsa puede alargarse añadiendo agua ligada con harina, no muy espesa. Se pone en el baño maría a una temperatura que no sobrepase los 40 grados.

Esta salsa se emplea para pescados y verduras cocidos. Para estas últimas es preferible no hacer la reducción de vinagre.

Algunos derivados

Salsa bearnesa.—Reducción de chalotes picados, pimienta molida, estragón, perifollo picado y vinagre. Se reduce hasta secarlo, se añade agua fría y las yemas de huevo y se procede como con la *salsa holandesa*. Se pasa y se añade una cucharada de postre de perifollo y estragón, finamente picados. También se puede añadir gelatina de carne, pero entonces se la llama de "Foyot". Apropiada para emparrillados.

Salsa Choron.—*Salsa bearnesa* entomatada. Apropiada para emparrillados.

Salsa de mantequilla o falsa holandesa.—*Roux* blanco mojado con agua. Se le da un sólo hervor y se trabaja con las varillas, montándolo enérgicamente con mantequilla. Se liga con yemas de huevo y nata, zumo de limón y un poco de Cayena. Apropiada para verduras o para alargar otras salsas.

Salsa maltesa.—*Salsa holandesa* con zumo de naranja sanguina y corteza rallada. Acompaña a las verduras, especialmente a los espárragos.

Salsa muselina.—*Salsa holandesa* con nata batida en el último momento. Como *la holandesa*, es apropiada para pescados cocidos y verduras.

La salsa de tomate

Esta salsa se prepara con un *mirepoix* compuesto de zanahorias, cebollas, ajos enteros, tomillo, laurel, tocino magro cortado en dados, o recortes de tocino, y un puré o concentrado de tomate, todo sazonado con sal y pimienta. Si resulta demasiado ácida se añade un poco de azúcar.

Rehogar tocino, luego el *mirepoix* y especias, añadir tres o cuatro cucharadas de tomate por litro de salsa. Se deja espesar y se añade 50 gramos de harina. Se moja con un caldo o fondo blanco, o, incluso, con agua, lo que muchas veces es preferible a un mal fondo. Se cuece suavemente en el horno de hora y media a dos horas. Después se pasa por el tamiz o por el "chino", apretando mucho.

Para que resulte más sabrosa se puede calentar un buen trozo de mantequilla a punto de avellana, a la que se añade unos ajos picados y un poco de tomillo. Se echa todo en la salsa y se deja cocer unos cinco minutos antes de pasarla.

Salsas frías

Salsa mayonesa

Cantidades para 12 ó 15 personas: cuatro yemas de huevo, medio decilitro de vinagre, como máximo; una cuchada, de las de café, de sal; la misma cantidad de mostaza; una punta de pimienta molida; un litro de aceite refinado de oliva y zumo de limón.

Se pone en un bol las yemas, el vinagre, la sal, la pimienta y la mostaza. Se trabaja enérgicamente con las varillas y se le incorpora, lentamente, el aceite. Si la salsa queda demasiado espesa, se rebaja con un poco de agua caliente, o vinagre si no está bastante acidulada, o, si se prefiere, con clara de huevo batida a punto de nieve. Se rectifica de sal, se añade el zumo de limón y un chorrito de Worcester. Hay que evitar emplear aceite demasiado frío o huevos recién sacados del frigorífico, porque se podría cortar la salsa.

Algunos derivados

Salsa andaluza.—*Mayonesa* con puré de tomate y pimientos morrones cortados en pequeños dados como guarnición.

Salsa Chantilly.—*Mayonesa* con limón en vez de vinagre. Se le añade nata batida antes de servirla.

Salsa Gribiche.—*Mayonesa* guarnecida con pepinillos, alcaparras, perifollo, perejil y huevos duros picados.

Salsa remoulade.—*Mayonesa* con abundante mostaza y guarnecida con pepinillos, alcaparras, perejil, perifollo y estragón picados y aromatizada con esencia de anchoas.

Salsa tártara.—*Mayonesa* guarnecida con pepinillos, alcaparras y finas hierbas picadas.

Salsa tirolesa.—*Mayonesa* entomatada, guarnecida con cebollas muy finamente picadas.

Salsa verde.—*Mayonesa* con puré de espinacas, perifollo y perejil, todo blanqueado y pasado por un tamiz muy fino.

Otras salsas frías

Salsa ravigotte.—*Salsa vinagreta* con pequeños dados de tomates frescos y huevos duros picados irregularmente.

Salsa vinagreta.—Salsa compuesta de cebollas, alcaparras, pepinillos, perejil y perifollo, todo picado. Esta salsa, así como *salsa ravigotte,* se emplea para ensaladas. Acompaña a los espárragos, alcachofas, algunas carnes (buey cocido, morros, etc.).

Mantequillas compuestas para salsas y guarniciones

Se llaman mantequillas compuestas:

1. Las mantequillas cocidas a diversos grados, o simplemente fundidas, que sirven para acompañar a numerosos alimentos, tales como el pescado, las carnes y las verduras.
2. Las mantequillas a las que se añaden generalmente sustancias reducidas a puré o picadas.

Las mantequillas compuestas sólo deben hacerse con mantequilla muy fresca. Se emplean, bien como elemento complementario de salsas y manjares diversos, bien como elemento auxiliar para la elaboración de ciertos platos fríos, o como guarnición de determinados entremeses fríos.

Mantequilla amasada.—Mantequilla ablandada y mezclada con harina.

Mantequilla avellana.—Mantequilla calentada hasta que haga espuma y adquiera un color ligeramente tostado.

Mantequilla Bercy.—Reducción de vino blanco y chalotes picados. Se añade un poco de tuétano de buey ligeramente hervido en agua, sal, pimienta y zumo de limón, todo mezclado con la mantequilla.

Mantequilla Colbert.—*Mantequilla maître d'hôtel,* con gelatina de carne y estragón picado.

Mantequilla de anchoas.—Mantequilla mezclada con filetes de anchoas machacados y pasados por el tamiz.

Mantequilla de bogavantes.—Mantequilla mezclada con las partes cremosas y huevas del bogavante, todo machacado y pasado por un tamiz muy fino.

Mantequilla de cangrejos.—Se machacan los caparazones de los cangrejos, se añade la mantequilla y se pasa por un tamiz muy fino.

Mantequilla de caracoles.—Mantequilla mezclada con ajo machacado, chalotes y perejil picado, sal y pimienta.

Mantequilla fundida.—Se prepara fundiendo la mantequilla al baño maría para separar la parte grasa de las materias acuosas. Se decanta, se pasa por un lienzo fino y se sirve caliente.

Mantequilla maître d'hôtel.—Mantequilla mezclada con perejil picado, zumo de limón, sal, pimienta y Worcester.

Mantequilla negra.—Se calienta la mantequilla en una sartén hasta que adquiere un color tostado oscuro, casi negro.

LOS ENTREMESES FRIOS

Los entremeses fríos son platos complementarios que tienen por misión estimular el apetito. Actualmente está de moda servir entremeses incluso en minutas muy sencillas.

Los entremeses fríos se sirven en las comidas del mediodía, antes de la sopa o en su lugar. Sin embargo, sobre todo en verano, también se sirven en las cenas platos de pescados fríos o crustáceos.

Antes que abundantes, los entremeses deben ser exquisitos y estar bien presentados. Nada hay más estimulador para el apetito que unos entremeses bien dispuestos en una fuente. Esto no quiere decir que forzosamente tengan que ser costosos, pues con fantasía y habilidad se consiguen excelentes resultados.

Los entremeses pueden agruparse en cuatro apartados:

1. **Entremeses únicos.**—Se componen, bien de un gran pescado (trucha, salmón, etc.), o bien de un crustáceo (langosta, bogavante, etc.), o también de *foie gras,* ostras, caviar, etc.

2. **Entremeses en fuente.**—Los entremeses agrupados en fuentes tienen la ventaja de facilitar el servicio cuando no se dispone de material o personal suficiente. Las fuentes se preparan con un reducido surtido de entremeses variados.
3. **Entremeses variados.**—Se prestan a una diversidad infinita. Casi siempre se componen de *pescados diversos, anchoas* colocadas en forma de reja, con guarnición de cebollas, perejil y huevos duros picados; *langostinos o gambas* con mayonesa o, simplemente cocidos; *filetes de arenques, arenques salados, caballa en aceite, sardinas en aceite, en ravigotte, en tomate, mayonesa de pescados,* etc.
Platos de huevos presentados en diferentes formas, medios huevos rellenos cubiertos con gelatina, cortados en rodajas y dispuestos sobre un fondo de mayonesa; escalfados al estragón, etc.
Ensaladas de verduras (remolachas adobadas, apio en juliana ligado con mayonesa, lombarda y col blanca cortada finamente, pepinillos, escarolas, tomates, rábanos); *ensalada italiana* (verdura con juliana de *salami,* filetes de anchoas y mayonesa); *ensalada rusa* (zanahorias, guisantes, patatas, nabos, judías verdes, setas, cortados en pequeños dados y ligados con mayonesa); patatas, etc.
Verduras a la griega preparadas del modo siguiente: se cortan en formas diversas, se lavan bien, se blanquean, se enfrían y se cuecen en una *salsa vinagreta* o en un fondo compuesto de dos litros de agua, medio litro de aceite de oliva, dos o tres zumos de limón, pimienta, ocimo, laurel y un poco de azafrán. Este fondo ha de cocer durante unos diez minutos antes de que se añadan las verduras, que han de cocer por completo. Las verduras son: setas, cebollitas, apio, puerros, fondos de alcachofas, escarolas, hinojo, pimientos, coliflor, etcétera. Pueden prepararse separadamente o mezcladas.

Ensaladas de carnes varias

Charcutería: lengua escarlata, ahumada, *salamis,* mortadelas, pechuga de oca ahumada, terrinas y *pâtés* diversos, ave, caza, etc.
Canapés. Se hacen con pan cortado en formas diversas, fritos en mantequilla o tostados y guarnecidos con filetes de anchoas, sardinas, salmón ahumado, filetes de arenques, huevos duros, jamón, lengua, *salami* y también lustrados con gelatina; o sencillas rebanadas de pan inglés, cortadas redondas, cuadradas, rectangulares, untadas con mantequilla y guarnecidas con purés diversos.
Ensaladas de carne: buey, vaca, morros de ternera, embutidos, juliana de ave, pescados diversos, etc.

Los entremeses, por regla general, se sirven junto con una salsera con mayonesa.

LOS ENTREMESES CALIENTES

carne curada jamón crudo salami	huevos	ensalada de verduras crudas	conservas de pescado
pescado fresco o mayonesa	canapés	conchas de mantequilla	foie gras
ensalada de verduras cocidas	mousse o aspic	crustáceos	ensalada de carne

Fig. 94. *Composición de unos entremeses ricos*

4. Los entremeses ricos son entremeses variados, compuestos de productos de calidad y precio: salmón ahumado, trucha fría, bogavante, langosta, cigala, jamón crudo o cocido, carne curada, *foie gras*, mojama. caviar, etc.

Los entremeses se presentan en fuentecitas ovaladas o cuadradas, en ensaladeras de vidrio o cristal, de tamaños diferentes, según se trate de entremeses individuales o por servicio, dispuestos en bandejas provistas de servilletas. También se emplean los platos con compartimientos, pero esta presentación es más apropiada para las mesas pequeñas y poco práctica en un servicio de mesa para huéspedes.

LOS ENTREMESES CALIENTES

Antes, en las comidas compuestas de muchos platos, los entremeses calientes se servían entre la sopa y el pescado. Hoy se suelen simplificar las minutas (excepto las de fiestas, bodas, etc.), y sólo constan de cuatro platos: sopa, entrada o principio, asado y postres. Los entremeses calientes tienen la ventaja de poder sustituir, únicos o variados, a las entradas o primeros platos calientes. Se sirven después de la sopa. Se componen de viandas, magras o grasas, según la minuta de las que formen parte. Pueden ser muy sencillos y económicos, pero también muy ricos y costosos.

Cuando se trata de entremeses en los que intervienen distintos productos hay que procurar tenerlo todo dispuesto de antemano, ya que la mayoría de esos entremeses no se terminan hasta el momento de su empleo y es necesario servirlos calientes y bien presentados.

Los entremeses calientes se disponen sencillamente sobre platos con una servilleta plegada o papel especial y se adornan con un ramito de perejil fresco o frito.

Algunas variedades de entremeses calientes (*)

Pastelillos diversos

Se hacen con pasta de hojaldre como los volovanes, pero mucho más pequeños, o sea, cortados con un cortapastas circular de unos seis centímetros de diámetro. Un kilo de harina proporciona, aproximadamente, unas cuarenta piezas.

Se rellenan con ingredientes varios y se cuecen en el horno.

Pastelillos a la americana.—Salpicón de langosta o bogavante, ligado con *salsa americana* y nata fresca.

Pastelillos a la reina.—Salpicón de ave, mollejas y tuétano de ternera, trufas, champiñones. Todo ligado con *salsa suprema*.

Pastelillos financiera.—*Quenelles* de ternera o de ave, crestas de gallos, mollejas, sesos o lengua de ternera, champiñones, aceitunas deshuesadas. Todo ligado con *salsa al vino de Madera* reducida y perfumada con esencia de trufas.

Pastelillos Joinville.—Salpicón de colas de langostinos, champiñones y trufas. Todo ligado con *salsa Joiville* (*velouté* de pescado con *fumet* de setas y mantequilla de cangrejos).

Pastelillos marinera.—Salpicón de almejas blanqueadas con *salsa al vino blanco*.

Pastelillos Montglas.—Salpicón de setas, lengua, *foie gras* y trufas. Todo ligado con una *salsa al Madera* reducida.

Pastelillos tolosana.—Salpicón o pequeños escalopes de ave, mollejas de tenera, *quenelles* de ternera o de ave, champiñones, todo ligado con *salsa suprema*.

Volovanes

Los volovanes se preparan con pasta de hojaldre parecida a la de los pastelillos. La masa es, sin embargo, más espesa y se corta en círculos grandes,

---

(*) Múltiples recetas de entremeses calientes y fríos figuran en *Menús familiares y de invitados*, de J. Jamar, publicado por esta misma editorial.

de unos 16 a 20 centímetros. Una sola pieza es suficiente para 4 ó 6 personas.

Barquitas

Las barquitas son tartaletas en forma de barca. Se hacen con los recortes de pasta de hojaldre o con pasta quebrada corriente, cocidas en el horno. Estas barquitas deben forrarse interiormente con papel y llenarse con garbanzos o judías secas, etc., que se retirarán después de la cocción. Una vez quitados los garbanzos o judías se introducen de nuevo en el horno para terminar de dorarlas. Se rellenan con los mismos ingredientes que los pastelillos y los volovanes.

Empanadillas

Se hacen con pasta medio hojaldrada o con recortes de pasta de hojaldre. Esta pasta, muy adelgazada, se corta en discos con un cortapastas circular (el más grande de la caja). Sobre los discos se pone un salpicón de ave, de caza, de pescado, de carne, de verduras, etc. Se humedecen los bordes de la pasta y se pliegan superponiendo sus dos mitades. Se cuecen en el horno o se fríen. Si esta variedad de entremés caliente se sirve sola, se acompañará con una *salsa de tomate, al vino de Madera, Périgueux*, etc.

Bocaditos calientes

Se parecen a los pastelillos por su aspecto, pero la preparación es diferente. En lugar de una sola base, se forman con dos discos de seis centímetros cada uno; sobre el primero, que es un poco más delgado, se dispone un salpicón de ave, caza, pescado, *foie gras*, etc., ligado con una *salsa blanca* muy consistente o tostada. Se humedecen muy ligeramente los bordes de la base y se pone el segundo disco. Se apoya sobre los bordes el dorso de un cortapastas más pequeño para soldar bien los dos bordes. Se barnizan con huevo y se cuecen en el horno.

Tartaletas de queso

Se hacen unas tartaletas con pasta medio hojaldrada. Se rellenan con dados de queso (Gruyère), se completan con una crema compuesta de un litro de leche, 3 ó 5 huevos, 200 gramos de queso rallado, sal, pimienta y nuez moscada.

Buñuelos

Se hacen, casi siempre, aprovechando restos de carne, ave, caza, verduras, etc. Se prepara un salpicón con uno u otro de dichos elementos y se liga con *salsa blanca* o *tostada* consistente y unos huevos. Se vierte sobre una placa ligeramente aceitada y se deja enfriar. Se cortan pequeñas porciones redondas, cuadradas u ovaladas, se rebozan y se fríen en aceite muy caliente. Se confeccionan también con trozos de carne cortados en escalopes o en cuadrados (sesos, mollejas); ostras, escalfadas, escurridas y adobadas; ancas de rana, verduras diversas cortadas en cuadraditos (coliflor, salsifís, alcachofas, etc.). Todos estos buñuelos, si se sirven solos, se acompañan con una *salsa de tomate, al vino de Madera, Périgueux,* etc.

Bastoncitos

Se hacen disponiendo sobre pequeños rectángulos de pasta hojaldrada, tiras de queso, anchoas o jamón. Se extiende la pasta hasta dejarla muy delgada. Se cortan bandas de 10 centímetros de ancho, se embadurnan con huevo batido y se colocan los filetes de anchoa, de queso o de jamón, a intervalos regulares. Se cubre todo con otro rectángulo de pasta de la misma dimensión, se cortan en pequeñas tiras alargadas, se barnizan con huevo y se cuecen en el horno.

Brochettes

Son muy variadas. Se hacen con una o varias clases de carne, intercaladas con setas, trozos de tocino magro e, incluso, hojas de laurel o menta. Estas carnes (hígado de ternera, de caza, riñones, mollejas de ternera o de cordero), cortadas en trozos cuadrados, no muy grandes, ensartadas en pequeñas agujas de plata o de metal blanco, se empanan y fríen o se emparrillan.

Croquetas

Las croquetas se hacen con picadillos de uno o varios ingredientes, ligados con una *salsa blanca* o *tostada,* espesada con yemas de huevo. Esta pasta se vierte sobre una placa ligeramente aceitada y fría; se divide en pequeñas porciones que se empanan *a la inglesa* y se fríen. Si las croquetas se sirven solas, como entrada o primer plato, han de acompañarse con una salsa apropiada a los ingredientes que las componen.

Canapés o toast

Se hacen con pan de miga, pan inglés o de molde, cortándolo en formas diversas. Se tuestan con mantequilla y se guarnecen con diferentes elementos.

sardinas endiabladas, de: se cubre el canapé con filetes de sardinas, se embadurna con mostaza inglesa diluida en vino blanco o en huevo, se espolvorea con miga de pan fresco y se rocía con mantequilla fundida. Calentar suavemente en el horno y pasar, en el último momento, por la salamandra.

tuétano, de: se calientan un poco unas rebanadas de tuétano en un caldo, se disponen sobre el canapé, bien escurridas, se sazonan con sal y una punta de Cayena y se ponen un instante en la salamandra, con cuidado de no fundir el tuétano que deberá quedar rosado. Espolvorear con un poco de perejil fresco y picado, en el momento de servir.

Tartaletas

Se preparan y guarnecen como las barquitas.

LOS HUEVOS

Existen infinitos modos de preparar los huevos, pero, en cambio, no hay más que un reducido número de sistemas de cocción:

pasados por agua,	al plato
escalfados	en cocotte
mollets	fritos
moldeados	en tortilla
revueltos	duros y rellenos.

Los huevos pasados por agua, escalfados, fritos y al plato deben ser muy frescos, del día si es posible.

Huevos pasados por agua.—Se sumergen en agua hirviendo durante dos o tres minutos, según el gusto del comensal.

Huevos escalfados.—Se pone al fuego una cacerola o sartén con agua aderezada con vinagre o zumo de limón, sin sal. Cuando el agua rompe a hervir se cascan en ella los huevos, recogiendo con una espumadera la clara alrededor de la yema para que no se extienda, y se dejan cocer a fuego lento durante 3 ó 4 minutos. Se retiran cuidadosamente con la espumadera y se ponen en agua fría. Calentarlos en agua salada. Hay que evitar que el fuego sea demasiado fuerte porque endurece las yemas. Se calculan dos huevos por persona.

Algunos platos a base de huevos escalfados

Argenteuil.—Se ponen los huevos sobre rebanadas de pan frito y se cubren con un *velouté* mezclado con puré de espárragos. Guarnecer con puntas de espárragos.

Aurora.—Se disponen los huevos sobre rebanadas de pan frito y se completan con una *salsa suprema* entomatada.

bacón, al.—Se ponen los huevos bien escurridos sobre lonchas de tocino emparrillado.

cenicienta.—Se ponen los huevos dentro de patatas vaciadas y cocidas en el horno y se rellenan con *salsa Mornay,* se gratinan y, por último, se pone una lama de trufa sobre cada huevo.

florentina.—Se preparan unas espinacas con mantequilla, se ponen en una fuente refractaria y se colocan los huevos encima. Cubrir con *salsa Mornay,* y gratinar.

Gran Duque.—Se ponen los huevos sobre rebanadas de pan frito con mantequilla, se cubren con *salsa Mornay,* queso rallado y mantequilla, se gratinan y se pone una lama de trufa sobre cada huevo. Guarnecer con puntas de espárragos.

indiana.—Disponer los huevos sobre un lecho de arroz y cubrir con una *salsa curry.*

Masséna.—Se disponen los huevos sobre un fondo de alcachofas y se cubren con *salsa Périgueux.* Completar con una lama de trufa sobre cada huevo.

Mornay.—Se colocan los huevos calientes sobre rebanadas de pan tostadas con mantequilla, se les añade *salsa Mornay* bastante espesa y se espolvorean con queso rallado y mantequilla fundida. Gratinar en la salamandra.

portuguesa.—Colocar cada huevo sobre medio tomate emparrillado y cubrir con salsa de tomates frescos.

Huevos mollets.—Se cuecen en agua hirviendo durante 5 ó 6 minutos, según tamaños. Se enfrían en agua y se descascarillan con cuidado. Poco antes de servirlos se sumergen en agua caliente salada, no muy caliente para evitar que las yemas se endurezcan.

Estos huevos se sirven del mismo modo que los huevos escalfados.

Huevos moldeados.—Se cuecen en moldes individuales, de formas diversas. Estos moldes se untan con abundante mantequilla y se forran con diversas farsas o picadillos. Se cascan los huevos en el interior y se cuecen en el horno al baño maría. Deben quedar blandos como los huevos escalfados. Se dejan reposar un instante antes de desmoldarlos. Pueden servirse con jugos y salsas diversas.

Huevos revueltos.—Se cascan los huevos en un bol y se baten con las varillas; se sazonan y se vierten en una cacerola o sartén, untada con abundante mantequilla. Se cuecen a fuego suave, es decir, a un lado de la placa, removiéndolos constantemente con una espátula de madera. Cuando están cuajados se les añade un poco de mantequilla y unas cucharadas de nata. Si hay que hacer una gran cantidad de huevos revueltos, lo mejor es cocerlos en cacerola y al baño maría. Se calculan tres huevos por persona para el servicio a la carta. Se sirven en legumbreras, con o sin guarnición. Las guarniciones se mezclan con los huevos o se ponen sobre ellos.

Las guarniciones son:

finas hierbas *jamón*
guisantes *higadillos de ave*
puntas de espárragos *riñones salteados*
champiñones, setas *costrones*
trufas *tomates,* etc.

Huevos al plato.—Se funde mantequilla en una tartera, cazuelitas individuales, o en una cazuela grande, proporcionada al número de huevos que se vayan a preparar. Se calienta hasta que empiece a quedar espumosa y se ponen los huevos, previamente descascarillados, teniendo cuidado de que las yemas queden enteras. Se ponen en el horno unos instantes para cuajar la clara y se sirven muy calientes.

Los huevos al plato no deben quedar secos, lo que ocurre si no se pone mantequilla en el fondo del recipiente. Después de la cocción, deben quedar sueltos y despegados del fondo. Pueden servirse con guarniciones, colocadas en la base o sobre los huevos.

Algunas variantes

bacón, al.—Una vez cocidos se disponen unas lonchas de tocino emparrillado sobre o bajo los huevos.

Bercy.—Después de cocidos, poner como guarnición unas salchichas *chipolatas* emparrilladas, y un cordón de salsa de tomate.

cazador.—Se añade, después de la cocción, un picadillo de higadillos de ave y setas, y se completa con una *salsa al vino de Madera*.

jamón, con.—Se fríen finas lonchas de jamón en mantequilla, se disponen en el fondo de la cazuela y se cascan los huevos encima. Cocer en el horno.

mantequilla negra, con.—Una vez cocidos los huevos se vierte por encima de ellos un poco de mantequilla, fundida en una sartén, hasta que adquiera un color tostado oscuro, casi negro. Se pone un chorrito de vinagre en una sartén caliente y se vierte sobre los huevos con unas alcaparras.

Meyerbeer.—Después de la cocción se guarnecen los huevos con riñones de cordero asados, o de ternera, cubiertos con *salsa Périgueux*.

Puntas de espárragos, con.—Después de cocidos los huevos se les añade, como guarnición, unas puntas de espárragos rociadas con un poco de mantequilla.

Huevos en cocotte.—Se untan con mantequilla pequeñas cocoteras de porcelana o pyrex, se espolvorean con sal, se cascan los huevos en el interior y se colocan en una cacerola con agua. Se cuecen unos minutos, preferentemente en el horno.

Antes de poner los huevos se calientan un poco las cocoteras.

Algunas variantes

crema, a la.—Se pone en la cocotera una cucharada de nata caliente y se cascan los huevos encima. Después de la cocción se añade un cordón de nata espesa.

estragón, al.—Una vez cocidos los huevos se pone un cordón de fondo de ternera al estragón, ligeramente ligado con un poco de fécula o, sencillamente, reducido. Poner sobre las yemas dos hojas de estragón blanqueado.

Périgueux.—Después de la cocción poner un cordón de *salsa Périgueux*.

reina, a la.—Se guarnece el fondo de la cocotera con un salpicón de ave ligado con *salsa suprema* y se cascan los huevos encima. Añadir un cordón de nata.

Huevos fritos.—Se cascan en una tacita, se echan a la sartén, donde se habrá calentado aceite. Se recoge rápidamente la clara, con una o dos espátulas de madera, de modo que envuelva a la yema y conserve una bonita forma. Después se les da la vuelta. La clara debe quedar dorada y la yema casi líquida, por lo que es necesario freirlos rápidamente y en aceite muy caliente. No se deben freir más de dos o tres piezas a la vez. Pueden servirse con guarniciones de *salsa de tomate, al vino de Madera, Périgueux,* etc., o sobre lonchas de tocino o jamón emparrilladas, macedonias de verduras (guisantes, setas, etc.). También se emplean como guarniciones de algunas entradas: *pollo Marengo,* morros de ternera, etc.

huevos en tortilla.—Se cascan los huevos en un bol (dos o tres por persona para el servicio a la carta y dos como primer plato), se sazonan y se baten con las varillas. En una sartén se pone mantequilla clarificada, se calienta y se vierten los huevos batidos, se les da la vuelta rápidamente por medio de un tenedor o de una espátula de madera. Se remueve ligeramente la tortilla y se enrolla en el borde de la sartén. Dejarla dorar y disponerla en un plato.

La tortilla debe quedar lisa, dorada por fuera y jugosa en su interior. Algunas tortillas se hacen con la guarnición y otras se rellenan antes de enrollarlas o, simplemente, se acompañan con ella.

Algunas variantes

cazador.—La tortilla se guarnece, ya en el plato, con higadillos de ave y setas salteadas en mantequilla, todo ligado con *salsa medio glasa al vino de Madera.*

española.—Se cortan patatas en rodajas finas y se fríen con bastante cebolla picada, a fuego lento, sin que se tuesten. Se sacan, se escurren y se mezclan con los huevos batidos. Se echa en una sartén con un poco de aceite muy caliente. Cuando se ha cuajado por un lado, se vuelve y se fríe un poco por el otro. Debe quedar bien dorada. Puede reducirse la cantidad de cebolla o eliminarla, pero con ella queda mucho más suave.

Se puede guarnecer con un cordón de *salsa de tomate,* con torreznos, filetitos de magro, etc.

setas, con.—Con los huevos batidos se mezclan setas picadas y salteadas en mantequilla. También pueden prepararse las setas aparte con un poco de salsa y ponerlas en el plato acompañando la tortilla.

tocino, o jamón, con.—Se rehogan pequeñas lonchas de tocino o dados de jamón, luego se echan los huevos batidos y se termina como cualquier tortilla.

Huevos duros y rellenos.—Se ponen los huevos en agua hirviendo, se cuecen durante 8 ó 10 minutos, según el uso a que se destinen, se enfrían y se descascarillan.

Es un error creer que el exceso de cocción de los huevos duros carece de importancia. Un huevo demasiado cocido queda correoso, la yema se tiñe de un color verdoso y la clara desprende un olor desagradable, produciendo la impresión de que el huevo no está fresco.

Algunos platos de huevos duros servidos calientes

Aurora.—Se cortan los huevos por la mitad, se les quitan las yemas y se pasan por un tamiz fino, mezclándose con un poco de jugo de tomate concentrado y un poco de nata. Se rellenan los huevos con este apresto y se cubren con una *salsa bechamel* entomatada. Espolvorearlos con queso rallado y gratinar.

Chimay.—Igual que los *huevos a la Aurora,* pero añadiendo al puré unas setas finamente picadas.

Mornay.—Se cortan los huevos a lo largo o en rodajas, se ponen en tarteras o cazuelitas individuales untadas con mantequilla, se cubren con *salsa Mornay,* se espolvorean con queso rallado y se gratinan.

Cromesquis de huevo.—Se hace una *bechamel* muy espesa o *velouté* y se agrega a los huevos duros cortados en dados. También se puede añadir champiñones finamente picados. Una vez espesado se ponen a enfriar en una placa ligeramente aceitada. Cortarlos en formas diversas y rebozarlos con una pasta para freír. Dorarlos en abundante aceite bien caliente. Se acompañan con *salsa de tomate.*

Croquetas de huevo.—Se preparan y fríen del mismo modo que los cromesquis, pero empanándolos.

Algunas variantes de huevos servidos fríos

antigua, a la.—Huevos escalfados o *mollets,* cubiertos con una *salsa chaud-froid blanca.* Se decoran con trufas y se lustran con gelatina. Se disponen en el plato intercalándose lonchas de *lengua escarlata.*

TECNICA CULINARIA

Argenteuil.—Se subren con *salsa chaud-froid* unos huevos escalfados o *mollets,* se decoran con puntas de espárragos y se lustran con gelatina.

rellenos.—Se preparan unos huevos duros, se enfrían y se les quita la cáscara. Se cortan en dos a lo largo o a lo ancho, se les quitan las yemas y se llenan con picadillos diversos (puré de jamón, *foie gras,* caza, caviar, etc.), a los que se añade las yemas picadas. Se lustran con gelatina. Con gusto y habilidad se consiguen múltiples y excelentes presentaciones.

rusa, a la.—Pueden hacerse con huevos cocidos *mollets* o escalfados. Se colocan sobre un lecho de *ensalada rusa* y se cubren con *salsa mayonesa.* Guarniciones a voluntad.

PASTAS ALIMENTICIAS, FARINACEAS DIVERSAS Y PLATOS AL QUESO

Pastas alimenticias

Originarias de Italia, y más concretamente de Nápoles, las pastas de este país gozan desde siempre de merecida fama. En la actualidad se fabrican en todos los países de Europa. La industria española de pastas alimenticias ha progresado mucho en la elaboración de estos productos y hoy se encuentra a disposición del público una gran variedad de pastas excelentes.

Las pastas corrientes se fabrican con sémolas de trigo duro y agua. Las pastas selectas se hacen del mismo modo, pero enriqueciéndolas con huevos frescos o desecados. El color de las pastas es casi siempre artificial, conseguido a base de colorantes, tales como la cúrcuma y el azafrán.

Las variedades de pasta más conocidas son: los macarrones, *spaghetti,* canelones, *nouilles,* ñoquis, raviolis, tallarines, fideos y granos moldeados, como la *lluvia, de oro, letras, estrellas* y otras fantasías.

Las pastas se cuecen en agua hirviendo, muy abundante y salada (10 litros de agua para un kilo de pasta). El tiempo de cocción varía según la calidad y grosor, oscilando entre 12 y 20 minutos. Se escurren sin enfriarlas, se les añade algunos trozos de mantequilla fresca. Se calculan unos 50 ó 60 gramos por persona si se sirven como guarnición, 60 u 80 gramos para un primer plato y 80 ó 100 gramos para el servicio a la carta.

Algunos platos

bolonesa, a la.—Como *a la italiana,* pero acompañadas con un pequeño *ragú de buey.*

gratin, al.—Añadir mantequilla y queso, ligar con una *bechamel* ligera, colocar en una fuente refractaria, espolvorear con queso rallado, poner encima pedacitos de mantequilla y gratinar.

italiana, a la.—Se liga sencillamente con mantequilla y queso.

milanesa, a la.—Se rocían las pastas con mantequilla y se espolvorean con queso rallado. Se guarnecen con una gran juliana de jamón, lengua de buey, setas y trufas y se sirve aparte *salsa medio glasa* muy entomatada.

napolitana, a la.—Se pone mantequilla, queso rallado y se liga con *salsa de tomate,* añadiendo tomates *concassé.*

Una receta de nouilles frescas.—Quinientos gramos de harina, cinco huevos enteros, dos decilitros de agua, 20 gramos de sal. Se fresa la pasta y se dejar reposar (si es posible hacerla la víspera), se extiende con el rodillo laminándola muy delgada, se pone a secar durante unos minutos sobre unas tablas o sobre mesas de madera, se enharina, se enrolla o pliega para poder cortarla mejor en tiras, más o menos finas, según la anchura que se les quiera dar, se extienden sobre placas enharinadas para impedir que se peguen, y se dejan secar. Estas *nouilles* se cuecen en agua hirviendo salada durante cinco o seis minutos.

EL ARROZ

De todos los cereales, el arroz es el que menos sustancias nutritivas contiene, pero, en cambio, es un alimento sano y de fácil digestión.

Se presta a la preparación de numerosos y excelentes platos entre los que ocupa un lugar muy destacado la *paella valenciana.*

Normas generales para la perfecta cocción del arroz

Los utensilios: Según el guiso debe ser la vasija que se emplee. Los arroces caldosos o semicaldosos deben cocerse en cazuela de barro honda; los destinados al horno, en cazuela plana, y los que se cuecen mezclados con otros ingredientes (judías, nabos, manos de ternera, embutidos, etc.), en perol de barro. Los arroces secos se cuecen en paella de metal (especie de sartén con dos asas) de mucha base y una altura no superior a cuatro centímetros, sea cual sea el diámetro de la paella.

El fuego: Si el arroz ha sido previamente sofrito, en cuanto se eche el agua a la sartén, el fuego debe ser abundante y regular, de modo que abarque toda la superficie inferior del recipiente y produzca una inmediata ebullición. Este fuego debe continuar hasta que la reducción del caldo deje ver los granos de arroz. En ese momento hay que disminuir el fuego para que el caldo restante se enjugue lentamente y, con sólo el rescoldo, se acabe de cocer el arroz.

El agua: De la cantidad de agua que se ponga al arroz depende que la cocción sea o no perfecta. Aun cuando los arroces caldosos o semicaldosos no corren tanto peligro de empastarse como los secos, hay que tener cuidado con el fin de que no queden "pasados".

La cocción del arroz tiene un punto especial que es preciso acertar para que quede sabroso.

El punto del arroz estriba en que el grano quede bien cocido, pero entero y suelto; si se "pasa" el arroz queda abierto y pierde mucho de su sabor.

La cantidad de agua varía según sus químicos componentes y clases de guisos del arroz (caldosos, semicaldosos o secos).

Se calculan de 50 a 60 gramos de arroz por persona si se destina a guarniciones, y de 70 a 80 gramos para primeros platos.

Algunos platos a base de arroz

abanda.—Se hace un caldo con un kilo de buen pescado (mero, dentón o pajel), entero o en lonchas, cuatro cebollas medianas, cuatro patatas enteras, dos dientes de ajo y una hoja de laurel, todo sofrito de antemano. Se añade pimiento colorado y un litro de agua. Se sazona con sal y se hierve a fuego lento. Una vez cocido se cuela el caldo y se reserva, así como el pescado.

En una paella se sofríe en un decilitro de aceite, tomate, ajo, perejil y unos langostinos; a la mitad del sofrito se ponen 350 gramos de arroz y se termina de sofreír bien todo. A continuación se añade el caldo reservado y se hierve con fuego fuerte. Se añade un poco de azafrán y se colocan encima unos mejillones abiertos. Cuando el arroz está secándose se mete en el horno fuerte hasta que se dore.

El pescado se sirve en fuente aparte, colocando a los lados las patatas y las cebollas, se rocía con una salsa hecha en el mortero con ajo y perejil machacados y aceite, vinagre y un poco del jugo del pescado. Estas proporciones son válidas para 4 personas.

alcireña, a la.—En una olla o marmita se ponen a hervir tres litros de agua. Al primer hervor se añaden 250 gramos de garbanzos, remojados antes durante ocho o diez horas, una mano y una oreja de cerdo cortadas en ocho o diez pedazos, 300 gramos de carne magra de carnero (espaldilla o pierna), cortada en trozos regulares, junto con una butifarra de cebolla valenciana y dos butifarras blancas enteras. La cocción se inicia y se mantiene a fuego lento. Se añaden una chirivías y nabos, mondados y cortados en rodajas un tanto gruesas, apio, una cebolla trinchada y sal.

Se preparan unas bolas de carne, trinchando finamente 200 gramos de carne magra de cerdo, 60 gramos de tocino salado, todo junto. Se pone en un recipiente y se le añade la sangre líquida de un pollo. Antes de que se cuaje, se bate con unas gotas de vinagre, cuatro cucharadas de miga de pan blanco rallado, dos o tres huevos, sal, pimienta blanca molida, ajo y perejil muy picados y canela molida. Se amasa hasta trabar perfectamente. Se forman unas bolas con ayuda de harina. Una vez modeladas se añaden al cocido junto con un poco de azafrán. Se retiran los embutidos y se deja que todo lo demás siga cociendo.

Se pone al fuego moderado una paella con aceite y manteca de cerdo a partes iguales. Se fríen tres o cuatro ajos bien trinchados y antes de que se doren se echan 400 gramos de arroz y se rehoga todo bien. A continuación se moja con el cocido completo, se retiran las bolas y se aviva el fuego para una cocción rápida. Se pone doble caldo que de volumen de arroz en crudo, se remueve con la paleta, se rectifica de sal, se tapa y se pone a cocer a un lado. Pasados unos dos o tres minutos se distribuyen por encima del arroz las bolas de carne, cortadas en rodajas, junto con las butifarras, cortadas igualmente en trozos más o menos grandes. Acto seguido se mete en el horno hasta terminar la cocción. Antes de servirlo, dejarlo reposar durante cuatro o cinco minutos.

Estas cantidades están calculadas para seis personas.

costra al estilo de Elche, con.—Se hace un caldo en un puchero de barro, con garbanzos, previamente remojados, longaniza, cebolla y laurel.

En una cacerola plana o perol se ponen dos decilitros de aceite o manteca de cerdo y se fríen 250 gramos de rodajas de butifarra que se retiran. Se añade un pollo tierno cortado en pedazos regulares. También puede ponerse conejo o los dos juntos. Se dora todo, se añade un ajo bien trinchado, se moja con el caldo hasta cubrir las carnes. Se cuece lentamente, pero quedando un poco firme. Trasládese el guiso a una cazuela de barro barnizado y póngase en el fuego. Se añade, hirviendo, el resto del caldo, previamente colado. Se fríe un poco la longaniza y se añade cortada en rodajas. Cuando empieza a hervir todo de nuevo se agregan 400 gramos de arroz, se remueve y se añaden los garbanzos. Se rectifica de sal y, después de unos minutos de cocción, se ponen por encima las rodajas de butifarra. Se baten tres o cuatro huevos y se cubre con ellos toda la superficie del guiso. A continuación se mete en el horno fuerte hasta que se forme una costra dorada. Antes de servirlo hay que dejarlo reposar durante cuatro o cinco minutos.

Las cantidades indicadas son para cuatro o cinco personas.

criollo.—Se cuece el arroz durante diez minutos, en abundante agua hirviendo y salada. Se añade un cacillo de agua fría para interrumpir el hervor, se escurre el arroz bien y se pone en una saltera untada con manteca, se recubre con un papel apergaminado untado con manteca y se cuece en el horno no muy caliente. Se sirve con las *carnes al curry* y los *crustáceos a la americana*.

egipcia.—Arroz *pilaw* con higadillos de ave salteados y un salpicón de jamón y setas.

griega.—Arroz *pilaw* con dados de carne de salchicha, guisantes y unas tiras de pimiento colorado.

marinera.—En una olla o cacerola honda, puesta al fuego, se ponen dos litros de agua, sal, una cebolla bien grande, unas ramas de perejil, cuarto litro de vino blanco, medio kilo de patatas, dos o tres gramos de pimiento colorado molido, azafrán y un kilo de pescado (salmonete, gallo, rape y langosta). Cuando arranca a hervir se espuma y se deja cocer lentamente durante una media hora. Se cuela el caldo.

En una paella puesta al fuego con dos decilitros de aceite fino, se empieza a freír un tomate trinchado, una cebolla y un ajo, moviéndose bien con la paleta. Cuando empiecen a tomar color la cebolla y el tomate se agregan 400 gramos de arroz y se sofríe bien. A continuación se añade caldo hirviendo, doble volumen de caldo que de arroz crudo, un poco de azafrán molido, se aviva el fuego y se remueve el guiso con la paleta. Se cuece durante dos minutos y acto seguido se mete en el horno durante unos quince minutos. Se retira y se sirve en la misma paella. En fuente aparte, se sirve el pescado acompañado con una *salsa mayonesa* o *vinagreta*, dispuesta en salsera. Para cuatro personas.

marinera caldoso.—En una cacerola con un decilitro de aceite se sofríe media cebolla finamente cortada. Se añade tomate, ajo y unos mariscos (langostinos, cigalas o gambas), pimiento colorado y 400 gramos de arroz. Se sofríe todo bien. Se le añade un litro de agua hirviendo y, pasados cuatro o cinco minutos de cocción, se agregan unos guisantes y alcachofas trinchadas. Se deja cocer durante diez minutos más y se retira. Se sirve inmediatamente.

Las cantidades indicadas están calculadas para cuatro comensales.

milanesa.—En un *risotto* se añade un poco de azafrán antes de cocerlo, setas crudas y tomates *concassé*. Se termina como el *risotto*.

ostras, con.—Se escaldan unas ostras (una docena por cada 100 gramos de arroz). Colar el caldo y reservar.

Se rehoga en aceite una cebolla; antes de que se dore, se añade el arroz y se termina de rehogar. Agregar el cocimiento de las ostras junto con caldo de pescado, en la proporción de tres medidas por una. Cuando haya hervido unos instantes se reduce el fuego. Casi seco el arroz se retira y se sirve en unión de las ostras.

Las ostras pueden prepararse de dos modos: escaldadas y separadas de sus conchas se cuecen en una cazuela con cebolleta trinchada, un poco de vino blanco, mantequilla y perejil muy picado. Se sirven aparte.

Escaldadas en sus conchas, se espolvorean con un pan rallado, ajo y perejil picado, pimienta y zumo de limón. Se ponen en el horno un poco y se distribuyen por encima del arroz.

piamontesa.—*Risotto* al que se añaden, en el último momento, unos dados de trufas negras o blancas rehogadas con mantequilla.

pilaw.—Se sudan unas cebollas picadas, se añade el arroz y se suda a su vez. Se pone caldo en la proporción de dos veces al volumen del arroz, se sazona, se añade un ramito de finas hierbas, se cuece al fuego vivo, se tapa y se mete en el horno durante quince minutos. Cambiar de cacerola y añadir manteca.

pollitos Mercedes, con.—Se saltean en manteca de vaca y aceite fino, a partes iguales, y a fuego vivo, dos pollitos tomateros, cortados en cuatro o seis pedazos y espolvoreados con sal. Se añade 100 gramos de jamón magro cortados en tiras finas. Cuando los pollos toman un poco de color se rocían con un vaso de vino blanco y un poco de pimienta blanca molida. Se cuecen durante unos minutos y se mojan con un poco de puré o *salsa de tomate* fina. Se aclara el caldo, se tapa y se deja cocer lentamente. Cuando está cociendo se le añaden aceitunas sevillanas deshuesadas y cocidas aparte con un poco de agua (5 ó 6 por comensal). Apártese a un lado de la placa para que siga cociendo otros diez minutos para reducir la salsa, pero cuidando que no quede escasa.

En una cacerola con aceite y manteca a partes iguales se sofríe una cebolla muy picada y un poco de jamón cortado en cuadraditos. Cuando empieza a dorarse se añaden 300 gramos de arroz, se sofríe bien, moviéndolo continuamente con la espumadera. A continuación se moja con caldo sencillo hirviendo (doble volumen de caldo que de arroz en crudo). Cocer con fuego vivo el arroz, mezclándole 50 gramos de queso de bola o Gruyère rallado. Se rectifica de sal y se deja cocer en el horno durante unos quince o dieciséis minutos. Los granos deben quedar sueltos y secos.

Se unta con manteca de vaca un molde en forma de corona, amplio. Se salpican sus paredes con perejil picado muy finamente y se llenan con el arroz, apretando un poco, para asegurar el moldeado, dejándolo un par de minutos en el molde. Después se vuelca en una amplia fuente redonda. En el hueco grande que ha dejado el moldeado se coloca el guisado de pollo, disponiendo los pedazos más bonitos encima. Se reparten las aceitunas y tiras de jamón y se rocía el conjunto con la salsa. Servir inmediatamente.

Las cantidades indicadas están calculadas para cuatro personas.

Risotto.—Se sudan unas cebollas picadas, se añade el arroz (preferentemente piamontés), que se suda igualmente. Se agrega caldo en la proporción de 2 y 1/2 a 3 veces el volumen del arroz. Se cuece sin tapar, removiéndolo de vez en cuando muy ligeramente. Se calculan de 17 a 20 minutos de cocción. En el último momento se liga con mantequilla y queso rallado (parmesano). Este arroz debe quedar meloso.

La paella valenciana

Puede decirse que, de todos los platos regionales españoles, la paella valenciana es el que goza de mayor favor. Ultimamente, y en gran parte debido a la expansión que el "turismo" ha alcanzado en España, este plato se ha extendido de tal modo fuera de sus fronteras que hoy es imprescindible en toda cocina importante.

TECNICA CULINARIA

Proporciones para cuatro personas.

Ingredientes: 400 gramos de arroz de primera calidad y de la cosecha del año, 1 pollo mediano, unos pedacitos de magro, 1 decilitro de aceite, 1 ajo picado, 1 tomate pequeño, 1 cucharada de pimiento molido, judías tiernas, *garrofó* (*) y un par de alcachofas, una docena de caracoles, 8 pedacitos de anguila, azafrán, 8 langostinos, una docena de mejillones y sal.

Preparación: Se corta el pollo en 14 ó 16 pedazos y se le pone sal. En una paella mediana se pone el aceite y cuando está muy caliente se echan los trozos del pollo y se sofríen junto con los trocitos de magro durante unos 5 minutos. A continuación se añade el tomate exprimido y cortado en pedacitos, el ajo picado, las verduras y 1 cucharada de pimiento molido, el arroz y se sofríe todo bien. Se añade 1 litro de agua ya caliente. Cuando está hirviendo se agrega el azafrán, los pedacitos de anguila y los caracoles, previamente engañados al sol, y la sal a gusto.

Al principio la cocción debe ser regularmente viva; pasados 2 ó 3 minutos ha de continuar a fuego lento durante otros 10 ó 12 minutos, tiempo necesario para dejar el arroz en su punto. Una vez cocido el arroz se pone directamente sobre las brasas del fuego para que se seque. Si no es posible secarlo sobre las brasas, se pone unos instantes en el horno. Se aparta y se deja reposar unos minutos.

Observaciones: Las verduras descritas pueden sustituirse por guisantes tiernos, si no es época de ellas.

Cuando se carezca de pollo puede utilizarse cualquier ave de caza o doméstica, pero, en este caso, si la carne no es muy tierna, se prepara la paella como se ha indicado, menos el sofrito del arroz, que deberá añadirse a la paella cuando haya hervido en ella la carne durante una hora.

Ñoquis

parisina.—Se pone en una cacerola 1 litro de agua, de 120 a 150 gramos de mantequilla y 10 gramos de sal. Se hierve y se añaden 600 gramos de harina tamizada. Se trabaja todo con la espátula, a fuego vivo, hasta que quede bien seco, liso y se despegue de las paredes de la cacerola. Se deja reposar esta pasta durante unos minutos fuera del fuego y se añaden 12 ó 14 huevos, trabajándola enérgicamente con la espátula. Ponerlo todo en una gran manga pastelera con boquilla. Preparar una sartén con agua hirviendo salada y echar con la manga pequeñas porciones de la pasta, cuidando que no se peguen. Se escaldan los ñoquis unos minutos, luego, si no se sirven inmediatamente, se enfrían, se escurren y se colocan en un lienzo. Se unta con mantequilla una fuente refractaria, se pone un poco de *bechamel o salsa Mornay,* los ñoquis, cubriéndolos después con la misma salsa. Espolvorear

---

(*) N. del T.—El *garrofó* es una especie a judía grande y plana que se produce en la región valenciana.

con queso, poner mantequilla, cocer y gratinar en horno moderado. Una vez cocidos, deben casi triplicar su volumen.

Esta cantidad es suficiente para 18 ó 24 comensales. Como los *soufflés*, deben servirse recién hechos.

piamontesa, a la.—Se prepara un puré de patatas bien seco o, lo que es aún mejor, pulpa de patatas cocidas en el horno. Por cada 2/3 de puré (volumen) se añade 1/3 de harina o sémola muy fina, unas yemas de huevo, pimienta, sal y nuez moscada. Se trabaja todo bien, se forman pequeñas bolas que se moldean con las púas de un tenedor para darles una bonita forma. Se escaldan en agua salada. Se unta con mantequilla una fuente refractaria, se ponen los ñoquis sobre un fondo de ternera o un braseado muy entomatado, se espolvorean con queso, se rocían con mantequilla fundida y se gratinan.

romana (sémola).—Un litro de leche, sal, pimienta y nuez moscada. Cuando rompe a hervir se vierte, en forma de lluvia, 150 ó 200 gramos de sémola. Cocer durante 10 ó 15 minutos. Después se añaden 2 ó 3 huevos por cada dos litros de sémola, 50 gramos de queso rallado, se remueve bien y se extiende sobre una placa aceitada para que se enfríe. Se cortan con un cortapastas circular o con un cuchillo, se disponen en fuentes refractarias, se les esparce el queso, se agrega mantequilla y se gratinan en el horno. Se sirven con un cordón de *salsa medio glasa* muy entomatada.

Cantidades calculadas para seis u ocho personas.

Raviolis.—Se prepara una pasta, del tipo de las *nouilles*, compuesta de 1 kilo de harina, 2 huevos, 1 decilitro de aceite, sal y 2 ó 3 decilitros de agua, aproximadamente. Esta pasta se prepara la víspera.

Confecciónese un relleno de carne hecho con un buen *ragú de buey*, muy reducido, en el que se habrán cocido, en el último momento, unas espinacas bien lavadas; añádase un poco de seso blanqueado y pásese todo por la máquina, picándolo muy fino, con algunos filetes de anchoas. Rectificar de sal y añadir 1 ó 2 huevos.

Cortar la pasta en láminas muy finas. Barnizar con yema de huevo, distribuir el relleno por medio de la manga pastelera, en forma de pequeñas bolas, a intervalos regulares. Recubrir con una lámina del mismo tamaño, cortar con el cortapastas acanalado. También puede utilizarse el rodillo especial para raviolis o la plancha.

A continuación se escaldan en agua salada durante unos minutos, después se ponen en una cazuela refractaria, se cubren con una *salsa medio glasa* entomatada, se esparce el queso y se gratinan o, sencillamente, se rocían con mantequilla a punto de avellana.

Canelones

Se emplea la misma pasta y el mismo relleno que para los raviolis. La pasta se adelgaza hasta unos 2 milímetros de espesor, cortándose en rectángulos de 6 por 8 centímetros. Estos rectángulos se cuecen en agua hirviendo durante 2 ó 3 minutos, se enfrían y se escurren. Se dispone un lienzo sobre la mesa, espolvoreado con queso rallado, se alinean los rectángulos de pasta, se distribuye sobre cada uno de ellos una pequeña porción del relleno con la manga pastelera con boquilla, se enrollan y se disponen unos junto a otros, en una fuente refractaria untada con mantequilla. Se agrega el mismo fondo que para los raviolis, se espolvorean con queso y se gratinan en el horno al baño maría.

spätzli.—Sin trabajarla demasiado se prepara una pasta semilíquida, compuesta de 1 kilo de harina, sal, nuez moscada, 6 u 8 huevos y de 6 a 8 decilitros de agua, o mitad leche y mitad agua. Verter esta pasta en una saltera con agua hirviendo, salada, a través de un pasador de grandes agujeros. Cocerlos unos minutos, escurrirlos y pasarlos por mantequilla. Si se preparan de antemano, se pueden enfriar y escurrir sobre un lienzo.

Esta cantidad está calculada para 15 ó 20 personas.

Algunos platos y soufflés al queso

Buñuelos al queso.—Se cortan lonchas de Gruyère, de Emmenthal o queso de Bagnes, de 5 ó 6 centímetros de longitud y de 1 centímetro de grosor. Se adoban en vino blanco y se sazonan con pimienta, se enharinan ligeramente, se mojan en pasta para freír y se doran en aceite hirviendo. Escurrir y servir muy calientes.

Croûte al queso

Primer método: Se doran rápidamente en mantequilla unas rebanadas de pan blanco. Se disponen sobre una fuente refractaria engrasada con mantequilla y se cubren con una gran loncha de queso (Gruyère o Emmenthal). Se rocían con un chorrito de vino blanco y se gratinan en el horno hasta que el queso esté bien fundido.

Segundo método: Proporción para 10 personas. Un kilo de queso rallado (Gruyère, preferentemente), 2 ó 3 huevos, 2 decilitros de vino blanco, un poco de ajo machacado muy fino, sal, pimienta y nuez moscada. Todo bien mezclado. Poner una capa de unos 2 centímetros de espesor de esta pasta sobre rebanadas de pan tostado. Se espolvorean con un poco de paprika y se gratinan en el horno.

Flan de Lorena.—Se procede igual que con el pastel al queso pero añadiendo además unas cebollas cortadas y braseadas aparte, así como unas tiras finas de tocino magro blanqueadas y salteadas en la sartén.

"Fondue" vaudoise.—Proporción para una persona. 150 ó 200 gramos de Gruyère rallado, o mitad Gruyère y mitad Emmenthal, 1 vaso de vino blanco, un poco de ajo, fécula y kirsch.

Se frota el recipiente con la mitad del ajo, luego se vierte vino y se calienta sin que llegue a cocer, se añade el queso y se remueve con una espátula de madera hasta que el fundido empieza a hervir y el queso queda bien derretido. Se liga con la fécula desleída en el kirsch. Entonces se coloca el recipiente en un braserillo y se sirve con pequeños trozos de pan cortados. (Ver fig. 95.)

Pasteles de queso.—Se preparan los pasteles con pasta quebrada y en su interior se disponen pequeños dados de queso Gruyère, rellenándolos, hasta las 3/4 partes de su altura, con el siguiente preparado: 1 litro de leche, 5 huevos, 200 gramos de queso rallado (Gruyère y parmesano), sal, pimienta y nuez moscada. Se cuecen en horno bien caliente.

Raclette, valaisanne.—Los mejores quesos para esta receta son los muy cremosos, porque funden rápidamente.

Una vez cortado, el queso se pone en el fuego en un hornillo especial. Cuando el queso empieza a fundirse, se raspa con un cuchillo (ver fig. 96) sobre un plato caliente. El queso rallado se sirve acompañado con patatas cocidas con piel, pepinillos y cebollitas en vinagre.

Soufflé al queso.—Se prepara una *bechamel* espesa compuesta con un *roux* con 200 gramos de harina y 170 gramos de mantequilla. Se añade un litro de leche hirviendo, se trabaja enérgicamente hasta obtener una masa muy lisa. Se cuece unos minutos, se deja enfriar y se añaden 14 ó 16 yemas de huevo, 250 ó 300 gramos de queso rallado (preferentemente mitad parmesano y mitad Gruyère); en el último momento se agregan las claras batidas a punto de nieve, muy trabajadas. Se unta con mantequilla un molde de *soufflé*, ligeramente enharinado, y se llena hasta unas 3/4 partes con la masa. Se pone al baño maría en horno moderado y se cuece durante 40 ó 50 minutos, si el molde es grande, y 20 ó 25 minutos si el molde es pequeño.

Soufflés de carne o pescado.—Se procede lo mismo que con los *soufflés* de verduras, salvo que el elemento de base es un puré de carne o de pescado.

Soufflés de verduras.—Se hace un puré de verduras (alcachofas, espinacas, espárragos, etc.), y se deseca a fuego vivo. Se liga con un poco de *bechamel* espesa, se agregan unas yemas de huevo, un poco de queso parmesano rallado y, en el último momento, las claras como para el *soufflé* de queso. Se dispone todo en un molde engrasado con mantequilla y se cuece del mismo modo.

Fig. 95
"Fondue" o Fundido

EL ARROZ

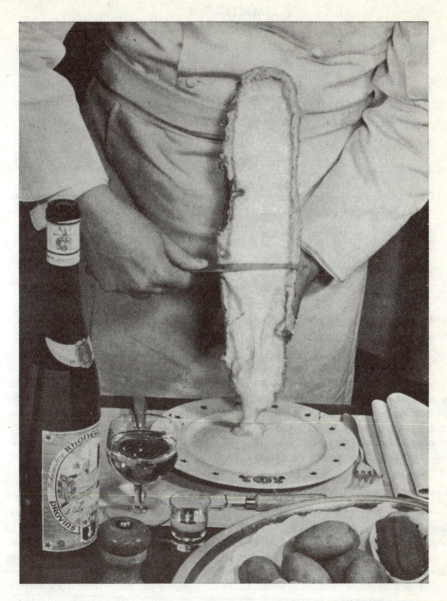

Fig. 96. *Raclete*

171

CAPITULO V

PREPARACION DEL PESCADO

El pescado se prepara de muy diversas maneras, pero las principales son:

braseado
cocido al caldo corto
cocido al vino blanco
cocido al vino tinto
emparrillado

frío
frito
glaseado
gratinado
molinera o a la meunière.

Braseado

Este modo de cocción se aplica a los pescados enteros o cortados en rajas, tales como el esturión, la carpa, el lucio, el rodaballo, etc.

Modo de prepararlo: Se guarnece el fondo de una brasera, bien engrasada con mantequilla, con zanahorias, cebollas, chalotes, finamente cortados y aromáticos como tomillo, laurel, pimienta en grano machacada, etc. Dispuesto el pescado sobre ese fondo, se moja hasta la mitad de la altura, con vino blanco o tinto y *fumet* de pescado, se sala y cuece muy lentamente en el horno, rociándolo con frecuencia. Después se reduce y se liga con mantequilla amasada y se monta con mantequilla fresca.

Cocido al caldo corto

Si es para pescado de agua dulce, el caldo corto se hace con agua salada, acidulada con vinagre o vino blanco, hortalizas —cebollas, puerros (sólo lo blanco), zanahorias—, perejil y aromáticos —tomillo, laurel y pimienta en grano—. Estos ingredientes deben emplearse con mesura para que no alteren el sabor característico de cada clase de pescado. Si el caldo se destina a pescados pequeños se cuece 20 ó 30 minutos antes y se pasa por la estameña. Si, por el contrario, se destina a grandes pescados enteros, las hortalizas y aromáticos se ponen directamente en la rejilla de la *pasadera* y se mojan con agua fría. El tiempo de cocción varía según la clase de pescado, pero en términos generales, se calculan unos 15 minutos por kilogramo. Hay que tener cuidado de no poner demasiado líquido, sino sólo el justo para cubrir el pescado. El agua no debe hervir, sino mantenerse a punto de ebullición. Si el pescado hay que servirlo frío, se deja enfriar en el mismo caldo para evitar que se seque y tome un aspecto desagradable; en este caso la cocción debe ser más corta.

El pescado preparado *al azul* debe estar vivo. Después de matarlo, se limpia sin quitarle las aletas, sin rasparlo ni enjuagarlo para no quitarle el limo que lo recubre. Se rocía ligeramente con vinagre y se pone en el caldo corto en ebullición, para que de este modo adquiera un bonito color azulado. Para una trucha al caldo corto, por ejemplo, el tiempo de cocción es de 5 a 6 minutos. La carne debe quedar firme.

El líquido destinado al pescado de mar es sencillamente agua salada, a veces acidulada con zumo de limón.

Las salsas mejores para acompañar a los pescados al caldo corto son: *holandesa, muselina* y *rica; mantequilla fundida, mantequilla a punto de avellana y mantequilla negra.*

Cocido al vino blanco

Este sistema de cocción puede aplicarse al pescado entero, pero es más apropiado para el pescado en filetes o rajas.

Modo de prepararlo: Engrasar con abundante mantequilla una saltera, espolvorear chalotes picados y añadir sal y pimienta. Se disponen los filetes del pescado a caballo, embadurnándolos, uno a uno, con mantequilla, para evitar que se peguen entre sí durante la cocción. Se moja hasta la mitad con vino blanco y *fumet* de pescado, se cubre con un papel engrasado con mantequilla y se pone en el horno suave y sin dejarlo hervir, cuidando que los filetes conserven su forma y no se deshagan. Después se vierte el fondo de la cocción en una cacerola, se reduce mucho y se añade un poco de nata y un *velouté* de pescado.

Algunas variantes

Alexandra.—Una vez cocido el pescado, se dispone en una fuente y se cubre con *salsa Nantua,* se glasea y se guarnece con lamas de trufa.

Argenteuil.—Cocido el pescado se cubre con *salsa vino blanco* y se guarnece con puntas de espárragos.

buena mujer.—Se cuece el pescado con *setas de los campos* finamente cortadas, se cubre con *salsa buena mujer* y se glasea y adorna con perejil picado.

Choisy.—Una vez cocido el pescado, se cubre con *salsa vino blanco,* a la que se ha añadido una juliana de lechuga y trufas.

Dugléré.—Se cuece el pescado con tomates *concassé* y chalotes picados, se reduce el fondo y se cubre con *salsa Dugléré*.

embajador.—Ya cocido el pescado se le agrega un puré de setas, se cubre con *salsa vino blanco* montada con mantequilla y se glasea. Se guarnece con finas lamas de trufa y perejil picado.

finas hierbas.—Una vez cocido el pescado, se cubre con *salsa vino blanco* adicionada de finas hierbas.

florentina.—Se cuece el pescado y se dispone sobre un lecho de espinacas con mantequilla. Se cubre con *salsa Mornay* y se gratina.

Joinville.—Se cuece el pescado, se guarnece con colas de cangrejos y lamas de trufa. Se cubre con *salsa Joinville*.

Marguery.—Ya cocido, se guarnece el pescado con colas de langostinos y almejas escaldadas. Se cubre con *salsa buena mujer* sin setas.

Nantua.—Se cuece el pescado y se guarnece con colas de langostinos y lamas de trufa. Se cubre con *salsa Nantua*.

normanda.—Se cuece el pescado, se guarnece con ostras, almejas, champiñones enteros y langostino. Se cubre con *salsa normanda* y se glasea.

Opera.—Se cuece el pescado y se cubre con *salsa vino blanco*. Se guarnece con lamas de trufa y puntas de espárragos.

Cocido al vino tinto

Se procede igual que con el pescado al vino blanco. Después de reducido el fondo se liga con mantequilla amasada y se monta la salsa con mantequilla fresca.

Algunas variantes

borgoñona.—Una vez cocido el pescado, se cubre con *salsa vino tinto* y se guarnece con cebollitas estovadas en blanco y cortadas en cuatro trozos.

Chambertin, a la.—Se cuece el pescado con vino del mismo nombre y luego se cubre con *salsa vino tinto*.

Chambord.—Una vez cocido el pescado, se guarnece con *quenelles* de pescados y setas. Se cubre con *salsa vino tinto*.

marinero.—Una vez cocido el pescado se cubre con *salsa vino tinto* y se guarnece con setas, cebollitas, colas de langostinos y costrones.

Emparrillados

Limpio el pescado y bien seco se pasa por aceite, se le dan unos cortes a ambos lados y se coloca sobre la parrilla bien caliente. Una vez asado, se ordena en una fuente con papel o servilleta. Se guarnece con perejil y cuartos de limón. Se acompaña con *salsa tártara* o *bearnesa* y mantequilla compuesta, *maître d'hôtel,* o mantequilla de anchoas.

Si el pescado es delicado se puede enharinar ligeramente antes de pasarlo por el aceite.

Frío

Es el pescado cocido en caldo corto, enfriado en el mismo caldo, después puesto en una fuente, decorado de diversos modos y guarnecido con pequeños *aspics, ensalada rusa,* huevos duros rellenos, tomates rellenos, corazones de alcachofas, etc., y acompañado de una salsa fría.

Con gusto y habilidad, el pescado frío es de gran efecto en una mesa.

Frito

Preferentemente se escogen pescados pequeños, enteros, o grandes pescados cortados en rajas o filetes. El aceite es la mejor grasa para freírlos. Hay que dosificar bien el fuego para que el aceite adquiera el punto preciso, según la cantidad y grosor del pescado. Los filetes grandes o rajas deben freírse en dos veces; la primera, para cocerlos, y la segunda, para dorarlos y que queden secos y crujientes. Antes de freírlos, se enharinan, procurando quitarles el exceso de harina. El pescado frito se acompaña con algunas variantes de la *salsa mayonesa* (*tártara, andaluza,* etc.), trozos de limón y perejil frito.

Gratinado y glaseado

Por pescado *al gratin* se entiende el pescado cubierto con *salsa Mornay,* queso rallado y mantequilla, y después gratinado; o cubierto con una salsa "gratin" (reducción del fondo de pescado con *duxelles* de setas y ligado con un poco de *medio glasa*) y gratinado.

Para el pescado *glaseado,* la salsa se enriquece con nata y un poco de *salsa holandesa,* para dorarlo sin necesidad de queso u otros ingredientes.

A la molinera o meunière

Se hace con pescados enteros, si no son demasiado gruesos, o en rajas o filetes.

Modo de prepararlo: Se adoba el pescado con sal, pimienta y leche. Se pasa por harina y se le quita el exceso. Se pone en la sarten con el aceite humeante. Se fríe y se dora bien por ambos lados. Si el pescado es grueso, se le dan unos cortes oblicuos en las partes más carnosas. Una vez cocido se dispone en el plato, se aromatiza con zumo de limón y un chorrito de

PREPARACION DEL PESCADO

Worcester, se espolvorea con perejil picado y se rocía con mantequilla a punto de avellana. Puede guarnecerse con rodajas de limón y un ramito de perejil.

Algunas variantes

Bella molinera.—Se prepara *a la molinera* y se guarnece con tomates *concassé* y setas.

grenobloise.—Preparado *a la molinera* se ponen encima unas alcaparras, unos trocitos de pulpa de limón y perejil picado.

Otros modos de preparar el pescado

A la Murat

Se emplea, especialmente, para los filetes de lenguado. Se cortan en tiras, se sazonan con sal, pimienta, zumo de limón y perejil picado; se enharinan ligeramente y se saltean en la sartén con mantequilla. Se sirven en platos hondos y se guarnecen con patatitas cortadas en forma de dientes de ajo y asadas, cuartos de setas, alcachofas cocidas. Se espolvorean con perejil picado y se rocían con mantequilla a punto de avellana.

A la Orly

Limpio de piel y espinas se corta el pescado en pequeños filetes que se adoban con sal, pimienta, *salsa inglesa,* zumo de limón y perejil picado. Se rebozan en la pasta para freír y se doran en abundante aceite. Se acompañan con cuartos de limón y una *salsa de tomate*, servida aparte.

Empanado a la inglesa

Se corta el pescado en filetes y se sazonan con sal, pimienta y zumo de limón. Se pasan por huevo batido o mantequilla fundida y se rebozan con pan rallado. Se saltean con mantequilla en la sartén o se fríen en abundante aceite. Se acompañan con mantequilla *maître d'hôtel* o *Colbert*.

Filetes y escalopes

Todos los pescados pueden prepararse en filetes, es decir, separadas las partes carnosas de las espinas. Los pescados planos, tales como el lenguado, el rodaballo, la barbada, la platija, etc., dan cuatro filetes, dos por cada lado. Los pescados redondos proporcionan dos filetes, uno por cada lado.

Quenelles de pescado

Se limpia el pescado de pieles y espinas. Se machaca la carne (500 gramos, aproximadamente) en el mortero, se añade un decilitro de *pâte à choux* y 2 claras de huevo y se sazona con sal y pimienta. Se pasa este relleno por un tamiz fino y se pone en una terrina sobre hielo. Se alisa con la espátula añadiéndole 2 ó 3 decilitros de nata fresca. Las *quenelles* se moldean por medio de dos cucharas soperas y se cuecen lentamente durante 10 minutos en un buen *fumet* de pescado hecho con las espinas. Las *quenelles* se acompañan con salsas diversas: *vino blanco, Nantua, curry,* de *champiñones,* etc.

Platos diversos a base de pescado

Bacalao a la vizcaína.—Cortado en pedazos y puesto en remojo la víspera, se le cambia el agua unas dos horas antes de empezar el guiso. Se pone a fuego lento para que se vaya calentando, sin que llegue a hervir, hasta que haga un poco de espuma. Se retira, y una vez frío, se le quita las espinas, pero no el pellejo, pues es lo que produce la gelatina que espesa la salsa.

En un cacito, se ponen a calentar 4 pimientos choriceros, secos, bien limpios y abiertos. Se tienen a fuego suave, y cuando han hervido se machacan, dejándolos en la misma agua.

En una tartera o cazuela de barro, se pone aceite hasta cubrir el fondo, se fríen unos ajos, que se retiran, y se ponen unas lonchas finas de tocino; cuando están bien derretidas, se rehogan lentamente un par de cebollas grandes, picadas. Antes de que empiecen a dorarse, se van colocando las tajadas de bacalao, rebozando ligeramente en harina el lado desprovisto de pellejo, que es el que se coloca sobre el aceite. Se cuece durante unos 10 minutos a fuego lento y se le añaden 3/4 de kilo de tomates, previamente fritos y colados, echándole el agua, colada también, de los pimientos, bien exprimidos. Se tapa y se deja cocer durante una hora con hervor muy suave. Se sirve en la misma cazuela.

La cantidad de bacalao empleado es, aproximadamente, de un kilo.

Bacalao al pil pil.—En una sartén, con 8 cucharadas de aceite, se fríen unos cuantos ajos y se retiran. Se vierte la mitad del aceite en una cazuela de barro y se rehoga media cebolla picada, sin que llegue a dorarse. Se van poniendo los pedazos de bacalao, previamente desalados o limpios, con el pellejo hacia arriba, y se mojan con un poco de caldo o agua. Se cuecen a fuego lento moviendo la cazuela constantemente. Cuando se ve que la salsa empieza a espesar, se añade el aceite que ha quedado en la sartén, muy despacio, como si se hiciera una mayonesa, moviendo continuamente la cazuela. La cocción dura 1/4 de hora aproximadamente y la salsa debe quedar espesa y ligada. Se sirve en la misma cazuela.

Las cantidades de aceite y cebolla indicadas son para 3/4 de kilo de bacalao.

PREPARACION DEL PESCADO

Besugo a la donostiarra.—Preparado y bien sazonado el besugo, se emparrilla a fuego no muy fuerte, para que se ase bien por dentro. Se fríen unos ajos en aceite, se retiran y se añade una cucharada de vinagre. Cuando está asado el besugo, se pone en una fuente y se rocía con el aceite muy caliente.

Besugo a la española.—En una besuguera, con un poco de aceite frito, se ponen unas ruedas de cebolla. A un besugo de 1 y 1/4 kilos, aproximadamente, se le dan unos cortes en el lomo y se introducen medias rodajas de limón. Se coloca en la besuguera cubriéndolo con pan rallado. Se añade un poco más de aceite y se mete en el horno caliente durante una media hora.

Lubina a la jardinera.—Una vez cocida la lubina *al vino blanco,* se escurre bien y se coloca con cuidado en una fuente grande, con abundantes hortalizas (ramitos de coliflor, zanahorias, patatas cortadas en cuadraditos, guisantes, puntas de espárragos y cebollitas francesas). Se cuecen y se escurren colocándolas en grupitos alrededor de la lubina. Se sirve con *salsa muselina.*

Merluza en platitos con gelatina.—Se fríe ligeramente, en un poco de aceite, media cebolla picada, unos puerros y una ramita de perejil. Se añade un litro de agua y se cuece durante media hora.

Se prepara un trozo de merluza de medio kilo, se hierve durante unos 20 minutos y se deja que se enfríe en la misma agua. Se prepara una gelatina con 2 hojas de cola de pescado desleídas en 1/2 litro de caldo de la merluza, previamente colado. Se clarifica, se pasa por un paño y se le agrega una *bechamel* espesa y la merluza desprovista de pieles y espinas y cortada en salpicón. Se dispone en platitos individuales, o en moldecitos engrasados, y se meten en la nevera. A medio cuajar, se adornan con aceitunas deshuesadas.

Merluza en salsa verde.—Se pone en una tartera o cazuela de barro 2 ó 3 cucharadas de aceite fino y media cebolla mediana, picada finamente. Antes de que se dore, se van poniendo los pedazos de la merluza, cortada en rajas, añadiéndole bastante perejil picado y una cucharada de vinagre o un vaso de vino blanco. Se hierve muy lentamente durante unos 20 minutos, se le agrega un poco de caldo, se tapa y se deja cocer otros 10 minutos.

Es conveniente cocer también la cabeza de la merluza, retirándola antes de servir, para que espese la salsa.

Platitos de lenguado con setas y trufas.—Se cortan 2 filetes de lenguado por comensal, se colocan en una sartén con mantequilla o aceite y se rehogan lentamente. Se retiran y, en la misma grasa, se rehogan unas setas picadas, se añade el contenido de una latita de trufas, picadas y unidas a las setas. Se echa un vasito de Jerez seco o vino blanco y se pone a hervir hasta que las setas estén tiernas.

En cazuelitas refractarias, individuales, se pone la salsa con las setas y trufas y los filetes de lenguado, adornándolos con yemas de huevo duro picadas, mezcladas con un poco de mantequilla, que se ponen en el centro, y la clara, también picada, alrededor. En el momento de servirlo se mete en el horno para que esté caliente.

Puede hacerse también con merluza u otros pescados.

Zarzuela de pescado a la levantina.—Se limpian 200 gramos de salmonetes, 200 gramos de calamares, 200 gramos de congrio y 6 langostinos pequeños. Los pescados se cortan en trozos y los langostinos se dejan enteros. Se sazona todo con sal fina, se pasa por harina y se fríe sin que cueza demasiado. Se coloca todo en una cazuela de barro o en una fuente refractaria.

En el mismo aceite se fríe cebolla muy picada y, cuando empieza a dorarse, se añaden 3 dientes de ajo picados, un poco de pimentón y una cucharada de puré de tomate. Se agrega azafrán tostado en el horno, triturado y desleído en un decilitro de agua. Se sazona con sal y pimienta negra y se deja hervir durante unos 5 minutos. Se aparta y se vierte encima del pescado.

Limpias y bien enjugadas con un paño, se ponen 12 almejas en una sartén en el fuego. Cuando se han abierto se les quita la concha de encima y se disponen alrededor del pescado. Se cuela el caldo que han dejado en la sartén y se agrega igualmente al guiso. A continuación se mete en el horno durante 10 minutos. Espolvorear con perejil picado y adornar con rodajas de limón en el momento de servirlo.

Las cantidades indicadas se han calculado para seis comensales.

Los crustáceos

Excepto los langostinos, las gambas, quisquillas y los *scampi* (variedad de crustáceo parecido al bogavante, procedente de Noruega, Dinamarca e Italia) todos los crustáceos deben comprarse vivos.

Langostas y bogavantes

Bogavante o langosta a la americana.—Por el nombre se podría pensar que este plato es de origen americano. Pero lejos de ser una importación del Nuevo Mundo, es, por el contrario, una creación esencialmente parisina.

Se coge un bogavante, o una langosta, vivo, se divide la cola en porciones de igual tamaño y se quiebran las pinzas con precaución para no deformarlas. Se corta el peto en dos a lo largo y se sacan las partes cremosas y las huevas, que servirán para ligar la salsa. Se sazonan los trozos y se sofríen en aceite muy caliente hasta que estén bien rojos. Se añade un poco de cebolla y chalotes picados, así como una *brunoise* de hortalizas. Se llamea coñac y se añade junto con tomates picados. Se moja con vino blanco y *fumet* de pescado. Se cuece tapado durante 15 ó 20 minutos. Se retiran los trozos y se acaba la salsa reduciéndola un poco; después se liga fuera del fuego con la cocción, previamente pasada por un tamiz fino y mezclada con mantequilla. Se sazona añadiendo un poco de Cayena, zumo de limón, perejil y estragón muy frescos y picados. Se sirve muy caliente con arroz *pilaw* o *criollo*.

Bogavante o pequeña langosta a la parrilla.—Vivo, o ligeramente escaldado (lo que es mucho mejor), se parte en dos, a lo largo. Se sazona con sal, pimienta y Cayena, se engrasa con aceite y se pone en la parrilla a fuego vivo. Rociar mantequilla fresca fundida.

Se sirve muy caliente y se acompaña con una *salsa diabla* servida aparte.

Cocktail de bogavante o langosta.—Se corta en pequeños dados o rajas la carne del bogavante o langosta. Se liga con una *salsa mayonesa* ligera, un poco de nata y de *Ketchup*. Se perfuma con coñac.

Langosta a la Costa Brava.—En una cazuela de barro se pone una cebolla picada muy fina. Al empezar a dorarse, se agrega una langosta de un kilo, cortada en trozos, se rehoga durante unos 5 minutos, se añade un decilitro de vino rancio y 400 gramos de tomates *concassé*. Se sazona con sal, pimienta y nuez moscada. Se agregan unos caracoles, limpios y hervidos con agua y sal. Se incorpora un ramito de hierbas finas (perejil, tomillo, laurel, canela, etc.), se tapa la cacerola y se pone a cocer, a fuego lento, durante unos 40 minutos.

En un mortero se majan 2 dientes de ajo, azafrán, 10 gramos de avellanas, 10 gramos de almendras, ambas tostadas, y una miga de pan frito. Se reduce a una pasta fina, se deslíe con agua y se vierte sobre la langosta cuando está a mitad de cocción.

Langosta a la parisina (Bella Vista).—Después de lavarla bien, se fija sobre una plancha (ver fig. 97), se cuece en un caldo corto durante 25 ó 30 mi-

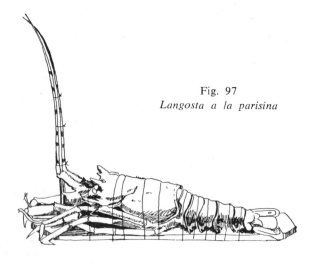

Fig. 97
Langosta a la parisina

nutos y se deja enfriar en su caldo. Se abre con precaución por el vientre con unas buenas tijeras o un cuchillo de punta fina, de modo que se pueda separar la carne del caparazón sin estropear ni uno ni otro. Se corta la carne en escalopes de un centímetro de grueso, se decoran a voluntad y se lustran con gelatina. Se reconstruye el caparazón en el plato, se embadurna y se colocan los escalopes en toda su longitud, adhiriéndolos con un poco de mantequilla. Se rodea la langosta con huevos duros, tomates rellenos de ensalada de apio, fondos de alcachofas guarnecidos con *ensalada rusa,* puntas de espárragos, todo a voluntad, y se lustra con gelatina.

Langosta Thermidor.—Se cuece la langosta en un caldo corto, se parte en dos, a lo largo, se hacen escalopes con la carne y se mezclan con setas, trufas y *quenelles* de pescado. Se liga con *salsa Bercy,* se rellenan las mitades del caparazón con este salpicón, se cubre con una fina *Mornay* y se gratina en la salamandra.

Pilaw de bogavante o langosta.—Se corta en trozos, se saltea en la saltera con mantequilla fundida muy caliente. Cuando los trozos están bien sofritos se añade cebolla, la parte de unos puerros finamente picados y, por último, curry. Se sudan y se agregan 200 gramos de arroz crudo (para un crustáceo mediano). Se saltea todo durante unos minutos y se moja con un buen caldo sazonado con un poco de azafrán y un *fumet* de lenguado. Se cuece durante unos 15 ó 20 minutos y se sirve muy caliente.

Cangrejos y centollos

Generalmente se sirven fríos, cocidos en caldo corto y acompañados de una *salsa mayonesa.*

Algunas variantes

Cangrejos o centollos en conchas.—Se cuecen y sacan la carne del cuerpo y las patas de un centollo o de varios cangrejos. Se mezcla con dos cucharadas de pan rallado y media taza de *salsa de tomate* concentrada, añadiendo media taza de nata o media cucharada de mantequilla y leche. Se sazona con sal y un poco de pimienta y se llenan unas conchas o platitos para huevos. Se espolvorea con pan rallado, se ponen encima unos trocitos de mantequilla y se meten en horno fuerte hasta que se doren.

Centollos con setas.—Se prepara y termina como el anterior, pero al hacer la mezcla se agregan unas setas picadas, fritas o guisadas, hasta que estén tiernas.

Zangurru.—Se cuece un centollo en agua hirviendo, con bastante sal, durante 15 ó 20 minutos, según su tamaño. Debe comprarse vivo. Se saca la carne de las patas y concha, conservando el agua que tiene. Se pone, en dos cucharadas de buen aceite, 1/4 de cebolla muy picada, y se rehoga lentamente hasta que empiece a dorarse. Se echa 1 ó 2 cucharadas de harina y se rehoga un poco. La carne del centollo, separada en hebras (no picadas) se une a la harina, añadiéndole 2 cucharadas de *salsa de tomate,* el agua del centollo, pasada por un tamiz y una copita de coñac, removiéndolo hasta que empiece a hervir. Debe quedar como una bechamel, rectificándose de caldo si queda seco. Se echa en la concha del centollo que se habrá lavado previamente y se cubre con pan rallado y perejil picado, poniéndole encima unos trocitos de mantequilla. Se mete en el horno y cuando el pan está dorado se sirve en la misma concha.

Cangrejos de río

Se cuecen en un caldo corto con cebollas y un ramito de hierbas finas y se sirven en platos hondos o en cocoteras con el fondo de la cocción.

Algunas variantes

bordelesa, a la.—Se sofríen en aceite humeante hasta completar la coloración de los cangrejos, se añade un *mirepoix* de hortalizas (zanahorias, chalotes, apio y las partes blancas de unos puerros), se moja con coñac y vino blanco y se completa con tomates *concassé, velouté* de pescado y un un poco de *salsa medio glasa.* Se cuece durante unos 10 minutos, aproximadamente, y se sirve en plato hondo.

polaca, a la.—Se remojan en leche, durante 2 horas, 3 docenas de cangrejos. Se cuecen en un caldo corto *al vino blanco* con un decilitro y medio de coñac y mantequilla, durante una 1/2 hora. Una vez cocidos se dejan enfriar en el mismo caldo. Después se sacan las colas de sus cáscaras y se ponen en un plato.

Con 180 gramos de mantequilla, un cangrejo entero y los despojos de los demás se prepara una mantequilla de cangrejos y se cubren con ella. Se disponen en una fuente y se adornan con lechuga picada. Se mete en la nevera hasta el momento de servirlo.

Colas de cangrejos a la Nantua.—Se cuecen los cangrejos en un caldo corto *al vino blanco.* Se sacan las colas de los caparazones y se ponen en el fuego en una cacerola con mantequilla, donde se rehogan lentamente. Se espolvorean con harina, se saltean y se mojan con coñac. Se añade nata o una *bechamel,* se mezcla y se deja cocer en la placa, al lado del fuego, unos 10 ó 12 minutos. Se agrega puré de cangrejos y se sazona con sal y Cayena. Cuando se va a utilizar se añade mantequilla y se remueve bien.

Se emplea para guarniciones de pescado, para la confección de volovanes y crustadas.

Puré de cangrejos.—En un caldo corto *al vino blanco* se cuecen unos 20 cangrejos, se escurren y se trituran hasta conseguir una pasta fina. Se prepara una *bechamel* y se incrementa con unas cucharadas de nata de leche cruda. Se reduce hasta la cantidad inicial.

Agréguese la pasta de cangrejos y cuézase todo a fuego vivo hasta que se espese. Se sazona con Cayena y se pasa por la estameña.

Langostinos, gambas y quisquillas

Se sirven principalmente fríos, con *salsa mayonesa* y dispuestos en forma de pirámide, en *cocktail* (ver bogavante), en canapés, etc.

Los mariscos

Almejas

marineras.—Bien lavadas y escurridas, las almejas se ponen en una cacerola con un vaso de vino blanco, un diente de ajo sin pelar, una ramita de perejil, sal, pimienta, un poco de tomillo, laurel y una cebolla cortada en trozos. Se inicia la cocción con fuego vivo. Se saltean constantemente hasta que se abren. Se retiran del fuego, se pasa el caldo por un lienzo fino y se reserva. Se quitan las conchas vacías y se ponen las que las contienen en un recipiente dispuesto junto al fuego. Se sudan unos chalotes picados, se mojan con el caldo, se reduce y se liga con mantequilla amasada. Se puede añadir también un poco de nata. Se enriquece con zumo de limón y perejil picado y se vierte sobre las almejas. Se sirven calientes en timbal

natural, al.—Se eligen unas almejas grandes y se abren en el horno. Una vez abiertas se sirven con gajos de limón colocados en las conchas vacías.

sanluqueña, a la.—Se lavan bien las almejas, se ponen en una cacerola, se agrega un poco de vino blanco, pimienta molida, se tapa y se pone a cocer, moviendo la cacerola para que se coloreen por igual y hasta que estén todas abiertas.

Ostras

Cuando se sirven frías las ostras se abren y disponen sobre hielo picado, guarneciéndolas con cuartos de limón. Se acompañan con rebanadas de pan, de centeno preferentemente, con un vaso de vino blanco.

Servidas calientes, pueden también servir como entremés, *fritas a la florentina, a la Nantua, en buñuelos,* etc.

florentina.—Se escaldan en su misma agua y se enjugan con una esponja cuidadosamente. Se colocan de nuevo en sus conchas, previamente engrasadas con mantequilla, o en un plato hondo sobre un lecho de espinacas salteadas en mantequilla. Se cubren con *salsa Mornay*, se espolvorean con queso rallado, se rocían con mantequilla fundida y se gratinan.

fritas a la mariscala.—Se abren las ostras y se escaldan y enjugan como anteriormente hemos dicho. En el momento de servirlas se pasan por una masa de fritura ligera y se sumergen en aceite muy caliente. Se sirven sobre rodajas de limón.

Las ancas de rana

finas hierbas, a la.—Se limpian las ancas, se estovan en mantequilla con perejil, chalotes finamente picados, setas, y se sazonan. Se cuecen durante unos 15 minutos, bien tapadas, y se ligan con mantequilla amasada. Se guarnecen con rebanadas de pan frito.

fritas.—Se limpian las ancas, se adoban con zumo de limón, aceite, sal, pimienta, ajo machacado y perejil picado. Se rebozan en pasta para freír, ligera, y se doran en abundante aceite muy caliente.

molinera.—Se limpian las ancas, se sazonan y se guisan del mismo modo que cualquier otro plato *a la molinera* o *meunière*.

poulette, a la.—Se escaldan en vino blanco, se cuecen con setas y chalotes picados y se ligan con *salsa poulette*.

Los calamares

en su tinta a la santanderina.—Se limpian bien unos calamares pequeños y se reservan las bolsas de tinta. En una sartén al fuego se pone aceite, un poco de cebolla bien picada y se dora ligeramente. Se agrega jamón picado, se tapa y se cuece a fuego lento sin que se tueste la cebolla. Cuando está muy tierna, se añade un poco de pimentón dulce, las barbas y alas de los calamares, perejil picado, sazonándose todo con sal, pimienta blanca y un poco de nuez moscada rallada. Se retira y se rellenan los calamares con todo ello. Se pasan por harina y se fríen rápidamente en aceite muy caliente. Se escurren bien y se ponen en una cazuela de barro.

En el aceite en que se han frito los calamares se fríe una cebolla blanca y un diente de ajo, todo muy picado. Se rehoga ligeramente y se añade un poco de **harina** y, cuando se ha tostado un poco, se agrega unos tomates, pelados, quitadas las simientes y finamente picados, junto con una rama de perejil. Se sazona todo con sal y pimienta, azúcar y nuez moscada. Se rehoga todo bien. A los 4 ó 5 minutos de iniciarse el rehogado, se remueve bien y se deslíe con caldo caliente. Se agrega la tinta, previamente amasada con miga de pan y desleída en agua fría, y se cuece todo junto durante otros 15 minutos.

Se retira, se pasa por el tamiz, apretando mucho con la "seta". Se vierte sobre los calamares y se pone a cocer, a fuego lento, durante una hora, aproximadamente.

Se sirven en la misma cazuela adornados con rebanadas de pan frito.

fritos a la andaluza.—Se limpian, se lavan con agua y se les quita la concha que llevan dentro. Se cortan en ruedas finas que se rebozan en harina. Se fríen en aceite muy caliente y se apartan rápidamente para que no se endurezcan. Se escurren y se sirven acompañados con cuartos de limón.

marinera.—Se vacían los calamares, se cortan en ruedas una vez bien lavados en agua fría. Se fríen unas cebollas y unos ajos, todo muy picado, se agregan los calamares, se rehogan bien, se añade pimentón, vinagre, laurel, orégano, tomillo, un poco de harina desleída en agua fría y azafrán tostado. Se sazona con sal y pimienta, se agrega perejil picado y se cuece a fuego lento durante una hora.

Los caracoles

borgoñona.—Después de lavarlos cuidadosamente en varias aguas, hasta eliminar por completo la baba que contienen, se blanquean y enfrían en abundante agua. Se sacan con cuidado de sus cáscaras y se les quitan las extremidades negras; después se cuecen en un caldo corto con plantas aromáticas durante unas 4 horas. Se dejan enfriar, se escurren, se pone cada caracol en su cáscara, previamente hervidas en agua de sosa durante varios minutos y aclaradas en abundante agua limpia. Se cierran las cáscaras con mantequilla de caracoles. En el momento de servirlos se disponen en un plato especial, con la abertura hacia arriba y se calientan moderadamente, con el fin de que la mantequilla conserve todo su aroma.

española, a la.—Después de "ayunar" durante varios días, se lavan muy bien y se blanquean con agua, sal y vinagre. Se ponen en una cacerola con abundante aceite, cebolla, ajo y perejil muy picados. Se rehoga todo bien, se agrega jamón cortado en tiras finas, guisantes desgranados, y se remueve todo bien. Se añade pan rallado, salsa de tomate, aromáticos (laurel, clavo, comino, tomillo), se sazona con sal y pimienta y se moja con caldo. Se cuecen hasta que estén a punto y se sirven en una cazuela de barro.

plancha, a la.—Una vez limpios y blanqueados, como en la receta anterior, se escurren y se colocan, uno a uno, boca abajo, sobre la plancha y se asan durante unos 10 minutos.

Se sirven con *ajoaceite* o *mayonesa*.

riojana, a la.—Una vez "ayunados" y limpios se ponen los caracoles al lado del fuego para que se vayan templando y, cuando han sacado la cabeza, se ponen inmediatamente al fuego vivo para que hiervan rápidamente, y se dejan cocer durante unos 45 minutos. En una sartén se pone manteca de cerdo, se acerca al fuego y se agrega jamón y tocino, cortados en cuadraditos. Se añade una cucharada de harina y, una vez dorada, se vierte todo sobre los caracoles, a los que se habrá quitado el agua.

Se pone un poco de aceite en la sartén, se fríen unos pimientos cortados en tiras y se añaden bastantes tomates escaldados, pelados y cortados en cuadraditos. Cuando está todo a punto se vierte sobre los caracoles, se sazona con sal y un poco de pimienta y se deja cocer, a fuego lento, durante otra 1/2 hora.

salsa, en.—Se ponen en una olla grande, se espolvorean con 4 ó 5 cucharadas de harina y se dejan así durante 2 ó 3 días. Después se lavan bien con agua caliente.

Se disponen en una cazuela con agua fría y se dejan un rato. Luego se pone la cazuela a fuego vivo y se espera a que rompa a hervir. Se aparta, se cambia el agua, se pone hueso de jamón y se siguen cociendo.

En una sartén con aceite se pone jamón troceado, se agrega cebolla cortada fina y bastante tomate *concassé*. Al rato de cocer se vierte sobre los caracoles y se agrega un ramito de hierbas finas (laurel, perejil y menta). Se deja cocer unas 3 horas. A media cocción se añade sal, pimienta y se espolvorean con pan rallado.

Algunas guarniciones para pescado

almirante.—Lamas de trufa, champiñones, ostras y almejas, con *salsa Nantua*.

cardenal.—Filetes de bogavante o langosta y lamas de trufa con *salsa cardenal*.

Carmen.—Rodajas de tomate, *salsa al vino blanco* con una juliana de pimientos rojos.

Chambord.—Champiñones, *quenelles* de pescado, lamas de trufa, colas de cangrejos, costrones y *salsa genovesa*.

Chauchat.—Patatas cocidas cortadas, puestas bajo el pescado. Se cubre con *salsa Mornay*.

Chibry.—Tartaletas rellenas con *ragú de ostras*, almejas y colas de langostino. *Salsa Chibry*.

diplomático.—Dados de trufas, bogavantes y langostinos con *salsa diplomático*.

Doria.—*Molinera* y pepinos glaseados con mantequilla.

Dugléré.—Cebollas cortadas y tomate *concassé. Salsa vino blanco.*

florentina.—Sobre espinacas en rama. Se gratinan con *salsa Mornay*.

Joinville.—Champiñones, langostinos, lamas de trufas y *salsa Joinville*.

marinera.—Champiñones, cebollitas y costrones con *salsa vino tinto*.

Murat.—Cuartos de alcachofas, patatitas doradas, perejil picado y *salsa molinera*.

Nantua.—Colas de cangrejos y *salsa Nantua*.

normanda.—Cuartos de champiñones, langostinos, almejas, ostras, lamas de trufas y *salsa normanda*.

Opera.—Lamas de trufa, puntas de espárragos y *salsa vino blanco*.

Sullivan.—Puntas de espárragos, lamas de trufa y *salsa Mornay*.

Walewska.—Lamas de trufa, escalopes de colas de langosta o bogavante y *salsa Mornay*.

ESCALA DE REDUCCION DE GRAMOS A ONZAS
(28,7 gramos la onza)

Gramos		Onzas	Gramos		Onzas	Gramos		Onzas
5	equivalen a	0,174	150	equivalen a	5,22	1.150	equivalen a	40,07
10	"	0,348	200	"	6,96	1.200	"	41,81
15	"	0,522	250	"	8,71	1.250	"	43,55
20	"	0,696	300	"	10,45	1.300	"	45,30
25	"	0,870	350	"	12,19	1.350	"	47,04
30	"	1,044	400	"	13,94	1.400	"	48,78
35	"	1.218	450	"	15,68	1.450	"	50,52
40	"	1,392	500	"	17,42	1.500	"	52,26
45	"	1,566	550	"	19,16	1.550	"	54,00
50	"	1,740	600	"	20,90	1.600	"	55,75
55	"	1,914	650	"	22,64	1.650	"	57,52
60	"	2,088	700	"	24,38	1.700	"	59,23
65	"	2,262	750	"	26,12	1.750	"	60,97
70	"	2,436	800	"	27,87	1.800	"	62,71
75	"	2,611	850	"	29,61	1.850	"	64,45
80	"	2,785	900	"	31,35	1.900	"	66,20
85	"	2,959	950	"	33,10	1.950	"	67,94
90	"	3,133	1.000	"	34,84	2.000	"	69,68
95	"	3,307	1.050	"	36,58			
100	"	3,481	1.100	"	38,33			

OBSERVACIONES.—Damos esta escala por el interés que ofrece en algunos países sudamericanos.

CAPITULO VI

LAS ENTRADAS

Para la mayoría de los cocineros jóvenes, el término "entrada" se presta a confusiones. Por ello creemos útil explicar su verdadero significado.

Antiguamente las minutas se componían de numerosos servicios (platos) y la *entrada* se servía entre el primer plato fuerte y el asado. Desde la guerra de 1914-18, las minutas raramente se componen de más de 4 servicios (sopa, primer plato, asado y postres) y, por lo tanto, se puede decir que, prácticamente, la *entrada* no existe. Además, platos como el *entrecôte*, *rumpsteak*, *chateaubriand*, etc., hoy no se consideran como tal.

Sin embargo, aun cuando hoy sólo se sirven en las grandes ocasiones (fiestas, bodas, recepciones, homenajes, etc.), creemos interesante relacionar las viandas apropiadas para figurar como *entradas* en las minutas confeccionadas para ellas.

Las entradas se dividen en calientes y frías. Las primeras se subdividen en:

    entradas a base de salsas
    entradas fritas
    entradas mixtas.

Algunas entradas de carnes

Buey o vaca:

    tournedos   rizos o pulpetas
    beefsteak   estofado
    adobo   lengua
    goulash

Ternera:

    granadinas   lengua
    escalopes   mollejas
    riñones   blanquette

manos
noisettes
hígado
émincé (1)

morros
salteada
fricassée.

Cerdo:

salchichas
chipolata
longanizas

butifarras
lengua

Cordero:

Irish-stew
epigrama

navarin (2)
blanquette.

Entradas de caza:

encebollado
salmis

noisettes y medallones

Entradas de ave:

fricassée
cocida

salteada
emparrillada

Entradas mixtas:

quenelles
soufflés

pâtés
mixed-grill en brochette

Entradas frías:

aspics
terrinas
galantina de ave
foie gras

mousses
pâtés
chaud-froids

Cómo se preparan algunas entradas frías

Aspics.—Se coge un molde, se forra con gelatina (1/2 centímetro de espesor, aproximadamente) y se tapizan las paredes y el fondo con trufas, claras, pepinillos, etc., adhiriéndolas con gelatina. Después se llena el molde con el elemento de base (jamón, pollo, lengua, atún, *ensalada rusa,* etc.), y se completa con gelatina hasta el borde. Se mete en la nevera para que cuaje con el frío. Para despegar el *aspic,* introducir el molde en agua tibia.

---

(1) Carne cortada en tiras finas.
(2) Guisado con nabos o patatas.

Mousses.—Se pasa por el tamiz el elemento básico (jamón, pollo, lengua, *foie gras*, pescado, etc.), previamente cocido y quitados los nervios y grasas. Se trabaja con la espátula en un bol, incorporando un poco de nata fresca y gelatina tibia. Se rellenan los moldes, untados de gelatina, se decoran y se meten en la nevera para cuajarlos. Despegar la *mousse* introduciendo el molde en agua tibia.

Terrina.—Se tapizan las paredes de una terrina con finas lonchas de tocino graso, fresco. Se llena con un *pâté* hecho a base de caza, ave, *foie gras*, higadillos de ave, etc., y se termina con unas bardas de tocino. Se tapa y se pone a cocer en el horno, al baño maría, cubierto con un papel engrasado con mantequilla. La terrina está terminada cuando la grasa queda perfectamente clara. Entonces se mete en la nevera, con un peso encima, para apretar la pasta.

Pâté.—Existen una gran variedad de *pâtés* fríos, pero los más conocidos son los confeccionados a base de caza, de pluma o pelo, o con *foie gras*, conejo, higadillos de ave, oca, pato, pescados, etc.

Las formas se dan a capricho, pero un moldeado sencillo y rectangular es muy práctico para cortar porciones regulares.

Ejemplos:

Pâté de gazapo.—Para un kilo de conejo se necesitan, aproximadamente, unos 500 gramos de tocino graso, fresco, y 500 gramos de higadillos de ave. La guarnición se prepara con unos dados o tiras de buenos filetes de conejo y tocino, cuartos de trufas y pistachos mondados. Aparte se sofríen unos higadillos en la sartén, así como unos chalotes picados. Los higadillos, el tocino graso y la carne de conejo, deshuesada y limpia de nervios, se pasan dos o tres veces por la máquina para que queden finos. Se sazona todo con sal, pimienta, especias mezcladas, vino de Madera y coñac. Se mezcla todo bien con la guarnición.

Se forra un molde con una pasta de *pâté* de, aproximadamente, 1/2 centímetro de espesor, se tapiza el interior con bardas de tocino, muy delgadas y se pone en el fondo una capa del relleno. Se decora con la guarnición, se vuelve a poner una buena capa del relleno y se decora con guarnición de nuevo, terminando con otra capa del relleno. El molde sólo se llena hasta las 3/4 partes de su capacidad. Se practica un orificio en el centro para que, haciendo de chimenea, permita la salida del vapor. Se baña la última capa con huevo y se pone a cocer, a horno moderado, durante 1 y 1/2 horas. Se saca, se enfría y se añade, por el orificio, gelatina de carne, ligeramente calentada. Por último se mete en la nevera.

Galantina.—Se cortan las patas y los alones de una *poularde* grande, se deshuesa con un cuchillo pequeño, partiendo de la espalda y cuidando no desgarrar la carne ni la piel. Deshuesar también los muslos.

Se sacan unos filetes de las partes carnosas del animal y se trocean. Se mezclan unos 150 gramos de tocino graso, cortado en dados, otro tanto de jamón y de lengua cocida, salada. Añadir igualmente unos cuartos de trufas y pistachos mondados. Mezclarlo todo con un relleno hecho con unos 500 gramos de lomo de cerdo y tapa de ternera, a partes iguales, finamente picados. Se moja con un poco de coñac y vino de Madera y se sazona con sal, pimienta y especias variadas.

Se extiende el ave, abierta por la mitad, y se le pone el relleno, bien repartido. Se enrolla, se embute en su misma piel y se cose y ata como un salchichón. A continuación se envuelve en una servilleta bien limpia, se ata con bramante por los extremos y el centro y se pone a cocer suavemente, durante 40 ó 60 minutos, en un buen fondo de ternera al que se le ha agregado los despojos y caparazón de la *poularde*. Cuando aún no está muy caliente, se le quita la servilleta y se la envuelve de nuevo en otra limpia y muy mojada. Por último se deja enfriar con un peso encima.

ESCALA DE REDUCCION DE GRAMOS A ONZAS
(28,7 gramos la onza)

Gramos		Onzas	Gramos		Onzas	Gramos		Onzas
5	equivalen a	0,174	150	equivalen a	5,22	1.150	equivalen a	40,07
10	”	0,348	200	”	6,96	1.200	”	41,81
15	”	0,522	250	”	8,71	1.250	”	43,55
20	”	0,696	300	”	10,45	1.300	”	45,30
25	”	0,870	350	”	12,19	1.350	”	47,04
30	”	1,044	400	”	13,94	1.400	”	48,78
35	”	1.218	450	”	15,68	1.450	”	50,52
40	”	1,392	500	”	17,42	1.500	”	52,26
45	”	1,566	550	”	19,16	1.550	”	54,00
50	”	1,740	600	”	20,90	1.600	”	55,75
55	”	1,914	650	”	22,64	1.650	”	57,52
60	”	2,088	700	”	24,38	1.700	”	59,23
65	”	2,262	750	”	26,12	1.750	”	60,97
70	”	2,436	800	”	27,87	1.800	”	62,71
75	”	2,611	850	”	29,61	1.850	”	64,45
80	”	2,785	900	”	31,35	1.900	”	66,20
85	”	2,959	950	”	33,10	1.950	”	67,94
90	”	3,133	1.000	”	34,84	2.000	”	69,68
95	”	3,307	1.050	”	36,58			
100	”	3,481	1.100	”	38,33			

OBSERVACIONES.—Damos esta escala por el interés que ofrece en algunos países sudamericanos.

CAPITULO VII

PREPARACION DE LAS CARNES

I. CARNES DE MATADERO

EL BUEY Y LA VACA

Preparación del solomillo.—Se limpia bien, eliminando todas las pieles, grasas y partes nerviosas. La punta, que es el trozo más estrecho, sirve para *medallones, o filetes mignons, beefsteak tártaros y éminces.* Las partes media y alta o cabeza se utilizan para asados o emparrillados, cortándolas en lonchas más o menos gruesas: *tournedos y chateaubriand.*

El solomillo entero.—Se le quita la punta y se mecha con tocino graso, se sazona y se brasea o se asa a *la broche* o asado en asador.

Como todas las carnes rojas asadas, el solomillo debe quedar ligeramente sangrante. Se acompaña con numerosas guarniciones, como:

andaluza, a la	Dubarry	provenzal, a la
castellana, a la	jardinera, a la	ramilletera, a la
Clamart	Judic	sarladaise, a la
delfina, a la	miçoise, a la	Viroflay, etc.

Otro modo muy apreciado y original de preparar el solomillo, entero o troceado, es el *solomillo Wellington.* Se mecha, se sofríe y se dora rápidamente en horno caliente. Se deja enfriar, se rodea con una farsa de ave o ternera con *duxelles,* trufas picadas y *foie gras,* todo envuelto en pasta de hojaldre y horneado. Se acompaña con patatitas doradas y hortalizas finas.

Frío.—El solomillo puede servirse frío, *en gelatina, a la parisina, a la rusa, a la estrasburguesa,* etc.

Tournedos, filetes mignons o medallones de buey.—Los *filetes mignons* o medallones son pequeñas lonchas cortadas de la punta del solomillo. Se preparan como los *tournedos* o en *brochettes* y *mixed-grill.*

Los *tournedos* son trozos redondos cortados de la parte media del solomillo. Se preparan también emparrillados o salteados en mantequilla.

Los *tournedos* y *filetes mignons* se preparan de numerosas formas y se acompañan con guarniciones diversas, salsas, etc. Las principales son:

Armenonville, a la (salteado): Fondo de ternera al vino de Madera. Se pone la carne sobre unas *patatas Ana* y se guarnece con morillas a la crema;

bordelesa, a la (solteado): Lamas de tuétano cubiertas con una *salsa bordelesa*;

Clamart (salteado): Desleír en vino de Madera un fondo de ternera al vino blanco. Se guarnece con fondos de alcachofas rellenas y guisantes;

Choron (emparrillado): *Salsa bearnesa* entomatada. Se guarnece con fondos de alcachofas rellenas, guisantes y patatas avellana;

Enrique IV (salteado): Se colocan sobre costrones y se coronan con fondos de alcachofas rellenos de *salsa bearnesa* y lamas de trufas. Se guarnecen con patatas avellana;

forestal, a la (salteado): Colocar la carne sobre costrones. Se guarnece con morillas, *patatas Parmentier* y torreznos de tocino magro;

gourmets: Se cubre el *tournedo* con una fina capa de *foie gras*, se sazona y se empana a la inglesa. Se saltea. Guarnecerlo con una lama de trufa, champiñones y *patatas parisina*. Aparte se sirve una *salsa al vino de Madera* y esencia de trufas;

Helder (emparrillado): Se colocan sobre costrones y se coronan con medios tomates asados rellenos con *salsa bearnesa*. Se guarnecen con *patatas parisina*;

Mac-Mahon (salteado): Disponerlos sobre patatas salteadas en crudo. Se cubren con el fondo y se añade vino blanco y salsa *medio glasa*;

Masséna (salteado): Poner sobre el solomillo unos fondos de alcachofas y unas lamas de tuétano. Se cubre con *salsa Périgueux*;

morillas, con (salteado): Se guarnecen los *tournedos* con morillas salteadas. Se cubren con el fondo desleído, vino blanco y salsa *medio glasa*;

riche (salteado): Sobre los *tournedos* se ponen unas capas de *foie gras* y lamas de trufas. Se cubren con *salsa al vino de Madera* y se guarnecen con fondos de alcachofas y puntas de espárragos;

Rossini (salteado): Igual que la anterior receta, pero sin la guarnición. Fondo aromatizado con esencia de trufas;

setas, con (salteado); Se guarnecen con setas salteadas en mantequilla y ligadas ligeramente con una *salsa al vino de Madera*.

Chateaubriand.—El *chateaubriand* es la parte alta o cabeza del solomillo. Se emparrilla o saltea. Su cocción es bastante delicada debido a su grosor.

PREPARACION DE LAS CARNES

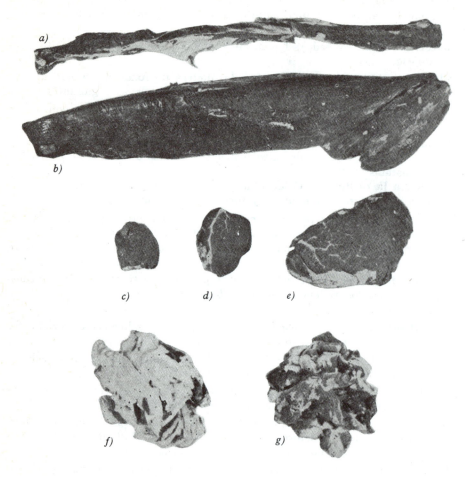

Fig. 98
Solomillo de buey deshuesado y limpio

a) cadena
b) solomillo
c) medallón
d) tournedos
e) chateaubriand
f) desperdicios de grasas
g) desperdicios de carne

El fuego no debe ser demasiado fuerte, sobre todo al principio, para evitar que se forme en la superficie una costra dura que impediría su cocción interior. Las mismas guarniciones empleadas para los *entrecôtes* y la mayoría de las que acompañan a los *tournedos* sirven también para el *chateaubriand*. Se sirven también con las salsas empleadas para el *beefsteak*.

Preparación del lomo

Lomo asado o a la broche.—El lomo puede asarse con el hueso o sin él. Cuando se deshuesa es conveniente atarlo para que no se deforme. Se asa en grasa bien caliente. Se acompaña con las mismas guarniciones que los *tournedos* y el *chateaubriand*.

Frío.—El lomo puede servirse con gelatina, guarniciones de hortalizas y ensalada.

Entrecôtes.—Es el lomo cortado en filetes, más o menos gruesos. Hay cuatro clases de entrecôtes:

> entrecôte sencillo   entrecôte al minuto
> entrecôte doble   entrecôte château

Entrecôte sencillo.—Es el más conocido. Suele ser un filete de 1 a 1 1/2 cms. de grosor que, casi siempre, se emparrilla y acompaña con patatas fritas y ensalada.

Entrecôte al minuto.—Es un *entrecôte* sencillo, muy aplastado y salteado rápidamente en la sartén, a fuego vivo, y en aceite bien caliente. Su nombre se debe al tiempo de cocción, que, en efecto, es de un minuto.

Entrecôte doble.—Es un filete doble de grueso que el *entrecôte* sencillo, calculado para dos personas.

Entrecôte château.—Es, como el *chateaubriand*, un sólo trozo de carne para 3 ó 5 personas.

Los *entrecôtes* pueden prepararse:

bearnesa, a la (emparrillado): Con un manojo de berros y *salsa bearnesa*.
Bercy (emparrillado): Se cubren con *salsa Bercy* (reducción de chalotes y vino blanco, *salsa medio glasa* reducida, dados de tuétano y perejil picado);
bordelesa, a la (emparrillado): Se guarnecen con lamas de tuétano y se cubren con *salsa bordelesa;*
caballo, a (emparrillado): Se coronan con un *huevo al plato;*
Mirabeau (emparrillado): Se cruzan unos filetes de anchoas encima y se guarnecen con aceitunas deshuesadas y unas hojas de estragón. Se sirve aparte mantequilla de anchoas.
setas, con (salteados): Se cubren con salsa de setas;

PREPARACIÓN DE LAS CARNES

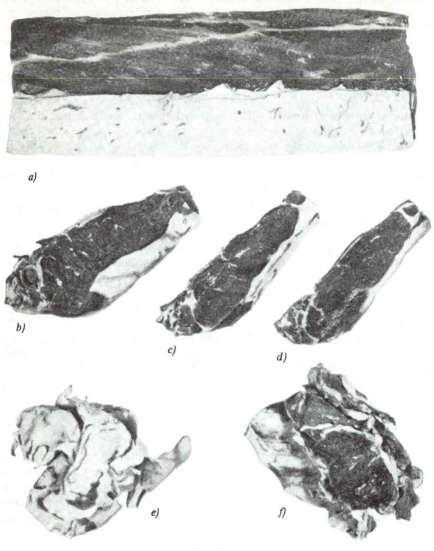

Fig. 99
Lomo de buey deshuesado y limpio

a) lomo
b) *entrecôte château*
c) *entrecôte* doble
d) *entrecôte* sencillo
e) desperdicios de grasas
f) desperdicios de carne

tirolesa, a la (emparrillado): Se guarnecen con ruedas de cebollas fritas y tomates *concassé*.

vinatero (emparrillado): Se cubren con *salsa Bercy al vino tinto*.

Porterhouse-steak

El *porterhouse-steak* es un modo, muy apreciado en Inglaterra, de servir el lomo. Se hace con un trozo grueso cortado de la parte más carnosa del solomillo y el lomo alto, antes de deshuesarse .Puede servirse del mismo modo que los *entrecôtes*.

Cinta de chuletas

La cinta de chuletas se encuentra en la parte superior de las costillas y vértebras del buey o de la vaca. Casi siempre se emplea sin deshuesar. Después de limpias y atadas, se asan en una brasera poniendo el hueso contra el fondo del recipiente. Cuando se han dorado, se recubre la parte superior con una capa de sal humedecida (2 cms. de espesor, aproximadamente), y después se continúa la cocción en horno bastante caliente.

Gracias a esta capa de sal que se solidifica con el calor, formando una pared protectora, la carne, a pesar del tiempo prolongado de cocción, queda sangrante en todas sus partes.

Además de las guarniciones de hortalizas y patatas que se preparan para los *tournedos*, *chateaubriand*, etc., la cinta de chuletas, al igual que el *roastbeef*, puede acompañarse con *Yorshire pudding* (variedad de *pudding* hecho con la grasa del riñón del buey o vaca, picada y mezclada con harina, leche, sal, pimienta y nuez moscada). Estos *puddings* se cuecen en pequeños moldes de tartaletas en el horno.

Carnes para cocidos

Los mejores trozos para los cocidos son: las costillas, el morcillo, la falda, la espaldilla, el pescuezo y la babilla.

Braseados de buey o vaca

La cadera de buey o vaca es excelente para los braseados, pero también se utiliza la tapa, la contra, la pierna, la espaldilla y la aguja. Estas carnes pueden mecharse para que queden menos secas. Adobadas uno o dos días en vino tinto aromatizado con hortalizas y especias, se emplean para el *buey a la moda* o *a la borgoñona*.

Se sazona la carne, se dora ligeramente por todos sus lados, se añaden unas manos de ternera y un *mirepoix* y se doran. Se incorpora tomate concentrado y se sofríe. Se espolvorea con harina y se moja con el adobo, caldo o agua. Se brasea en el horno de 2 a 3 horas, según exija la calidad y clase

Fig. 100
Porterhouse-teak limpio

Fig. 101
Chuleta de buey limpia
(Para emparrillar)

de carne. Si fuese necesario, se reduce aún más la salsa para que quede más concentrada. Pasarla por la estameña y, cuando esté al baño maría, añadirle un chorrito de vino de Madera.

Algunas guarniciones

borgoñona, a la: Cebollitas glaseadas y cuartos de setas de los campos;

burguesa, a la: Cebollitas glaseadas, torreznos blanqueados y zanahorias torneadas y glaseadas;

moda, a la: Cebollitas glaseadas, zanahorias torneadas y glaseadas, pequeños torreznos blanqueados y manos de ternera deshuesadas y cortadas en dados.

Rizos o pulpetas

Los rizos o pulpetas son filetes de buey o de vaca cortados muy finos, sazonados y rellenos con un picadillo de cerdo u otras farsas. Se enrollan y se envuelven en una fina barda de tocino y se atan. A continuación se brasean. La carne más apropiada para las pulpetas es la de la contra. Se calculan una o dos piezas por persona.

Gulyâs o goulasch

Se cortan trozos cuadrados de carne de buey o vaca, de unos 50 ó 60 gramos, aproximadamente, sacados de la contra, la pierna, el morcillo o la espaldilla. Rehogarlos con unas cebollas picadas, añadirles paprika y algunos tomates frescos. Se espolvorea ligeramente con harina, se añade un ramito de finas hierbas y se moja con un fondo tostado o agua.

La cocción es de 2 a 3 horas. En algunos casos puede ponerse en el *goulasch* unas patatas redondeadas o patatitas nuevas. Si se emplean estas últimas hay que ponerlas media hora antes de terminar la cocción.

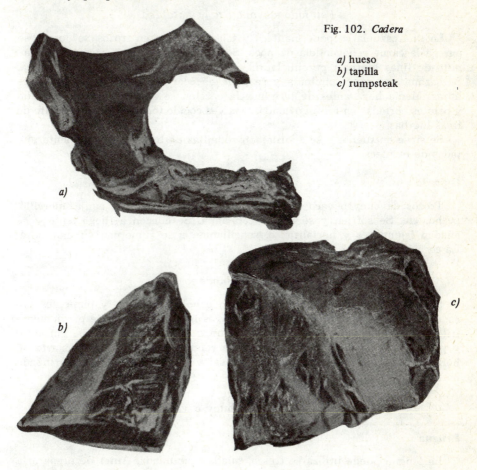

Fig. 102. *Cadera*

a) hueso
b) tapilla
c) rumpsteak

Carbonada

Trozos sacados de la cadera, salteados vivamente y braseados con cebollas rehogadas de antemano, un ramito de finas hierbas, y mojados con un poco de cerveza y un fondo tostado. La cocción dura de 2 a 2 y 1/2 horas.

Estofado

Trozos de buey o vaca cortados de la contra, espaldilla o cadera, etc. Se añaden ajos, cebollas, laurel, zanahorias, nabos, vino, pimienta, pimentón y aceite. Todo en crudo. Se moja con un fondo tostado o agua en poca cantidad. La cocción dura de 2 a 3 horas.

Estofado de buey a la catalana

En una cazuela se pone manteca y tocino cortado en trozos, se dora y se agrega la carne rehogándola un poco. Se añade harina, vino rancio y un ramito de finas hierbas: perejil, laurel, orégano y tomillo. Se moja con agua. Se sazona con sal y pimienta y se pone a cocer tapado durante unas tres horas. Media hora antes de terminar la cocción se agrega chocolate rallado y patatas cortadas en forma ovalada. Una vez cocido todo se retira el ramito de finas hierbas.

Se sirve en fuente y se adorna con rodajitas de butifarra ligeramente untadas de manteca.

Guisado

Trozos de buey o vaca cortados de la espaldilla, contra, aguja, morcillo, pecho, etc. Se sofríen y se mojan con agua. Se cuecen a fuego lento y se añaden legumbres y hortalizas o, sencillamente, se sumergen en una salsa. La cocción dura de 2 a 3 horas.

Guisado toledano

Se pone la carne en una cazuela con cebollas, tomates y pimientos picados. Se añade pimentón, pimienta y clavos machacados, aceite previamente frito y unos dientes de ajo. Se agregan unas alcachofas pequeñas, guisantes y patatas partidas en trozos grandes. Se rehoga todo durante un cuarto de hora. Se moja con agua, se sazona con sal y se cuece lentamente y tapado hasta que consuma el agua.

Despojos de buey o vaca

Lengua

La lengua puede utilizarse fresca, salada o ahumada. Antes de prepararla se lavará cuidadosamente, dejándola durante varias horas en agua corriente.

Braseada.—Sólo se utiliza la lengua fresca, limpia de huesos, nervios y gordos. Se brasea igual que la carne de buey o vaca y se sirve con las mismas guarniciones: *al vino de Madera, a la burguesa, a la borgoñona, a la flamenca,* etc.

Cocida.—Necesita, aproximadamente, de 2 y 1/2 a 3 horas de cocción. Se sirve acompañada con *salsa al vino de Madera*, alcaparras, rábanos, etc. El puré de espinacas y las patatas al natural, o en puré, son los ingredientes que mejor acompañan a este plato. Se puede servir a 12 ó 15 personas con una lengua de tamaño mediano.

Callos

Nombre popular que se da a los intestinos y estómago del buey o de la vaca.

Modo de limpiarlos y prepararlos.—Se raspan con un cuchillo y se frotan con sal gorda o limón. Se lavan en varias aguas y se cuecen durante 10 ó 15 minutos. Se apartan y se escurren.

Se cuecen en una olla grande, con patas, partidas por la mitad, cebolla, ajos, zanahorias, perejil y sal y se dejan hervir hasta que esté todo tierno. Se apartan del fuego y se conservan en el mismo caldo hasta el día siguiente. Pueden guisarse de numerosas formas:

burgalesa, a la.—Se ponen a cocer con agua fría hasta que estén tiernos.

En una cacerola se pone aceite y, una vez caliente, se añade jamón cortado en trozos y chorizo en rodajas, se rehogan y se retiran. En el mismo aceite se pone cebolla picada, se dora y se añade harina.

Se machaca ajo, perejil y nueces hasta formar una pasta que se deslíe con un poco del caldo de los callos. Se vierte sobre los mismos juntamente con los avíos fritos y se añaden pimientos cortados en tiras. Se sazonan con sal y un poco de guindilla y se cuece todo, despacio, durante una hora.

leonesa, a la.—Se pone una cacerola al fuego con aceite, ajo y cebolla picada. Cuando empieza a dorarse se ponen los callos, cortados en trozos pequeños. Se rehoga todo un poco, se agrega pimentón picante y una rama de perejil picado. Se añade un poco del caldo de los callos, se sazona de sal y se cuece lentamente hasta que estén bien tiernos. Se apartan y se dejan reposar un rato antes de servirlos.

lionesa, a la.—Se sofríen unas cebollas en la sartén, se añaden los callos y se doran bien.

madrileña, a la.—En una sartén se pone aceite y se agrega ajo y cebolla picados y se dora. Se incorpora jamón cortado en trozos cuadrados y rodajas de chorizo de un centímetro de grosor. Se rehoga todo y ya fuera del fuego se añade pimentón.

En una cazuela de barro se ponen los callos, se retira la cebolla, los ajos y el laurel. Se deshuesan y cortan las patas en trozos pequeños. Se agrega morcilla al refrito de la sartén y caldo de los mismos callos. Se sazonan con sal y un poco de guindilla. Se cuecen moderadamente, en horno destapado, durante hora y media. Se sirven en la misma cazuela.

milanesa, a la.—Se cortan los callos finos, se sofríen unas cebollas picadas y se añade un poco de tomate concentrado, previamente sofrito, o tomates *concassé*. Se espolvorean ligeramente con harina y se mojan con vino blanco y agua. Se agregan los callos y un ramito de finas hierbas, dejándolos cocer durante unas dos horas. Se sirven con patatas cocidas.

moda de Caen, a la.—Se ponen los callos en crudo, con patas deshuesadas y cortadas en trozos, en una brasera. Se añaden puerros, zanahorias, cebollas, ajos, perejil, tomillo, laurel, pimienta en grano, coñac, vino de Madera y vino blanco. Se tapa herméticamente y se cuecen durante 10 ó 12 horas.

montañesa, a la.—Una vez limpios los callos se cortan en trozos cuadrados y se ponen en una olla con agua fría con una cebolla en la que se clavan los clavillos y granos de pimienta, agregándose ajo y laurel. Se cuecen durante 3 horas como mínimo. Una vez cocidos y tiernos se quita la cebolla con las especias. Aparte se fríe aceite y se añade cebolla picada; cuando está medio dorada se agrega harina y cuando empieza a tomar color se pone pimentón. Se separa del fuego, se echan los callos y se dejan hervir lentamente durante una hora. Si se quiere puede añadirse una cucharada de azúcar quemada.

riojana, a la.—Una vez limpios y cortados se ponen al fresco, en agua, vinagre y sal, durante toda una noche. Se limpian de nuevo, lavándolos hasta que el agua salga completamente clara.

Se ponen en una olla, se cubren con agua fría y se agrega cebolla, laurel y nuez moscada. Se tapan y se ponen a cocer durante 4 ó 5 horas. Se escurren. En una sartén se pone manteca y se fríe jamón cortado en pedacitos. Se agrega harina y *salsa de tomate,* se echa sobre los callos con un poco de su propio saldo. Se machacan nueces, ajo y perejil. Se deslíe con un poco del mismo caldo y se vierte sobre los callos. Se cuece todo durante media hora y se sirve.

vizcaína, a la (en *salsa roja*).—Una vez limpios los callos se cortan en pedazos regulares, se deshuesan y trocean las patas y se ponen en un caldero, cubiertos de agua fría. Se someten al fuego vivo y, cuando rompen a hervir, se dejan en ebullición durante 6 ó 7 minutos. Se sacan y escurren bien. Se vuelven a poner en un puchero con agua fría añadiendo cebollas, zanahorias, vino blanco, perejil, tomillo, laurel, clavo, sal y pimienta negra en grano. Se ponen al fuego y se cuecen hasta que estén bien tiernos. La cocción debe ser constante y regular.

Una vez cocidos se escurren y se ponen en la *salsa roja*, donde acaban de cocer lentamente durante una hora.

Salsa roja: En una cazuela con aceite, o mitad de manteca de cerdo y mitad de aceite, se pican unas cebollas, ajos y abundante perejil. Se rehoga todo lentamente hasta que la cebolla esté muy blanda. Una vez rehogada se hace un hueco en un lado de la cazuela, separando bien la cebolla. En dicho hueco se pone harina y se dora. Se deslíe con el líquido del cocimiento de los callos, se sazona con sal, pimienta y azúcar y se cuece lentamente, procurando que no se agarre.

Se lavan unos pimientos secos, se les quita las semillas y se ponen a remojar en agua caliente hasta que estén blandos. Se raspan con una cuchara, aprovechando toda la pulpa, y se añaden a la salsa. Se pasa todo por un tamiz, apretando bastante para que pase la cebolla. Se rectifica de sal y azúcar y, si se quiere picante, se añade un poco de guindilla. La salsa debe quedar espesa. Se reserva al calor hasta que se utiliza.

Tuétanos

Se designa con este nombre a la médula espinal del buey, la vaca y la ternera. Los tuétanos se utilizan especialmente en la preparación de volovanes.

Hígado

Como es un poco correoso, el hígado de buey o vaca sólo se emplea para rellenos o como complementos. En este último caso se prepara en *salteados al minuto*.

Rabo

Se emplea en la confección de sopas y ragús.

Picadillos

Los picadillos son un buen recurso económico para las cocinas. Se hacen con carne cruda, casi siempre con carnes inferiores del buey o de la vaca, o con restos de carnes cocidas, braseadas, asadas, etc. Cuando se hacen con carnes crudas, se sofríen unas cebollas picadas, se añade la carne cortada en trocitos, previamente dorada, y se añade un poco de tomate concentrado. Se espolvorea ligeramente con harina y se moja con vino blanco y agua. Se deja cocer durante 30 ó 60 minutos, según la calidad de la carne, agregando un ramito de finas hierbas.

Cuando se hace con carnes cocidas, se sofríen sencillamente unas cebollas o chalotes picados, se añade la carne cortada en trocitos y se moja con un fondo tostado o salsa *medio glasa*.

Sesos

Después de limpios y bien lavados, los sesos de buey o vaca se preparan como los de ternera (ver pág. 211) y se emplean del mismo modo.

PREPARACION DE LAS CARNES

LA TERNERA

Babilla, tapa y contra de la ternera

Pueden asarse al horno y en sartén o cazuela. Es conveniente mecharlas antes con unas pequeñas tiras de tocino graso. Pueden acompañarse con numerosas guarniciones:

burguesa, a la: Cebollitas glaseadas, zanahorias y torreznos.

Judic: Lechuga braseada, tomates rellenos y patatas doradas;

mariscala, a la: Coles de Bruselas y *patatas château*;

piamontesa, a la: Risotto con trufas blancas;

ramilletera, a la: Zanahorias, nabos, judías verdes, ramitos de coliflor, guisantes y *patatas château*.

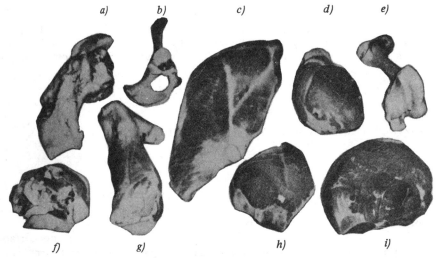

Fig. 103
Distribución de la pierna de ternera

a) riñón
b) hueso
c) contra
d) babilla
e) hueso, de caña

f) desperdicios de carne
g) morcillo
h) cadera
i) tapa

La babilla, la tapa y la contra pueden servirse también frías. (Una vez asadas en sartén o cazuela se enfrían y se barnizan con el fondo cuajado.)

También pueden prepararse en escalopes, granadinas y pulpetas.

LA TERNERA

Los escalopes son trozos cortados de la tapa o contratapa. Se sirven de 1 a 2 piezas por persona. Se aplastan bien y se preparan:

empanados: Sazonados y ligeramente enharinados, se pasan por huevo y pan rallado;

emparrillados: Como todas las carnes emparrilladas;

milanesa, a la: Empanados, pero mezclando, a la miga del pan, queso parmesano rallado;

natural, al: Sazonados y salteados en mantequilla;

vienesa, a la: Empanados, pero, si es posible, en un solo trozo. Se adornan con rodajas de limón descortezado y se coronan con alcaparras envueltas en filetes de anchoa.

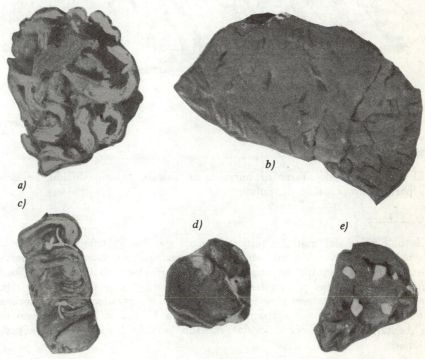

Fig. 104
Diferentes modos de preparar las carnes de ternera

    a) émincé   *c)* rizo o pulpeta   *e)* granadina
    b) escalope *d)* noisette (mignon, medallón)

Las granadinas son escalopes más pequeños, pero más gruesos. Se mechan con tocino y, casi siempre, se hacen salteados.

Los rizos o pulpetas son trozos de ternera sacados de la tapa o de la contra. Se aplastan y se les pone un relleno de *quenelles y duxelles*. Se enrollan y atan. Como las del buey o vaca se brasean con un poco de fondo tostado. Se calculan 2 piezas por persona.

Los rizos o pulpetas se acompañan con las mismas guarniciones que las chuletas.

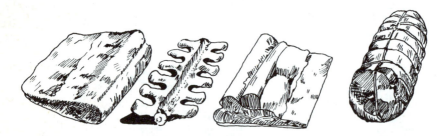

Fig. 105
Riñonada

Morcillo

El morcillo puede asarse al horno o en sartén, entero. Cocido, se emplea para la preparación de *volovanes*.

Osso-buco

Es una parte del morcillo muy apreciada por los gastrónomos. Se trata de una rodaja de 4 a 5 centímetros, que se sazona, se enharina ligeramente y se dora en mantequilla en una saltera. Se le añaden cebollas picadas, una *brunoise* de verduras y tomates *concassé*. Se moja con un poco de vino blanco y un fondo tostado y se le añade también un ramito de finas hierbas. El tiempo de cocción es, aproximadamente, de 1 hora y 1/4. Dispuesto en una cocotera se rocía con el fondo reducido, rociado a su vez con un poco de limón.

Silla

La silla es la parte superior de la res que se extiende desde las últimas costillas hasta la cadera. Casi siempre se sirve asada al horno o en sartén y se acompaña con las mismas guarniciones que la tapa y la contra.

Los trozos, deshuesados, reciben el nombre de *steak* y se preparan del mismo modo que las chuletas.

La silla contiene una pieza selecta llamada *riñonada* (ver fig. 105). Una buena riñonada pesa de 2 a 2 y 1/2 kilos y hay que calcular de 1 y 3/4 a 2 horas de cocción. Es excelente para asar.

Carré

El carré comprende desde la cuarta o quinta costilla después del cuello hasta el lomo bajo. Una vez limpio se le quitan los huesos de la columna vertebral para facilitar el corte. Se prepara del mismo modo que la tapa y la contra y se acompaña también con las mismas guarniciones.

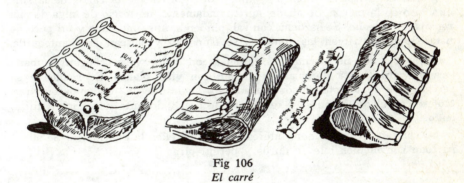

Fig 106
El carré

Chuletas

Las chuletas de ternera son, sencillamente, el carré fraccionado. Se desprende la carne del extremo del hueso para que quede como un pequeño mango. Se preparan de diversos modos:

castellana, a la.—Mecharlas con tocino, procurando introducirlo bien en la molla para que no se vea. Se espolvorean con sal y, bien extendidas, se ponen en una tartera untada con manteca de cerdo. Se doran por los dos lados, se escurre la grasa y se ponen nuevamente al fuego, regándolas con vino blanco. Tapada la tartera, se sudan hasta consumir el líquido. Se mojan de nuevo con caldo y se dejan cocer lentamente. Se reduce. Se apartan del fuego hasta el momento de servirlas.

Se cortan judías verdes en filetitos y se trocean. Se cuecen en agua y sal a fuego vivo y regular. Se escurren y se rehogan en sartén con aceite en el que se habrán frito unos ajos cortados y retirados antes de poner las judías. Cuando están calientes se añade pimienta molida y se rectifica de sal. Se aparta.

Se colocan las chuletas en una fuente redonda, disponiéndolas en círculo, y en el centro se ponen las judías. Se cubren con su propia salsa y se sirven muy calientes.

cazuela, en.—Se saltean y sirven en cazuela con una guarnición de zanahorias, guisantes, cebollitas glaseadas y torreznos.

crema, a la.—Se saltean en mantequilla y se deslíe el fondo con vino blanco, añadiendo nata y un poco de *velouté*. Reducir hasta la consistencia deseada, después cubrir con él las chuletas.

milanesa, a la.—Como el escalope del mismo nombre.

napolitana, a la.—Se empanan las chuletas y se guarnecen con *spaghetti* en salsa de tomate.

Pojarski.—Se pican finamente unos trozos de carne del carré, de la silla e incluso de la pierna. Se añade, aproximadamente, un tercio de miga de pan remojado en leche. Se sazonan con sal, pimienta, nuez moscada y un poco de nata. Se reconstruyen las chuletas, se empanan y saltean en mantequilla.

riojana, a la.—Se mechan las chuletas con tocino y se rehogan en manteca de cerdo hasta dorarlas. Se mojan con vino blanco. Se reduce y se agrega puré de tomate, jamón cortado en cuadraditos y pimientos en tiras. Mójese con clado, sazónese y termínese de cocer, durante una hora, a fuego lento.

Se colocan en una fuente intercalando entre ellas la guarnición. Se adorna todo con medios huevos duros y perejil picado.

Espaldilla

Se deshuesa antes de utilizarla. Una vez enrollada y atada se prepara como la tapa y la contra. También puede asarse al horno o en sartén y brasearse. Se rellena como el pecho. Se emplea también para salteados, ragús, *blanquettes* y guisados.

Pecho

El pecho, como la espaldilla, puede servirse entero o detallado en pequeños trozos para ragús, salteados, *blanquettes* y guisados. Cuando se sirve entero, se le quitan los huesos (ver fig. 107), para poder cortarlo mejor. Se asa en el horno o en sartén, o se brasea.

Pecho relleno.—Se abre por un extremo. Quitadas las pieles, se rellena el interior con una farsa a base de cerdo o ternera y un tercio de miga de pan mojado. Se añaden unas cebollas sofritas, un huevo y perejil picados, sal, pimienta y especias. Se cose la abertura y se asa al horno o en sartén.

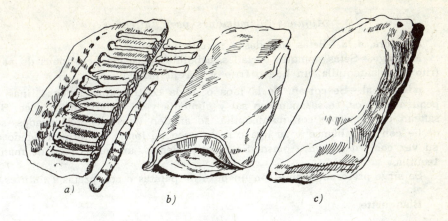

Fig. 107
Pecho relleno

a) deshuesado b) dispuesto para rellenar (abierto) c) dispuesto para asar (cerrado)

Ternillas

Son trozos cortados a todo lo ancho del pecho. Se calculan, aproximadamente, 250 gramos por persona. Las ternillas se brasean con un poco de caldo y se sirven con las mismas guarniciones que la tapa y la contra.

Pescuezo

El pescuezo deshuesado es muy apropiado para ragús, *blanquettes* y guisados. Raramente se emplea en asado.

Salteados de ternera

Se emplea, preferentemente, la espaldilla, pero también el pecho y el pescuezo. La carne se corta en cuadraditos de 50 a 60 gramos, se sazonan y se enharinan un poco. Se doran en aceite o en manteca bien caliente, en la sartén o saltera. Se añade un *mirepoix* que se dora igualmente. Mezclarle un poco de tomate concentrado y sofreirlo. Se deslíe con vino blanco y se espolvorea con harina, cociéndolo con un fondo tostado claro, o bien con agua y un ramito de finas hierbas. El tiempo de cocción es de 1 y 1/2 horas. Terminada ésta se retiran los trozos de carne y se reduce un poco más el fondo. Se pasa por la estameña y se añade nuevamente la carne.

PREPARACION DE LAS CARNES

Algunas guarniciones para salteados

cazadora, a la.—Setas cortadas y perejil picado.

Marengo.—Setas, tomates cortados, cebollitas glaseadas, costrones de pan frito en mantequilla, un huevo frito y perejil picado.

minuto, al.—Se cortan, de la tapa o de la contra, unas lonchas finas o pequeños dados, se sazonan con sal y pimienta y se enharinan un poco. Se saltean en la sartén con mantequilla, se añaden unos chalotes picados, se deslíe con vino blanco y se liga con un poco de fondo de ternera ligado a su vez con *salsa medio glasa*. Se añade, además, un buen trozo de mantequilla.

Se sirve preferentemente con un puré de patatas o con pastas *(nouilles)*.

Blanquette

Esta fórmula se aplica a casi todas las carnes blancas, pero se emplea principalmente con la ternera. Para ello se eligen trozos de la espaldilla, del pecho y del pescuezo. Se cortan en trozos de 5 ó 6 centímetros de lado, poniéndolos a cocer con un fondo blanco o en agua fría y, al arrancar a hervir, se espuman bien. Si la carne no es muy fresca, debe blanquearse antes. Se añade una cebolla picada, una zanahoria, un ramito de finas hierbas, compuesto de puerros, perejil, tomillo y laurel. Se cuece durante 1 y 1/2 hora, aproximadamente. Se escurren los trozos de carne, se prepara un *roux*, mojándolo con el fondo de la cocción. En el último momento se puede añadir un poco de nata. Mezclar esta salsa con la carne. La salsa también puede ligarse con algunas yemas de huevo.

El *blanquette* se acompaña casi siempre con una guarnición *a la antigua*, compuesta de cebollitas, cuartos de setas y costrones de pan tostado con mantequilla. La salsa de un *blanquette,* aunque bien ligada, debe quedar fluida.

Fricassé

El *fricasée,* que se parece al *blanquette,* se prepara, sin embargo, de muy diferente modo.

Se sudan en mantequilla unas cebollas cortadas, sin dorarlas. Se añade la carne, se suda igualmente, espolvoreándola con harina, se moja con vino blanco y un fondo blanco, caldo o agua. Se cuece con un ramito de hierbas finas durante 1 y 1/2 horas, aproximadamente. Se pasa la salsa.

Este plato se suele servir con guarnición *a la antigua* (setas y cebollitas), que se añade a la carne 20 ó 30 minutos antes de terminar la cocción.

Guisado

El guisado de ternera se prepara igual que el de buey o vaca.

Algunas recetas

casera, a la.—Se corta la carne en trozos regulares. Se calienta manteca en una cacerola y se dora en ella la carne. Se sazona con sal y pimienta, se añade perejil y un poco de agua hirviendo. Cuando rompe a hervir se aparta del fuego dejándola a un lado de la placa y se le añaden cebollitas, intercaladas entre los pedazos de carne. Se tapa y se deja cocer a fuego lento durante 1 y 1/2 horas. Un vez cocidas la carne y las cebollitas, se retiran de la cacerola y se reservan.

En la misma cacerola se añade un poco de fécula desleída en agua fría. Cuando rompa a hervir, retírese del fuego y rectifíquese de sal y pimienta, añadiendo un pedacito de mantequilla y unas gotas de jugo Maggi. Póngase encima la carne y las cebollitas.

Fricandó.—En una sartén se pone aceite y cuando está caliente se echa la carne previamente enharinada y troceada. Se fríe una cebolla cortada en tiras. Se añade manteca, ajos, tomates, un poco de canela y un poco de agua. Cuézase hasta que esté tierna.

En una sartén aparte se dora un poco de harina, se deslíe con fondo del guisado, se pasa y se vierte sobre el mismo. Terminar de cocer durante 10 minutos.

provenzal, a la.—Se cortan unas cebollas en trozos. Se machacan unos ajos, laruel y tomillo y se añade sal y pimienta. Se calienta aceite en una cacerola, se ponen los pedazos de ternera, las cebollas y el majado, y se pone a cocer. Cuando rompe a hervir se tapa y se mete en el horno durante unas 2 horas, cuidando de que no se agarre la cebolla. Una vez cocido se agrega caldo y perejil picado y se mantiene en ebullición durante 5 minutos.

Despojos de ternera

Sesos

Antes de limpiarlos deben ponerse en remojo con abundante agua fría para disolver con más facilidad la sangre coagulada y los telillos sanguinolentos, que deben eliminarse por completo. Casi siempre, los sesos se cuecen antes en un caldo corto, compuesto de agua, cebollas picadas, clavos, un chorrito de vinagre, pimienta en grano y un ramito de finas hierbas. El tiempo de cocción, en fuego muy suave, es de 8 a 10 minutos.

Algunas fórmulas

buñuelos, en.—Enfriados los sesos en su caldo corto, se cortan en escalopes y se pasan por una masa, fluida, para freir y se doran en abundante aceite bien caliente.

empanados.—Cocidos y fríos se cortan en escalopes y se adoban durante una media hora con zumo de limón, sal, pimienta, perejil picado y un chorrito de aceite. Se enharinan un poco, se empanan y se fríen en abundante aceite o mantequilla.

mantequilla negra, a la.—Cocidos y bien escurridos se ponen enteros o cortados en escalopes. Se vierte encima mantequilla negra con un chorrito de vinagre y alcaparras.

poulette, en.—Cortados en escalopes después de cocidos, se cuecen unos instantes, a fuego lento, en una *salsa poulette (salsa alemana* con *fumet* de setas, zumo de limón y perejil).

Soufflé de sesos.—*Bechamel* espesa y fría con un puré de sesos, yemas de huevo y claras montadas a punto de nieve consistente. Se cuece igual que el *soufflé al queso.*

Además de estos platos y otros muchos, los sesos se emplean también en la confección de *volovanes.*

Hígado

El hígado de buena calidad, fino y tierno, es de coloración muy pálida. Si tiene el color rojo oscuro o azulado, no es de buena calidad. Además, ha de ser siempre muy fresco.

Algunas recetas

brochettes, en.—Cortar pequeños trozos de hígado y de tocino magro ahumado. Sofreír vivamente el hígado en la sartén de modo que quede sangrante. Ensartar, intercalándolo, el hígado y el tocino en agujas de madera o metal (plata o metal inoxidable), sazonar y emparrillar. Antes puede pasarse por mantequilla fundida y empanarse con miga de pan.

inglesa, a la.—Se corta en filetes, se sazonan con sal y pimienta, se untan con aceite y se emparrillan con algunos trozos de tocino.

Otro procedimiento consiste en sofreír las lonchas de tocino en la sartén y utilizar esta grasa para saltear el hígado. Una vez terminado se añade perejil picado, zumo de limón y se rocía todo con una buena mantequilla a punto de avellana.

salteado.—Se corta finamente en filetes o en pequeños dados. Sazonarlos con sal y pimienta, enharinarlos un poco y saltearlos vivamente en un poco de aceite humeante. Una vez que han tomado color, se retira el hígado y se pone un poco de mantequilla en la sartén, se añaden unos chalotes finamente picados y vino de Madera o blanco, según el nombre de la receta. Se moja con salsa *medio glasa* y se cuece a fuego lento durante unos minutos. Retirar y añadir el hígado, ligándolo todo con un trozo de mantequilla fresca.

Para que el hígado quede tierno no debe cocer nunca con la salsa.

LA TERNERA

Mollejas

Cualquiera que sea su preparación, las mollejas deben ponerse en remojo con agua fría para limpiarlas hasta que queden completamente blancas. A continuación se ponen al fuego en agua fría hasta que arrancan a hervir, se apartan y se dejan enfriar. Se escurren y se les quitan las pieles y grasas superfluas.

Algunas recetas

braseadas.—Se pica tocino graso, se sofríe y brasea en una saltera con un fondo de hierbas aromáticas, ruedas de cebollas, zanahorias, un ramito de hierbas finas, tomates *concassé* y un fondo tostado de ternera. Tiempo de cocción de 30 a 35 minutos. Se pasa el fondo por la estameña y se monta con mantequilla.

financiera, a la.—Se sofríen y brasean las mollejas hasta que estén doradas. Se guarnecen con setas, aceitunas, lamas de trufas y *quenelles* de la ternera.

Medallones de mollejas empanados.—Se cortan en pequeñas lonchas las mollejas previamente blanqueadas. Se sazonan y enharinan un poco, se pasan por huevo y pan rallado y, por último, se saltean en la sartén. Sírvase aparte, en una salsera, un fondo de ternera tostado y ligado.

Las mollejas de ternera se emplean también en la confección de *volovanes*.

Riñones

Los riñones deben ser siempre muy frescos. Hay que limpiarlos muy bien, quitándoles la grasa que los envuelve. Se sirven enteros o en rodajas.

Algunas recetas

brochettes, en.—Se trocean los riñones en cuadraditos, se ensartan en agujas de metal o madera, alternándolos con trozos de tocino magro ahumado y setas. Se emparrillan.

Segundo método.—Se saltean trozos de tocino en una sartén y con la grasa se saltean los riñones y las setas. Se ensartan en las agujas como anteriormente y se rocía todo con mantequilla a punto de avellana.

cazuela, en.—Se cuecen los riñones enteros en una cazuela con un poco de mantequilla. En el último momento se añade un poco de jugo de ternera ligado.

Jerez, al.—Se cortan en trocitos. Se rehogan en una cacerola, con un poco de manteca o aceite refinado, cebolla muy picada. Cuando empieza a dorarse, se añade un poco de harina, y cuando empieza a tomar color se añaden los riñones, se pone a fuego vivo, removiéndolo, y se añade un vasito de Jerez. Se sazonan, se cubren con caldo y se cuecen durante 6 ó 8 minutos. Se disponen en el centro de una fuente y se rodean con cuadraditos de pan de molde fritos coronados con pedacitos de jamón.

salteados a la española.—Confecciónese una *salsa de tomate* espesa, con tomates frescos o puré de tomate, condimentándola con manteca, ajos, laurel, tomillo, cebolla, orégano, comino, piñones machacados en el mortero, un poco de pimentón y una yema de huevo duro desleída con un poco de caldo. Se sazona todo con sal y pimienta y se cuece hasta que esté a punto. Se pasa por el "chino" para que la salsa quede espesa y fina.

Se escogen riñones de ternera lechal y, una vez limpios, se cortan en lonchas pequeñas y muy delgadas. En una sartén con manteca bien caliente se ponen los riñones y se saltean a fuego vivo durante 7 ó 8 minutos.

En una cacerola puesta al fuego se echa vino rancio y se cuece hasta reducirlo a la mitad, se añade tomate y un poco de nuez moscada. Se sazona con sal y pimienta y se le dan unos hervores.

Pónganse los riñones en la salsa, procurando que no deje de hervir. Apártense y sírvanse en fuente honda, calentada. Se adornan con costrones espolvoreados de perejil picado.

salteados con champiñones.—Se cortan los riñones en pequeños escalopes, se sazonan con sal y pimienta, y, ligeramente enharinados, se saltean un poco en la sarten con mantequilla y se retiran. En la misma grasa se rehogan algunos chalotes picados y unos champiñones cortados. Se deslíe todo con vino blanco o Madera y se moja con un poco de fondo de ternera ligado o con una *salsa medio glasa* ligera. Se deja reducir y se retira del fuego. Incorporar en este fondo los riñones y un buen trozo de mantequilla, sin dejarlo cocer.

Morros

La preparación básica de los morros es la misma para todas las recetas.

Deshuesados y limpios se blanquean y se dejan enfriar. Se cortan en trozos y se cuecen en agua ligeramente acidulada con limón, sal, cebollas picadas y un ramito de finas hierbas.

Una vez cocidos y cuajados en su propia gelatina, se conservan perfectamente durante varios días. Cualquiera que sea el guiso, hay que tener en cuenta dos condiciones elementales: los morros deben estar blancos y servirse muy calientes.

El tiempo de cocción es de 2 horas, aproximadamente.

fritos.—Después de cocidos se adoban con un poco de aceite, zumo de limón y perejil picado. En el último momento se pasan por una masa fluida para fritos y se doran en aceite muy caliente. Se sirven preferentemente con una *salsa de tomate* o con salsas frías.

tortuga, a la.—Se cuecen unos minutos en una *salsa de tortuga (medio* *glasa* entomatada con infusión de hierbas a la tortuga y un poco de vino de Madera) y se colocan los trozos en una cocotera, guarneciéndolos con setas, lamas de pepinillos, filetes de lengua y de sesos, medio huevo duro y costrones de pan fritos en mantequilla.

vinagreta, a la.—Se cuecen como se ha indicado anteriormente y se sirven en cocotera con un poco del fondo de la cocción. La salsa se sirve aparte. También pueden acompañarse con *salsa mayonesa, tártara, gribiche, ravigotte,* etc.

vizcaína, a la.—Ver *callos a la vizcaína.*

Callos

Los callos de ternera se preparan del mismo modo que los de buey o vaca, pero son inferiores.

Manos

Una vez enjuagadas y deshuesadas se blanquean y enfrían. Son excelentes para la confección de la gelatina. Guisadas como los morros se preparan con diversas salsas: *picante, poulette, tomate,* etc.

Otras recetas

criolla, a la.—Cuézanse con agua, vino blanco, hortalizas, azafrán, sal y pimienta. Apártense. Pásese el caldo por el "chino" y redúzcase a la cantidad necesaria para salsear las manos. Se majan unas yemas de huevo cocido y se añaden a la salsa junto con unas alcaparras, pepinillos picados y un poco de azúcar. Hiérvase todo durante un minuto y agréguense unas gotas de limón. Se sirven las manos cubiertas con la salsa.

emparrilladas.—Una vez cocidas, deshuesadas y frías, se empanan y emparrillan. Se acompañan con *salsa diabla,* servida aparte.

fritas.—Una vez cocidas se cortan en trozos y se adoban con zumo de limón, aceite y perejil picados. Se pasan por una masa fluida para fritos y se doran en abundante aceite. Se acompañan con una *salsa de tomate* o una salsa fría.

rebozadas.—Cocidas, deshuesadas y cortadas en trozos, se adoban con unas gotas de limón, se pasan por huevo batido, se envuelven en pan rallado y se fríen en la sartén con aceite fino o manteca de cerdo.

vizcaína, a la.—Cocidas, deshuesadas y cortadas en trozos, se rebozan con harina y huevo, se fríen y se colocan en una cazuela de barro.

En una sartén se calienta aceite y se pone jamón cortado en pedacitos y rodajas de chorizo. Se fríen, se escurren y se ponen en la cazuela junto con las manos. En el mismo aceite se fríe cebolla cortada fina, tomates y pimientos choriceros, partidos y sin semillas. Se añade un poco de harina desleída con caldo de las manos. Se cuece todo a fuego lento durante 30 minutos. Se aparta, se pasa por el "chino" y se vierte encima de las manos. Se salpimenta todo, añadiendo un poco de azúcar y, si se quiere picante, un poco de guindilla o pimienta de Cayena. Cocer lentamente hasta el momento de servir.

Cuando está a punto de servirse se espolvorean con perejil picado.

Lengua

La lengua de ternera, como la de buey o vaca, puede brasearse, cocerse y prepararse del mismo modo. También se guisa junto con los morros y callos y se emplea en la confección de *volovanes*.

Algunas recetas

casera, a la.—Limpia, escaldada y quitada la piel, se mecha con tiras de tocino y jamón. Se cubre el fondo de una cacerola con lonchas finas de tocino. Se dispone encima una capa de rodajas de cebollas y se coloca la lengua, cubriéndola con más cebolla, perejil, setas o champiñones, una hoja de laurel, sal y un poco de pimienta. Bien tapada se rehoga un buen rato a fuego lento y se le añade un vaso grande de vino y dos de agua. Se tapa y se deja cocer a fuego lento durante 2 ó 3 horas, cuidando el caldo.

Una vez cocida, se rehoga en manteca, un poco de harina y se añade el caldo del guiso. Se desengrasa y se cuela la salsa sobre la lengua, previamente cortada en rajas, dispuesta en una fuente calentada de metal blanco. Se rodea con coronitas de puré de patatas, hechas con la manga, coronadas con cuadraditos de pan frito.

Dumas, en salsa a la.—Bien limpia y cocida, se le quita la piel. En una cacerola, al fuego, se pone manteca de cerdo, o mantequilla con aceite fino, cebolla grande y perejil, muy picados, y la lengua, previamente secada con un trapo. Se rehoga todo y, cuando empieza a tomar color, se añade vino blanco, un poco de puré de tomate y agua hirviendo. Se sazona con sal y pimienta y se aromatiza con laurel, tomillo, clavo y nuez moscada. Cuando rompe a hervir se aparta al lado de la placa para que cueza lentamente durante unas 3 horas. A mitad de la cocción se pasa la salsa por el "chino" y se vuelve a poner la lengua, añadiendo jamón cortado en pedacitos. Una vez cocida se añaden unas alcaparras y pepinillos muy picados. Se le da un último hervor, se rectifica de sal y se le agrega un poco de azúcar. Se aparta.

Se corta la lengua en rodajas, de un centímetro de gruesas y se colocan en una fuente calentada. Se vierte la salsa y se guarnece con unas patas cocidas en agua y sal.

estofada.—Una vez limpia, escaldada y enfriada, se le quita la piel. En una cacerola, al fuego, se calienta aceite y se rehoga un poco la lengua. Se añade una cebolla grande entera, unas zanahorias, media cabeza de ajos, tomates, un cucharón de aceite, tomillo, clavo, un trozo de chocolate, sal y pimienta. Se tapa herméticamente la cacerola y se cuece a fuego lento durante unas 3 horas. Volver la lengua de vez en cuando, mientras se cuece. Una vez cocida, se saca, se escurre, se corta en rodajas y se colocan sobre una fuente calentada. Se adorna con las zanahorias cortadas en rodajas. Se pasa la salsa por el "chino" y se vierte encima de la lengua.

estofada a la zaragozana.—Igual que la anterior receta, pero añadiendo, poco antes de terminar la cocción, unos pimientos verdes, pelados.

gratin, al.—Se cuece como en la "Lengua a la casera", a fuego lento. Una vez cocida se corta en rajas, se pican cebollas, perejil, un poco de estragón, alcaparras y anchoas, y se mezcla con mantequilla y abundante pan rallado, cubriendo con la mitad de todo esto el fondo de una fuente refractaria. Se ponen los pedazos de lengua, se sazona con sal y un poco de pimienta y se cubre con la otra mitad de la mezcla. Se moja con un vasito de vino blanco y otro de caldo y se pone al fuego hasta que empiece a agarrarse el fondo. Se mete en el horno y cuando se forme una ligera costra se sirve en la misma fuente.

papillote, a la.—Una vez limpia, escaldada y pelada se pone a cocer en agua hirviendo con sal, cebolla, ajos, zanahorias, perejil y una cucharada de vinagre. Se deja cocer hasta que esté blanda y se saca del agua, cortándola en rajas un poco gruesas.

Se hace una masa con un poco de mantequilla, jamón y perejil, muy picaditos, y pan rallado. Se cubren los pedazos por los dos lados y se envuelven en papel de barba engrasado. Se asan a la parrilla y se sirven, quitándoles el papel o con él.

rebozada.—Una vez limpia, escaldada y pelada, se deja enfriar y se corta en rodajas finas. Se pasan por huevo batido y pan rallado. Se fríen en aceite o manteca de cerdo.

riojana.—Limpia, escaldada y pelada se pone en la cacerola, en la que se ha dispuesto un fondo de cebollas cortadas y rajitas de tocino. Se pone al fuego, muy vivo, hasta dorar un poco la cebolla, añadiendo entonces un vaso de vino blanco y otro, grande, de agua, sal y un poco de pimienta. Se deja hervir hasta que esté tierna la lengua, y se pasa a otra cacerola, colocando sobre ella la salsa. Se añade *salsa de tomate* y pimientos colorados, cortados en tiritas, y se cuece a fuego lento durante media hora más.

Antes de servirla, añadir un poco de caldo o agua, si la salsa se hubiese secado demasiado, y hervirla un momento.

Tuétano

Los tuétanos de ternera, como los de buey o vaca, se obtienen de la médula espinal de la res. Después de bien enjuagados y eliminadas las membranas que los envuelven, se cuecen como los sesos.

PREPARACION DE LAS CARNES

Se sirven como elementos de guarnición y, más especialmente, en la confección de los *volovanes*.

EL CORDERO

Barón

El *barón* es una pieza que comprende la silla y las dos piernas del cordero. El *barón* es de lo más apropiado para un servicio importante, y se trincha, por regla general, ante los comensales.

Se asa en horno o a la *broche*. El tiempo de cocción es de unos 15 ó 18 minutos por kilo. Teniendo en cuenta que un *barón* suele pesar unos 5 ó 6 kilos, necesitará, por tanto, 1 y 1/2 horas de cocción. Es suficiente para 24 ó 30 personas. Puede servirse con las mismas guarniciones que acompañan a los grandes asados. Señalemos las tres más apropiadas:

jardinera, a la: Nabos y zanahorias torneadas, ramitos de coliflor y guisantes;

parisina, a la: Fondo de alcochafas guarnecidos con setas, lechugas braseadas y *patatas a la parisina;*

provenzal, a la: *Tomates rellenos a la provenzal* (con cebollas picadas, miga de pan y hierbas finas) y setas rellenas con una *duxelles*.

Silla

La silla se asa entera y se acompaña con las mismas guarniciones que el costillar, la pierna y el *barón*.

Cortada en dos, a lo largo, proporciona el lomo, que puede asarse entero y servirse como el costillar.

Cortado en trozos, el lomo toma el nombre de *lamb-chops*. Se prepara del mismo modo que las chuletas.

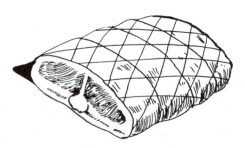

Fig. 108
Silla de cordero, limpia y atada

Carré

El costillar o *carré* se prepara asado y se acompaña con guarniciones diversas, como:

bretona, a la: Se asa el *carré* en el horno o se emparrilla. Se sirve con judías blancas entomatadas;

endiablado: Cuando el *carré* está casi hecho, se embadurna con mostaza inglesa diluida y se espolvorea con miga de pan y se termina de cocer al horno;

panadera, a la: Se asa el *carré* en mantequilla, rodeado de patatas cortadas en forma de dientes de ajo y pequeñas cebollas blanqueadas.

Chuletas

El *carré* de cordero se detalla en chuletas del mismo modo que el de ternera o carnero. Se calculan de dos a cuatro piezas por persona. Se preparan de diversos modos:

bechamel, a la: Se sazonan las chuletas y se fríen en manteca. Se escurren de grasa. Se pasan por una *bechamel* muy espesa hasta que queden bien rebozadas y se colocan en una fuente, donde se las deja enfriar. Envolverlas en huevo y pan rallado y freírlas en aceite o manteca caliente. Las puntas de las costillas se envuelven en chorreras de papel. Se disponen sobre una servilleta y se adornan con perejil. Servir recién hechas;

mariscala, a la: Se sazonan y empanan con mantequilla y miga de pan. Se saltean en mantequilla y se guarnecen con una lama de trufas y puntas de espárragos. Servir, aparte, salsa al *vino de Madera*;

navarra, a la: Se les quita los nervios, se sazonan con sal y se saltean a fuego vivo en sartén, con aceite y manteca. Una vez salteadas se colocan en una cazuela de barro.

En la grasa de las chuletas se echa jamón cortado en cuadraditos, picado fino, y se rehoga. Se añade tomate pelado y picado fino. Cuando rompe a hervir se cubren las chuletas con todo. Se tapa la cazuela, se pone al fuego y, cuando vuelve a hervir se aparta y se mete en el horno hasta que estén tiernas.

Una vez cocidas se cubren con rodajas de chorizo de Pamplona y se vuelven a meter en el horno, fuerte, destapado. Cuando el chorizo empieza a fundirse se saca y se sirve en la misma cazuela.

papillotte, en.—Después de salteadas en mantequilla se recortan, con papel apergaminado o de barba, unos corazones de un poco más del doble del tamaño de las chuletas.

Aceitar el interior del papel, poner una capa fina de *duxelles* de champiñones, una loncha de jamón, una chuleta cubierta con *duxelles*. Se dobla la *papillotte* y se pliegan sus bordes en forma de orla. A continuación se

PREPARACION DE LAS CARNES

ponen en una placa y se meten en el horno durante unos instantes. Los suficientes para que se infle y dore el papel.

Se sirven con *salsa al vino de Madera*, aparte.

sarladaise, a la: Se emparrillan y guarnecen con *patatas a la sarladaise*, salteadas en crudo, y una juliana de trufas.

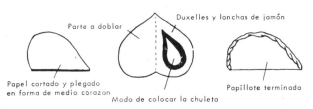

Fig. 109
Papillotte

Noissettes

Las *noissettes* de cordero son pequeños escalopes sacados del *carré* o de los lomos. Se suelen servir 3 piezas de 60 ó 70 gramos por persona. Se preparan de diferentes modos:

alsaciana, a la.—*Bechamel* con perejil, nuez moscada, sal y pimienta. Se reduce y se pasa por el "chino". Se pone de nuevo a cocer a fuego lento. Se añaden unos higadillos escaldados y cortados, jamón ahumado frito y cortado en tiritas. Se agregan *nouilles*, previamente cocidas, escurridas y enfriadas, y queso rallado. Se vierte todo sobre una fuente refractaria, se espolvorea con queso rallado, se rocía con mantequilla derretida y se mete en el horno, muy fuerte, para que se dore rápidamente.

Servir en seguida en la misma fuente.

archiduque, a la.—Se eligen las *noissettes* del *carré* o de los lomos, se aplanan y redondean. A continuación se sazonan con sal y pimentón o paprika, se saltean, al fuego vivo, con mantequilla clarificada.

Se rellenan unos fondos de alcachofas con *puré de sesos a la húngara* (seso cocido, escurrido y rehogado en mantequilla con cebolla bien picada, sazonado con sal y paprika o pimentón y pasado por el tamiz). Se espolvorean con queso, se rocían con mantequilla y se gratinan al horno.

A la grasa sobrante de la saltera se le añade vino de Madera y se reduce. Se agrega *salsa medio glasa* y se pasa por el "chino".

En una fuente redonda se disponen unas tortas de *patatas Ana* y, sobre ellas, las *noissettes*. Cubrir con la salsa y adornar con los fondos de alcachofas.

Armenonville, a la.—Una vez salteadas en mantequilla se colocan sobre un lecho de patatas cortadas en crudo, ablandadas y moldeadas en la sartén formando una torta. Se guarnecen con *morillas a la crema*.

bella Elena, a la.—Se saltean, a fuego vivo, en una saltera, con mantequilla y aceite. Se retiran y se escurren. En la misma saltera se añade jugo de carne, fécula desleída en agua fría y vino de Madera. Se cuece todo a fuego vivo durante unos minutos y se le agrega gelatina de carne.

En una fuente redonda se amontonan una croquetas hechas con trozos de puntas de espárragos, sazonadas con sal, pimienta y nuez moscada. Alrededor de las croquetas se disponen las *noissettes*, coronadas con ruedas de *lengua a la escarlata* y lamas de trufa. Se vierte la salsa de la saltera sobre las *noissettes* y se sirven bien calientes.

mariscala, a la.—Ver chuletas del mismo nombre.

verde prado. — Se emparrillan y guarnecen con mantequilla *Maître d'Hôtel*, judías verdes salteadas en mantequilla, *patatas paja* cortadas en trozos muy finos y fritas, y berros.

Piernas

Las piernas de cordero se sirven generalmente asadas, pero también cocidas a la inglesa.

Algunas recetas

inglesa, a la.—Se blanquean y enfrían. Se cuecen en agua salada, con una cebolla picada y un ramito de hierbas finas. Se cuecen durante 1 y 1/4 horas, aproximadamente. Después de trinchadas y colocadas en una fuente se guarnecen con hortalizas cocidas a la inglesa: zanahorias, nabos, judías verdes y patatas. Se acompañan con una salsa de alcaparras, rábanos o mostaza.

panadera, a la.—Después de 15 ó 20 minutos de cocción, se añaden unas patatas cortadas en forma de dientes de ajo, unas cebollas cortadas finas o unas cebollitas, todo blanqueado, y se cuece todo junto.

persillés.—Una vez asadas al horno, y unos minutos antes de retirarlas, se cubren con miga de pan blando, mezclada con ajo y perejil picados. A continuación se doran en el horno.

rellena.—Deshuesada la pierna se rellena con una farsa compuesta con patatas cocidas y machacadas, a las que se ha añadido pan rallado, jamón picado, cebolla muy picada y frita con aceite o manteca, sal y pimienta. Se ata o cose, se unta con sal, ajo y manteca, y se pone en una cacerola, a fuego vivo, hasta dorarla. Añadir un vaso de vino blanco y terminar de cocer a fuego lento.

Se sirve muy caliente.

Paletilla

La paletilla, por lo general, se asa al horno o en sartén o cazuela, después de deshuesada, enrollada y atada. También se prepara a la inglesa. Se acompaña con las mismas guarniciones que la pierna.

Falda

La falda, así como el pescuezo y la paletilla, sirve para ragús o **navarins**. También puede asarse. Con ella se hacen los **epigramas** (falda entera, deshuesada, asada en sartén o cazuela y enfriada presionándola). Después se cortan en filetes, se empanan con huevo y miga de pan blanco y se doran en mantequilla. Se sirve aparte el fondo de la cocción con un poco de *salsa medio glasa*.

Salteado

El salteado de cordero se hace del mismo modo que el salteado de ternera. Sin embargo, es preferible mojarlo sólo con agua para que conserve su propio sabor.

Salteado de cordero al Curry.—Cortada la carne en porciones regulares, se sazona y dora ligeramente en manteca caliente. Aparte, en una saltera, se sudan unas cebollas cortadas, se añade el curry y unas manzanas cortadas en dados. Se sofríen con vino blanco, se espolvorean con un poco de harina y se añade la carne, el fondo blanco o el caldo, así como 1 ó 2 cucharones de *salsa medio glasa*. Se cuece durante 1 y 1/2 horas, aproximadamente. Se retiran los trozos de carne y se pasa la salsa por la estameña. Se le incorpora un poco de nata y se mezcla con la carne. Servir con *arroz pilaw* o *criollo*, fideos, patatitas, etc.

Irish-stew

Este plato de origen irlandés se ha modificado bastante con el transcurso del tiempo. Valiéndonos de los ingredientes tradicionales, vamos a ofrecer una de las recetas más conocidas:

Se toman unos trozos del pescuezo, paletillas y falda del cordero. Se cortan en trozos cuadrados como para un salteado, se blanquean y se dejan enfriar. En una brasera se ponen unas cebollas trinchadas, cuartos de puerros (sólo lo blanco), apio, zanahorias (torneadas y blanqueadas), col (cortada en cuartos y blanqueada) y unas patatas mondadas y cortadas gruesas. Se añade un ramito de hierbas finas y se pone a cocer durante 1 y 1/2 ó 2 horas, según se trate de cordero o carnero. Esparcir perejil picado y rociar con un chorrito de Worcester. Servir muy caliente en cocotera.

Despojos

Los despojos de cordero se preparan del mismo modo que los de ternera.

EL CARNERO

El carnero se prepara del mismo modo que el cordero, aun cuando los guisos pueden ser distintos debido a que su carne está más hecha.

Pierna

La pierna de carnero puede servirse asada, cocida, guisada y braseada.

Algunas recetas

adobada a la alemana.—Se limpia la pierna de grasas, pellejos y piltrafas, dejándola en carne viva. Se eliminan todos los nervios y se atraviesa con un agujón repetidas veces. Se frota con sal y se pone en una vasija honda. Se hierve vinagre de buena calidad y se vierte sobre la pierna, dejándola en maceración durante 12 horas, volviéndola de vez en vez y rociándola con el vinagre. Se retira éste y se escurre bien la pierna. Se reserva.

En la misma vasija se ponen unas cebollas, unos dientes de ajo, sal, laurel, perejil, tomillo, clavo, comino y pimienta molida, y, encima, se pone la pierna. Se cubre con otra capa compuesta de los mismos ingredientes. Se pone vino de calidad hasta cubrirlo todo y se deja en adobo durante 6 ó 8 días. En Centroeuropa se utiliza concretamente vino tinto para las carnes rojas y blanco para las blancas. Se da vuelta a la pierna dos veces diarias, por la mañana y por la noche y, de vez en cuando, se rocía con su mismo adobo.

Se retira la pierna del adobo se escurre y se seca con un paño. Se mecha con tocino y se mete en el horno sobre una parrilla y ésta sobre una tartera vacía. Se asa con el horno fuerte durante 15 minutos, se vierte el adobo en la tartera y se rocía la pierna frecuentemente. Antes de retirarla del horno se vierte sobre ella una *bechamel* que, al caer, se mezclará con el adobo de la tartera.

Se retira la pierna del horno, se coloca trinchada sobre una fuente calentada, se pasa la salsa y se sirve aparte en una salsera también calentada.

andaluza, a la.—En una cacerola ovalada se pone manteca, cebollas y zanahorias cortadas en ruedas, la pierna, bien limpia, y un ramito de hierbas finas. Se rehoga todo, destapado, hasta que esté bien dorada la pierna. Se escurre la grasa, se agrega vino y se cuece a fuego vivo hasta consumirlo, dándole varias vueltas a la pierna para que quede bien impregnada. Se añade *salsa de tomate*, caldo, y se pone a cocer. Se agrega una cucharada de harina desleída con caldo frío. Cuando rompe a hervir, se tapa, se mete en el horno y se cuece durante unos 15 minutos a fuego moderado, cuidando de volver la pierna durante la cocción. Se retira del horno, se pasa la salsa por el "chino" y se desengrasa. Se limpia la cacerola, se vuelve a poner la carne, se añade la salsa y unos ajos escaldados, secos y fritos en aceite. Se cuece durante otros 15 minutos y se sirve.

asada.—Se escoge una buena pierna con su correspondiente riñón. Se pone en adobo durante 2 días con aceite, perejil, ajos y pimienta. Se seca bien con un paño, se introduce un diente de ajo en la parte alta, se unta con manteca de cerdo, se coloca sobre una parrilla puesta sobre una tartera con un poco de caldo. Se mete en el horno hasta que esté bien dorada. Se le da la vuelta para que se dore por el otro lado, rociándola de vez en cuando con su salsa. Cinco minutos antes de sacarla del horno se sazona con sal.

Se trincha y se coloca en una fuente calentada. Se pasa la salsa por el "chino" y se vierte sobre la pierna o se sirve aparte en una salsera.

Se adorna con berros o lechuga. Se sirven aparte patatas fritas o en puré, *judías blancas a la francesa* o *nouilles*.

guisada con cebollitas.—Una vez limpia se pone en una cacerola al fuego con manteca de cerdo o mantequilla, cebollas grandes, 1/4 de litro de caldo, sal y pimienta. Se tapa y se cuece a fuego lento durante 1 y 1/2 horas. Se retiran las cebollas y se aumenta el fuego para consumir la salsa y dorar la pierna. Se añade más caldo, vino y puré de tomate y se deja que siga cociendo a fuego lento durante 1 y 1/2 hora más.

Se fríen unas cebollitas en manteca de cerdo, se espolvorean con azúcar, se mojan con caldo y se cuecen hasta que estén tiernas, procurando que queden enteras. Cuando están doradas se les agrega un cucharón de salsa ligada con harina desleída en caldo frío. Se agregan unas gotas de jugo Maggi y se sazonan con sal y pimienta.

Se trincha la pierna, se coloca en una fuente calentada, se vierte encima la salsa y se adorna con las cebollitas.

Silla

Se sirve asada. Cortada por la mitad a lo largo y deshuesada da los lomos para asados, o cortada, sin deshuesar da las chuletas o *mutton chops*.

Carré

Puede asarse entero o cortarse en chuletas para emparrillar.

Paletillas

Se brasean o cuecen, deshuesadas y rellenas.. También pueden asarse. Como tienen más nervios y son más duras que las piernas se suelen emplear también para *ragús* e *irish-stew*.

Falda y pescuezo

Se emplean para *ragús, estofados* e *irish-stew*.

Sesos y lengua

Se preparan como los de ternera.

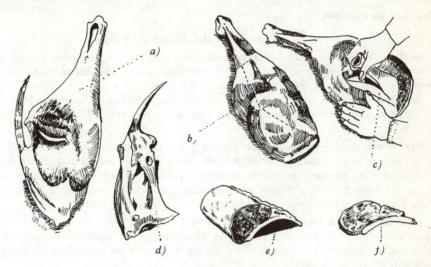

Fig. 110
Modo de deshuesar el carnero

a) Pierna sin deshuesar   c) Modo de deshuesar la paletilla   e) carré
b) Paletilla entera   d) Hueso de la pierna   f) Chuleta limpia

EL CERDO

Carré

Se prepara asado al horno, en sartén o cazuela, acompañado con el fondo de su cocción, desleído con vino blanco. Se sirve con guarniciones diversas:

alsaciana, a la.—Antes de que el carré esté asado del todo se pone sobre un *chucrut* y se termina de asar. Se guarnece con lonchas de tocino y salchicha. Se sirve con patatas cocidas.

buena mujer, a la.—A medio asar se le añaden unas patatas torneadas en forma de aceitunas y unas cebollitas. Se termina de cocer todo junto rociándolo con frecuencia. Se sirve en el mismo recipiente.

lombarda, con.—Una vez asada la carne se guarnece con lombarda braseada aparte.

normanda, a la.—Después de asada la carne, se guarnece con manzanas peladas, limpias de semillas y estovadas en el horno con un chorrito de vino blanco.

Chuletas (o costillas)

Las chuletas de cerdo se preparan de diferentes modos:

adobo, en.—Se limpian, se recortan para que no tomen mala forma al cocer y se ponen en una cazuela de barro con aceite, sal, orégano, tomillo, perejil, ajo y rodajas de limón, durante 24 horas.
Se escurren y se secan con un paño. Se emparrillan a fuego moderado. Se sazonan y se sirven. Se acompañan con *salsa picante* o *poivrade* servida en salsera.

aragonesa, a la.—Se pasan por harina y se fríen ligeramente en manteca. Se ponen en una cazuela. En la misma grasa se fríe jamón a pedacitos y cebolla picada. Se agrega tomate picado y pelado, se rehoga todo un poco, se agrega vino blanco y huevo duro picado y se vierte todo sobre las chuletas. Se tapan y se ponen en el horno hasta que estén tiernas.

charcutera, a la (salteado).—Se cubren con *salsa charcutera* (reducción de cebollas picadas, mitad y mitad de vinagre y vino blanco), mojado con *salsa medio glasa* y terminado con mostaza y juliana de pepinillos. Se guarnece con un puré de patata.

emparrilladas.—Se acompañan con *salsa Robert* o *salsa picante*.

encebolladas.—Se sazonan y fríen con mantequilla a fuego moderado durante 30 minutos. Se escurren y se reservan al calor.
En la misma sartén se dora cebolla picada, se añade harina y se deslíe con caldo hirviendo. Cuando rompe a hervir se agrega vinagre y se cuece a fuego suave durante 5 minutos. Poco antes de servirlas se ponen las chuletas en la salsa y se calientan sin que lleguen a hervir. En una fuente calentada se colocan las chuletas bien escurridas. Se añade la salsa enriquecida con mostaza y se vierte encima de las chuletas.

fritas.—Se ponen en aceite, no muy caliente, para que se fríán bien y no se sequen demasiado. Se sirven con montoncitos de puré de patata y de *guisantes a la francesa*.

madrileña, a la.—Se hace un picadillo muy fino con ajos y perejil. Se añade aceite, perejil, laurel, tomillo, pimentón, sal y pimienta, y se mezcla todo bien. Se agregan las chuletas y se dejan en el adobo durante una hora.
En una tartera untada con aceite se ponen las chuletas y se meten en el horno, procurando que queden jugosas. Se acompañan con patatas fritas.

milanesa, a la.—Como las chuletas de ternera del mismo nombre.

Solomillo y lomo

Se encuentran entre las primeras costillas y el jamón, o sea, en la parte llamada "silla" en las demás reses de matadero. Deshuesados y limpios se preparan como el *carré*.

Cortados en lonchas, son los *steaks* o filetes de cerdo. Se preparan igual que las chuletas de ternera o de cerdo. El *filete mignon* o medallón es la punta del solomillo y se emplea preferentemente en *noissettes* y pequeños escalopes o *picatta*.

Algunas recetas

Lomo de cerdo a la riojana.—Durante unas horas se pone en adobo con ajos, sal y perejil. Se enrolla y se ata. Se rehoga hasta que esté dorado por todos sus lados. Se cubre con una salsa ligera, pero abundante, de tomate. Se cuece a fuego lento y se reduce la salsa. Se sirve trinchado junto con la *salsa de tomate,* unos pimientos asados y costrones de pan frito.

Lomo de cerdo a la zaragozana.—Se corta el lomo en lonchas regulares y se aplastan para igualarlas. Se sazonan con sal, se pasan por harina y se fríen en aceite hasta que estén bien doradas. Se ponen en una cazuela de barro.

En la grasa de la sartén se rehoga jamón cortado en dados, cebollas y ajos picados. Cuando la cebolla está dorada se pone encima el lomo y se añade una hoja de laurel.

Se asan unos tomates y se machacan, se agregan a la cazuela junto con sal, pimienta, canela y un huevo duro, se adiciona agua y se cuece a fuego lento hasta que quede en su grasa.

Lomo de cerdo con leche.—Después de adobado, se rehoga. Se cubre con leche y se cuece hasta que esté tierno. Se aparta el lomo y se reduce la leche hasta que quede como una salsa rubia y espesa. Se trincha el lomo y se sirve muy caliente con la misma salsa y unas patatas o trozos de pan fritos.

Solomillo de cerdo asado.—Después de adobado, se enrolla y se ata. Se rehoga con muy poca manteca, a fuego vivo, y se dora por todos lados. Se agrega un vasito de vino blanco y otro de caldo, se tapa la cacerola y se cuece a fuego lento.

Se saca y se corta en rajitas, sirviéndose con su jugo, previamente desengrasado, y unos buñuelos de patatas.

Solomillo de cerdo relleno.—Se limpia el solomillo y se parte por medio, a lo largo, sin separar del todo los dos trozos, dejándolo como un libro abierto, pegándole con el mazo para darle forma.

Se prepara un relleno con cebolla sofrita, una cucharada de manteca, pan rallado, perejil picado y unas setas pequeñas ya fritas. Se rellena el solomillo, se ata y se guisa como el lomo con leche.

PREPARACION DE LAS CARNES

Cuello del cerdo

Se prepara como el solomillo.

Jamón

cubierto.—Se cuece el jamón durante 2 ó 2 y 1/2 horas. Se le quita el hueso, se espolvorea con azúcar glas y se glasea en la salamandra o en el horno. Se cubre con una base de pasta de pan y se pega bien por los bordes. Se decora con la misma pasta y se deja una abertura para que salga el vapor. Se mete en el horno, bastante caliente, durante 1 ó 2 y 1/2 horas, según tamaño. Se sirve con *salsa al vino de Madera*.

fresco.—Puede brasearse o asarse y se acompaña con las mismas guarniciones de los grandes asados.

salado y ahumado.—Antes de cocerlo debe ponerse en remojo, durante varias horas, con agua fría. Se limpia bien y se pone a cocer en agua fría, sin sazonar. Al hervir, se aparta a un lado del fuego y se deja que siga cociendo lentamente durante 3 ó 4 horas, según el tamaño. Está cocido cuando el hueso se separa fácilmente de la carne. Se acompaña con *salsa al vino de Madera*. Si se va a servir frío, se cuece un poco menos y se deja enfriar en su propio fondo.

Puede también brasearse, pero en este caso, se reduce su cocción en un tercio de tiempo, se le quita el codillo y se pone en una brasera con un *mirepoix* rociado con un poco de coñac y vino de Madera. Tapado, se brasea y glasea en el horno, no demasiado caliente.

Paletilla

Deshuesada, la paletilla se emplea como el jamón fresco, o sea: braseada, asada al horno o en sartén y en ragús. La paletilla salada se emplea para las guarniciones del *chucrut,* compotas, etc. Salada, deshuesada y ahumada, se prepara lo mismo que el jamón, aunque su calidad es inferior.

Despojos de cerdo

Lengua

La lengua de cerdo se prepara igual que la de ternera, pero su calidad es inferior.

Oreja y rabo

Salado o fresco sirven para múltiples guisos.

Riñones

Los riñones de cerdo se preparan como los de ternera.

Sesos

Se preparan del mismo modo que los de ternera y cordero.

Manos

Las manos de cerdo resultan más tiernas y sabrosas que las de ternera. Se preparan de numerosas formas:

catalana, a la.—Bien limpias y partidas por la mitad, a lo largo, se juntan de nuevo, se atan y se ponen al fuego con 2 litros de agua, sal, una cebolla y una zanahoria troceada, perejil, laurel y tomillo. Se cuece todo a fuego lento, durante unas 2 horas, aproximadamente, y se deshuesan.
Se rehogan, en manteca de cerdo, unas zanahorias y cebollas, cortadas a trocitos, se doran y se agregan ajos picados y las manos. Se moja todo con vino y se agrega un ramito compuesto de orégano, tomillo y perejil. Se añade un 1/4 de litro del caldo de la cocción de las manos. Se sazona con sal, pimienta y nuez moscada, y se pone a cocer a fuego lento durante 2 horas. A mitad de cocción se agrega chocolate y avellanas, machacados y desleídos con un poco de caldo. Dispónganse las manos en una fuente y cúbranse con la salsa pasada por un colador.

horno, al.—Una vez limpias y cocidas se deshuesan, se sazonan con sal y pimienta y se ponen en una cazuela con un poco de manteca. Se vierten por encima unos huevos batidos y se cubre todo con leche. Se espolvorea con azúcar, se rocía con manteca y se pone al horno hasta que quede costrado.

nabos, con.—En una cacerola se doran unas cebollas y ajos picados, añadiendo tomate, perejil, unos cubitos de caldo Maggi diluidos en agua hirviendo, nabos cortados a cuadraditos y las manos, previamente cocidas y deshuesadas. Se sazonan con azúcar, sal y pimienta y se añaden unas avellanas bien machacadas. Mojar con medio cucharón de agua y tapar herméticamente. La cocción dura una hora, aproximadamente.

parrilla, a la.—Se limpian y lavan varias veces en agua caliente, se parten por la mitad a lo largo, se unen de nuevo y se envuelven en tiras de lienzo. Se cuecen a fuego lento con agua y un vaso grande de vino blanco, cebollas, ajos, perejil y un poco de pimienta. Se cuecen durante 5 ó 6 horas. Se dejan enfriar, se les quita las tiras de lienzo y se rebozan con pan rallado y perejil. Asar en parrilla a fuego vivo.

rebozadas.—Cocidas y deshuesadas, se cortan en trozos regulares. Se rebozan con harina y huevo batido y se fríen en manteca. Se adornan con rajas de limón y perejil.

Salchichas y butifarras

Existe una gran variedad de salchichas y butifarras, pero casi todas están hechas con tripas de cerdo rellenas con un picadillo, generalmente compuesto de mitad de tocino fresco y mitad de carne magra, sazonadas con sal, pimienta y otras especias. Una vez atadas, las salchichas y butifarras se cuecen o se ahuman ligeramente.

Salchichas de col.—Como la receta anterior, pero sustituyendo un tercio del relleno por un tercio de col cocida y bien prensada.

Salchichas de hígado.—Como la primera receta, pero sustituyendo un sexto del relleno por hígado de cerdo y un poco de cebolla picada.

Salchichas rojas de Castilla.—3/4 partes de carne magra de cerdo y 1/4 parte de tocino fresco, picado todo en trozos pequeños y adobado con sal, pimienta, otras especias, pimentón, ajos majados y orégano. Se ahuman ligeramente.

Butifarras.—El relleno para las butifarras es más rico. Se prepara con carnes magras finas y tocino graso a partes iguales. El picadillo es algo más grueso que el de las salchichas y se le añade ajo, sal, pimienta y especias. Se embute en tripas anchas y se ahuman durante algo más de tiempo que a las salchichas. También se cuecen.

Butifarra blanca de Cataluña.—3/4 partes de carne magra fina y 1/4 parte de tocino fresco, todo muy finamente picado, formando una pasta y sazonándola con sal, pimienta molida, nuez moscada y canela. Se deja fermentar durante 24 horas. Se embute en tripa delgada de cerdo o ternera y se ata en porciones de 20 centímetros. Se cuece lentamente en agua hirviendo.

Butifarra cruda.—3/4 partes de carne magra fina y 1/4 parte de tocino fresco, todo picado en trozos pequeños y rociado con un poco de agua. Se aliña con sal y especias. Se amasa bien la pasta y se embute en tripa cordilla de cordero, a tripa seguida, sin atar ni anudar. Si se carga de picante y se guarda en sitio oreado y fresco, se convierte en una especie de longaniza muy sabrosa.

Butifarra negra de Cataluña.—Se prepara a base de sangre de cerdo, añadiendo los tendones, pulmones, orejas y demás partes grasas del cerdo. Una vez hecha la pasta se sazona con sal, pimienta negra molida, clavo, orégano y cilantro. Se embute en tripas delgadas y se cuece en agua hirviendo. Se ata como la butifarra blanca.

Atriaux

Los *atriaux* se hacen con hígado y carne magra de cerdo a partes iguales. Se pasa el picadillo por la máquina y se añade un poco de coñac y aguardiente de orujo, perejil y perifollos picados, sal, pimienta y mejorana. Se forman bolitas y se embuten en tripas redondas de cerdo y se saltean en la sartén o en la saltera.

Morcillas

La base de las morcillas es la sangre de cerdo mezclada con tocino y carne grasa u otros elementos, sazonada y embutida en tripas de cerdo y cocidas. La composición de las morcillas varía según países, regiones y pueblos, pero, en el fondo, difieren poco entre sí.

Algunas variedades

alemana.—Lenguas de cerdo, tocino picado, corteza cocida y sangre líquida de cerdo. Se pican las cortezas y se ponen con la sangre, se agrega tocino y sal, pimienta negra, pimienta de Jamaica, clavillo o nuez moscada. Las lenguas se colocan enteras y se embuten con la pasta anterior, procurando que no queden huecos. La tripa ha de ser gruesa, de vaca, y una vez rellena se ata y se cuece durante hora y media en agua, a una temperatura de 85º. Una vez cocidas se prensan y se curan en humo frío.

asturiana.—Se pica cebolla 24 horas antes. Se amasa la cebolla con tocino de papada picado y sangre en la proporción de 2 partes de cebolla cocida, 5 de tocino y 3 de sangre. Se sazona con sal, pimentón dulce, pimentón picante, orégano, perejil y ajo. Se embute en tripa delgada de vacuno, se escalda un poco y se seca al humo caliente.

catalana (bisbe).—Tocino fresco de papada, cortado en dados y revuelto bien con sal y pimienta molida, agregándose poco a poco la sangre líquida de cerdo sin dejar de mover. Se embute en intestino grueso de buey. Se cuecen y se curan al aire para que endurezcan.

cebolla, de.—Se rehoga cebolla picada en pedacitos de manteca del entresijo derretida y se toman 8 partes de cebolla cocida, 1 parte de gordura, manteca de cerdo y 1 parte de sangre. Se mezcla la cebolla y la manteca y se sazonan con sal, pimentón dulce, clavillo, cilantro y alcaravea. Se amasa con la sangre y se revuelve muy bien hasta obtener una pasta suelta. Se embuten en tripas anchas de cerdo o de vacuno y se cuecen en agua hirviendo. La cocción está terminada cuando al pincharlas no rezuman sangre. Se cuelgan en sitio fresco para orearlas y endurecerlas.

francesas.—Por litro de sangre, medio kilo de manteca de cerdo, sal, pimienta, nuez moscada, perejil y hierbabuena, al gusto. Se amasa en caliente, se añade la sangre y el aliño a la manteca previamente derretida. Se embuten y se escaldan durante 15 minutos, sin que lleguen a hervir. Se sacan y se extienden sobre una mesa para que se enfríen lo antes posible. Ya secas se frotan con un poco de manteca para abrillantarlas. El consumo ha de ser inmediato.

Lechón

Se llama lechón al cerdo que no ha cumplido los 2 meses. Generalmente se asa entero.

PREPARACION DE LAS CARNES

Cochinillo asado.—Se elige un lechón casi recién nacido. Limpio y vaciado, se pone durante 24 horas en un adobo compuesto de cebollas, zanahorias, unos dientes de ajo, laurel, pimienta en grano y un poco de vino blanco.

Se corta en dos por la mitad, a lo largo, se le quita las paletillas para tostarlo mejor y se coloca todo en una placa de horno, encima de los avíos del adobo, incluido el líquido. Se unta el lechón con manteca de cerdo, se espolvorea con sal cada vez que se le da la vuelta.

Cuando se ha consumido el líquido, las verduras están muy doradas y el lechón bien tostado, se escurre la grasa de la placa, se rocía el lechón con un poco de vino blanco y se mete en el horno otros 5 minutos. Se saca y se deja reposar. Se trincha y se sirve en una fuente.

Tostón a la zamorana.—Un lechón de 15 ó 20 días. Una vez limpio y blanqueado se le da un corte desde el hociquillo hasta el rabo, para abrir el animal y vaciarlo completamente. Se vuelve a lavar por dentro y por fuera y se enjuga con un paño fuerte. Se extiende como si fuera una piel y se atraviesa en toda su longitud, para que no se cierre, con la lanza del asado. Con un hisopo mojado en una salmuera compuesta de agua y sal se humedece bien por todas partes. Se pone al fuego de brasas de leña, dándole vueltas continuamente. A cada vuelta se frota con una corteza de tocino y se moja después hasta que la piel forma ampollas y se dora. Tiempo de cocción de 1 1/2 hora, aproximadamente. Se sirve en fuente.

II. AVES DE CORRAL

Preparación de las aves

Una vez desplumadas las aves deben chamuscarse. A continuación se vacían, se limpian, se despojan y se brindan. (Ver dibujos 111 y 112.) Según vayan a prepararse, las pechugas pueden mecharse con tocino fino, con lengua a la escarlata, trufas, o, sencillamente, envolverse en tocino graso.

El bridado de las aves varía según su preparación. Así, para un ave asada, por ejemplo, las patas se dejan hacia afuera, mientras que para las que se brasean o se guisan, las patas se introducen en el interior, doblándolas.

Pollos, poulardes y capones

Estas aves pueden prepararse:

        asadas al horno
        asadas en sartén o cazuela
        emparrilladas
        guisadas
        salteadas.

AVES DE CORRAL

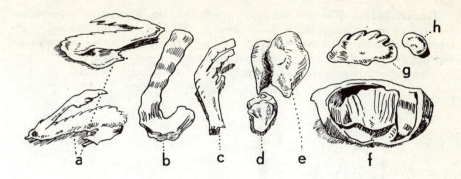

Fig. 111
Despojos de ave

a) alones
b) cuello
c) patas
d) corazón
e) hígado
f) molleja
g) cresta
h) riñones

bridado simple

bridado doble

Fig. 112
Bridado de las aves

Asadas al horno.—Una vez preparadas las aves se asan en el horno, en cacerola, en cocotera o en asador.

Para hornearlas, se sazonan por dentro y por fuera y se colocan de lado en una batea engrasada. Se cubren con un poco de grasa y se doran a horno suave, rociándolas con frecuencia. Una vez dorada la parte de encima se vuelven del otro lado y, por último, se ponen sobre la espalda. Este sistema evita que se sequen las pechugas, que se cuecen antes que los muslos.

Asadas en sartén o cazuela.—Este sistema de cocción puede emplearse con todas las aves, pero muy especialmente con las que sean un poco duras. (Ver métodos y procedimientos culinarios, pág. 122.)

Emparrilladas.—Una vez abiertas se aplanan con la aplastadora y se introduce en su interior las patas. (Ver fig. 113.) Se sazonan con sal y pimienta y se asan en el horno. Antes de que termine la cocción, se empanan con miga de pan blanco y se terminan de asar a la parrilla no muy caliente. Se acompañan con *salsa diabla, salsa bearnesa* o *salsa a la mostaza*.

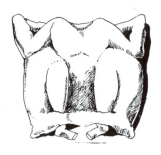

Fig. 113
Pollo preparado para emparrillar

Guisadas.—Cuando se trata de pollos, *poulardes* y capones, el tiempo de cocción es el mismo que para las horneadas. Por el contrario, para las gallinas ese tiempo debe duplicarse o triplicarse. Para que las aves queden bien blancas, se las frota ligeramente con zumo de limón. Después se cuecen en un fondo blanco complementado con los despojos.

Salteadas.—Una vez desplumadas, chamuscadas y vaciadas, las aves se trocean en crudo. Por regla general, los muslos y pechugas se dividen en dos partes. Los trozos se sofríen en una saltera con mantequilla y se cuecen y doran en horno suave. Ya cocidos, se retiran los trozos de pechuga y, un poco después, los muslos. Se calienta a continuación la saltera y se prepara la salsa que se desee. Este modo de preparar las aves salteadas tiene la ventaja de que proporciona una carne más suculenta. También pueden hacerse las salsas y añadirse a las aves a media cocción.

Aves asadas al horno, en cazuela, emparrilladas o en asador

Armenonville.—Asadas en cazuela y guarnecidas con tomate *concassé*, judías verdes, cuartos de alcachofas y *patatitas château*.

buena mujer.—Asadas en cazuela y guarnecidas con cebollitas, torreznos y patatas cortadas en cuadraditos.

cazuela, en.—Asadas en cazuela y terminadas como las aves horneadas. Se sirven en la misma cazuela.

castellana.—Asadas en sartén o en el horno y guarnecidas con cuartos de alcachofas, tomates asados y patatas cortadas en cuadraditos.

cocotera, en.—Asadas del mismo modo que en cazuela, pero en una cocotera y servidas en ella.

Demidof.—Asadas en cazuela y guarnecidas con *paisana de hortalizas* cortadas en forma de crestas de gallo.

endiablada.—Antes de terminar de asarlas se embadurnan con mostaza, se empanan y se emparrillan. Se sirven con *salsa diabla*.

forestal.—Asadas en cazuela y guarnecidas con morcillas o setas salteadas, torreznos y *patatas Parmentier*.

grand-mère.—Asadas en cazuela y guarnecidas con costrones, cuartos de setas y torreznos de tocino magro.

Jerez, al.—Asadas en cazuela y rociadas con vino de Jerez. Se guarnecen con pimientos rellenos con tomates *concassé*, berenjenas fritas y patatas asadas.

primicias, con.—Asadas en cazuela y guarnecidas con hortalizas tempranas (judías verdes, guisantes, zanahorias, coliflor) y patatas cortadas en cuadraditos.

ramilletera.—Asadas en cazuela y guarnecidas con judías verdes, guisantes, zanahorias, fondos de alcachofas, coliflor y *patatas château*.

Souvarof.—Asadas en cocotera. Antes de terminar la cocción se rellenan con dados de trufas y *foie gras*. Se añade coñac y jugo. Se cierra herméticamente con pasta hojaldrada y se acaba de cocer en el horno.

Aves guisadas y salteadas

Albufera (cocidas).—Claveteadas con trufas, rellenas con arroz cocido y cubiertas con *salsa suprema* con gelatina de carne.

antigua, a la (salteadas).—Preparados con el *fricassée*. Guarnecidas con cebollitas, cuartos de setas, trufas y costrones.

arroz, con (cocidas).—Cocidas, cortadas y puestas sobre arroz blanco, se cubren con *salsa suprema*.

cazadora (salteadas).—Se saltean los trozos en mantequilla, se añade vino blanco, chalotes picados, setas cortadas, *salsa medio glasa* y se esparcen finas hierbas.

fricassée, en (salteadas).—Se prepara como el *fricassée de ternera*.

húngara, a la (salteadas).—Se saltean con mucha cebolla picada y paprika. Se terminan de cocer en una *salsa suprema* y se sirven acompañadas de *nouilles* con mantequilla.

indiana, a la (salteadas).—Se saltean con mucha cebolla picada y curry. Se acaban de cocer en una *salsa suprema* y se sirven con *arroz pilaw*.

Marengo (salteadas).—Se saltean los trozos en aceite y se añade vino blanco, tomates *concassé* y cuartos de setas. Se guarnecen con costrones, huevos fritos, colas de cangrejos y perejil picado.

PREPARACION DE LAS CARNES

setas, con (cocidas).—Se cuecen y cubren con *salsa poulette*. Se guarnecen con tartaletas pequeñas rellenas de setas.

Stanley (salteadas).—Se estovan los trozos con cebollas cortadas finamente y se acaba con una salsa suprema; después se pasa esta salsa por la estameña y se completa con una juliana de lengua, trufas y setas. Se guarnece con costrones.

Pavipollo, pava y pavo

Los pavos se vacían del mismo modo que las demás aves. Se les quita los nervios de los muslos. Para ello, hendir la piel del muslo con ayuda de una gran aguja de bridar, levantar el paquete de nervios que descansa sobre los huesos, cogerlos uno a uno, o varios a la vez, y tirar fuertemente para separar la extremidad de los nervios unidos al espolón (ver fig. 114). El pavo generalmente se asa en el horno o en sartén o cazuela.

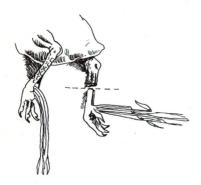

Fig. 114
Modo de quitar los nervios del muslo de un pavo

Platos a base de pavo

burguesa (asado con sartén o cazuela).—Guarnecido con zanahorias glaseadas, cebollitas y pequeños torreznos.

chipolata, con (asado en sartén o cazuela).—Se guarnece con castañas enteras cocidas con caldo y glaseadas, *chipolata* (salchichas), cebollitas y torreznos.

piamontesa (asado en sartén o cazuela).—Se asa con recortes de trufas y vino blanco. Se guarnece con *arroz piamontesa*.

relleno (asado en el horno o en sartén o cazuela).—Se rellena con carne de salchicha y castañas cocidas. Rociarlo con frecuencia.

trufado (asado en el horno o en sartén o cazuela).—Se clavetea con lamas de trufas y se rellena. Se acompaña con *salsa Périgueux*.

Pintada y pollo de pintada

Como la carne de la pintada se parece a la del faisán, puede prepararse del mismo modo o como cualquier otra ave.

Pato y patipollo

El pato puede prepararse braseado, asado en el horno o en sartén o cazuela. Esta última forma es la más empleada.

Algunas guarniciones

aceitunas, con.—Asado en el horno y cubierto con un fondo de vino de Madera. Se guarnece con aceitunas deshuesadas.

badoise, a la.—Asado en sartén o cazuela con vino blanco y guarnecido con *chucrut* coronado con lonchas de tocino magro.

bigarade.—Asado en sartén y guarnecido con cuartos de naranjas o cerezas. Se acompaña con una *salsa bigarade*.

guisantes, con.—Asado en sartén y guarnecido con guisantes y cebollitas.

naranja, a la.—Asado con un fondo perfumado con curaçao, una juliana de cortezas de naranja y guarnecido con cuartos de naranja.

nivernaise, a la.—Asado en el horno o en sartén o cazuela y guarnecido con nabos glaseados.

salmis, en.—Asado, troceado y calentado en un *coulis* de pato.

Oca y ansarón

La oca se prepara como la *poularde* y el pato. Cuando es dura, lo mejor es brasearla.

Paloma y pichón

Como el hígado de estos animales no contiene hiel puede dejarse en el interior. Casi siempre se preparan asados en el horno o en sartén o cazuela y se acompañan con guarniciones de guisantes, setas, aceitunas, etc.

crapaudine, a la.—Emparrillado, la pechuga abierta, embadurnado con mostaza, empanado y acompañado con una *salsa diabla*.

relleno a la inglesa.—Se rellena con una farsa compuesta de cebollas picadas, miga de pan tierno, hígados de ave y de paloma, y unos dados de tocino graso. Se asa en sartén o cazuela.

III. LA CAZA

La carne de caza, al igual que las de matadero, debe mortificarse ligeramente. Para ello, se la pone en un lugar fresco durante unos días.

Cuando se trocea la carne para encebollados, por ejemplo, hay que dejarla perfectamente limpia de huesos.

La caza mayor se detalla como el carnero o el cordero (ver fig. 110). Los mejores trozos son la silla, el *carré* y las piernas. Las espaldillas, el cuello y el pecho se utilizan casi siempre para encebollados.

Adobo

El adobo asegura a las carnes, principalmente a las de caza de pelo, una conservación limitada. Su principal misión es aromatizarlas impregnándolas del perfume de los condimentos, ablandar las fibras, conservarlas durante un tiempo más o menos largo y suavizar su peculiar sabor, a veces demasiado pronunciado, como ocurre con la gamuza, el jabalí y el venado. En invierno, el adobo no debe exceder de 2 a 3 días y, en verano, de 1 a 2 días.

La mortificación, especialmente la de las carnes de la caza de pluma (faisán, urogallo, pato silvestre, etc.), es necesaria. Con ella las carnes se enternecen y aromatizan. El tiempo de mortificación dependerá de la temperatura, teniendo en cuenta siempre que un exceso haría las carnes incomestibles.

Toda la caza de pelo (el corzo, la gamuza, el venado, el jabalí, el jabato y la liebre) puede prepararse del mismo modo.

La silla, la pierna y el solomillo se preparan:

crema, a la.—Se mecha y adoba la carne. Se escurre y se asa en aceite humeante y en horno caliente. Se rocía con frecuencia y al terminar la cocción se añade un *mirepoix* (la carne debe quedar un poco rosada). Se desengrasa y deslíe el fondo de la cocción con vino de Madera y coñac, después se moja con un poco de nata y un fondo de caza preparado aparte. Se reduce, se pasa por la estameña y se rectifica el adobo con zumo de limón. Se cubre con un poco de salsa fluida y se acompaña con la misma salsa servida aparte en salsera.

forestal (asado).—*Salsa crema* y guarnición de cuartos de setas, torreznos y cebollitas.

montero mayor.—Asado del mismo modo que *a la crema*, se guarnece con un puré de castañas y se acompaña con una *salsa montero mayor* (descuajando el fondo con la mitad de vinagre y mitad de adobo. Se moja con un fondo de caza y se adiciona jalea de grosella y nata).

Nemrod (asado).—*Salsa crema* o *montero mayor*. Guarnición de croquetas de patatas, tartaletas de arándalos, setas emparrilladas y puré de castañas.

Las guarniciones más empleadas para estas carnes son: los purés de patata, *nouilles* con mantequilla, castañas estovadas y glaseadas, puré de castañas, zanahorias glaseadas, *spätzlis*, etc.

Chuletas y noisettes

Deben adobarse unas horas antes. Se enjugan y saltean a fuego vivo con un poco de aceite hirviendo o se emparrillan. Dispuestas en corona, se cubren con salsas diversas: *a la crema, poivrade, montero mayor*, etc., y se guarnecen igual que la silla y las piernas.

Lomo de liebre

El lomo de la liebre comprende la parte que se extiende desde los muslos hasta el final del *carré*. Quitada la piel, se mecha y adoba y se asa como la silla de corzo.

Encebollado

Tanto para el corzo, como para la gamuza, la liebre, el venado, el jabato o jabalí, la preparación es casi la misma. Pero los tiempos de cocción dependen de la carne, si es tierna o correosa. De la caza mayor se utilizan las partes del pecho, las paletillas y el cuello, pero en un encebollado de calidad hay que poner además una o dos piernas. De la liebre se toma toda la pieza. La carne se corta en grandes trozos regulares, se adoba, se escurre, se sazona y sofríe en grasa bien caliente, en pequeñas cantidades, hasta que la carne esté bien dorada por todas sus partes. Se añade un *mirepoix*, se espolvorea todo con harina y se moja con un fondo de caza o con agua y el adobo. Se completa con un ramito de hierbas finas y se pone a cocer a fuego suave. Se retiran los trozos y se termina de sazonar la salsa, ligándola con sangre fresca y nata sin dejarla hervir. Se puede poner una guarnición por encima: *forestal* o *cazador*, setas y torreznos, y acompañarse con un puré de patatas, *nouilles*, puré de castañas, etc.

Caza de pluma

Cuando la caza no se emplea inmediatamente, o hay que mortificarla, es preferible no vaciarla ni desplumarla. Así se conserva mejor.

Al comprarla no hay que dejarse engañar por el magnífico plumaje de los animales, pues cuanto más atractivo, más viejo es el animal. Las patas de color claro y las garras muy cortas, son las características de un animal joven.

La caza hay que desplumarla con sumo cuidado para no arrancarle la piel. Después se chamusca, se vacía y se brida como las aves de corral, excepto en el caso de la becada, que solamente se le quita la molleja o cachuela.

La pechuga debe cubrirse con una barda de tocino para evitar que se seque durante la cocción. El procedimiento más corriente para toda la caza de pluma joven es el asado, mientras que los animales más viejos se emplean principalmente en *salmis, terrinas y pâtés*.

Algunas recetas

Asado.—Después de preparada la caza como se ha explicado, se sala por dentro y por fuera y se asa en la propia grasa del ave, rociándola frecuentemente. Al final de la cocción se añade un *mirepoix*.

Para hacer el jugo se escurre la grasa y se deslíe con coñac y vino de Madera, se moja con un poco de fondo de caza y se cuece, a fuego lento, unos instantes y se pasa por la estameña.

Las aves grandes se trinchan como los pollos, y las pequeñas, se cortan en dos, a lo largo, o se dejan enteras. Por encima se extiende una barda de tocino cortada en pequeños trozos, se rocía con mantequilla a punto de avellana y se sirve el jugo en una salsera aparte.

La caza asada se sirve también sobre costrones rellenos del siguiente modo: se calientan en la sartén o en la saltera unos dados de tocino graso, se añaden unos higadillos de ave y el de la pieza que se asa, condimentos, sal y pimienta. Se saltea todo vivamente durante 1 ó 2 minutos, después se pasa por un tamiz fino y se le incorpora un poco de *foie gras,* también pasado por el tamiz.

chucrut, en (faisán, perdigón o perdiz).—Se hace un *chucrut* con tocino y salchichas gruesas. Se coloca encima el ave medio asada y partida en dos. Cuando está a punto, se cubre con más *chucrut* y se guarnece con tocino y salchichas cortados en lonchas.

col, con.—Se prepara de este modo el faisán, el perdigón y la perdiz. Se procede como en la receta anterior, sustituyendo el *chucrut* por coles braseadas. Servir del mismo modo.

salmis, en.—(*Salmis* de faisán, perdigón, pato, etc.). El *salmis* es una especie de ragú preparado con caza de pluma asada. Es un excelente modo de aprovechar los restos de carnes y de guisar las aves de carnes duras.

Se sudan unos chalotes picados en mantequilla, se añaden unos granos de pimienta machacados y se moja con un poco de vino tinto. Se reduce hasta la mitad y se le añade una *salsa medio glasa*. Se incorporan los caparazones de las aves cortados en pequeños trozos y se cuece suavemente durante 30 ó 40 minutos. Se pasa por la estameña, se calienta de nuevo y se le incorporan unos dados de mantequilla fresca. Se calienta lentamente la caza, troceada, en la salsa, sin hervirla. Se coloca y guarnece con costrones de pan blanco, fritos en mantequilla.

Las piezas pequeñas de caza de pluma se hacen casi siempre asadas. Es conveniente envolverlas en una barda de tocino e, incluso, algunas, como la codorniz y el tordo, en una hoja de parra.

Se siven sobre costrones rellenos o canapés.

IV. GUARNICIONES

Las guarniciones deben estar siempre en consonancia con el elemento de base. Pueden ser sencillas y componerse de un solo elemento (una verdura, una pasta, un cereal, etc.), pero lo más frecuente es que se compongan de varios platos que se complementan.

Guarniciones para carnes de matadero y aves

alsaciana: *chucrut* guarnecido con lonchas de tocino magro y patatitas cocidas;

andaluza: pimientos rellenos con tomates *concassé,* berenjenas fritas y patatas asadas;

argelina: medio tomate salteado, relleno con juliana de pimientos y croquetas de patata;

Argenteuil: puntas de espárragos cubiertas con *salsa holandesa;*

arlesiana: tomates emparrillados, berenjenas y cebollas fritas;

berrichonne: pequeñas coles braseadas, cebollitas y castañas enteras, lonchas de tocino magro;

bohemia: tomates *concassé,* arroz pilaw y cebollas fritas.

borgoñona: cuartos de setas, cebollitas, torreznos;

bretona: judías blancas con tomate y patatas doradas;

bruselense: coles de Bruselas, escarolas y patatas doradas;

burguesa: cebollitas glaseadas, zanahorias y guisantes;

campesina: cebollas rellenas, cogollos de col y patatas doradas;

castellana: fondos de alcachofas guarnecidos con puré de castañas, lechuga braseada y patatas avellana;

Clamart: fondos de alcachofas guarnecidas con guisantes y *patatitas château;*

compota, en: (para pichones). Cebollas glaseadas, torreznos y cuartos de setas;

chez-soi: cebollitas glaseadas, torreznos y patatas cortadas en forma de dientes de ajo y asadas;

chipolata: salchichas *chipolata,* torreznos y cebollitas glaseadas;

Choiseul: cuartos de setas y fondos de alcachofas guarnecidos con *foie gras;*
Choron: fondos de alcachofas guarnecidos con guisantes, puntas de espárragos y patatitas doradas;
Demidof: zanahorias y nabos cortados en forma de crestas de gallo y guisantes;
Dubarry: ramitos de coliflor cubiertos con *salsa Mornay* y gratinados, *patatas château;*
duquesa: *patatas duquesa* y macedonia de verduras;
Enrique IV: fondos de alcachofas rellenos con *salsa bearnesa y patatas Pont-Neuf;*
estrasburguesa: lonchas de *foie gras, chucrut* coronado con lonchas de tocino magro;
favorita: apio, cuartos de alcachofas y *patatas a la parisina;*
financiera: champiñones, lamas de trufas, aceitunas deshuesadas, *quenelles* de ave o de ternera, crestas y riñones de gallo;
flamenca: cogollos de col braseados y coronados con lonchas de tocino, zanahorias y nabos torneados, patatas cocidas;
forestal: cuartos de setas o champiñones, torreznos, patatas cortadas en dados y doradas;
gastrónoma: morillas salteadas en mantequilla, castañas glaseadas, trufas y riñones de gallo;
granjera: paisana de verduras (zanahorias, nabos, apio y cebollas), estovada con mantequilla;
Helder: medios tomates emparrillados y rellenos con *salsa bearnesa y patatas a la parisina;*
hotelera: champiñones rellenos y patatas avellana;
inglesa: coliflor, zanahorias, nabos y patatas, todo cocido al natural;
jardinera: zanahorias, nabos, judías verdes, cortados en pequeños dados y fríjoles, guisantes y ramitos de coliflor cubiertos con *salsa holandesa;*
Judic: lechuga, tomates rellenos y *patatas château;*
mariscala: puntas de espárragos, guisantes y fondos de alcachofas guarnecidos con una lama de trufa;
mascota: cuartos de alcachofas salteados con mantequilla, lamas de trufas y patatas cortadas en cuadraditos;
Masséna: fondos de alcachofas guarnecidos con una lama de tuétano y cubiertos con *salsa Périgueux;*
milanesa: *spaghetti* con mantequilla guarnecidos con juliana de jamón, lengua, champiñones, trufas y *salsa de tomate;*
Montreuil: fondos de alcachofas guarnecidos con bolitas de zanahorias y guisantes;

napolitana: *spaghetti* con tomate y queso;

niçoise: judías verdes, tomates emparrillados y *patatas château;*

nivernaise: nabos glaseados, cebollitas y lechuga;

paisana: apio, cebollitas, torreznos, zanahorias y patatitas doradas;

panadera: lonchas de patatas asadas con cebollitas;

parisina: lechuga y *patatas a la parisina;*

piamontesa: *risotto* con trufas blancas;

primaveral: pequeños dados de hortalizas tempranas y patatas avellana;

princesa: fondos de alcachofas, puntas de espárragos y patatas avellana.

ramilletera: guisantes, zanahorias, nabos, judías, coliflor y *patatas a la parisina;*

romana: ñoquis, *subrics de espinacas* y *patatas Ana;*

Rossini: escalopes de *foie gras* y lamas de trufa;

Saint-Germaine: puré de guisantes, zanahorias glaseadas y *patatas fondantes;*

tirolesa: ruedas de cebollas fritas y tomates *concassé;*

tortuga (para los morros de ternera): *Quenelles* de ternera, champiñones, pepinillos, aceitunas rellenas, lengua de ternera, sesos y cuartos de huevos duros.

vadoise: lombarda guarnecida con lonchas de tocino magro y patatas cocidas;

verde prado: judías verdes, berros y *patatas paja;*

Vichy: zanahorias cortadas en finas lonchas, cocidas y glaseadas;

Wellington: relleno compuesto de puré de *foie gras, duxelles* de champiñones, puesto alrededor del lomo de buey asado sangrante, y encerrado después en una pasta hojaldrada. Se guarnece con aceitunas, tomates emparrillados y *patatas paja;*

zíngara: jamón, lengua, champiñones y trufas cortados en juliana y salteados en mantequilla, *salsa medio glasa* entomatada y perfumada con esencia de estragón.

CAPITULO VIII

LAS HORTALIZAS

Las hortalizas no deben ponerse en remojo, pues se endurecen y pierden parte de sus sustancias nutritivas y de su sabor. Los cuchillos con que se corten han de ser de acero inoxidable. El hierro actúa sobre determinadas vitaminas, perjudicándolas.

Los principales sistemas de preparar las hortalizas son:

    blanquear   rellenar.
    brasear   purés, en
    freír   hervir
    glasear   gratinar

Blanquear.—Algunas hortalizas, como la col, la lechuga, el apio, el hinojo y los nabos, ganan al blanquearlas y la pérdida de sales minerales que supone esta operación apenas tiene importancia. El blanqueo tiene como finalidad eliminar el exceso de aspereza y acidez que puedan tener. El procedimiento consiste en poner las hortalizas en agua hirviendo, durante 3 ó 4 minutos, y, a continuación, enfriarlas en agua corriente. También se llama *blanqueo* a la cocción rápida de algunas verduras: judías verdes, guisantes y espinacas.

Una vez limpias, las verduras se ponen en abundante agua salada y se cuecen destapadas para que conserven su color. Ya cocidas, se enfrían rápidamente.

No se debe emplear bicarbonato porque si da a las verduras un bonito color verde, destruye, en cambio, su aroma y su valor nutritivo, sin contar con los trastornos que puede originar en las vías digestivas.

Brasear.—Las hortalizas se brasean cuando se cuecen en su propio jugo. Este sistema es excelente para las hortalizas coriáceas porque mejora sensiblemente su sabor, sobre todo en el caso de las lechugas, hinojos y apios.

Se cubre el fondo de la brasera con rodajas de cebolla, zanahoria y recortes de tocino magro ahumado, y, encima, se ponen las hortalizas ya blanqueadas y frías. A continuación se mojan con caldo o agua, pero en poca cantidad para que no quede demasiado líquido.

Freír.—Las tortalizas lo mismo pueden freirse crudas que cocidas. Las berenjenas, calabacines y cebollas se cortan, en crudo, en lonchas o rodajas y se sazonan, se enharinan y se pasan por huevo batido o por la pasta para freír, antes de dorarlas en aceite o cualquier grasa, bien caliente.

Las hortalizas cocidas de antemano, como los salsifís, las alcachofas y las coliflores, se mojan en la pasta para freír y se doran en la grasa bien caliente.

Glasear.—Algunas hortalizas mejoran cuando se glasean. Una vez blanqueadas y frías se ponen en una cacerola y se mojan con caldo. Se añade un buen trozo de mantequilla, se tapan y se cuecen en el horno. Están en su punto cuando el líquido ha quedado completamente reducido, lo que da a las hortalizas un aspecto brillante.

Gratinar.—Las hortalizas se brasean o cuecen antes de gratinarlas. Después se cubren con una salsa blanca o tostada, se espolvorean con queso y mantequilla y se gratinan en el horno hasta que adquieren un bonito color dorado.

Hervir.—Se hierven todas las verduras que se van a preparar *a la inglesa*. Se cuecen en agua salada hirviendo. Se sirven inmediatamente después de cocidas con unas conchas de mantequilla fresca.

Las alcachofas enteras, espárragos y coliflores, se hierven también en agua salada y se acompañan con salsas o aliños diversos, servidos con las mismas hortalizas o aparte.

Los fondos de alcachofas, salsifís, cardos y acelgas se suelen cocer en un blanco de verduras, compuesto de agua salada, una cucharadita de harina y zumo de limón. Así cocidas adquieren un bonito color blanco.

Las verduras deben blanquearse o hervirse en recipientes de cobre.

Puré, en.—Todas las hortalizas sirven para purés, sobre todo las leguminosas. Se cuecen o brasean, se pasan por el tamiz y se enriquecen con mantequilla, nata, caldo o *salsa bechamel*.

Rellenar.—Los tomates y pepinos no precisan blanquearse de antemano, pero sí las cebollas, coles, setas, lechugas, alcachofas y calabacines. Se rellenan con farsas diversas (carnes, hortalizas, arroz, etc.) y se cuecen en el horno.

PLATOS A BASE DE HORTALIZAS

Acelgas

Se limpian del mismo modo que las espinacas y se cuecen en un blanco de verduras. Se sirven *a la crema, al gratin, a la milanesa, a la medio glasa o a la polonesa.*

LAS HORTALIZAS

Alcachofas

Barigoule, a la: Se blanquean unas alcachofas bien limpias, se les quita la pelusa de los fondos, se rellenan con *duxelles* de setas, dados de jamón y finas hierbas picadas. Se albardan con unas lonchas de tocino magro, se atan y se marean en una saltera tapada. Se mojan con vino blanco y consomé. Se brasean en el horno. Una vez reducido el fondo, se pasa y se liga con una *medio glasa* con mantequilla. Se ordenan las alcachofas en una fuente y se les vierte la salsa por encima.

Clamart: Límpiense muy bien unos corazones de alcachofas. Cuézanse en una saltera con zanahorias y guisantes. Se sirven en timbal.

florentina, a la: Se guarnecen unos fondos de alcachofas con espinacas, se cubren con *salsa Mornay* y se gratinan.

frías: Una vez cocidas se dejan enfriar en su mismo fondo. Se sirven con *salsa mayonesa* o *vinagreta*.

natural, al: Se cuecen en agua salada. Se disponen en un plato cubierto con papel o servilleta. Sírvase aparte *salsa holandesa* o mantequilla fundida.

Apios

Primera fórmula.—Se escogen los tallos blancos y se cortan en trozos de 15 a 20 centímetros de longitud. Se pelan y lavan cuidadosamente. Se blanquean, se enfrían y se lavan de nuevo. Braséense, como las lechugas, con grasa de riñones de ternera en vez de tocino. Una vez braseados se cortan en trozos pequeños y se sirven igual que los cardos.

Segunda fórmula.—Pelados y cocidos en un blanco de verduras, se sirven *al velouté*, *a la crema*, *a la medio glasa* o *al gratin*.

Torneados como las *patatitas château*, pueden glasearse como las zanahorias y servirse como guarnición.

Berenjenas

andaluza, a la: Las berenjenas se cortan a lo largo. Se cuecen en el horno sobre una placa aceitada, se vacían y se rellenan con tomates *concassé*, a los que se ha añadido pimientos morrones y jamón cocido. Se completan con un cordón de *medio glasa*.

castellana, a la: Se cortan por la mitad, a lo largo. Se cuecen en el horno sobre una placa aceitada y se guarnecen con un salpicón de trufas, lengua, ave y setas, con *salsa alemana*. Se les pone mantequilla y se gratinan en el horno. Se completa con un cordón de *medio glasa*.

fritas: Una vez peladas se cortan en rodajas, se sazonan y se enharinan ligeramente. Fríanse en abundante aceite.

provenzal, a la: Cortadas por la mitad, a lo largo, se cuecen en el horno sobre una placa aceitada o en la parrilla. Dispuestas en una fuente se cubren con miga de pan dorada en mantequilla y, en el último momento, se les añade chalotes, ajo y perejil picados.

rellenas: Se cortan por la mitad, a lo largo. Se vacían y rellenan con una farsa de carne o bien *a la griega*, con arroz, añadiéndose la pulpa de las berenjenas, picada. Se gratinan en el horno.

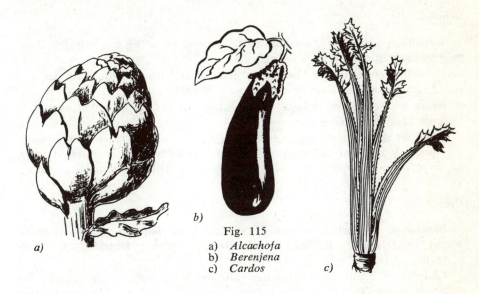

Fig. 115
a) *Alcachofa*
b) *Berenjena*
c) *Cardos*

Calabacines

fritos: Igual que las berenjenas.

mantequilla, con: Igual que los pepinos glaseados.

provenzal, a la: Se pelan y se cortan en rodajas. Se saltean en aceite o mantequilla. Se disponen en una fuente refractaria con chalotes, ajo y perejil picados y tomates *concassé* pasados por mantequilla. Finalmente se espolvorean con miga de pan y se gratinan en el horno.

rellenos: Igual que los pepinos.

Calabazas

Esta hortaliza puede prepararse con mantequilla, pero sobre todo se emplea como condimento de sopas y potajes.

Cardos

Se escogen los tallos blancos y carnosos. Se pelan y se cortan en trozos de 8 ó 10 centímetros. Cuézanse en un blanco de verduras con una corteza de pan.

Se preparan *al gratin, con mantequilla, al jugo, a la crema, al tuétano, a la polonesa y a la milanesa*.

Cebollas

Cebollitas doradas y glaseadas: Se pelan y se doran en mantequilla. Después se brasean con un poco de jugo.

Cebollitas glaseadas en blanco: Se pelan y sudan en mantequilla sin dejarlas tomar color. Se estovan con un poco de caldo.

fritas: Se cortan en rodajas, se deshacen los anillos, se enharinan y se fríen en abundante grasa.

rellenas: Se corta un casquete, se vacían las cebollas y se blanquean a continuación. Se dejan enfriar y se rellenan con *duxelles* o una farsa de carne, de arroz, o de tomates *concassé*. Se brasean en el horno, tapadas.

Coles

braseadas: Se cortan en cuartos, se quitan las hojas duras. Después se blanquean y limpian. Brasearlas con cebollas, tocino y mojarlas con caldo o agua.

Chucrut: Si es un poco ácido hay que lavarlo o, incluso, blanquearlo. Se sudan en manteca unas cebollas cortadas, se añade el *chucrut*, tocino magro, un ramito de hierbas finas, unas bayas de enebro y pimienta en grano. Se sala y se moja con agua y un poco de vino blanco. Deben cocer unas 4 horas. Por último, se liga todo ligeramente con un poco de fécula o patatas crudas ralladas.

Lombardas a la flamenca.—Una vez cortadas en cuartos se quitan los tronchos y se pican en juliana. Se cuecen en cacerola con abundante mantequilla, u otra grasa, y unas cebollas. Se mojan con vino tinto, un chorrito de vinagre y agua. Poco antes de terminar la cocción se añaden unas manzanas cortadas.

Rellenas: Se les quita el troncho antes de blanquearlas. Después se extienden las hojas grandes y, sobre ellas, se colocan las pequeñas. Se sazonan y, sobre cada hoja, se distribuyen porciones de un picadillo de carne cruda o cocida. Se forman bolas regulares con ayuda de una servilleta o lienzo. Por último, se brasean en una saltera con un fondo de ruedas de cebolla, zanahorias y recortes de tocino ahumado.

Coles de Bruselas

castañas, con: Se saltean en mantequilla y se guarnecen con castañas estovadas y glaseadas con mantequilla.

crema, a la: Se cuecen y estovan en mantequilla. Se ligan con nata.

gratin, al: Se cuecen y estovan en mantequilla. Se cubren con *salsa Mornay* y se gratinan.

inglesa, a la: Cocidas en agua salada, se sirven con conchas de mantequilla fresca.

Coliflores

Eliminadas las hojas verdes y duras, las coliflores se ponen en remojo en agua salada durante 20 minutos. El agua se acidula ligeramente con un chorrito de vinagre. Luego se cuecen en agua salada. En verano es conveniente cortarlas en ramitos para evitar que queden orugas o insectos ocultos. Si se quiere, una vez limpia la coliflor, puede reconstruirse. Se dispone en una fuente con papel o servilleta o simplemente en una legumbrera. La coliflor se acompaña o se cubre con salsas diversas —*holandesa, mantequilla fundida, crema, velouté*— o guarniciones como *a la milanesa, polonesa* e, incluso, *al gratin*.

Escarolas

Se limpian. Se ponen en una cacerola untada con mantequilla, un buen trozo de mantequilla, sal y zumo de limón. Se tapa herméticamente y se cuecen sin agua. Las escarolas se sirven *al natural, a la crema, al jugo, gratinadas* o *con jamón*.

Espárragos

gratin, al: Cocer los espárragos y ponerlos a escurrir. Untar con mantequilla una fuente refractaria y colocar en ella los espárragos con las cabezas hacia el centro y los tallos a los extremos de la fuente. Estos se cubren con un papel engrasado. Las cabezas se cubren con una *salsa Mornay*. Se espolvorean con queso, se rocían con mantequilla y se gratinan en la salamandra.

a la milanesa: Se cuecen en agua salada y se disponen como en la receta anterior. Se espolvorean con queso rallado y se rocían con mantequilla a punto de avellana, coronándose todo con un huevo al plato.

natural, al: Cocidos en agua salada, se sirven calientes con *salsa holandesa, muselina* o *mantequilla fundida*; también se sirven fríos, con *mayonesa, vinagreta* o *ravigotte*.

polonesa, a la: Se cuecen en agua salada y se disponen como para gratinar. Sobre las puntas se esparce miga de pan dorada en mantequilla y se espolvorea perejil y huevos duros picados.

Espinacas

Una vez cortadas deben lavarse en varias aguas. Se cuecen en abundante agua hirviendo, salada, y se dejan enfriar. Se sacan con una rasera de fritos con el fin de que la tierra que todavía pudieran tener se quede en el fondo. Se escurren, estrujándolas, para que suelten bien el agua.

costrones, en: Preparadas *a la crema,* se guarnecen con costrones de pan de miga cortados en formas diversas y dorados en mantequilla.

crema, a la: Después de cocidas se pican finamente. Se rehogan en mantequilla unas cebollas muy picadas. Se calientan las espinacas, se sazonan, y se añade nata fresca o una *bechamel* fluida.

española, a la: Una vez cocidas y bien escurridas, píquense un poco sobre la tabla (el picado no debe ser muy fino). A continuación se pone aceite y ajos en una cacerola, se doran, se echan las espinacas, se sazonan, se remueven bien y se sirven. Se sirve vinagre aparte.

inglesa, a la: Se sirven simplemente cocidas, con mantequilla fundida.

Jugo, al: Preparadas *a la crema,* se sirven rociadas con un poco de jugo.

Soufflé de espinacas: Se prepara un puré de espinacas, se le añade una *bechamel* espesa y queso parmesano rallado. Se liga con unas yemas de huevo, después se incorporan las claras montadas a punto de nieve bien espeso. Se disponen en los moldes para *soufflés* y se cuecen en el horno igual que un *soufflé* al queso.

Guisantes

buena mujer, a la: Igual que *a la francesa,* con torreznos.

escocesa, a la: Póngase en una cacerola mantequilla y tocino cortado en trocitos. Agréguese cebolla muy picada, rehogarlo todo dorándolo un poco. Se añade jamón, nabos y zanahorias, cortados en cuadraditos, y lechuga picada. Se incorporan los guisantes y se rehoga todo durante unos minutos. Se moja con agua y se sazona con sal y pimienta. Se cuece todo a fuego lento durante unas 2 horas. Cinco minutos antes de retirarlo del fuego se agrega mantequilla amasada. Se sirve en legumbrera calentada.

española, con jamón a la: Dorar cebollas y zanahorias muy picadas, añadiendo jamón cortado en cuadraditos. Se rehoga todo un poco y se ponen los guisantes con lechuga picada (los guisantes deben ser muy tiernos y finos). Sazónese. Tápese y déjese cocer suavemente. Remover de vez en cuando con cuidado. Se sirven solos, con huevos fritos o como guarnición de una carne, etc.

francesa, a la: Se cuecen con unas cebollitas y chifonada de lechuga, sal y azúcar. Se ligan con mantequilla amasada.

hierbabuena, con: Póngase al fuego vivo una cacerola con agua y un poco de sal. Cuando hierve a borbotones se echan los guisantes, un ramito de hierbabuena y se dejan cocer durante 18 ó 20 minutos. Después de cocidos los guisantes, se escurren y se les aparta el ramito de hierbabuena. A continuación se secan al fuego vivo y se les añade trocitos de mantequilla. Dispónganse en una legumbrera calentada y esparcir por encima hierbabuena picada, previamente cocida y escurrida aparte.

inglesa, a la: Cocerlos en abundante agua salada, escurrirlos y servir con unas conchitas de mantequilla.

mantequilla, con: Se preparan igual que a la inglesa y se saltean en mantequilla fresca.

Habas

asturiana, a la: Calentar aceite en una cacerola y rehogar en él cebollas, ajos y jamón, todo bien picado. Añadir pimentón y, a continuación, las habas y unas zanahorias cortadas en rodajas. Mojar con vino blanco y caldo y sazonar con sal y pimienta. Se tapan y se dejan cocer durante una hora aproximadamente. Quince o veinte minutos antes de terminar la cocción se agregan unas patatitas.

catalana, a la: Escoger habas tiernas y pequeñas y, si es posible, recién recolectadas. Se pone en una cazuela de barro manteca de cerdo, ajos y tocino. Una vez bien caliente se añaden cebollas picadas y se rehoga todo hasta dorarlo. A continuación se agregan unas butifarras y las habas, sazonándose todo con sal y pimienta. Por último se añade vino rancio, laurel y menta. Se tapa la cazuela herméticamente y se cuece a fuego lento. Se sirven en fuente honda, colocando encima el tocino y las butifarras cortadas en lonchas.

gratin, al: Se pone, en una cacerola al fuego, manteca, tocino y jamón, todo cortado en pedacitos regulares. Cuando empieza a dorarse se agrega cebolla picada y se rehoga todo unos momentos. A continuación se ponen las habas, lechuga bien picada y un ramito de perejil. Se rehoga todo nuevamente y se añade un poco de leche, sazonándose con sal y pimienta. Cuézase tapado a fuego regular durante 1 y 1/2 horas, aproximadamente. Se apartan del fuego y se ponen en una fuente refractaria, se espolvorean con queso rallado, se rocían con mantequilla fundida y se meten en el horno fuerte para que se coloreen de repente sin consumirse el caldo.

guisadas: Fríanse unos ajos y unas rebanadas de pan en una cacerola.

LAS HORTALIZAS

Viértase en un mortero y macháquese hasta formar una pasta. Desleír con un poco de caldo. Rehogar las habas con unas lechugas picadas, añadiendo vinagre, pimentón y la pasta machacada. Tápese y cuézase a fuego lento hasta que las habas estén tiernas. Sazónese. Se sirven adornadas con costrones y, si se quiere, con huevos fritos.

menestra, en: Se pone en una cacerola unas setas, cebollas y perejil, todo finamente picado. Se rehoga en manteca de cerdo con unos fondos de alcachofas previamente cocidos y las habas. Se moja con agua y vino blanco. Se cuece a fuego lento. Se sirve en su misma salsa.

vasca, a la: En una cazuela de barro se pone aceite y tocino de jamón. Cuando se ha derretido el tocino se añade jamón y cebolla finamente picada. Se tapa y se cuece lentamente. Una vez rehogado se añaden pimientos secos, previamente quitadas las pepitas, y se restriegan por la cazuela con una cuchara de madera. Se añade harina, se remueve y se echan las habas. Se agrega perejil, tomillo y unos trocitos de azúcar de pilón. Se sazona con sal y pimienta. Se tapa y se deja cocer en su vapor. Si quedaran algo secas se añade un poco de caldo. En el momento de servir se retira el perejil y los pimientos. Se sirven adornadas con costrones o huevos fritos.

Hinojos

Se preparan como los apios y se sirven con los mismos complementos.

Judías blancas

Como todas las leguminosas, las judías blancas se ponen previamente en remojo. Se cuecen con un ramito de hierbas finas, una cebolla picada y una zanahoria. Pueden prepararse *a la crema, a la bretona* (con tomate), *al gratin, en ensalada,* etc.

Uno de los platos más acreditados es la *fabada asturiana.* Se utilizan para él unas judías especiales llamadas *fabes.*

Fabada asturiana

Se ponen en remojo las judías *(fabes)* y, aparte, se desalan en agua jamón y tocino. Se ponen las judías en un puchero o cazuela, con el tocino y el jamón, chorizo, un poco de rabada, morcillas asturianas y un trozo de lacón. Se cubre todo con agua fría y se pone a cocer lentamente. A media cocción se añaden unas hebras de azafrán machacadas.

La sal se pone en el último instante, toda vez que puede no necesitarla debido a los ingredientes que integran el guiso, todos ellos muy condimentados ya. No conviene revolverlas con cuchara, sino que se mueven con la misma cazuela o puchero.

El tiempo de cocción oscila entre 2 y 1/2 y 3 horas, a fuego muy lento y con la tapadera puesta a la mitad del puchero.

Se sirve en fuente honda y con poco caldo.

Las judías verdes

Se les quitan las hebras, se cortan las puntas y se ponen en agua hirviendo. Una vez cocidas se dejan enfriar.

Se preparan de infinitas formas, entre ellas, *a la inglesa, salteadas, con mantequilla, a la española, a la castellana, a la riojana, a la paisana,* etc.

española, a la: Se pone en una cacerola al fuego aceite, cebolla picada, unos dientes de ajo y harina. Se dora un poco todo y se añaden las judías verdes bien escurridas. Se remueve todo un poco y se sazona con sal y pimienta.

Se sirven adornadas con patatitas cocidas, con una *salsa de tomate* aparte o cubriendo las judías.

riojana, a la: Póngase en una olla de barro al fuego agua, tocino, costilla de cerdo y chorizo. A media cocción se añaden las judías en crudo, troceadas y limpias. Déjese cocer lentamente.

Se fríe en aceite cebolla picada muy fina, un diente de ajo y un poco de harina. Se echan las judías, bien escurridas, y, por último, se añade el unto del puchero. Se sazona con sal y pimienta.

Colóquense las judías en una fuente honda y adórnense por encima con el chorizo, el tocino, etc., cortados en pedazos regulares.

castellana, a la: Se asan unos pimientos al horno, untados con aceite. Quíteseles la piel y córtense en tiras finas. Poner al fuego unas judías verdes, previamente cocidas con agua y sal. Añádase un frito con aceite, ajos y perejil picado. Agréguense los pimientos. Mézclese bien.

Lechugas

Una vez limpias se brasean. Pueden servirse *al jugo, a la crema, rellenas* o como *guarnición.*

Nabos

Los nabos se preparan como las zanahorias y pueden servirse *a la crema, al velouté, glaseados* o *rellenos.*

Pepinillos

Los pepinillos se preparan preferentemente en vinagre. (Encurtidos.) Se frotan con un paño y se ponen en sal durante 12 horas por lo menos. Se escurren bien y se meten en tarros. En un recipiente de cobre se pone al fuego la cantidad de vinagre necesaria para cubrir los pepinillos, que se vierte sobre ellos hirviendo. Al día siguiente se aparta el vinagre y se hierve nuevamente añadiendo dos decilitros de vinagre nuevo por litro. Se vierte sobre los pepinillos, se deja enfriar y se tapa.

Pepinos

crema, a la: Se tornean en forma de aceitunas, se blanquean y se enfrían rápidamente. Se cuecen con nata fresca o una *bechamel* fluida.

glaseados (para guarnición): Se tornean en forma de aceitunas, se blanquean y enfrían. Por último, se glasean con mantequilla.

rellenos: Se pican y cortan en trozos. Se vacían, blanquean y enfrían. Se rellenan con *duxelles* o carne y, por último, se marean en la saltera con el fondo y se brasean en el horno.

Pimientos verdes y rojos

bilbaína, rellenos a la: Se confecciona una salsa con cebollas y zanahorias finamente picadas. Fritas en aceite, se añade puré de tomate, raspadura de pimiento choricero (remojado de antemano), perejil picado y harina. Se rehoga todo bien, se agrega vino blanco, agua fría, sal y pimienta. Al empezar a hervir se aparta a un lado y se deja cocer a fuego lento.

Se prepara un picadillo a base de cerdo y ternera, poniendo doble cantidad del primero.

En una sartén con aceite caliente se dora cebolla, ajo y perejil muy picados. Se agrega el picadillo. Se rehoga todo bien y se añade miga de pan remojada en leche. Se sazona con sal y pimienta y se cuece dándole vueltas para que no se pegue. Una vez ligado se agregan unas yemas de huevo y un poco de perejil picado, se retira y se deja enfriar.

Se cogen unos pimientos rojos, del tiempo o de conserva. Si son del tiempo se limpian de semillas y se les quita la piel. Si son de conserva se secan bien. Se rellenan, se pasan por huevo batido y harina y se fríen en aceite.

Se pasa la salsa por el "chino", se pone en una cazuela de barro y se añaden los pimientos. Cocer despacio hasta que estén tiernos.

rellenos: Vaciarlos, blanquearlos y enfriarlos. Se rellenan con arroz o carne y se brasean en un fondo de ternera.

vaudoise, a la: Se vacían sin blanquear, se rellenan con lonchas de queso Gruyère y se brasean en un fondo de tomates *concassé*.

Salsifís o escorzonera

Se pelan y cuecen como los cardos. Se suelen servir *a la crema, al gratin, a la polonesa, a la milanesa o en buñuelos.*

Setas

bordalesa, a la: Se cortan en pedacitos y se saltean con aceite bien caliente en la sartén. Se sazonan con sal y pimienta, se añaden unos chalotes y perejil picados, ajo y zumo de limón.

costrones, en: Prepárense como *a la crema* y colóquense sobre unos costrones de pan de miga, dorados en mantequilla. Cúbranse con una *salsa glaseada* (un poco de *salsa holandesa* y nata) y dórense en la salamandra.

crema, a la: Se cortan en pedacitos y se estovan con mantequilla, chalotes picados, vino blanco y zumo de limón. Después se mojan con nata o una *bechamel* fluida. Se reduce y se sirven en cocotera.

emparrilladas: Se sazonan, se untan con aceite y se emparrillan sobre fuego vivo.

gratin, al: Se preparan como *a la crema*. Se disponen en fuentes para gratinar y se espolvorean con queso rallado, se rocían con mantequilla y se gratinan.

provenzal, a la: Igual que *a la bordelesa.*

rellenas: Se estovan unas setas en mantequilla. Se rellenan con una *duxelle* y se gratinan.

salteadas: Se cortan en pedacitos, se saltean con mantequilla, se sazonan y se les añade chalotes picados y, si se quiere, tomates *concassé*. Por último, se espolvorean con perejil picado.

Tomates

antigua, a la: Se vacían, se sazonan y se rellenan con una *duxelles* a la que se agregan unos dados de jamón y finas hierbas picadas. Estovar en el horno.

provenzal, a la: Partirlos en dos, vaciarlos. Colocarlos en una placa aceitada, sazonarlos y rellenarlos con una mezcla de ajo, miga de pan, perejil picado y cebollas picadas, sofritas en mantequilla. Untar de mantequilla y gratinar lentamente en el horno.

rellenos: Se corta un casquete o, si son muy grandes, se parten en dos y se vacían. Se rellenan con una *duxelles* o farsa de carne. Finalmente se cubren con pan rallado y mantequilla y se gratinan en el horno.

Zanahorias

Las zanahorias se suelen servir *a la crema, glaseadas* y *Vichy*. (Se cortan las zahanorias en rodajas finas, se cuecen en la saltera, con poco caldo, con un buen trozo de mantequilla y un poco de azúcar. Se reducen y glasean.)

LAS PATATAS

Algunos preparados

alsaciana: torneadas en forma de aceitunas, asadas con mantequilla, torreznos y cebollitas.

Ana: cortadas en rodajas regulares y finas, colocadas por capas en moldes de timbales, bien untadas con mantequilla clarificada y cocidas en el horno. Durante la cocción, poco antes de sacarlas de los moldes, se prensan para extraerles el exceso de mantequilla.

batalla: cortadas en dados y fritas.

berrichonne: torneadas en forma de aceitunas, cocidas con torreznos y cebollas picadas.

Bignon: una vez peladas las patatas, de tamaño mediano, se vacían y rellenan con carne de salchicha, se espolvorean con pan rallado y se cuecen en el horno. Se sirven con un poco de *salsa medio glasa*.

bordelesa: *patatas Parmentier* a las que se añade ajo picado, finas hierbas y chalotes.

bretona: cortadas en dados, cocidas en un caldo con cebollas, ajos picados y tomate *concassé*.

buena mujer: torneadas en forma de aceitunas, se doran con cebollas braseadas.

Byron: *patatas Macaire* espolvoreadas con queso rallado, rociadas con nata y gratinadas.

crema, a la: cocidas con piel, cortadas muy finas, remojadas en leche hervida y adobadas con mantequilla. En el último instante se añade nata.

croquetas: *patatas duquesa* en forma de albóndigas, empanadas y fritas.

champignol: *patatas fondantes* espolvoreadas con queso y glaseadas.

château: cortadas en forma de dientes de ajo, blanqueadas y asadas en el horno.

chatouillard: cortadas en forma de virutas y fritas.

delfina: puré de patatas bien seco al que se le añade un tercio de *pâte à choux*. Se fríe en porciones, vertiéndolas con la manga pastelera en aceite bien caliente.

delfinesa: se cortan muy finas. En una fuente refractaria, engrasada con mantequilla, se colocan las patatas espolvoreadas con queso, mantequilla y mojadas con leche. Se gratinan en el horno.

duquesa: puré seco de patatas al que se añaden yemas de huevo y mantequilla. Se corta en porciones de formas diversas y se fríen en la sartén con mantequilla, o se doran en el horno.

enarenadas: *patatas Parmentier* cocidas con mantequilla. Al final de la cocción se le agrega miga de pan blanco.

fondantes: cortadas en forma de huevo se colocan en placas engrasadas con mantequilla, se mojan en caldo y se cuecen y doran en el horno.

gastrónomo: cortadas en forma de aceitunas, se blanquean y doran en mantequilla y se pasan por gelatina de carne adicionada con trufas picadas.

húngara: cebollas picadas, rehogadas en mantequilla con paprika, tomate *concassé*, patatas cortadas en gruesas rodajas, mojadas y cocidas en caldo. Se sirven con perejil picado.

inglesa, a la: cocidas en agua salada y adobadas con mantequilla.

lionesa: salteadas con cebollas.

Macaire: pulpa de patatas cocidas en el horno. Se machaca y adoba con mantequilla, se sazona y se cuece en moldes bien engrasados o en rebanadas de pan frito.

menagère: patatas gratinadas a las que se añaden dados de jamón y cebollas picadas.

menta, a la: *patatas al natural* con hojas de menta picadas.

Mirette: *patatas Parmentier*, pasadas por gelatina de carne, con juliana de trufas. Se preparan en timbales, espolvoreadas con queso, y se glasean en la salamandra.

paisana: se cortan en trozos gruesos, se cuecen con mantequilla, se mojan con caldo y se añade ajo picado, juliana de acedera y perifollo picado.

paja: cortadas muy finas y fritas en abundante aceite, bien caliente. Se escurren bien.

panadera: cortadas finas y asadas con mantequilla. Se les añade cebollas, finamente cortadas, preparadas aparte.

persillés: *patatas a la inglesa* pasadas por mantequilla fundida y perejil picado.

Pont-Neuf: cortadas en bastoncitos de un centímetro y medio de lado, aproximadamente, y fritas en dos veces.

rellenas: una vez peladas, se cortan en trozos regulares que se vacían para rellenarlas con una farsa de carne o con *duxelles*. Se estovan. En el último instante se gratinan al descubierto.

sarladaise: patatas salteadas a las que se añade, en crudo, una juliana de trufas.

soufflées: patatas cortadas en trozos de unos tres milímetros de espesor. Se enjugan bien y se echan en una fritura no muy caliente; después se va aumentando el calor sin dejar de moverlas. Una vez cocidas se escurren muy bien y se fríen en aceite bien caliente.

torreznos, con: cortadas en dados, se mojan en caldo y se cuecen con torreznos dorados y cebollitas braseadas y doradas. Se añade perejil picado.

LAS ENSALADAS

Las ensaladas pueden variar hasta el infinito, tanto en el modo de aliñarlas como en sus componentes.

Casi todas las hortalizas pueden servirse en ensalada, permitiendo tanta fantasía como pueda crear la imaginación, siempre que se tenga buen gusto y se respete el sabor y la armonía de sus colores.

Las ensaladas pueden ser simples o compuestas, pero, al prepararlas, hay que tener en cuenta siempre las hortalizas que entran en la composición de los demás platos de la minuta.

Hay que poner mucho cuidado en la preparación de las ensaladas de hojas —repollos, lechugas, escarolas, etc.— porque constituyen un alimento refrescante de máxima importancia.

Para hacer una buena ensalada de hojas, previamente quitadas las más duras, hay que lavarla con cuidado y, sobre todo, escurrirla muy bien. La mayoría de las veces, la falta de sabor se debe a que por estar mal enjugada no toma bien el aliño. En el agua sólo hay que dejarla el tiempo preciso para devolverle su frescor y no se debe sazonar hasta el último momento. Durante la mezcla hay que evitar triturarla, incorporándole la salsa muy delicadamente.

La salsa más generalizada se compone con 1/4 de vinagre, 3/4 de aceite, sal y pimienta. La sal, la pimienta y el vinagre se ponen en una ensaladera. Cuando se ha mezclado todo bien se le añade el aceite poco a poco, removiéndolo vivamente. Cuando se quiere más fuerte se le puede añadir mostaza y un chorrito de Worcester. También se le puede poner nata, huevo duro picado, cebolla y cebollino, igualmente picados. La *salsa vinagreta* se emplea para las ensaladas de hortalizas o de carnes.

La salsa puede hacerse también con una mezcla de nata fresca, zumo de limón, sal y pimienta; o con mayonesa aclarada con nata fresca.

Para las ensaladas de frutas se suele emplear jugos de frutas y se sazonan con zumo de limón, completándose con nata fresca.

ALGUNAS VARIEDADES DE ENSALADAS SIMPLES Y COMPUESTAS

Aída: fondos de alcachofas troceadas, tomates pelados y cortados en ruedas, juliana de pimientos verdes, endivias, claras de huevo duro cortadas en ruedas finas. Se espolvorea todo con yema de huevo duro. Se sazona con *vinagreta con mostaza.*

alcachofas, de: fondos de alcachofas cortados en cuartos o troceados. Se sazona con *salsa vinagreta* o *salsa mayonesa.*

americana: patatas y tomates cortados, juliana de apios, ruedas de cebolla y huevos duros. Se sazona con *salsa vinagreta.*

ALGUNAS VARIEDADES DE ENSALADAS SIMPLES Y COMPUESTAS

andaluza: cuartos de tomates pelados, juliana de pimientos y arroz; ajo, cebolla y perejil picados. Se sazona con *salsa vinagreta*.

apio, de: cogollitos de apios cortados en juliana fina; zumo de limón. Se sazona con *salsa mayonesa*.

Beatriz: pechuga de ave, manzanas y trufas —todo cortado en juliana—, puntas de espárragos. Se sazona con *salsa mayonesa con mostaza*.

capricho: juliana de jamón, trufas, lengua, endivias y ave; fondos de alcachofas troceados. Se sazona con *salsa vinagreta*.

Carmen: juliana de pechuga de ave y pimientos; arroz al natural y guisantes. Se sazona con *salsa vinagreta*.

espárragos, de: puntas de espárragos cocidas. Se sazona con salsa de ensalada corriente o con *salsa mayonesa*.

griega, a la: compuesta de una o varias hortalizas —alcachofas, cebollitas, calabacines, coliflores, puerros, etc.—. Se blanquean y cuecen en un caldo compuesto de agua, aceite, vino blanco, zumo de limón, aromáticos —laurel, tomillo, culantro y, si se quiere, azafrán— y, por último, sal y pimienta en grano.

húngara, a la: juliana de coles blanqueadas, patatas, pequeños torreznos. Se sazona con aceite, zumo de limón y rábano rallado.

italiana, a la: ensalada de hortalizas, juliana de salami y lengua, aceitunas y filetes de anchoa. Se sazona con *salsa mayonesa*.

japonesa: pequeños dados de ananás, tomates, naranjas. El ananás se sazona con zumo de limón; el tomate, con azúcar, sal y zumo de limón. Se mete en la nevera. En el momento de servirse se colocan en la ensaladera cogollitos de lechugas, se añaden los frutos mezclados y se cubre con nata acidulada con zumo de limón y sal.

Mikado: plantas del Japón, judías verdes, tomates pelados y cortados, lechuga romana. Se sazona con *salsa gribiche*.

mimosa: cogollos de lechugas guarnecidos con cuartos de naranjas, uvas peladas, plátanos cortados. Se sazona con nata y zumo de limón.

moscovita: setas y pepinos cortados, juliana de ternera o de ave. Se sazona con *salsa vinagreta* y se guarnece con caviar.

Ninon: lechugas, cuartos de naranjas o mandarinas. Se sazona con zumo de limón.

nizarda: patatas, judías verdes, tomates. Se decora con filetes de anchoas, aceitunas y alcaparras. Se sazona con *salsa vinagreta*.

Opera: juliana de ave, trufas, lengua, apio y ramitos de espárragos. Todo colocado separadamente. Se sazona con *salsa mayonesa ligera*.

parisina: se forra un molde con gelatina, se decora con colas de langostas y trufas, y se llena con una macedonia de hortalizas y dados de langosta, ligados con mayonesa espesa. Se saca del molde en el momento de servirla.

LAS HORTALIZAS

Parmentier: ensalada de patatas ligadas con mayonesa.

pepino, de: pepinos cortados, marinados en sal y enjugados. Se sazona con sal, pimienta, vinagre y aceite.

Rachel: juliana de fondos de alcachofas, trufas, apio y patatas. Se añade unas puntas de espárragos. Se sazona con *salsa mayonesa*.

Réjane: puntas de espárragos, dados de patata, juliana de trufas. Se sazona con *salsa vinagreta*.

Rusa, a la: jardinera de zanahorias, nabos, guisantes, judías verdes, patatas cocidas, pepinillos, setas, filetes de anchoas, jamón y lengua. Se sazona con *salsa mayonesa*.

siciliana: dados de fondos de alcachofas, apios, tomates, patatas, manzanas y finas hierbas. Se sazona con *salsa vinagreta* o *salsa mayonesa con limón*.

Tosca: dados de apio, trufas blancas y ave. Se sazona con *salsa mayonesa con mostaza* y esencia de anchoas.

Victoria: dados de langosta, trufas y pepino; puntas de espárragos. Se sazona con *salsa mayonesa*, a la que se añade coral de langosta.

Waldorf: dados de manzana y juliana de apios, cuartos de nueces limpias. Se sazona con *salsa mayonesa ligera*.

ESCALA DE REDUCCION DE GRAMOS A ONZAS
(28,7 gramos la onza)

Gramos		Onzas	Gramos		Onzas	Gramos		Onzas
5	equivalen a	0,174	150	equivalen a	5,22	1.150	equivalen a	40,07
10	"	0,348	200	"	6,96	1.200	"	41,81
15	"	0,522	250	"	8,71	1.250	"	43,55
20	"	0,696	300	"	10,45	1.300	"	45,30
25	"	0,870	350	"	12,19	1.350	"	47,04
30	"	1,044	400	"	13,94	1.400	"	48,78
35	"	1.218	450	"	15,68	1.450	"	50,52
40	"	1,392	500	"	17,42	1.500	"	52,26
45	"	1,566	550	"	19,16	1.550	"	54,00
50	"	1,740	600	"	20,90	1.600	"	55,75
55	"	1,914	650	"	22,64	1.650	"	57,52
60	"	2,088	700	"	24,38	1.700	"	59,23
65	"	2,262	750	"	26,12	1.750	"	60,97
70	"	2,436	800	"	27,87	1.800	"	62,71
75	"	2,611	850	"	29,61	1.850	"	64,45
80	"	2,785	900	"	31,35	1.900	"	66,20
85	"	2,959	950	"	33,10	1.950	"	67,94
90	"	3,133	1.000	"	34,84	2.000	"	69,68
95	"	3,307	1.050	"	36,58			
100	"	3,481	1.100	"	38,33			

OBSERVACIONES.—Damos esta escala por el interés que ofrece en algunos países sudamericanos.

CAPITULO IX

LOS POSTRES

Ante todo, los postres deben estar en consonancia con las minutas correspondientes. Si éstas son ligeras, lo lógico es servir un postre consistente (un *soufflé,* un *pudding,* etc.), y, si por el contrario, son de por sí copiosas, se debe terminar con un helado, frutas o un postre de cocina ligero.

También hay que tener en cuenta la estación del año. En verano se deben servir postres ligeros y, en el invierno, todo lo contrario. En las temporadas en que abunda la fruta se recurrirá a ella con más frecuencia, dada la posibilidad de preparar postres relativamente más baratos.

Los postres se dividen en tres grupos: postres de cocina (calientes y fríos); postres de quesos y frutas al natural, y, por último, postres a base de helados.

1. **Postres de cocina**

   a) *Calientes:*

cremas	crêpes	buñuelos
soufflés	tostadas	charlottes
puddings soufflés	tortillas	frutas

   b) *Fríos:*

cremas	compotas	jaleas
bávaros	puddings	frutas

2. **Quesos y frutas al natural**

   quesos variados   frutas variadas

LOS POSTRES

3. Helados

- helados
- copas
- parfaits
- mousses
- biscuits glacés
- helados en moldes
- soufflés helados
- sorbetes

ALGUNAS PREPARACIONES AUXILIARES

Cremas

caramelo, al: A un litro de *crema inglesa* se le añade 100 gramos de azúcar a punto de caramelo, diluido en un poco de agua, y 300 gramos de harina o vainilla en polvo.

Chibouste o Saint-Honoré: Se prepara una *crema pastelera,* pero con la mitad del azúcar. Con la otra mitad se montan 10 claras de huevo a punto de nieve espeso y se incorporan a la crema caliente. Se sirve inmediatamente.

chocolate, al: A un litro de *crema inglesa* se le añaden 60 ó 80 gramos de chocolate o cacao, y 30 gramos de vainilla en polvo o harina.

inglesa

Primera fórmula: Un litro de leche, 200 gramos de azúcar, 8 yemas de huevo, un grano de vainilla.

Se cuece la leche con la vainilla; se trabajan las yemas con el azúcar en una terrina y se vierte en ella, lentamente, la leche hirviendo y sin dejar de trabajarla con las varillas. Se pone de nuevo al fuego hasta que la crema se adhiera a la espátula, pero sin que llegue a cocer.

Segunda fórmula: Un litro de leche, 200 gramos de azúcar, 3 yemas de huevo y un grano de vainilla.

Se mezcla la harina con las yemas y el azúcar, y se procede como en la fórmula anterior.

mantequilla, de

Primera fórmula: Un kilo de mantequilla, 10 huevos y 800 gramos de azúcar.

Se montan los huevos y el azúcar, al baño maría, hasta que, al sacar el batidor, se deslice la crema formando una especie de cinta. Se aparta y se continúa batiendo hasta su enfriamiento total. Entonces, se le añade, poco a poco, la mantequilla trabajada hasta quedar cremosa.

Segunda fórmula: 500 gramos de mantequilla y *merengada italiana,* hecha con 8 ó 10 claras de huevo y 500 gramos de azúcar.

Se trabaja la mantequilla hasta que quede cremosa y se le agrega la *merengada* fría.

Tercera fórmula: 500 gramos de mantequilla, 1/2 litro de *crema pastelera* y 100 gramos de azúcar glas.

Se trabaja la mantequilla con el azúcar y, lentamente, se le incorpora la *crema pastelera*.

pastelera

Primera fórmula: Un litro de leche, 200 gramos de azúcar, 8 yemas o 4 ó 5 huevos enteros, 100 gramos de harina y un grano de vainilla.

Se cuece la leche con la vainilla. En una terrina se diluyen los huevos con el azúcar y, por último, la harina. A continuación se va vertiendo la leche, lentamente, mientras se agita vivamente con el batidor. Se pone todo otra vez en el recipiente de la leche y se calienta hasta que quede muy espeso, pero cuidando de que no se cueza.

Segunda fórmula: Un litro de leche, 200 gramos de azúcar, 2 ó 3 yemas, 50 gramos de harina y 50 gramos de vainilla en polvo.

Se procede como en la fórmula anterior.

praliné: Se añade a un litro de crema 100 gramos de *praliné,* hecho con 50 gramos menos de azúcar del que indica su fórmula, y 30 gramos de harina o de vainilla en polvo.

Merengues

Fórmula: 500 gramos de azúcar y 10 claras de huevo.

Se montan las claras a punto de nieve, añadiéndoles una quinta parte del azúcar para darles consistencia. Después se incorpora, poco a poco, el resto del azúcar.

Merengada italiana

Fórmula: 10 claras de huevo, 500 gramos de azúcar a punto de bola y 100 gramos de azúcar glas.

Se baten las claras incorporándoles, poco a poco, el azúcar glas. A continuación se le añade, lentamente, el azúcar a punto de bola blanda. Continuar trabajando hasta que se enfríe por completo.

Azúcar fondant

Fórmula: Un kilo de azúcar de pilón, 4 decilitros de agua y 100 gramos de glucosa.

Se cuece el azúcar a punto de bola blanda, cuidando de espumarla bien. A continuación se vierte sobre un mármol humedecido con agua, se deja

LOS POSTRES

enfriar y en cuanto se forme una especie de película grisácea se trabaja con una espátula metálica hasta que quede completamente blanca. Acto seguido se mete en un recipiente apropiado y se tapa con un paño húmedo.

Glasa real

Se trabaja el azúcar glas con clara de huevo y un poco de zumo de limón hasta que quede blanca y muy lisa.

Salsas calientes

Bischof.—1/2 litro de vino tinto, 1/2 litro de agua, 500 gramos de azúcar, una corteza de limón, un clavillo, un bastón de canela. Se liga con maizena y se agregan almendras.

frutas, de: Un kilo de pulpa de frutas (albaricoques, frambuesas, fresas, etc.), un litro de agua, un kilo y 200 gramos de azúcar, un grano de vainilla y 10 gramos de maizena.

Se cuece unos instantes la pulpa, el azúcar, el agua y la vainilla. Se liga con la maizena diluida en agua fría.

sabayon: 1/2 litro de vino blanco, 2 vasitos de curaçao, un zumo de limón, 400 gramos de azúcar, 12 yemas ó 8 huevos enteros.

Se monta todo en una fuente al baño maría, hasta conseguir una salsa muy cremosa y ligera. Se sirve inmediatamente.

Se puede perfumar con ron, coñac, kirsch, anís, etc.

Salsas frías

albaricoques, de: Se prepara igual que la *Melba,* pero con pulpa de albaricoques.

Jarabe para babás y savarines: Un litro de agua, 400 gramos de azúcar, una corteza de limón y otra de naranja, un bastoncito de canela y 2 decilitros de ron.

El jarabe necesario se calcula en 1 y 1/2 vez la cantidad de harina empleada para la confección de los babás y savarines.

Melba: Un kilo de pulpa de frambuesa, un kilo de azúcar y un zumo de limón. Se mezcla todo muy bien, largamente, y se mete en la nevera.

praliné, el: Un kilo de azúcar y un kilo de avellanas, o un kilo de avellanas y almendras, a partes iguales.

Se cuece el azúcar con 2 ó 3 decilitros de agua hasta que se dore. Inmediatamente se agregan las avellanas o avellanas y almendras, previamente mondadas y un poco tostadas. Se mezcla todo bien y se vierte sobre un mármol, ligeramente engrasado con aceite, y se deja enfriar. Se pasa por la trituradora o se ralla.

vainilla, chocolate, etc., de: Ver salsas inglesas.

Cocción del azúcar

Para conseguir un resultado satisfactorio hay que empezar por seleccionar el azúcar, procurando que sea lo más puro posible. Asimismo hay que tomar la precaución de lavar las paredes del recipiente con la mano mojada o un pincel húmedo.

Se pone el azúcar en un perol de cobre, se añade la mitad de su peso en agua fría y se disuelve. Durante la cocción se espuma cuidadosamente para eliminar las impurezas que aún pudiera contener. La cocción del azúcar exige mucha práctica.

Las diferentes fases o puntos de cocción son:

Punto de jarabe: Cuando al meter la espumadera y sacarla se forma una capa tenue que tapa los agujeros. 18 grados en el pesajarabes.

Punto de hebra fina: Cuando al coger el almíbar entre los dedos pulgar e índice se forma una hebra que se rompe al separarlos. 29 grados.

Punto de hebra fuerte: Continuando la cocción unos segundos más la hebra se estira sin romperse. 32 grados.

A partir de este momento se recurre al agua fría para darse cuenta del punto de cocción.

Punto de bola blanda: Cuando el almíbar cogido con la punta de los dedos y sumergido en agua fría, forma, al rodarlo, una especie de bola blanda. 32 grados en el pesajarabes.

Es el punto de cocción para los *fondants* y *merengadas*.

Punto de bola dura: Cuando, después de efectuar la misma operación descrita anteriormente, la bola rueda con facilidad entre los dedos, ofreciendo cierta resistencia. 35 grados.

Punto de escarchado o lámina: El primer punto de escarchado lo alcanza cuando la bola es claramente resistente y al morderla se pega a los dientes. 39 grados.

Es el punto para el azúcar *soufflé*.

Después de cocer unos segundos más se alcanza el segundo punto de escarchado y se conoce porque, al apretar la bola entre los dedos, se quiebra como el cristal y al masticarla no se pega a los dientes. 42 grados.

Es el punto para el ligado, torcidos, paja, flecos e hilados.

Cuando se quiere el almíbar en el segundo punto de escarchado es conveniente añadirle, al principio, un chorrito de ácido acético o un poco de glucosa.

Punto de caramelo: Cuando se ha alcanzado el segundo punto de escarchado el agua se ha evaporado por completo. Si se continúa cociendo, el almíbar empieza a amarillear (punto acaramelado); continuando la cocción, se oscurece y expande un olor acre. En este momento se ha convertido en *azúcar quemado* para dar color.

En el punto de caramelo, al dejar caer una gota sobre el mármol, se endurece inmediatamente.

PASTAS DIVERSAS

azucarada: Un kilo de harina, 100 gramos de azúcar, 1/2 kilo de mantequilla, 4 huevos, un limón rallado y 15 gramos de sal.

Se hace un hueco en el centro de la harina y se pone en él la sal, el azúcar, los huevos, el limón rallado y la mantequilla, previamente amasada. Se mezcla todo bien y se recoge, poco a poco, la harina, amasándola sin trabajarla demasiado.

babás y savarines, para: Un kilo de harina, 400 gramos de mantequilla fundida, 10 huevos, 4 decilitros de leche tibia, 40 gramos de levadura, 10 gramos de sal y 60 gramos de azúcar.

Se hace una masa levadura con 1/4 de la harina, la levadura y un poco de leche tibia. Se deja levar en un sitio caliente.

Con el resto de la harina, la mantequilla, los huevos, la sal, el azúcar y la leche se hace una pasta muy trabajada y se le agrega a la masa levadura. Romper la pasta una vez durante la fermentación. Se distribuye en los moldes y se deja subir antes de cocerlos en el horno.

Para los babás se añaden 300 gramos de pasas de Corinto o de Málaga, previamente remojadas y bien escurridas.

brioches, para.—Un kilo de harina, 400 gramos de mantequilla, 8 ó 10 huevos, un poco de leche tibia, 15 gramos de sal, 50 gramos de azúcar y 30 gramos de levadura.

Se hace la masa de levadura con 1/4 de la harina, la levadura y leche tibia. Se deja levar en sitio caliente.

Se mezcla el resto de la harina con los huevos, el azúcar y la sal. Se trabaja fuertemente y cuando la pasta se despega de la mesa, se agrega la masa de levadura y, por último, la mantequilla cremosa. Dejarla reposar en sitio fresco durante unas horas. Después se vuelve a trabajar la pasta y se corta para formar los brioches. Se la deja levar, se baña con huevo batido y se cuece en horno caliente.

crêpes, para.—Trescientos cincuenta gramos de harina, un litro de leche, 4 decilitros de nata, 150 gramos de mantequilla, 12 huevos, 100 gramos de azúcar y una pizca de sal.

Se mezcla a un tiempo la harina tamizada, la sal, el azúcar y la leche. Se añaden los huevos y la nata y, por último, la mantequilla fundida o a punto de avellana.

freír, para.—Un kilo de harina, 30 gramos de sal, un decilitro de aceite, una botella grande de cerveza dorada, 2 yemas, 8 ó 10 decilitros de agua tibia y 6 claras.

Se mezcla la harina, tamizada, la sal, el aceite, la cerveza, las yemas y el agua, sin trabajarlo demasiado. Se deja reposar durante unas dos horas en un sitio templado, y, por último, se incorporan las claras montadas a punto de nieve firme.

hojaldrada.—Un kilo de harina, 800 gramos de mantequilla o margarina, 20 gramos de sal y 4 ó 5 decilitros de agua.

Se prepara la primera fase del hojaldre con la harina, 1/10 ó 2/10 partes de la mantequilla, la sal y el agua. Se mezcla sin trabajar la masa demasiado. Aparte se trabaja el resto de la mantequilla hasta que adquiera la misma consistencia de la masa anterior, y se deja reposar durante unos 30 ó 60 minutos.

Extender la pasta en forma de cruz, procurando que el centro quede más grueso y poner la mantequilla en él. Se recogen los extremos de la pasta y se llevan al centro hasta que la mantequilla quede bien envuelta. A continuación se aplana con el rodillo y se forma una banda de 80 ó 100 centímetros de longitud. Plegarla en 4 partes iguales y apretar con el rodillo para que se suelde. Esta operación se repite tres veces más, dejándola reposar entre plegado y plegado.

También se puede plegar en tres partes iguales en vez de cuatro, pero entonces hay que doblarla seis veces.

Para conseguir un hojaldrado regular hay que procurar que al espolvorear la harina se extienda por igual. La igualdad del espesor de la pasta es también condición indispensable.

Pâte à choux.—Un litro de leche, 400 gramos de mantequilla, 600 gramos de harina, 20 gramos de sal y 18 ó 20 huevos.

Hervir la leche con la mantequilla y la sal, verter la harina, agitando fuertemente, hasta que la pasta quede compacta, lisa y se despegue del recipiente. Se deja enfriar un poco y se le incorporan los huevos, de dos en dos, trabajando la pasta cada vez hasta que quede homogénea.

Si se destina a freiduría la pasta se hace entonces con un litro de leche o agua, 300 gramos de mantequilla, 20 gramos de sal, 50 gramos de azúcar, 700 gramos de harina y 25 ó 28 huevos.

quebrada.—Un kilo de harina, 400 ó 500 gramos de mantequilla, margarina o manteca de cerdo, 20 gramos de sal y 4 decilitros de agua.

Se amasa bien la mantequilla y la harina sobándola con las manos. Se hace un hueco en el centro y se pone la sal y el agua. A continuación se recoge la harina y se amasa con todo, sin trabajarla demasiado. Se deja reposar una o dos horas.

BIZCOCHOS DIVERSOS

baturros.—Cinco claras de huevo, de 400 a 500 gramos de azúcar y otro tanto de almendras.

Se baten las claras a punto de nieve, se agrega el azúcar y las almendras crudas, previamente molidas.

Se distribuye la pasta en cajitas de papel y se cuecen en el horno.

LOS POSTRES

borrachos de Guadalajara.—Doce huevos, 350 gramos de azúcar, 500 gramos de harina, para la cocción.

700 gramos de azúcar, 1/16 de litro de vino de Málaga, 1/4 de litro de agua y canela molida para espolvorear, para el almíbar.

Se baten las yemas de los huevos con el azúcar, trabajándolas bien, se agrega la harina, pasada por un tamiz, y las claras batidas a punto de nieve. Se mezcla todo bien con la espátula y se echa en una especie de caja hecha con papel de barba y se mete en el horno sobre una placa. Cocer unos diez minutos.

Cuando está dorado el bizcocho se saca y se divide en porciones de cinco centímetros de lado, se empapa en el baño de almíbar que se ha preparado previamente, se espolvorea con la canela y se deja que se oree sobre unos espartos.

El almíbar se prepara cociendo el azúcar a punto de hebra fuerte, agregándole el vino y enfriándolo un poco para bañar el bizcocho.

canario.—18 huevos, un kilo de harina y 1/2 de azúcar.

En un perol se baten las claras a punto de nieve, se agregan las yemas, el azúcar y, por último, la harina.

Se cubre una placa con papel de barba, se vierte el batido y se mete en el horno. Una vez cocido, se saca, se quita el papel, se corta en porciones grandes y se baña con una clarificación de limón.

enrollados.—Se hacen con la misma masa que los *bizcochos Saboya*, adelgazándola hasta un centímetro de espesor. Se extiende sobre una placa con papel de barba engrasado con mantequilla y se meten en horno caliente. Se cubre la superficie con confituras, cuando aún está caliente, y se enrolla.

genovesa.—10 huevos, 250 gramos de azúcar, 250 gramos de harina o 125 gramos de fécula y 125 gramos de harina, 150 gramos de mantequilla y un limón rallado.

Se trabajan los huevos y el azúcar en un recipiente al baño maría, hasta conseguir una pasta cremosa. Se retira y se continúa batiendo para enfriarla. A continuación se incorporan, a un tiempo, la harina, la fécula y la mantequilla fundida.

peregrinos.—15 yemas de huevo, 18 claras, 300 gramos de azúcar, 300 gramos de harina y 50 gramos de fécula.

Se trabajan las yemas con la mitad del azúcar, se incorporan las claras, montadas a punto de nieve espeso, con el resto del azúcar y la fécula, mezclándolo todo con cuidado.

Plumcake.—500 gramos de azúcar, 500 gramos de mantequilla, 600 gramos de harina, 12 huevos, una cucharadita de levadura en polvo, 500 gramos de naranja y limón confitados, 500 gramos de pasas, 2 decilitros de ron, una corteza de limón y una pizca de sal. Se trabaja enérgicamente la mantequilla, la corteza rallada y el azúcar, hasta que quede cremoso. Se añade la harina, los huevos y la levadura en polvo; luego, las frutas pasadas por harina, previamente maceradas en el ron.

Se cuecen en moldes para cakes, bien barnizados con mantequilla, en horno moderado. A media cocción se hiende la parte superior de los cakes con un cuchillo untado con mantequilla fundida.

Saboya.—10 huevos, 200 gramos de azúcar, 250 gramos de harina, o harina y fécula mezcladas a partes iguales, y una corteza de limón rallada.

Se trabajan bien las yemas, el limón y la mitad del azúcar. Se incorporan, a un tiempo, las claras, montadas a punto de nieve firme, con el resto del azúcar y la harina.

ALGUNOS POSTRES CALIENTES

Buñuelos

frutas, de: Se bañan las frutas, cortadas en rodajas o cuartos, en una pasta para freír y se doran en aceite caliente. Se pasan por azúcar fina, adicionada de canela y se sirve con *salsa de albaricoques*.

soufflés: *Pâte à choux* ligeramente azucarada. Con una cuchara se divide la pasta en porciones del grosor de una nuez. Se fríen en abundante aceite, no demasiado caliente, hasta que los buñuelos estén bien dorados. Se pasan por azúcar y canela y se sirven con *salsa de frutas* o *salsa de vainilla*.

Charlottes

manzana, de: Manzanas reinetas cortadas finamente o en cuartos. Se estovan con mantequilla y se les agrega azúcar, pasas de Corinto o de Málaga y un poco de canela. Se guarnecen moldes de timbales con rebanadas de pan inglés o de molde, pasadas por mantequilla clarificada, y se llenan con las manzanas. Se cuecen al horno. Se sirven con *salsa de albaricoques*.

Crêpes (ver preparados de *crêpes*)

flamenca: Se rellenan con *mermelada de manzanas*. Se espolvorean con azúcar glas y se glasean en la salamandra.

Georgette: Se rellenan con un salpicón de ananás, ligado con *confitura de albaricoques*.

normanda: Se rellenan con manzanas cortadas en dados, pasas estovadas en mantequilla y vino blanco, con un poco de *confitura de albaricoques*.

Suzette: Se rellenan con mantequilla amasada con azúcar glas, zumo y corteza de naranja rallada y aromatizada con curaçao. Estos *crêpes* pueden flamearse con licor ante los comensales.

Puddings

brasileño: Un litro de leche, 200 gramos de tapioca, 300 gramos de azúcar, 50 gramos de fécula, 5 gramos de sal, un grano de vainilla, 15 huevos y 50 gramos de mantequilla.

Se cuece la leche, la sal y la vainilla, se añade la tapioca y se continúa la cocción durante 20 ó 30 minutos, removiéndolo todo una o dos veces con la espátula. Se incorpora la mantequilla y, después, las yemas. Una vez frío, se mezclan con cuidado las claras, previamente montadas a punto de nieve firme y adicionadas con la mitad del azúcar y de la fécula mezclados. Se cuecen en moldes de *pudding*, forrados con el resto del azúcar a punto de caramelo. Proporción para 16 ó 18 personas.

Bread and butter pudding.—Rebanadas de pan inglés o pan azucarado, tostadas con mantequilla, puestas en una fuente honda, engrasada con mantequilla, y pasas esparcidas. Se vierte encima, lentamente, un preparado de crema al caramelo compuesta con un litro de leche, 180 gramos de azúcar, un grano de vainilla y 3 huevos.

Cocer al baño maría.

diplomático o gabinete: 1 y 1/2 litro de leche, 125 gramos de bizcocho cortado en pequeños dados, 10 gramos de azúcar, 3 huevos, 100 gramos de pasas y un grano de vainilla.

Se mezclan los huevos y el azúcar en un bol, se vierte en él, lentamente, la leche hervida con la vainilla. Se llenan unos timbales, engrasados con mantequilla, con el bizcocho y las pasas. Se vierte, poco a poco, la preparación anterior por encima y se cuece al baño maría en horno moderado. La proporción es para 12 ó 15 personas. Se sirve con una *salsa de vainilla*.

sémola, tapioca o arroz, de: Las mismas proporciones y preparación que el *pudding brasileño*, pero sin acaramelar el molde.

Puddings soufflés

chocolate, de: Un litro de leche, 300 gramos de azúcar, 300 gramos de mantequilla, 300 gramos de harina, uno o dos gramos de vainilla, 18 ó 20 huevos y 5 gramos de sal.

Se prepara un *roux* con la mantequilla y la harina y se deja enfriar. Se cuece la leche con 250 ó 300 gramos de cacao y la mitad del azúcar, la vainilla y la sal. Se vierte sobre el *roux* y se agita vivamente sobre el fuego hasta que se despegue del recipiente y quede liso. Se deja enfriar un poco y se añaden las yemas, poco a poco, trabajándolo todo con espátula. Se baten las claras con el resto del azúcar y se mezcla todo cuidadosamente. Se vierte la preparación en moldes de timbales grandes.

Las cantidades expresadas están calculadas para 25 ó 30 comensales. Quitados los moldes se sirven con *salsa de vanilla* o *de chocolate*.

ALGUNOS POSTRES CALIENTES

frutas, de: Lo mismo que el *pudding de chocolate,* adicionado con frutas (piñas, albaricoques, etc.), bien escurridas y cortadas en dados. Se sirve con el jugo de la misma fruta. No poner el cacao.

sajón: Igual que el *pudding de chocolate,* sin el cacao. Se sirve con *salsa de vainilla.*

Tortillas

confitura, de: Se baten 3 huevos por comensal con una pizca de azúcar fina y un poco de sal. Se prepara como una tortilla corriente, rellena con una confitura a voluntad. Dibujar por encima una cuadrícula por medio de un hierro al rojo.

Estefanía: 4 huevos, 100 gramos de azúcar mezclada con vainilla. Para 2 comensales.

Se montan las claras a punto de nieve firme con la mitad del azúcar y se trabajan las yemas con la otra mitad. Mezclarlo cuidadosamente, calentar un poco de mantequilla en una sartén y verter sobre ella los huevos y el azúcar. Cuando esté la tortilla poco hecha, rellenarla con una macedonia de frutas calientes, ligada con mermelada de albaricoques y perfumada con kirsch. Rodarla por medio de una espátula ancha y terminarla en el horno caliente. Debe quedar muy jugosa.

ron, al: Se prepara como una tortilla corriente, jugosa. Se cuadricula por encima con un hierro al rojo, se agregan unos trocitos de azúcar y se flamea con ron, previamente calentado, ante los comensales.

sorpresa o noruega: Fondo de bizcocho (*genovesa* o *Saboya*), dispuesto en un plato de la misma forma. Se vacía parte del bizcocho y se rellena con un salpicón de frutas confitadas o macedonia de frutas, maceradas con licores, todo muy frío. Perfumar al gusto. Luego se cubre con unas rebanadas finas de bizcocho y, a continuación, con un preparado de *tortilla soufflé* o de *merengue a la italiana.* Se decora al cocer y se glasea en horno muy caliente. Se espolvorea con azúcar glas.

soufflé: Lo mismo que la *tortilla Estefanía.* sin la macedonia de frutas,

Tostadas

ananás, con: Rebanadas de pan brioche tostadas con mantequilla y guarnecidas con una rueda de ananás y una cereza confitada. Se lustran con *salsa de albaricoques* perfumada con kirsch.

fresas, con: Guarnecidas con *fresas al kirsch* y lustradas con *salsa Melba.*

frutas, con: Peras, manzanas, albaricoques, etc., y lustradas con *salsa de albaricoques.*

Soufflés

chocolate, de: Para 18 ó 20 comensales: un litro de leche, 2 granos de vainilla, 250 gramos de azúcar, 130 gramos de mantequilla, 150 gramos de harina, 30 gramos de fécula, 15 ó 16 yemas, 18 ó 20 claras y 80 gramos de chocolate en polvo.

Se cuece la leche y se le añade el chocolate en polvo, vainilla y la mitad del azúcar. Se mezcla en una cacerola la mantequilla y la harina, se añade la leche hirviendo, removiendo enérgicamente. Cuando está bien liso, se enfría un poco y se le incorporan las yemas, de dos en dos, luego, las claras batidas a punto de nieve firme con el resto del azúcar y la fécula. La mezcla de las claras con la masa debe hacerse muy delicadamente. Se vierte este preparado en un molde para *soufflés*, previamente engrasado con mantequilla y espolvoreado con azúcar, llenándolo hasta las 3/4 partes de su capacidad. Se pone a cocer unos minutos al baño maría sobre el fuego y, luego, en horno moderado.

También puede hacerse con una *crema pastelera* enriquecida con más yemas de huevo.

Grand Marnier u otros licores: Se añade a un preparado a la vainilla, 1/2 decilitro de Grand Marnier u otros licores (anís, chartreuse, curaçao, etcétera).

Rotchschild: *Soufflé de vainilla* con salpicón de frutas confitadas, un chorrito de kirsch y decorar, después de cocido, con fresas partidas por la mitad.

vainilla: Lo mismo que el *soufflé de chocolate,* sin el chocolate en polvo.

ALGUNOS POSTRES CALIENTES CON FRUTAS

Albaricoques a la Condé.—Disponer sobre un zócalo de arroz con leche unos albaricoques y cubrirlos con *mermelada de albaricoques.*

Apple-pie.—Poner en un timbal de *soufflé,* o en un timbal especial, unas manzanas cortadas finas y ligeramente estovadas con mantequilla y jarabe. Se añade azúcar, canela, limón rallado y vino blanco. Se cubre con un fondo de pasta medio hojaldrada, se baña con huevo y se dora en el horno.

Castañas con leche.—Un kilo de castañas, escaldadas y peladas, un litro de leche, sal, hinojos y un poco de azúcar.

Se cuecen las castañas en agua caliente con sal e hinojos. A media cocción se retiran, se escurren y se deja que se enfríen un poco. Se calienta la leche y se le agregan las castañas, dejándolas cocer hasta que estén tiernas, pero no deshechas. Se vierten en una fuente y se espolvorean con azúcar.

Fresas amerengadas.—Se colocan las fresas sobre un lecho de arroz con leche o bizcocho, se rocían con Oporto o Curaçao, se cubren con merengue y se glasean en el horno.

Jubileo de cerezas.—Se cuecen unas cerezas deshuesadas en un jarabe aromatizado con kirsch. Se prepara en timbal, se reduce la cocción y se liga con un poco de *arrow-root* o *jalea de grosellas*. Se flamea con kirsch ante los comensales. Se sirve con bizcochos.

Manzanas buena mujer.—Se vacían las manzanas, se colocan en una placa, se guarnecen interiormente con un poco de azúcar, pasas y un dado de mantequilla. Se rocían con vino blanco y se cuecen en el horno. Antes de servirlas se espolvorean con azúcar glas.

Manzanas enjauladas.—Se vacían las manzanas con un tirabuzón, se pelan y se colocan sobre cuadrados de pasta hojaldrada, de unos 10 ó 12 centímetros de lado. Rellenar las manzanas con azúcar, un trocito de mantequilla y pasas. Barnizar con huevo batido las esquinas de los cuadrados de la pasta, llevarlas hacia el centro para envolver las manzanas. De la misma pasta se cortan ruedas de 3 ó 4 centímetros de diámetro y se colocan encima. Se embadurna todo con huevo y se cuece en el horno. Se sirve con una *salsa vainilla*.

Peras bourdaloue.—En una fuente refractaria se ponen medias peras cocidas. Se cubren con una *crema pastelera*, mezclada con un poco de crema batida. Se espolvorean con almendras trituradas y se glasean en la salamandra.

ALGUNOS POSTRES FRIOS

Bávaros

Charlotte de frutas: Se añade a un litro de pulpa de frutas (fresas, frambuesas o albaricoques), un litro de jarabe a 30 grados, un zumo de limón, 50 ó 60 gramos de gelatina disuelta en caliente y, cuando empiece a espesar, se agrega un litro o litro y medio de nata batida. Se dispone como un *bávaro a la crema.*

Las cantidades están calculadas para 35 ó 40 personas.

Charlotte rusa: Se guarnece el molde con bizcochos de soletilla y se llena con un *bávaro vainilla* perfumado con kirsch y se mete en la nevera.

diplomático: Se prepara un *bávaro al kirsch,* al tiempo que la crema batida. Se incorpora un salpicón de frutas confitadas y unos dados de bizcocho embebido en kirsch.

Puede colocarse en grandes moldes de *charlottes* o en cajitas especiales de papel.

Manjar blanco: Un litro de leche, 150 ó 200 gramos de almendras escaldadas y peladas, 200 ó 250 gramos de azúcar, 25 ó 30 gramos de gelatina y 1/2 litro de nata.

LOS POSTRES

Se cuece la leche, se añaden las almendras, molidas con el azúcar, se continúa cociendo durante unos minutos más y se pasa por la estameña. Mezclarle la gelatina, previamente remojada en agua fría, y, cuando la masa comience a espesar, se le añade la nata batida, un poco de kirsch y se moldea. Se mete en la nevera.

Proporciones para 18 ó 20 comensales.

rubanné: Se superponen unos bávaros perfumados y de colores diversos. Antes de colocar una capa se comprueba que la anterior está firme. Se sirve con *salsa de frutas*.

vainilla: Un litro de leche, 8 yemas, 200 gramos de azúcar, un grano de vainilla, 25 ó 30 gramos de gelatina y 1/2 litro de nata.

Proporciones para 18 ó 20 personas.

Con la leche, el azúcar, la vainilla y los huevos, se prepara una *crema inglesa*. Cuando aún está caliente, se le añade la gelatina, previamente remojada en agua fría. Se deja enfriar la crema y, cuando comienza a espesar, se le añade lentamente la nata batida. Se vierte inmediatamente en los moldes que se meten en la nevera. Quitar los moldes en el momento de servir y guarnecer con *crema Chantilly*.

Los bávaros pueden perfumarse con licores diversos o chocolate, moka, pistachos, *praliné,* almendras, avellanas, fresas, frambuesas o albaricoques.

Cremas

Bella Ribera: Se prepara una crema con un litro de leche, 8 huevos y 150 gramos de azúcar.

Se llenan unos moldes con la crema, previamente forrados con azúcar a punto de caramelo. Se cuecen al baño maría, se quitan los moldes, se guarnece el centro con nata batida y cucuruchos de pasta de barquillos igualmente llenos de nata. Para 12 ó 14 comensales.

caramelo, al: Se forra el fondo de un molde de timbal con azúcar a punto de caramelo. Se llena con una crema preparada como la anterior y se cuece al baño maría, en horno moderado, cuidando de que el agua del baño maría no llegue a hervir.

Los moldes de un litro necesitan de 40 a 50 minutos de cocción.

Esta crema puede prepararse en frío o en caliente. En caliente facilita la cocción.

Jaleas

frutas, de: 1/2 litro de jugo de frutas, 500 gramos de azúcar, 30 gramos de gelatina, un zumo de limón, una corteza de naranja y otra de limón y tres claras de huevo.

Mezclarlo todo en una cacerola, ponerla al fuego y remover constantemente para que la gelatina no se pegue y se queme en el fondo. Cuando empiece a hervir, sostener el hervor unos minutos. Retirarlo y pasarlo por una servilleta.

vino blanco, al: 7 decilitros de agua, 3 decilitros de buen vino blanco, 250 ó 300 gramos de azúcar, 2 zumos de limón, 30 ó 35 gramos de gelatina remojada y 5 claras de huevo.

Se procede como en la receta anterior.

Puddings, timbales

arroz a la emperatriz, de: Un litro de leche, 200 gramos de azúcar, 100 gramos de arroz, un grano de vainilla, una pizca de sal, 20 ó 25 gramos de gelatina, 200 gramos de frutas confitadas, 1/2 decilitro de kirsch y 1/2 litro de nata.

Se blanquea el arroz, se escurre y se deja enfriar. Se cuece la leche con la vainilla, se añade el arroz y se deja cocer todo unos 30 minutos. Se retira, se añade el azúcar y la gelatina, previamente puesta en remojo. Cuando empieza a espesar, se incorporan las frutas confitadas y la nata. Inmediatamente se pone en moldes y se mete en la nevera. Se sirve con una *salsa de frambuesa*.

El fondo del molde puede guarnecerse con una *jalea de frambuesa*. Proporciones para 18 ó 20 comensales.

sémola, de: Un litro de leche, un pellizco de sal, 30 gramos de gelatina, 120 gramos de sémola, 1/2 litro de nata y 1/2 decilitro de kirsch.

Se pone a hervir la leche con la sal, se le añade la sémola en forma de lluvia y se cuece todo durante unos 20 minutos. Se incorpora el azúcar, la gelatina, remojada, y, una vez frío, al empezar a espesar, se agrega el kirsch y la nata batida. Se pone en moldes y se mete en la nevera.

Los moldes pueden forrarse como los del *arroz a la emperatriz*.

Las proporciones están calculadas para 18 ó 20 personas.

POSTRES DIVERSOS

Bolas de Berlín.—Se prepara una masa de levadura con un kilo de harina, 3 decilitros de leche tibia, 200 gramos de mantequilla, 20 gramos de sal, 50 gramos de levadura, 100 gramos de azúcar, 8 ó 9 huevos y un limón rallado. (Ver pasta para brioches.)

La masa debe trabajarse bien y quedar pastosa. Se forman bolas de mediano tamaño, se rellenan con confitura y se cierran de nuevo, después de humedecerlas un poco. Dejarlas fermentar sobre un lienzo ligeramente enharinado. Cuando las bolas han doblado su tamaño se fríen en aceite no demasiado caliente. Se pasan por azúcar con canela y se sirven con *salsa de albaricoques* o *vainilla*.

Eclairs al kirsch.—Poner un *pâte à choux* en una placa engrasada con mantequilla, en forma de bastoncillos del grosor de un dedo. Se bañan con huevo y se cuecen en horno moderado. Una vez cocidos y enfriados, se abren por un lado y se rellenan con *crema pastelera,* perfumada con kirsch. Se glasean por encima con un *fondant* o con azúcar de flor.

Los *eclairs de chocolate* se glasean con una cobertura de chocolate.

Los *eclairs de moka* se hacen con la crema perfumada con esencia de moka, así como el *fondant.*

Huevos nevados.—Diez claras de huevo y 400 gramos de azúcar con vainilla.

Se montan las claras a punto de nieve firme y se agrega el azúcar. En una saltera se cuece leche con un poco de vainilla; sobre la leche se va dejando caer cucharadas de clara batida. Se cuece sin dejarla hervir. Volver las porciones de clara a los dos minutos; cuando están cuajadas, se sacan y se escurren. Con la leche se prepara una *crema inglesa.* Se vierte la crema en un plato hondo y se ponen las claras encima. Las porciones de clara batida se habrán modelado en forma de huevos.

Pastelillos de crema de chocolate.—Se preparan unos *petits choux* del tamaño de una nuez y se cuecen en horno moderado. Se rellenan con *crema Chantilly* poco azucarada. Servir en copa y cubrir con *salsa de chocolate.*

Savarines.—Remojarlos en jarabe (ver receta) y servir calientes.

frutas, de.—Cubrir el centro con una compota de diferentes frutas.

Montreuil.—Guarnecer con una *compota de albaricoques.*

Montmorency.—Llenarlos con *cerezas al jarabe,* ligadas con *arrow-root* y perfumadas con *kirsch.*

sabayon, al.—Guarnecer el centro con sabayones.

ALGUNOS POSTRES FRIOS A BASE DE FRUTAS

Albaricoques a la antigua.—Se ponen en un *bávaro vainilla* unos albaricoques partidos por la mitad, deshuesados y rellenos de *jalea de frambuesa.* Se guarnecen con nata batida.

Albaricoques al espejo.—Se llenan a medias unos platos para huevos con *manjar blanco.* Encima se colocan medios albaricoques, lo suficientemente espaciados para imitar a los huevos. Se bañan con una fina capa de *jalea de albaricoques.*

Ananás con frutas frías.—Se corta la parte superior de un ananás, se hace una incisión a lo largo del fruto para extraerle la pulpa del interior, procurando no hundir la corteza. Se corta la pulpa en cuadraditos y se mezcla con una macedonia de frutas cortadas del mismo modo y perfumada con *kirsch.*

Se rellena el ananás, se le pone de nuevo la parte superior y se sirve sobre un lecho de hielo picado.

Bircher-müesli.—Se mezclan copos de avena mojados en leche, o mitad leche y mitad agua, con manzanas y peras ralladas, almendras y avellanas, igualmente ralladas, uvas, zumo de naranja y de limón, leche condensada, o leche y nata.

Se pueden añadir otras frutas pero hay que evitar las que puedan colorear la mezcla (cerezas, frambuesas, naranjas sanguinas, etc.).

Compotas de frutas.—Las frutas en compota deben quedar tiernas, pero lo más enteras posible. A las frutas delicadas hay que añadirles el almíbar previamente cocido.

Algunas frutas deben pelarse antes de cocerlas. Para ello se escaldan en agua hirviendo. Para evitar que se oscurezcan, deben cocerse en cacerolas bien estañadas o de metal inoxidable, agregando un poco de zumo de limón al jarabe.

Cerezas, ciruelas, ciruelas pasas y albaricoques.—Lavar la fruta y cocerla en un jarabe con vainilla y canela. Cuando están tiernas, se retira el jarabe, se cuece nuevamente para reducirlo y se vuelve a echar sobre la fruta.

Fresas y frambuesas.—Estas frutas no se cuecen. Se vierte sobre ellas un almíbar espeso, se tapan y se dejan en maceración 30 ó 40 minutos. Se recupera el almíbar, se vuelve a cocer para reducirlo y se vierte sobre la fruta.

Manzanas y peras.—Se pelan, se parten por la mitad y se les quita el centro. Se ponen a remojar, mesuradamente, en agua fría, con un poco de zumo de limón. Se cuecen en un jarabe al que se le ha añadido un poco de canela en rama.

Ensalada de naranjas.—Se pelan, se cortan en rodajas de medio centímetro de espesor o en cascos regulares y se les quitan los huesos o pipas. Se disponen en copas o ensaladeras, se espolvorean con azúcar fina y se rocían con curaçao. Se maceran durante 2 horas antes de servirlas. También pueden prepararse con vino tinto.

Fresas Chantilly.—Se pone nata batida en una copa o compotera. Se colocan encima unas fresas perfumadas con azúcar y vainilla. Se decora con nata.

Frutas a la emperatriz.—Se ponen las frutas (fresas, plátanos, albaricoques, etc.), maceradas en jarabe, sobre una base de *arroz a la emperatriz,* poco gelatinoso (10 gramos de gelatina en vez de 20, por litro) o en el interior de un ribete del mismo arroz. Se cubre con Melba o pulpa de albaricoques.

Fresas o frambuesas cardenal.—Se enfría la fruta y se pone en una copa o compotera, se cubren con Melba, y se esparcen unas almendras molidas.

Fresas o frambuesas Singapur.—Se macera la fruta junto con unos dados de ananás, azúcar y *kirsch* y se deja enfriar. Se dispone en el centro de un

LOS POSTRES

plato y se bordea con *arroz a la emperatriz*. Se cubre con almíbar de la maceración, ligeramente ligado con pulpa de albaricoques.

Macedonia de frutas.—Casi todas las frutas se prestan para este postre, excepto las que, por su jugo, puedan teñir el conjunto (naranjas sanguinas, cerezas negras, moras, etc.). Las macedonias se suelen hacer con frutas bien maduras, cortadas en finas láminas o en dados y maceradas en un jarabe espeso y perfumado con diversos licores. Sin embargo, si la estación del año dificulta la adquisición de frutas frescas se puede recurrir a las de conserva.

Peras Alma.—Se pelan y cuecen al Oporto, se cubren con su misma cocción reducida, se espolvorean con almendras molidas y se decoran con *crema Chantilly*.

Peras o manzanas Richelieu.—En una compotera se disponen unos trozos de peras o manzanas en compota y se bordean con un cordón de sémola. Se cubren con nata batida adicionada de almendras trituradas y se decoran con *Chantilly*. Aparte, se sirve un *almíbar de albaricoques* perfumado al *kirsch*.

Peras Réjane.—Sobre una *crema vainilla*, se disponen medias peras en compota, perfumadas con *kirsch*. Se cubren con Melba y se decoran con *Chantilly*.

Tartas de fruta.—Se cubre con pasta medio hojaldrada, o azucarada, los bizcochos o tartaletas. Se pincha el fondo con la punta de un cuchillo para evitar que se levante durante la cocción. Se espolvorean con un poco de azúcar, mezclada con harina, o recortes de bizcochos, cuando las frutas son jugosas. Se guarnecen con frutas y se cuecen en horno caliente. Al sacarlas del horno se espolvorean con azúcar.

Colocar las tartas inmediatamente en una parrilla pastelera para evitar que se reblandezcan.

LOS HELADOS

Los helados sencillos son de dos clases: helados a base de cremas y helados a base de frutas.

Helados a base de cremas

chocolate, de: Se prepara una *crema vainilla*, añadiéndole 50 gramos de cacao en polvo ó 80 gramos de chocolate en polvo. Se cuece con la leche. Si se hace con cacao agregar 50 gramos más de azúcar.

moka: A una *crema vainilla* se le añade esencia de moka muy concentrada.

pistacho: Se machacan unos pistachos, pelados, con un poco de nata o leche y se le agrega *crema vainilla*.

praliné: A una *crema vainilla* se la añaden 100 gramos de *praliné,* pero disminuyendo un poco la cantidad de azúcar.

vainilla

Primera fórmula: 1 litro de leche o de 7 a 8 decilitros de leche con 2 ó 3 decilitros de nata, 6 ó 8 yemas de huevo ó 4 huevos enteros, 250 gramos de azúcar y un grano de vainilla.

Segunda fórmula: 1 litro de leche, 200 gramos de azúcar, 30 gramos de vainilla en polvo y 2 ó 3 yemas de huevo.

Se procede como si se tratase de una *crema a la inglesa* y se enfría antes de ponerla en la heladora. Se calculan de 12 a 14 porciones por litro de helado.

Helados a base de frutas

Frutas a la crema: Medio litro de jarabe a 35 grados, medio litro de pulpa, el zumo de un limón y 3 decilitros o 1/2 litro de nata.

Se cuece y enfría el jarabe preparado con el azúcar y el agua. Se incorpora el zumo de limón y la pulpa y, por último, antes de ponerlo en la heladora, la nata fresca.

Pulpa de frutas: 1 litro de agua, 400 gramos de azúcar, 1/2 litro de pulpa de fruta y el zumo de 2 limones.

Se hace un jarabe con el azúcar y se le añade, en frío, la pulpa de la fruta y el zumo de los limones. Se pasa por el "chino", y para que resulte más fina, se le puede añadir, cuando empieza a helarse, de 1 a 3 decilitros de nata fresca.

Zumos de frutas.—Se hace un jarabe con 500 gramos de azúcar, la corteza de 2 limones, naranjas o mandarinas y 1 litro de agua, lo que dará una densidad de 20 grados en el pesajarabes. Se reduce a 18 grados y se añade, en frío, el zumo de 6 limones, naranjas o mandarinas. Cuando empieza a helarse se le añaden 2 claras batidas a punto de nieve por cada litro de helado. Las claras hacen que el helado quede ligado y cremoso.

Copas diversas

Aída: Ensalada de naranjas y ananás con *helado de fresa.*

Alejandra: Macedonia de frutas al *kirsch* con *helado de fresa.*

Bella Helena: Helado de vainilla coronado con media pera. Se acompaña con *salsa de chocolate* caliente, servida aparte.

Denise: *Helado de moka,* guarnecido con bombones, licores y nata batida.

Dinamarca: *Helado de vainilla* cubierto con *salsa de chocolate* caliente, espolvoreado con almendras molidas y guarnecido con nata.

Jacques: Macedonia de frutas al *kirsch,* helado de limón y fresa y decorada con nata batida.

Melba (melocotón): *Helado de vainilla* coronado con un melocotón. Se cubre con Melba y se decora con *Chantilly* y almendras molidas.

mexicana: *Helado de mandarina* con dados de piña tropical.

Romanof: *Helado de vainilla* coronado con fresas perfumadas con *kirsch.* Se cubre con Melba y se decora con *Chantilly.*

Thäis: *Helado de vainilla* coronado con media pera. Se guarnece con *Chantilly* y se decora con chocolate.

Tutti-frutti: Helado al gusto, mezclado con dados de frutas confitadas. Se decora con *Chantilly.*

Biscuits glacés, mousses y parfaits

Biscuits glacés: Se prepara un *parfait,* se deja enfriar y se mezcla con una *mousse.* Se agregan 2 litros de nata batida y el sabor deseado (vainilla, moka, *praliné,* etc.). Si se trata de un *biscuit glacé* de varios sabores, se dispone en capas superpuestas, en moldes de bloques o de *charlottes,* alternando colores y sabores. También puede intercalarse una fina capa de *bizcocho genovesa* embebido en vainilla, moka, etc., o en licores. Según el molde, se necesitan de 2 a 3 horas para helarlos.

Mousses (para *mousses* o *parfaits* de frutas o licores): 12 claras de huevo, 500 gramos de azúcar a punto de bola, 1 y 1/2 litros de nata, vainilla, moka, chocolate, etc., o pulpa de fruta.

Se montan las claras a punto de nieve firme, se añade el azúcar, trabajándola con batidor, y se continúa hasta que se enfría. Cuidadosamente se mezclan la nata batida, la vainilla o moka, *praliné,* etc., o la pulpa de fruta. Se ponen en moldes y, según el tamaño de éstos, se hielan durante 2 ó 3 horas.

Parfaits: Vainilla o café, chocolate, *praliné,* turrón, pistachos, etc., a elección, 16 yemas de huevo, 1/2 litro de jarabe a 30 grados y 1 y 1/2 litros de nata batida.

Se montan las yemas con el jarabe al baño maría, trabajándolas como si se tratase de un *bizcocho genovesa.* Cuando la masa se adhiere a la espátula, se retira del fuego y se sigue batiendo hasta su completo enfriamiento. Se agrega la nata batida y el producto elegido y se pone en el molde. Según el tamaño de éste, se hiela durante 2 ó 3 horas.

Helados en moldes

Se suelen hacer en moldes de forma cónica, pero pueden tener otras formas. El interior del molde se forra con un helado sencillo, del sabor deseado, y el hueco que queda se completa con un *parfait* o *mousse.* Según su denominación, también pueden completarse con frutas frescas o confitadas, bizcochos diversos, etc.

Algunas denominaciones de helados en moldes y sus composiciones

africana: Se forma con *helado de chocolate* y se completa con *parfait* o *mousse vainilla.*

Aída: Se forra con *helado de fresa* y se completa con *parfait* o *mousse al kirsch.*

Alejandra: Se forma con *helado de vainilla* y se completa con *parfait* o *mousse* de *praliné,*

andaluza: Se forra con *helado de albaricoque* y se completa con *parfait* o *mousse de vainilla.*

Batavia: Se forra con *helado de piña* y completa con *parfait* o *mousse de fresa.*

brasileña: Se forra con *helado de piña* y se completa con *parfait* o *mousse* al *kirsch* y dados de piña.

frú-frú: Se forma con *helado de vainilla* y se completa con *parfait* o *mousse al ron* y frutas confitadas.

marquesa: Se forra con *helado de albaricoques* y se completa con *parfait* o *mousse al champán.*

Nelusko: Se forra con *helado praliné* y se completa con *parfait* o *mousse* de *chocolate.*

Tosca: Se forra con *helado de albaricoques* y se completa con *parfait* o *mousse al marrasquino* y limón.

Soufflés glacés

Si el *soufflé* se hace a base de crema y licores, se suele preparar un *parfait,* y, si está hecho a base de fruta, se prepara una *mousse.*

Alrededor de un timbal para *soufflé* se pega una banda de papel, ligeramente engrasada con mantequilla, de modo que sobresalga del timbal 5 ó 6 centímetros. Se vierte la preparación elegida hasta rebasar la altura del molde. Se pone a helar (unas 2 ó 3 horas) y, una vez helados, se le quita la banda de papel.

La presentación de este helado da la sensación de un *soufflé* caliente.

Sorbetes

Se mezcla un jarabe de azúcar con champán, Oporto, licores diversos o zumos de frutas (limón, naranja, etc.). La composición no debe pasar de 12 ó 13 grados en el pesajarabes.

Se hace la mezcla en frío, se trabaja en la heladora y, cuando empieza a helarse, se agrega una *merengada italiana,* hecha con 2 ó 3 claras de huevo.

CAPITULO X

ESTUDIO DE LAS MINUTAS

Antes de estudiar las minutas comentaremos algunas generalidades sobre las mismas.

No hay duda de que es de gran importancia para un hotel o restaurante que los platos se presenten con buen gusto, pero es mucho más importante todavía que las viandas utilizadas sean sanas y de inmejorable calidad.

Es también fundamental ganarse la estimación de los clientes. A veces se necesita bien poco para conseguirlo: una pequeña atención, sugerida por la edad, gusto, nacionalidad y clase de comensal, es, en muchas ocasiones, más eficaz que cualquier reclamo.

Al cliente hay que darle la sensación de que no paga más de lo que se come. Esto no quiere decir que las minutas deban incluir una serie interminable de platos, sino que es preciso cuidar con esmero la calidad, finura y ejecución de los mismos.

La confección de minutas no es muy antigua, a lo sumo se remonta al siglo XVI. De este siglo son algunos escritos donde ya se detallan los diversos servicios de las comidas, siguiendo un orden determinado: sopas, principios, asados, segundillos y postres.

Estudiando los dos últimos siglos se llega a la conclusión de que no se cuidaba lo bastante el estudio de los alimentos naturales y, en cambio, se preocupaban demasiado de la composición de listas de platos prometedores, que no siempre respondían a las exigencias de una buena nutrición.

Es necesario que la minuta denomine el plato con su verdadero nombre, de lo contrario se confunde al cliente y se exaspera al encargado de la despensa. Creemos que la cocina merece más respeto del que a veces se le tiene.

Conocer el valor de los alimentos naturales, para precisar las propiedades de los platos compuestos; darles nombres sencillos y comprensibles que revelen su naturaleza, debe ser el principio por el que se rijan los esfuerzos de los profesionales.

De acuerdo con lo dicho, hay que evitar las listas de platos confeccionadas al azar, o dejándose llevar por la fantasía; rechazar todo lo estereotipado y, por el contrario, saber armonizar la sucesión de alimentos, armonía mucho más rigurosa si se trata de minutas ricas e importantes. Cuando una minuta está bien compuesta y se atiene a normas correctas, produce la impresión de que su autor es un artesano serio y consecuente.

Las minutas deben redactarse y presentarse con sencillez. Una buena cartulina, blanca o crema, es lo más indicado. En la parte superior izquierda se imprime el nombre del establecimiento y debajo, en el centro, con caracteres destacados, la palabra **Minuta**, como encabezamiento de la lista de platos. Estos se relacionan en el centro, teniendo en cuenta el número exacto de letras y los espacios en blanco, así como el interlineado. Ejemplo:

mal

Sopa Parmentier
Espárragos al natural
Salsa muselina
Chuletas de buey jardinera
Patatas fondant
Ensalada
Pastel de albaricoques

correcto

Sopa Parmentier

Espárragos al natural
Salsa muselina

Chuletas de buey jardinera
Patatas fondant
Ensalada

Pastel de albaricoques

En el ejemplo correcto se observa que los servicios únicos están separados por líneas en blanco de los siguientes, mientras que los componentes de un mismo plato se relacionan sin interlineado en blanco.

Para las comidas que se salen de lo corriente se harán minutas elegantes, pero, tanto si se trata de minutas sencillas como ricas, el texto —a mano, a máquina o impreso— no debe tener ningún error. No hay nada más deplorable que una minuta de ortografía, escritura o composición defectuosa.

En los hoteles y restaurantes de las ciudades, las minutas pueden confeccionarse cada víspera, pero en los establecimientos de temporada o retirados de los centros de abastecimiento han de preverse con dos o tres días de anticipación, para efectuar las compras y transportes con el debido tiempo.

ESTUDIO DE LAS MINUTAS

LAS DIFERENTES CLASES DE SERVICIOS

Servicio a la francesa

En el campo de la gastronomía es muy difícil olvidarse de la cocina francesa, principalmente porque tiene mucho para elegir y actuar a gusto. El encanto y las características del servicio a la francesa proporciona al cliente la posibilidad de servirse libremente. Este servicio es y será por mucho tiempo el más apreciado por los entendidos y *gourmets*.

Servicio a la inglesa

Según una tradición inglesa, el cabeza de familia servía toda la comida. Las bandejas y platos se colocaban a su lado y él preparaba el plato de cada comensal. Esta tradición originó lo que se llama el servicio a la inglesa, que tiene mucho del carácter y temperamento de los británicos.

Este peculiar modo de servir posee grandes ventajas. En primer lugar es un servicio rápido y, en segundo lugar, es el más apropiado cuando hay que repartir o racionar platos raros o costosos. Ahora bien, exige mucha habilidad por parte del camarero. Dado que el cliente no puede elegir, el camarero ha de ser muy diplomático, sobre todo cuando ha de repartir platos complicados. La fuente o bandeja con la vianda se debe presentar al cliente antes de servirle. Los platos han de ser apetecibles, servirse correctamente y no demasiado llenos.

Servicio a la rusa

El servicio a la rusa, sustituido hoy por las mesitas rodantes, obliga a presentar las piezas enteras y de forma original (pescados, aves, caza, etcétera) para trincharlas ante los clientes. Esto debe hacerlo un "jefe trinchador", un *maître* o un cocinero.

CORRESPONDENCIA DE LOS VINOS CON LOS PLATOS

Si, como se acaba de ver, la composición de minutas es hoy más sencilla que en otros tiempos, lo mismo puede decirse respecto a los vinos que acompañan a las comidas. Prácticamente no se sirven vinos especiales para las sopas o verduras.

Cada tipo de vino debe elegirse en función del plato que acompaña, pero sin olvidar el vino que le seguirá. La armonía entre platos y vinos es imprescindible. Una vianda de sabor fuerte o rica en especias se opone a un vino ligero, suave y fino, como a su vez es un error servir un vino excesivamente generoso con un plato delicado. En cuanto a la sucesión de los vinos hay que tener en cuenta, como norma general, que un vino ligero se sirve antes que el vino principal, un espumante antes que un vino "hecho", uno nuevo antes que uno añejo, el seco antes que el dulce y el blanco antes que el tinto. Esta última norma no es válida para los grandes vinos espiritosos y aromáticos.

La distribución de los vinos podría hacerse del siguiente modo, con las omisiones lógicas, toda vez que no se trata de una relación exhaustiva, sino de ejemplos a modo de guía:

Antes de las comidas.—"Coktails", aperitivos o vinos de aperitivos.

Entremeses.—Vinos blancos, ligeros y secos.

Españoles: Círculo Rojo, Viña Solé, Rinsol, etc.

Extranjeros: La Côte, Fendant, Neuchâtel, Schafiser, Alsacia, Rhin y Borgoña blanco.

Pescados y mariscos.—Los grandes vinos blancos.

Españoles: Monopole, Viña Tondonia, Gran Reserva, etc.

Extranjeros: Dëzalet, Aigle, Johannisberg, Mosela, Borgoña y Burdeos blancos.

Entradas calientes.—Vinos tintos de poco cuerpo.

Españoles: Banda Azul, López Heredia, Reserva del Marqués de Riscal, Viña Tondonia, Reserva Vega Siciliana, etc.

Extranjeros: Borgoña, Côte du Rhône, Burdeos, etc.

Asados y caza.—Los grandes vinos tintos.

Españoles: Vieja Reserva, Imperial, Viña Real Oro y también el Reserva del Marqués de Riscal, Reserva Vega Siciliana, etc.

Extranjeros: Dôle, Chianti, Barbera y los grandes crudos de Borgoña y Burdeos.

Quesos.—Generalmente se continúa con los vinos de los asados, pero todos los tipos de vinos se acomodan a los quesos, excepto los dulces.

Postres.—Los vinos dulces y los espumosos, del país y extranjeros. Entre los del país destacan los vinos dulces de Málaga y los espumosos de la región catalana.

LA ORTOGRAFIA EN LAS MINUTAS

Para la redacción de las minutas hay que decidirse por una de las dos normas existentes, que corrientemente se siguen, y atenerse a ella rigurosamente.

1. Se inicia con mayúsculas el nombre del plato y los de personas, regiones, países, etc., y se continúa con minúscula.

Ejemplo:

Sopa buena mujer
Filetes de percas fritas al limón
Roastbeef a la inglesa
Patatas fondants
Lechuga al jugo
Merengue Chantilly

2. Se escriben todos los nombres y apelativos con mayúsculas.

Ejemplo:

Sopa Buena Mujer
Filetes de Percas fritas al Limón
Roastbeef a la Inglesa
Patatas Fondants
Lechuga al Jugo
Merengue Chantilly

Esta última fórmula era de uso corriente hace unos treinta años.

Los acontecimientos de las guerras del 14 y del 39 han influido grandemente en la simplificación de las minutas. El aumento de precios de las mercancías, comparados con los que se ponen al cliente, apenas aseguran un rendimiento importante. Como, además, se tiende a eliminar las carnes en beneficio de las verduras, las minutas han de ser más ligeras y tener en cuenta los consejos médicos sobre dietética. Todo ello ha contribuido a desterrar las mayúsculas de las minutas, por ser incompatibles con su sencillez. Por otra parte, somos más partidarios de una redacción ortográfica correcta. No obstante, pueden admitirse excepciones cuando se trate de comidas de fiestas, bodas, etc., siempre que sean muy importantes. Entonces no se peca por un poco de fantasía y las mayúsculas para los nombres y apelativos no están fuera de lugar.

El plural sólo se emplea cuando se necesitan varias piezas o unidades por servicio: "**Espinacas** al natural", "**Medallones** de ternera", etc.

La forma *"a la"* sólo debe emplearse cuando sea indispensable. El uso ha acostumbrado a la clientela de hoteles y restaurantes que un plato está hecho "a la manera de..." sin necesidad de mencionarlo: "Tortilla molinera", "Merengue Chantilly", "Volován financiera", "Tournedos bordelesa", "Coliflor milanesa", etc. Pero se cometería un error si no se emplease en los siguientes casos, por ejemplo: "Zanahorias a la crema", "Tostadas al tuétano", "Pàté a la gelatina", "Espinacas a la italiana", etc.

Sin tomarlo al pie de la letra, las apelaciones de origen extranjero deben escribirse tal como en sus respectivos idiomas. Ejemplo: Minestrone, Roastbeef, Moutton-broth, Irish-stew, Ravioli, etc.

Hay que evitar los pleonasmos, como: "Sopa crema de espárragos"; en este caso "crema" significa de por sí que se trata de una sopa; "Sopa Minestrone". Minestrone no se puede confundir con otra cosa; "Consomé Oxtail claro". Oxtail significa en su idioma original que se trata de una sopa de rabo de buey; "Patatas Parmentier doradas", la denominación de Parmentier determina ya que la patata está dorada; "Irish-stew a la irlandesa", este plato es originario de Irlanda y, por tanto, no puede confundirse con el de otra región. Etc., etc.

COMPOSICION DE LAS MINUTAS

La composición de una minuta ha de tener en cuenta numerosos factores:
1. Prever una gran variedad de platos, de modo que aporten los elementos nutritivos indispensables para una comida equilibrada.
2. Cada plato debe ser de presentación y composición diferente. Hay que alternar las carnes rojas con las blancas, las salsas blancas y las tostadas; evitar las repeticiones de colores, guarniciones, nombres, etc. Nunca se deben poner dos platos de frituras (un *pescado a la Orly* y un buñuelo de manzana, unas *patatas Pont-Neuf* y una *Bola de Berlín*).
3. Hay que tener en cuenta las épocas de las frutas, legumbres y verduras, de las carnes y pescados. Siempre que sea posible, se debe dar preferencia a los productos del país y procurar usar las conservas lo menos posible durante el verano. Hay que evitar también preparar platos demasiado pesados para las estaciones cálidas, sino, por el contrario, servir platos ligeros y, muchas veces, fríos.
4. Los precios deben estar en consonancia con el rango del establecimiento.
5. Siempre que se pueda hay que intentar adaptar las minutas a la clase de clientela que frecuente el establecimiento.

Los habitantes del Norte no tienen los mismos gustos que los del Sur. Una minuta destinada a una concurrencia de médicos, de hombres de negocios o diplomáticos no puede ser la misma que la que se destine a militares, artesanos o campesinos.

Atención a las faltas de tacto, a las denominaciones que puedan estar fuera de lugar, como el empleo del nombre de una cortesana célebre para denominar un plato, cuando entre los invitados principales figuran personajes influyentes, de la antigua nobleza o del clero, conocidos por su austeridad. Esto no quiere decir que no se puedan emplear denominaciones alusivas, cuando se quiera evocar, en determinadas ocasiones, la belleza y la gracia de los fastos del pasado.

6. Hay que cuidar la armonización de sabores. Un puré de espinacas resulta agradable con jamón cocido o con lengua de ternera cocida, pero no es admisible con un encebollado o una parrillada. Ninguna minuta fina debe estropearse incluyendo una sopa espesa o unos postres pobres.

7. También hay que ocuparse de las condiciones de trabajo de la cocina, para su mejor rendimiento, como del empleo que se da a los "restos" y víveres que hay que "saber despachar a tiempo", para evitar pérdidas o desperdicios costosos.

8. Cuando se trate de comidas íntimas hay que prestar más atención a la finura y calidad de los platos que a la cantidad de servicios.

9. También hay que tener en cuenta el tiempo que el cliente puede dedicar a su comida. En un establecimiento de paso (un mesón, la cantina o fonda de una estación de pasajeros, etc.), donde el público tiene prisa, no se incluyen platos complicados, so pena de que estén previamente preparados, sino platos que faciliten un servicio expeditivo.

Cuando se preparan minutas para reuniones numerosas, recepciones, banquetes, homenajes, bodas, etc., hay que tener en cuenta el número de convidados, disposición de comedores, la situación de los mismos respecto a la cocina y sus posibilidades de servicios; si se dispone de escaso personal o poco experimentado, lo que excluye la posibilidad de incluir platos difíciles de preparar o servir.

La base fundamental de toda buena cocina es la de proporcionar un servicio perfecto y *caliente*.

El éxito depende, en gran medida, de la observación rigurosa de las normas que acabamos de enumerar.

LAS DIFERENTES COMIDAS

El desayuno y el breakfast

El desayuno corriente apenas tiene importancia para una cocina, ya que, aparte de la bebida (café con leche, té, chocolate, etc.), sólo se sirven panecillos o toast, galletas o bizcochos, mantequilla, confituras o miel. Pero todo cambia si se trata de clientela americana o inglesa, por ejemplo, para la cual, desayunar es hacer una verdadera comida. No es raro que en esos países para el desayuno sea necesario la confección de una extensa carta.

A continuación damos un ejemplo modesto de carta, fácilmente realizable por los establecimientos de alguna importancia:

LAS DIFERENTES COMIDAS

Desayuno completo	Extras		Precios
(Comprendido en el precio de la habitación o en la pensión completa)	Boiled Egg	Huevo pasado por agua	
	* Poached Eggs on Toast	Huevos escalfados en toast	
Café con leche, té, chocolate	Fried Eggs	Huevos al plato	
Cacao o leche	* Scrambled Eggs	Huevos revueltos	
Malta	* Plain Omelette	Tortilla de huevos	
Bollos, croissants, zwiebacks	* Fried Eggs and Bacon	Huevos con tocino	
Tostadas o toast	* Ham omelette	Tortilla con jamón	
Mantequilla	* Cold Ham	Jamón frío	
Mermeladas o miel	* Grilled Bacon	Tocino emparrillado	
	* Grilled Ham	Jamón emparrillado	
	* Small Veal Sausages	Salchichas de ternera	
	* Grilled Kidney and Bacon	Riñones emparrillados con tocino	
	* Fried Sole	Lenguado frito	
Continental breakfast	* Grilled Sole	Lenguado emparrillado	
(Included in the room charge)	* Lamb Chops and Cutlets	Chuletas y chops de cordero	
Coffee and Milk, Tea, Chocolate, Cocoa or Milk	Yoghourt	Yoghourt	
	Cheese	Queso	
Breakfast Rolls, Crescents	Porridge	Porridge	
Zwiebacks, Biscottes or Toast	Corn Flakes, Cream	Corn Flakes, Cream	
Butter	Shredded Wheat Cream	Shredded Wheat Cream	
Marmalade, Preserves or Honey	Fruit Juice	Zumo de frutas	
	Fresh Fruit	Frutas variadas	
	* Grapefruit	Pomelo	
	* Assorted Compotes	Compotas variadas	
	* As from 8 a.m.	Desde las 8 de la mañana	

El almuerzo o lunch

Se admiten las dos expresiones. "Almorzar" es nombre dado a la comida de mediodía y data de principios del siglo XIX.

El *lunch* es una adaptación de la clientela inglesa y americana. Significa algo así como comida simplificada para gente con prisa. Pero el vocablo ya es de uso corriente.

El almuerzo difiere de la comida principal por su composición más sencilla y, generalmente, no incluye la sopa. En algunos países, España entre ellos, el almuerzo tiende a ocupar el sitio de la comida principal y se compone, casi siempre, con los mismos platos. En España, al distanciarse la comida y la cena, se introduce la costumbre de tomar algo a media tarde con la denominación de *merienda*.

Podría hablarse largamente sobre las ventajas e inconvenientes de dichas costumbres. Está claro que un almuerzo copioso no dispone favorablemente para el trabajo de la tarde, pero, una comida abundante, servida un poco tarde, es contraria a los principios de una buena nutrición y no favorece el sueño.

El orden para la composición de las minutas para el almuerzo, admitiendo que no hay regla sin excepción, es el siguiente:

Primer servicio

Entremeses, fríos o calientes.

Pescados fritos, a la Orly, o fríos.

Platos farináceos: ñoquis, ravioli, pastas alimenticias, risotto, etc.

Platos a base de huevos.

Entradas calientes o frías (volovanes, croquetas, carnes, despojos, etc.).

Las entradas pueden también preverse para minutas que hayan de enriquecerse con un servicio complementario. Entonces se sirven entre el primero y segundo servicio.

Segundo servicio

Emparrillados o asados de carnes de matadero, de aves o caza; despojos de reses; salteados, ragús, *fricassés, Irish-stew;* carnes frías.

Todo acompañado con una guarnición apropiada de patatas y hortalizas o ensaladas.

Tercer servicio

Postres diversos: buñuelos, pasteles de fruta, tartaletas; repostería: moka, babás, savarines, merengues, pastelitos de nata, *éclairs;* cremas diversas: *soufflés, puddings* a la inglesa.

Estos postres se pueden sustituir por frutas del tiempo o surtido de quesos.

Ejemplos de minutas para lunch

<table>
<tr><td>Entremeses variados</td><td>Ñoquis romana</td></tr>
</table>

Entremeses variados	Ñoquis romana
Tournedos emparrillados bordelesa Patatas batalla Judías verdes con mantequilla	Fricassée de ternera a la antigua Puré de patatas Ensalada de collejas
Babás al ron	Vacherin Chantilly
Huevos escalfados florentina	Espárragos al natural Salsa holandesa
Carne fría a la gelatina Patatas salteadas Ensalada de tomates	Chuletas y chop de cordero emparrillados Patatas paja Guisantes con mantequilla
Compota surtida	Frutas o quesos

La comida

Es la principal del día y se compone del modo siguiente:

Primer servicio

Una sopa: clara o ligada; caliente o fría.

Segundo servicio

Un pescado: de agua dulce o de mar, o un crustáceo preparado al caldo corto, emparrillado al vino blanco o tinto, molinera, al gratin, frío, etc.

Tercer servicio

El plato fuerte o el asado (de res, de ave o caza); la parrillada. Estos platos se acompañan con guarniciones diversas: patatas y hortalizas apropiadas. A veces las hortalizas se sirven aparte.

Cuarto servicio

Postres diversos: *charlottes*, timbales (calientes o fríos), *puddings*, cremas, helados, *parfaits helados*, copas, etc.

La comida se termina casi siempre con un último postre de frutas, servidas en copa o en cestillos, repostería o bizcochos diversos para acompañar a un helado o a un postre de cocina helado.

ESTUDIO DE LAS MINUTAS

Fig. 116
Presentación de un surtido de quesos suizos

Ejemplos de minutas para la comida

Consomé primavera real
Filetes de lenguado al vino blanco
Pintada asada con berros
Patatas chips
Coliflor polonesa
Bordura Richelieu

Sopa Nelson
Trucha de río molinera
Solomillo de buey portuguesa
Patatas château
Lechuga braseada al horno
Crema diplomático
Petits sablés
Cestillo de frutas

Consomé al fumet de apios
Volován de frutas del mar
Pierna de corzo poivrade
Arándanos rojos
Patatas Bercy
Coles de Bruselas salteadas
Biscuit glacé de turrón
Galletas

Velouté argenteuil
Rodaballo de Ostende emparrillado
Mantequilla Maître d'hôtel
Agujas de patipollo con aceitunas
Patatas galleta
Fondo de alcachofas Clamart
Fresas Romanof

Tanto en la comida como en el almuerzo, la *entrada* puede incluirse en minutas más ricas. Entonces se sirve antes del asado.

Minutas para cenas especiales

Se sirven con motivo de fiestas (cenas de Nochebuena, de Año Nuevo, de Reyes, con ocasión de un baile, etc.).

Sin que puedan establecerse normas rigurosas para estas cenas, ya que casi siempre se preparan sobre pedido directo del cliente, o dicho de otro modo, "a la carta", por regla general se componen de un entremés o un consomé, servido en taza, seguido de platos finos y ligeros. Pueden incrementarse con una entrada, un emparrillado o un salteado, etc. Los postres, que igualmente deben ser ligeros, comprenden un helado, un *parfait,* un helado en molde, un *soufflé* helado, etc., acompañado de golosinas o repostería.

Ejemplos de minutas para cenas especiales

Canapés de salmón
Medallones de mollejas de ternera
Argentenil
Patatas avellana
Ensalada Lorette
Parfait helado de turrón

Consomé doble en taza
Canapé de perdigón asado
Patatas chips
Ensalada de collejas
Sorbete al champán

ESTUDIO DE LAS MINUTAS

Minutas de vigilia

Salvo en algunos casos, cada día más raros, en que se respetan escrupulosamente las prescripciones religiosas, como el Viernes Santo, o los primeros viernes de mes, entre los católicos, se puede decir que estas minutas no tienen muchos seguidores. En cualquier caso no incluyen carnes (excepto las ancas de rana, los caracoles y algunos patos silvestres), ni platos que provengan de la cocción de carnes (caldos, jugos, etc.).

Ejemplos de minutas de vigilia

Lunch	Comida
Entremeses variados	Sopa primavera
Soufflé al queso	Surtido de canapés calientes
Patatas duquesa	Suprema de fera molinera
Salsifís finas hierbas	Patatas olivette
Copa Alejandra	Guisantes a la francesa
	Soufflé de vainilla

Minutas de régimen

(Ver capítulos de alimentación) (*).

Estas minutas, generalmente impuestas por un médico, son extremadamente variables y más o menos rigurosas. Hay que prestarles una gran atención, cumplirlas exactamente y realizarlas con esmero, sobre todo cuando se deben a prescripción facultativa.

La presentación es un factor muy importante, pues de este modo, platos de poco gusto pueden convertirse en apetecibles y consumirlos el paciente con mayor placer e influir en su salud.

Aun cuando la minuta de régimen no sea muy rigurosa, el cocinero y el *maître* han de evitar los platos a base de fritos, de salsas ricas, de carnes en salsa, de carnes rojas y caza. Incluyendo preferentemente sopas cremosas, caldos ligeros a base de verduras, pescados blancos, de río o mar, carnes y aves blancas, sesos, etc., pastas alimenticias y arroz; compotas de frutas, mermeladas, *puddings* diversos.

Minutas para las grandes cenas

(Recepciones, banquetes, etc.)

Cuando se va a confeccionar una minuta para un banquete hay que considerar varios factores: el precio, el número de comensales, clase, categoría y sexo de los mismos, circunstancias que motivan el banquete, posibilidades

---

(*) Véase observación al pie de la pág. 336.

EJEMPLOS DE MINUTAS PARA CENAS ESPECIALES

de trabajo de la brigada de cocina y del servicio de camareros y el material disponible. A veces hay que improvisar denominaciones con el fin de honrar a un personaje influyente o para destacar el motivo de la reunión.

Como dada la extensión de esta obra no se pueden dar minutas modelo, pues pueden variar hasta lo infinito, creemos interesante mostrar por medio de un *esquema clásico* el emplazamiento de los distintos servicios, pues cuanto más larga y copiosa sea una minuta, más habrá de tenerse en cuenta las normas que detallamos anteriormente para que resulte equilibrada. Generalizando, se puede decir que una minuta de importancia se inicia con platos ligeros que despierten el apetito, seguidos del plato principal y continuados con otros platos más ligeros.

Es conveniente aclarar que el *esquema* que se incluye corresponde a una minuta máxima, que sólo se emplea en casos muy excepcionales, pero que sirve de ejemplo para la sucesión lógica de los platos de cualquier minuta importante:

	Esquema	Ejemplo de minuta
1.	Entremeses fríos o pequeños canapés	Ostras de Marennes
2.	Sopa	Consomé doble en taza
3.	Entremeses calientes	Tostada al tuétano
4.	Pescado	Rodaballo cocido, mantequilla fundida
5.	Plato fuerte	Solomillo de buey jardinera
6.	Entrada caliente	Suprema de ave Regencia
7.	Entrada fría	Muselina de foie gras
8.	Sorbete	Sorbete Viuda Cliquot
9.	Asado	Perdigón asado con hojas de viña
10.	Verduras	Guisantes fina flor
11.	Postres de cocina	Charlotte embajador
12.	Postre	Cestillo de frutas

Otro ejemplo de minuta, más sencilla, pero que tiene igualmente en cuenta el esquema:

Buisson de cangrejos
Tortuga clara
Filetes de lenguado buena mujer
Pierna de cordero con primicias
Mollejas de ternera Montglas
Silla de corzo asada
Ensalada
Helado en molde Nélusko
Repostería

ESTUDIO DE LAS MINUTAS

A continuación se relacionan ejemplos de viandas que pueden servir para la confección de grandes minutas:

1. **Entremeses fríos:** Ostras, salmón ahumado, jamón crudo y carnes fiambre; caviar, *cocktail* de frutas, *buisson* de cangrejos o langostinos, etcétera.
2. **Sopas:** Consomé doble, Oxtail claro o ligado, Germiny, crema o *velouté* de ave, *bisques* diversos, etc.
3. **Entremeses calientes:** Croquetas diversas, empanadillas, pasteles al queso, anchoas o sardinas sobre toast, bocaditos, ostras fritas, *fondant* al Chester, etc.
4. **Pescados:** Filetes de salmón cocido o emparrillado, rodaballo, trucha de lago, filetes de lenguado, salmonete en *papillote* o emparrillado, trucha de río al azul o molinera, salmón, etc.
5. **Platos fuertes:** Solomillo o lomo de buey, silla de ternera o de cordero, barón de cordero, pernil o lomo de corzo, jamón braseado, etc.
6. **Entradas calientes:** Aves salteadas, mollejas de ternera, *noisettes* o granadinas de ternera, de cordero, de caza de pelo; *brochettes* diversas, medallones de buey, etc.
7. **Entradas frías:** Muselina de jamón, de ave, de bogavante o langosta, de cangrejos; gelatina de ave, *foie gras,* suprema de ave, *chaudfroid,* etc.
8. **Sorbetes** (servicio que termina la primera parte de la comida): De piña, de naranja, de limón, al champán, de licores; granizados diversos, *punchs, spooms,* etc.
9. **Asados:** Pollos, *poulardes,* capones, pollitos, pavos, patos, pintadas, faisanes, perdices, urogallos, etc.
10. **Hortalizas:** Espárragos, alcachofas, guisantes, judías verdes, endivias, etc.
11. **Postres de cocina:** Helados variados, *mousses* heladas, *soufflés* helados, melocotones Melba, tortillas sorpresa, *charlottes embajador,* etc.
12. **Postres:** Cestillos de frutas, golosinas, repostería, bizcochos, tartas, pasteles de frutas, etc.

Minutas de fiestas

En esta categoría entran todas las minutas confeccionadas para las fiestas de Nochebuena, Navidad, Año Nuevo, Reyes, etc. Cuando la minuta es muy variada se parece bastante a la de las grandes comidas. Como hay tradiciones que subsisten, según países y regiones, determinados platos forman parte de las minutas de acuerdo con estas tradiciones. En Europa, por ejemplo, está muy extendida la costumbre de comer pavo o cordero en la Nochebuena y Navidad.

EJEMPLOS DE MINUTAS PARA CENAS ESPECIALES

En ocasiones estas minutas permiten un poco de fantasía. Insistimos, no obstante, en que sólo en ocasiones, pues abusar de ella conduciría irremisiblemente a la monotonía y al aburrimiento de los comensales, además de perjudicar a la correcta composición de las minutas.

Al valorar este tipo de comidas hay que ser prudentes, pues se tiende a proceder por comparación, estableciendo precios que no han tenido en cuenta las mercancías empleadas y los gastos generales, basándose en los precios "dumping" practicados por algunos hoteleros poco cuidadosos de una rentabilidad normal de la cocina. Al calcular los valores hay que tener en cuenta que, en esas fechas, la clientela permanece mucho más tiempo en los establecimientos y, por lo tanto, no puede exigir precios normales.

Ejemplo de una minuta de Navidad

Madrileño de buen vivir
Pajitas doradas

Delicias de lenguado Valois

Pavipollo relleno de perlas del Périgord
Castañas estovadas a la cenicienta
Salsa Cranberry

Tostadas con foie-gras de Alsacia
a la jalea de champán
Ensalada de escarola

Christmas Puddings con fuegos artificiales

Mandarinas escarchadas
Copa de la felicidad

Los buffets fríos

Se preparan con motivo de recepciones y bailes y se presentan sobre uno o varios tableros, dispuestos en gradas, con elementos decorativos. Casi siempre se componen de pequeños entremeses variados, consomé frío o en gelatina, pescados, asados de carnes, aves o caza, repostería, golosinas, etc.

En otras épocas, el arte culinario se lucía en estas ocasiones, derrochando buen gusto en la presentación, a veces de verdadero valor artístico. Hoy, un *buffet* frío es de lo más sencillo y práctico. La clientela prefiere platos que no hayan sido muy manipulados por los cocineros.

La diversidad y riqueza de las viandas puede variar según las ocasiones. A continuación damos la estructura de un *buffet* de tipo medio para unas 100 personas:

Consomés fríos y calientes

2 bandejas de pescado (trucha, salmón, lucio, etc.)
2 bandejas de charcutería (salchichón, chorizo, lengua, etc.)
2 bandejas de huevos (a la rusa, en gelatina, rellenos, etc.)
2 ó 3 bandejas de canapés diversos
2 bandejas de buey o vaca (solomillo, lomo, etc.)
2 bandejas de jamón (crudo o cocido, de York, etc.)
2 bandejas de ternera (lomo, medallones, etc.)
2 bandejas de *chaud-froid* (ave, caza, etc.)
2 bandejas de *pâtés* o terrinas
2 bandejas de aves (pollo, pavo, etc.)
4 ó 5 bandejas de frutas frías
Tartas, bizcochos, repostería, pasteles, etc.

Si se quiere enriquecer este *buffet* se puede completar con *foie gras,* crustáceos, caviar, *aspics,* etc.

El servicio a la carta

En el servicio a la carta es donde un jefe de valía puede afirmar su superioridad profesional. Claro que, a veces, se ve limitado por los precios del establecimiento. Pero de todos modos, si verdaderamente es un buen jefe de cocina, siempre podrá confeccionar la suficiente variedad de platos, de los más sencillos a los más complicados, contando con los productos del mercado, de acuerdo con la estación del año.

Para esta clase de servicio hay que contar con un *maître* experimentado, pues él es el intermediario indispensable entre cliente y cocina, y la satisfacción del comensal depende, en gran parte, de cómo el *maître* interprete su gusto y transmita los pedidos. A él corresponde convencer al cliente de que la preparación de algunos platos requiere cierto tiempo y, si tiene prisa, persuadirle para que elija aquellos que se pueden servir rápidamente. En fin, ha de ser guía del comensal estragado, dubitativo o mal dispuesto para la elección de los platos que figuran en la carta, proponiéndole un cambio de guarnición, una mezcla de sopas, un plato poco conocido y apropiado para despertar el apetito o vencer la indiferencia.

Para que la tarea del *maître* sea más fácil ha de disponer de una carta lo más variada posible y del aliciente de las novedades. Esta carta debe cambiarse con frecuencia aunque sólo sea para ofrecer los productos peculiares de cada estación del año.

También hay que tener en cuenta a aquellas personas que sólo aprecian un producto si es raro o muy caro, quizá por la presunción de estar al día en materia gastronómica.

EJEMPLOS DE MINUTAS PARA CENAS ESPECIALES

La carta es imprescindible para los establecimientos que dispongan de un gran servicio de restaurante.

Para facilitar el servicio, los platos de elaboración larga se tienen previamente dispuestos.

Cuando se agota un plato debe borrarse acto seguido de la carta. Esta varía según el tipo de establecimiento, pero, de modo general, se compone así:

1. Surtidos diversos de entremeses fríos;
2. Sopas claras y ligadas;
3. Surtidos diversos de entremeses calientes;
4. Pescados, mariscos y crustáceos;
5. Platos fuertes;
6. Entradas calientes y frías;
7. Asados y emparrillados;
8. Legumbres, verduras y patatas;
9. Postres calientes y fríos, helados y copas;
10. Frutas;
11. Quesos.

Esta carta puede completarse con especialidades de la casa, platos del día, etc.

ESCALA DE REDUCCION DE GRAMOS A ONZAS
(28,7 gramos la onza)

Gramos		Onzas	Gramos		Onzas	Gramos		Onzas
5	equivalen a	0,174	150	equivalen a	5,22	1.150	equivalen a	40,07
10	"	0,348	200	"	6,96	1.200	"	41,81
15	"	0,522	250	"	8,71	1.250	"	43,55
20	"	0,696	300	"	10,45	1.300	"	45,30
25	"	0,870	350	"	12,19	1.350	"	47,04
30	"	1,044	400	"	13,94	1.400	"	48,78
35	"	1.218	450	"	15,68	1.450	"	50,52
40	"	1,392	500	"	17,42	1.500	"	52,26
45	"	1,566	550	"	19,16	1.550	"	54,00
50	"	1,740	600	"	20,90	1.600	"	55,75
55	"	1,914	650	"	22,64	1.650	"	57,52
60	"	2,088	700	"	24,38	1.700	"	59,23
65	"	2,262	750	"	26,12	1.750	"	60,97
70	"	2,436	800	"	27,87	1.800	"	62,71
75	"	2,611	850	"	29,61	1.850	"	64,45
80	"	2,785	900	"	31,35	1.900	"	66,20
85	"	2,959	950	"	33,10	1.950	"	67,94
90	"	3,133	1.000	"	34,84	2.000	"	69,68
95	"	3,307	1.050	"	36,58			
100	"	3,481	1.100	"	38,33			

OBSERVACIONES.—Damos esta escala por el interés que ofrece en algunos países sudamericanos.

CAPITULO XI

EL RENDIMIENTO

Hace cuarenta años, los gastos de una cocina eran ilimitados. El "jefe" sólo se preocupaba de satisfacer los gustos, extremadamente variados, de una clientela acostumbrada a una cocina rica y copiosa, sin inquietarse por su rendimiento económico. Hoy, la subida de precios de las mercancías y el aumento de los gastos generales, no se compensa con una adaptación proporcional de los precios de venta. Además, la competencia de los nuevos restaurantes de servicios rápidos y baratos perjudica a los que asumen la responsabilidad y la buena marcha de una empresa, sobre todo cuando quieren conservar una clientela selecta, amiga del confort y la tranquilidad.

Por todo ello, hoy se le exige a un jefe de cocina que conozca a fondo su profesión. Ha de saber componer armoniosamente las minutas y cartas, sacar el mayor provecho de las mercancías, conocer bien los precios de cada uno de los artículos, de acuerdo con la estación del año, para calcular exactamente los precios de venta.

Además ha de servir una cocina irreprochable, suficientemente variada y preparada con gusto, de acuerdo con una alimentación bien equilibrada, servida con prontitud y presentación apetecible.

Para ello el jefe ha de contar con artículos de primera calidad, finos, escogidos, frescos y sanos, lo que no quiere decir que hayan de ser forzosamente caros. Ha de vigilar que los cocineros a sus órdenes utilicen los géneros con economía, evitando pérdidas de desechos todavía utilizables y los "restos" excesivos debidos a un empleo abusivo de los géneros, como asimismo comprobar el empleo de esos restos, que hay que saber "despachar" a tiempo y con cuidado para no comprometer su utilización.

Las instalaciones deben estudiarse junto con gente del oficio, si se quiere que respondan adecuadamente a las necesidades de la empresa y sin olvidar los emplazamientos para los víveres, con miras a su perfecta conservación.

Todo lo expuesto hay que tenerlo muy en cuenta si se quiere que la producción de la empresa sea racional, sin perder de vista que la cocina es un punto muy importante y que los gastos de jornales son muy grandes.

Compras, precios de coste y de venta, control

Compras

El comprador debe pagar regularmente a sus abastecedores, pues éstos lo tendrán muy en cuenta a la hora de establecer sus precios. Además, el pago regular de las facturas permite exigir un pequeño descuento que es interesante para la economía general.

Para no sobrepasar los límites del presupuesto y obtener el máximo rendimiento, las compras debe hacerlas una persona competente que conozca a fondo los precios de las mercancías, su preparación y el tiempo de conservación. Para ello nadie mejor calificado que el propio patrón o el jefe de cocina, siempre que el primero esté al corriente de la profesión. Tienen años de experiencia, saben elegir una carne, un ave, una caza, un pescado o una verdura; no se dejan engañar por las apariencias, sino que saben ver el valor real de los géneros, cosa difícil de apreciar.

La compra de conservas, especias y productos lácteos, puede confiarse a otra persona igualmente competente. Esta persona debe tener en cuenta que las casas mayoristas y las fábricas ofrecen casi siempre productos recientes, mientras que los minoristas, al despachar sus *stocks* más lentamente, ofrecen menos garantías. Esto sin olvidar que la compra al por mayor de productos no perecederos permite realizar unos beneficios muy apreciables.

Algunas consideraciones generales:

1. Para emplear, a precios razonables, ciertos géneros, durante todo el año, lo ideal para conservarlos es la congelación.

Las carnes congeladas a 30 ó 35 grados bajo cero se conservan hasta un máximo de seis meses y, descongeladas lentamente, presentan el aspecto de las carnes frescas y pueden emplearse como tales.

Las aves y la caza pueden tratarse del mismo modo sin que pierdan de su aspecto ni de su sabor.

Los pescados también, pero el tiempo de conservación no debe rebasar de dos a tres meses.

Hay que tener en cuenta que, de no existir la congelación, determinados productos, raros en ciertas épocas del año, acarrearían un alza importante de sus precios o la supresión de los mismos de las cartas y minutas.

2. La compra de carnes exige una atención especial. No vamos a tratar ahora del aspecto exterior (ver capítulo que trata del conocimiento de las mercancías), sino del corte y rendimiento de ellas. Sin embargo, hay que tener en cuenta que no siempre podrán considerarse todos sus factores, pues no hay que olvidar que el jefe de cocina se ve en la obligación de aportar determinadas variedades (cualquiera que sea el precio) para la composición de sus minutas o cartas. Concesión necesaria si se quiere satisfacer los variados gustos de la clientela, aun cuando no se pierda de vista, por ello, el rendimiento de la explotación.

3. El rendimiento de los diferentes animales puede variar mucho, debido a la edad, raza, estado y engorde.

La relación de peso entre la carne preparada ya por el carnicero y el animal vivo es, aproximadamente, del 55 por 100 para el buey, del 60 por 100 para la ternera, del 50 por 100 para el carnero y del 70 por 100 para el cerdo. Además, hay que tener en cuenta que las carnes tienen, por término medio, un contenido de agua del 35 al 70 por 100, según clases; que las de los animales grasos contienen mucha menos agua y, por ello, no sólo son más nutritivas, sino de superior calidad. Su rendimiento, por lo tanto, es superior al de las carnes magras, puesto que pierden menos peso en la cocción y resultan más sabrosas.

También hay que tener en cuenta que existen nuevos métodos de engorde que influyen considerablemente en la calidad de las carnes; que las de los animales jóvenes (ternera, cerdo, cordero, aves, etc.), no son más interesantes desde el punto de vista económico, es decir, de su rendimiento. Estas carnes, insuficientemente hechas, tienen más desperdicios y, en la cocción, pierden casi un 50 por 100 más que las de animales adultos y, además, su valor nutritivo es discutible.

Veamos ahora, apoyándonos en cálculos, las ventajas e inconvenientes de determinadas compras.

Imaginemos un servicio importante en cuya minuta hay que incluir solomillo de buey (para *tournedos* o *chateaubriands,* por ejemplo). Lo más probable es que haya que adquirir algunos solomillos deshuesados. El carnicero habrá establecido el precio basándose en el coste del lomo entero, más un 40 ó 50 por 100. Este margen le compensa de los huesos, los desperdicios y del perjuicio que le supone desprenderse de los trozos más selectos.

Hagamos números para explicar teóricamente lo que acabamos de decir.

Pongamos como ejemplo un lomo entero de 24 kilos a 140 pesetas kilo (1). El solomillo que proporcione pesará, más o menos, 2 kilos. (Queda entendido que los pesos pueden variar, según las piezas.) Se sabe, por experiencia, que los huesos representan el 20 por 100 del peso del lomo entero.

Para saber el precio de coste establecido por el carnicero, se procede del siguiente modo:

Precio del lomo entero + incremento mínimo 40 % = Precio de venta

140 ptas. kg. + 56 ptas. = 196 ptas.

Peso del solomillo × precio venta incrementado = Precio venta deshuesado, sin limpiar

2 kg. × 196 ptas. = 392 ptas.

---

(1) N. del T.— Por estar sujetos a oscilaciones, los precios que se utilizan para una mejor comprensión de las operaciones necesarias para valorar los productos son sólo teóricos.

Establezcamos ahora, por comparación, el precio de coste del solomillo, comparado con el lomo entero, para un mismo peso.

Si los huesos representan el 20 por 100 del peso bruto, el solomillo representará el 80 por 100.

Por lo tanto, el peso bruto del solomillo será:

$$\frac{2 \times 100}{80} = 2,500 \text{ kgs.}$$

Y el precio teórico del solomillo deshuesado, sin limpiar, será:

$$2,500 \text{ kgs.} \times 140 \text{ ptas.} = 350 \text{ ptas.}$$

Como se puede apreciar se desembolsan 42 pesetas más comprando el solomillo deshuesado que comprándolo con el lomo entero —392 ptas. menos 350 ptas.—. Pero en el ejemplo que nos ocupa hay que aceptar esta pequeña diferencia, ya que nos es imposible comprar tantos lomos como solomillos se necesitan. En efecto, en el cuadro que se incluye a continuación, se demuestra que la cantidad de carne representada por el lomo y la tapilla es

Distribución del lomo

Descripción	Detalle del troceo	Peso neto de las piezas limpias		Peso por categoría		Total	
		kg.	%	kg.	%	kg.	%
Graso Peso total 24 kg.	Solomillo ... Lomo ..... Tapilla ...	2,000 4,600 6,650	8,3 19,2 27,7				
	Neto			13,250	55,2		
	Desperdicios			2,300	9,6		
				Total carnes		15,550	64,8
	Grasa .... Huesos .... Nervios			2,900 4,400 1,150	12 18,4 4,8		
				Total desperdicios		8,450	35,2
	TOTAL			24,000	100 %	24,000	100 %

EL RENDIMIENTO

tan importante que obligaría al jefe de cocina a utilizarla lo más rápidamente posible, en perjuicio de una variación suficiente de las minutas.

Es cierto que el solomillo es una parte muy tierna de la res y, por lo tanto, no son necesarias piezas de primerísima calidad, lo que permite precios mucho más baratos.

Hay que aclarar que este cuadro es de interés en cuanto a la forma, pero insuficiente para establecer cálculos definitivos. En primer lugar, porque las carnes varían bastante de un país a otro y no se trocean lo mismo; y, en segundo lugar, porque el contenido de grasa y las pérdidas por conservación prolongada en cámaras frigoríficas son tan aleatorias que el cocinero se ve obligado a hacer cálculos muy subjetivos.

Para que un lomo resulte ventajoso no ha de comprender más que tres costillas. Un corte demasiado amplio corre el peligro de abarcar demasiada carne sólo válida para cocidos, aumentando sensiblemente el precio.

Si se quiere sacar unos *entrecôtes,* por ejemplo, habrá que elegir una pieza pequeña que permita cortarlos gruesos. Estos, después de la cocción, presentarán mejor aspecto.

Como hemos visto en el cuadro anterior hay un 35,2 de desperdicios, pero, por término medio, se admite un 33 por 100.

Por lo tanto, el cálculo debe hacerse prácticamente del siguiente modo:

El peso neto de un *entrecôte,* dispuesto para cocer, de 250 gramos en peso bruto

$$100\% - 33\% = 67\%$$

será igual al 67 por 100 del peso bruto, es decir, el 67 por 100 de 250 gramos =

$$= \frac{250 \times 67}{100} = 167 \text{ gramos, aproximadamente.}$$

Veamos otro ejemplo referido a 2 piernas de buey, de proporciones diferentes, pero de condiciones casi idénticas.

Pierna de 44,900 kgs. (buey)

Carne … … … … … … … …	34,200 kgs. ó	76,2 %
Grasa … … … … … … … …	2,100 " ó	4,7 %
Huesos … … … … … … … …	8,600 " ó	19,1 %
	44,900 kgs. ó	100 %

Pierna de 27,800 kgs. (novilla o toro)

Carne … … … … … … … …	21,600 kgs. ó	77,7 %
Grasa … … … … … … … …	1,300 " ó	4,7 %
Huesos … … … … … … … …	4,900 " ó	17,6 %
	27,800 kgs. ó	100 %

La ternera no da un rendimiento útil hasta los dos meses; más joven, el porcentaje de huesos es demasiado importante y el peso de su carne se reduce mucho en la cocción.

Veamos, con las mismas reservas que para el buey, los pesos y porcentajes de la distribución de una pierna de ternera de 14,700 kgs.

Distribución de una pierna

Descripción	Detalle del troceo	Peso neto (limpias)		Peso por categoría		Total	
		kg.	%	kg.	%	kg.	%
Pierna de 14,700 kg.	Tapa	2,400	16,3				
	Medallón	0,350	2,4				
	Contra	1,450	9,9				
	Babilla	1,050	7,1				
	Riñonada	2,950	20				
	Morcillo	1,250	8,7				
	Neto			9,450	64,4		
	Desperdicios de carne			1,450	9,9		
	Total carnes					11,900	74,3
	Grasa			1,050	7,1		
	Huesos			2,300	15,5		
	Desperdicios (nervios)			0,450	3,1		
	Total desperdicios					3,800	25,7
	TOTAL			14,700	100 %	14,700	100 %

Cabeza de ternera.—A veces es necesario comprar la cabeza de ternera desprovista de huesos, por lo que creemos útil dar a conocer la distribución de la misma para que ayude a extraer consecuencias.

Cabeza de ternera entera de 6,350 kgs.

Cabeza deshuesada, carne limpia	3,100 kgs.	ó	48,8 %
Huesos	2,000	" ó	31,5 %
Lengua	0,350	" ó	5,5 %
Sesos	0,350	" ó	5,5 %
Desperdicios (utilizables en caldos)	0,550	" ó	8,7 %
	6,350 kgs.	ó 100	%

El jamón.—El elevado coste del jamón de salazón se explica si se tiene en cuenta el tiempo prolongado de curación, el gran porcentaje de pérdidas que supone los huesos, el tocino, las cortezas y desperdicios —un 35 ó 40 por 100, aproximadamente—. Sin embargo, sigue siendo el jamón preferido en el consumo español, donde se dispone de un buen surtido, salados o ahumados, y todos de calidades incomparables con los de cualquier otro país.

En la actualidad se ha extendido bastante el consumo de jamón cocido, debido, sin duda, a su precio más económico por el menor porcentaje de desperdicios (del 5 al 8 por 100) y el considerable ahorro de tiempo que supone su curación para ponerlo a la venta.

Aves, caza y pescados

Antes de seguir adelante, es conveniente que consideremos los diversos factores que intervienen en los precios de estas viandas. Precios que se refieren, casi siempre, a piezas enteras, sin limpiar, incluso con la piel, como en el caso de los animales de caza de pelo.

Cuando se venden limpios o troceados, como ocurre con determinados pescados, los precios han sido previamente estudiados por el abastecedor, incrementando los porcentajes correspondientes a las pérdidas por desperdicios, calidades, etc. Incremento que no hay más remedio que aceptar cuando, por razones de escasez de personal o de aumento excesivo de trabajo, la compra en limpio de esas viandas queda compensada con el ahorro de tiempo.

Todo esto lo señalamos para intentar demostrar la importancia que tienen, para un control eficaz, las diferencias entre los víveres en bruto y los víveres en neto. Sin embargo, haremos un estudio, aproximado, de los pesos de algunos de ellos, insistiendo en lo de **aproximado**. Ello no quiere decir que no respondan a la realidad, pero, si se observa atentamente el cuadro que sigue, veremos que de unas piezas a otras, el peso de los desperdicios, despojos, etc., puede variar de un modo sensible.

AVES	Peso bruto	Limpio	Desperdicios en %
Poularde sin despojos	1,500 kg.	1,060 kg.	29,3 %
Pollo	0,780 kg.	0,540 kg.	30,7 %
Pichón	0,400 kg.	0,330 kg.	17,5 %
Pato	2,100 kg.	1,450 kg.	31 %
Oca	3,500 kg.	2,300 kg.	34,2 %
Pavo	3,300 kg.	2,720 kg.	18,8 %

Dado que hay que fraccionar, a veces, raciones de 300 a 400 grs., el ejemplo del solomillo de buey es válido para este caso. Si se tiene en cuenta la ley de oferta y demanda del mercado, se comprenderá que, por regla general, la inclusión en una minuta corriente, a precio fijo, de un ave de calidad, obliga al hotelero a hacer una pequeña concesión.

Un pichón grande, de 400 gramos o más, cuyos desperdicios son poco importantes, puede muy bien servir para dos comensales.

El pato y la oca, sobre todo, dada la cantidad de grasa y una considerable pérdida de peso en la cocción, son de rendimiento relativo.

El precio de la gallina, para caldos, es inferior al de la *poularde*, pero la necesidad de una cocción más prolongada y, por lo tanto, una mayor pérdida de peso, no compensa la diferencia de precio, sin contar con la mejor calidad de la última.

En cuanto a la caza de pelo, es muy difícil establecer, ni siquiera aproximadamente, un cuadro estimativo, debido a la gran variación en desperdicios de unas reses a otras. En conjunto se puede estimar entre el 23 y el 30 por 100 para la piel, la cabeza y las patas, sin incluir los desperdicios por limpieza.

Si se quiere comparar los precios de la carne y del pescado (minuta sin carne, por ejemplo), hay que tener en cuenta que el precio de la carne es relativamente más estable, ya que el precio del pescado depende de numerosos factores: escasez en determinadas épocas del año, transportes, etc. Ahora bien, generalizando se puede decir que es más barato que la carne.

Como se puede comprobar en el cuadro siguiente, los porcentajes de desperdicios —cabeza, espinas, hiel, etc.—, son muy importantes. Teniendo en cuenta, además, que en las épocas de frío los desperdicios debidos a la abundancia de huevas (hembras) o lechazos (machos) sobrepasan el 50 por 100.

Pescado	Bruto	Limpio	% de desperdicios	Filetes	% de desperdicios
Fera (vaciada)	1 kg.	0,920	8 %	0,710	29 %
Lenguado	1 kg.	0,760	24 %	0,470	53 %
Perca	1 kg.	0,800	20 %	0,350	65 %
Rodaballo	1 kg.	0,700 sin cabeza	30 %	0,410	59 %
Abadejo (sin cabeza)	1 kg.	0,850	15 %	0,710	29 %
Merluza (sin cabeza)	1 kg.	0,840	16 %	0,650	35 %
Lucio	1 kg.	0,800	20 %	0.440	56 %

Dos observaciones más: a pesar del menor desperdicio del rodaballo pequeño no es aprovechable, ya que hay que cortarlo en trozos grandes, dado que su carne tiene menos molla.

Algunos creen obtener mayor ventaja comprando platija en vez de lenguado. Esto es un error, pues la calidad del último es muy superior, sus filetes son más carnosos y, por lo tanto, de mayores ventajas.

Las hortalizas

Sería superfluo hablar de los precios de los productos hortícolas, toda vez que oscilan con frecuencia, debido, entre otras razones, a la ley de la oferta y de la demanda. Por lo tanto, nos vamos a limitar a hacer algunas observaciones sobre los mismos.

Como no es posible abastecerse siempre en los mercados especiales y, a veces, ni siquiera personarse en el comercio abastecedor, el comprador ha de recurrir muchas veces al teléfono. Por ello es absolutamente necesario que esté al corriente, no sólo de los precios del momento, sino también de la calidad de los frutos. Un precio bajo, establecido por teléfono, no significa que los víveres sean de calidad y proporcionen un buen rendimiento, aun cuando pueda parecer "un excelente" negocio. Una lechuga de 3 pesetas no es forzosamente más barata que otra de 4 pesetas, por ejemplo.

Los productos hortícolas no deben almacenarse durante mucho tiempo y, además, debe hacerse en las mejores condiciones. El amontonamiento, por ejemplo, es causa de pérdidas importantes, debidas al calentamiento. Por ello, cuando se trate de explotaciones importantes, debe disponerse de un local climatizado para las hortalizas, así como otro para las frutas, lo que proporcionará un servicio inestimable.

En cuanto a las compras de productos hortícolas y frutas en conserva, no podemos recomendar esta o aquella marca, pero sí aconsejar que comparen las calidades, precios y, sobre todo, el contenido de los botes. Parece que no y, sin embargo, esto último es de gran importancia. Comparemos una lata de judías verdes de 29 pesetas con otra, de la misma calidad, pero de distinta procedencia, de 27 pesetas. Una vez escurridas las judías, la primera lata da un contenido neto de 650 gramos y, la segunda, de 580 gramos. Hagamos una regla de tres y veamos el precio neto por kilo de cada una de las latas:

$$1.^a \text{ lata: } \frac{29,00 \times 1.000}{650 \text{ grs.}} = 44,61 \text{ pesetas;}$$

$$2.^a \text{ lata: } \frac{27,00 \times 1.000}{580 \text{ grs.}} = 46,55 \text{ pesetas.}$$

Las opiniones en cuanto a calidad siguen coincidiendo, pero no ocurre lo mismo en cuanto al rendimiento.

Durante las estaciones en que abundan las frutas y hortalizas, no se suele recurrir a las conservas, pero, en determinadas ocasiones, pueden ser un recurso muy estimable; bien porque, de pronto, escasee un producto o porque se quiera procurar una reserva con vistas a una subida de precios, o porque se trate de un establecimiento de temporada, alejado de los centros abastecedores.

En invierno, las conservas son de gran utilidad, pues hacen posible la variación de las minutas.

PRECIOS DE COSTE Y PRECIOS DE VENTA

El cálculo para determinar el precio de coste de una minuta o de un plato *a la carta* no siempre se hace con exactitud y, sin embargo, las valoraciones aproximadas son siempre peligrosas; frecuentemente los precios se fijan demasiado altos o demasiado bajos, por lo que hay que estudiarlos con sumo cuidado.

Las principales determinantes del cálculo son las siguientes:

1. Estipular con precisión los pesos y precios de coste de los víveres utilizados
2. Considerar las prestaciones hechas por la cocina a las demás dependencias del hotel o restaurante, como, por ejemplo, la alimentación de los empleados y Dirección.
3. Fijar, con una contabilidad perfecta, los gastos generales que ha de soportar la cocina. Estos gastos varían según la clase e importancia del establecimiento.

Gastos representados por:

a) salarios del personal, en efectivo y en especies;
electricidad, iluminación y fuerza motriz;
agua y gas;
calefacción, combustibles para cocina y locales anexos;
mantenimiento y reposición de material;
compras diversas: paños, vajilla, material de limpieza, etc.;
seguros: sociales y de accidentes, responsabilidad civil, incendios, etc.;
publicidad.

b) Interés del capital,
alquiler, amortización,
gastos de administración,
impuestos y seguros.

EL RENDIMIENTO

Los gastos del apartado a) los soporta íntegramente la cocina y los del apartado b) sólo los sufraga en parte.

Estos gastos generales determinarán el porcentaje que habrá de cargarse en los precios de los víveres para obtener el precio **de coste.**

Precio de venta

El precio de venta es el precio **de coste** más el **beneficio.**

Este "beneficio", considerado como beneficio neto, llamado también **mínimo de ganancia,** representa la justa remuneración al trabajo y capital invertido por la empresa. La práctica, por un lado, y por otro, las estadísticas realizadas por entidades competentes, coinciden en que ese beneficio no debe exceder del 10 ó 12 por 100 del precio de venta.

Ilustremos estas consideraciones tomando como ejemplo un recargo medio del 90 por 100 y un precio de coste de las mercancías de 55 pesetas.

Coste de las mercancías ... ...   100 % =   55,— ptas.
Gastos generales y beneficio ... ...   90 % =   49,50 ptas.
Precio de venta ... ...   190 % = 104,50 ptas.

Ejemplo inverso

Si el jefe de cocina compone una minuta con un precio de venta fijado en 175,00 ptas., el cálculo será:

Precio de venta ... ...   190 % = 175,— ptas.
Precio de las mercancías ... ...   100 % =   X   ptas.

$$\frac{175 \times 100}{190} = 92{,}10 \text{ ptas.}$$

Luego el jefe sabe que dispone de 92,10 ptas. para la confección de la minuta que se cobrará a 175 ptas.

Los cálculos debe hacerlos siempre alguien de la empresa, porque está demostrado que si los hace alguien ajeno a ella no se cumplen, ya que no corresponden al sistema de trabajo y costumbre de dicha empresa. Es cierto que existen unas normas que podríamos llamar clásicas para la preparación de los platos, normas conocidas y básicas en la cocina francesa, pero, desgraciadamente, ciertos procedimientos, demasiado costosos, no pueden tomarse en consideración. La obligación de reducir gastos ha originado nuevas adap-

PRECIOS DE COSTE Y PRECIOS DE VENTA

taciones que, si no tienen el mismo éxito, permiten, en cambio, una muy apreciable economía de los precios de venta. Por lo tanto, los cálculos deben hacerse de acuerdo con la preparación de los diferentes platos y los víveres empleados.

Con la reserva de siempre, veamos dos ejemplos de cómo se calcula el precio de venta de una minuta:

Minuta para 50 comensales (*)

Sopa Parmentier
Fera molinera
Patatas al natural
Ternera napolitana
Judías verdes salteadas
Crema caramelo

Sopa Parmentier

Mantequilla	0,200 kg. a 100 ptas. =	20 ptas.
Cebollas, puerros	1,000 kg. a 13 ptas. =	13 ptas.
Patatas	5,500 kg. a 6 ptas. =	33 ptas.
Caldo	12,000 lt. a 3 ptas. =	36 ptas.
Especias y costrones	=	18 ptas. 120 ptas.

Fera molinera

Fera	8,500 kg. a 60 ptas. =	510 ptas.
Aceite	0,800 kg. a 40 ptas. =	32 ptas.
Mantequilla	0,800 kg. a 100 ptas. =	80 ptas.
Leche y harina	=	8 ptas.
Condimentos, limón, perejil	=	20 ptas. 650 ptas.

Patatas al natural

Patatas	7,500 kg. a 6 ptas. =	45 ptas. 45 ptas.

Ternera napolitana

Ternera	12,000 kg. a 160 ptas. =	1.920 ptas.
Tocino graso	0,700 kg. a 40 ptas. =	28 ptas.
Grasa	0,300 kg. a 50 ptas. =	15 ptas.
Mirepoix	=	10 ptas.
Vino. Madera, jugo	=	25 ptas.
Spaghetti	2,500 kg. a 22 ptas. =	55 ptas.
Mantequilla	0,600 kg. a 100 ptas. =	60 ptas.
Condimentos, tomate y queso	=	22 ptas. 2.135 ptas.

(*) N. del T.— Insistimos en que los valores de los víveres son teóricos.

EL RENDIMIENTO

Judías verdes

Judías	8,000 kg. a 14 ptas. =	112 ptas.
Mantequilla	0,300 kg. a 100 ptas. =	30 ptas.
Condimentos	=	2 ptas. 144 ptas.

Crema caramelo

Leche	7,000 lt. a 9 ptas. =	63 ptas.
56 huevos	a 2 ptas. =	112 ptas.
Azúcar	2,000 kg. a 18 ptas. =	36 ptas.
Vainilla	=	15 ptas. 226 ptas.

Pan . . . . 100 ptas.

Coste de las mercancías . . . . 3.420 ptas.

Coeficiente de aumento por gastos G. y beneficios . . . . . . 3.078 ptas.

Precio para 50 comensales . . . . 6.498 ptas.

Precio de la comida por comensal . . . . 129,96 ptas.

Precio de venta eventual . . . . 135,00 ptas.

Minuta de Navidad para 20 comensales

Consomé doble al Jerez

Truchas de río al caldo corto
Mantequilla de los Alpes

Pavipollo de Noël con castañas
Patatas parisina
Ensalada de collejas

Helado mousse de fresas
Corazones de Francia

Consomé doble al Jerez

Caldo	5,000 lt. a 3 ptas. =	15,00 ptas.
Morcillo de vaca	1,200 kg. a 75 ptas. =	90,00 ptas.
Verduras	0,400 kg. a 15 ptas. =	6,00 ptas.
Jerez	1 vaso =	10,00 ptas.
Condimentos	=	5,00 ptas. 126,00 ptas.

PRECIOS DE COSTE Y PRECIOS DE VENTA

Truchas de río

Truchas	4,000 kg. a 150 ptas. =	600,00 ptas.
Caldo corto	=	5,00 ptas.
Mantequilla fresca	0,600 kg. a 100 ptas. =	60,00 ptas.
Patatas	2,000 kg. a 6 ptas. =	12,00 ptas.
Condimentos	=	2,00 ptas. 679,00 ptas.

Pavipollo

Pavipollo	7,000 kg. a 130 ptas. =	910,00 ptas.
Aceite	0,150 kg. a 40 ptas. =	6,00 ptas.
Mirepoix	0,400 kg. a 10 ptas. =	4,00 ptas.
Vino blanco	2, dlt. a 10 ptas. =	2,00 ptas.
Castañas	3,000 kg. a 12 ptas =	36,00 ptas.
Condimentos y mantequilla fundida	0,150 kg. a 110 ptas. =	16,50 ptas. 974,50 ptas.

Patatas parisina

Patatas	5,000 kg. a 6 ptas. =	30,00 ptas.
Aceite	0,200 kg. a 40 ptas. =	8,00 ptas.
Mantequilla	0,100 kg. a 100 ptas. =	10,00 ptas. 48,00 ptas.

Ensalada de collejas

Collejas	0,800 kg. a 20 ptas. =	16,00 ptas.
Aceite	0,200 kg. a 40 ptas. =	8,00 ptas.
Vinagre	=	2,00 ptas. 26,00 ptas.

Mousse

Cinco claras de huevo . . .	=	5,00 ptas.
Pulpa de fresas	0,500 kg. a 60 ptas. =	30,00 ptas.
Azúcar	0,400 kg. a 18 ptas. =	7,20 ptas.
Nata	0,500 kg. a 120 ptas. =	60,00 ptas. 102,20 ptas.

Corazones de Francia

Harina	0,250 kg. a 24 ptas. =	6,00 ptas.
Mantequilla	0,200 kg. a 100 ptas. =	20,00 ptas.
Azúcar	0,200 kg. a 18 ptas. =	3,60 ptas. 29,60 ptas.
Globos, serpentinas, etc. . .	=	500,00 ptas.
TOTAL		2.485,30 ptas.

90 por 100 de gastos generales … … … … … … …	2.236,77 ptas.
Precio de las mercancías … … … … … … … …	2.485,30 ptas.
Precio para los 20 cubiertos … … … … … … …	4.722,07 ptas.
Precio por cubierto … … … … … … … … …	236,10 ptas.
Precio eventual … … … … … … … … … …	240,00 ptas.

DETALL DE ALGUNAS CARNES Y PESCADOS

Damos a continuación datos sobre pesos y tiempos de cocción de algunas carnes y pescados.

Los datos son sólo aproximados, pero pueden servir de guía a la hora de las compras y para calcular el precio de venta. Los pescados pueden variar de un establecimiento a otro y los tiempos de cocción se ven influidos frecuentemente por la calidad de las carnes.

CARNES

Detall	Para minutas	A la carta	Tiempo de cocción
BUEY O VACA			
Solomillo (de 3 a 4 kgs.) ...	150 grs.		35-45 min.
Chateaubriand (2 piezas) ...		300-400 grs.	15-18 min.
Beefsteak (solomillo)	150 grs.	180 grs.	8-12 min.
Tournedos (2 p.)	80 grs.	90-110 grs.	4-6 min.
Roastbeef	160 grs.		45-60 min.
Entrecôte sencillo	120-150 grs.	150-180 grs.	5-8 min.
Entrecôte al minuto	120-150 grs.	150-180 grs.	1 min.
Entrecôte doble	240-300 grs.	300-350 grs.	10-12 min.
Entrecôte château (500-600 grs.)	120-150 grs.	150-180 grs.	15-20 min.
Porterhouse steak (*) (1-1,5 kgs.)		230-250 grs.	30-35 min.
Braseado	160 grs.		2-2,30 h.
Rumpsteaak emparrillado ...	160 grs.	180-200 grs.	8-12 min.
Cinta de chuletas (*) (8-10 kgs.)	210 grs.	230-250 grs.	2-2,30 h.
Costilla emparrillada (*) (1-1,5 kgs.)	210 grs.	230-250 grs.	30-35 min.
Salteado	210 grs.	250 grs.	1,30-2,30 h.
Cocida (*)	220-250 grs.	250-300 grs.	2-2,30 h.
Lengua (2 kgs.)	160 grs.	180-200 grs.	2,30-3 h.
Tripas (callos) cocidas	200-250 grs.	300-400 grs.	0,30-1 h.
Tripas (callos) crudas	250-300 grs.	400-500 grs.	5-6 h.
TERNERA			
Tapa	150 grs.	180 grs.	75-80 min.
Escalopes (2 p.)	110 grs.	130-150 grs.	6-8 min.
Morcillo	250-300 grs.	400 grs.	40-60 min.
Silla (*)	220-240 grs.	250-280 grs.	60-80 min.
Riñonada	160-170 grs.	180-200 grs.	80-90 min.

DETALL DE ALGUNAS CARNES Y PESCADOS

Detall	Para minutas	A la carta	Tiempo de cocción
Carré (*)	200-220 grs.	230-250 grs.	40-45 min.
Chuleta	130-150 grs.	150-180 grs.	10-12 min.
Espaldilla	180-200 grs.	230-250 grs.	1,30-2 h.
Pecho	200-220 grs.		1,30 h.
Pecho relleno	220-250 grs.		2 h.
Salteado (*)	200-250 grs.		1-1,30 h.
Blanquette (*)	200-250 grs.		1-1,30 h.
Fricassée, guisado (*)	200-250 grs.		1-1,30 h.
Ternilla (*)	200-250 grs.	300 grs.	1-1,30 h.
Mollejas (limpias)	100-130 grs.	130-150 grs.	20-30 min.
Lengua	150 grs.	180 grs.	1,30 h.
Seso	100 grs.	150 grs.	10-15 min.
Hígado	100 grs.	120-140 grs.	4 min.
CARNERO			
Pierna asada (3-4 kgs.)	180-200 grs.	230-250 grs.	60 min.
Pierna cocida	180-200 grs.	230-250 grs.	2,30 h.
Silla	200 grs.	250 grs.	45-50 min.
Chops (2 p.)	110-120 grs.	150 grs.	8-10 min.
Noisettes (2 p.)	70-80 grs.	100 grs.	6-8 min.
Carré	200 grs.	250 grs.	30-35 min.
Chuletas (2 p.)	100-110 grs.	150 grs.	6-8 min.
Paletilla asada en sartén	200 grs.	250 grs.	1,30-2 h.
Paletilla cocida	200 grs.	250 grs.	2 h.
Salteado (*)	200-250 grs.		2 h.
Irish-stew (*)	200-250 grs.		2 h.
CORDERO			
Barón (6 kgs.)	180 grs.	230 grs.	1,15-1,30 h.
Silla	200 grs.	250 grs.	40 min.
Chops (2 p.)	110-120 grs.	150 grs.	8 min.
Noisettes (2 p.)	70-80 grs.	100 grs.	6 min.
Carré	180-200 grs.	250 grs.	30 min.
Chuletas (2 p.)	100 grs.	120-140 grs.	8 min.
Paletilla asada	180 grs.	230 grs.	35-40 min.
Salteado (*)	200-230 grs.		1,30 h.
AVES			
Pollo (1-1,500 kgs.)	300 grs.	400 grs.	35-40 min.
Oca (3,500-4,500 kgs.)	350-400 grs.	400-450 grs.	80-90 min.
Pava (4-5 kgs.)	350-400 grs.	400-450 grs.	80-90 min.
Pato (1,200 kgs.)	350-400 grs.	400 grs.	50-60 min.
Pichón (300 grs. pieza)		1 pieza	20 min.
Pintada (1,500 kgs.)	300 grs.	400 grs.	35-40 min.

* Pesos calculados con los huesos.
Los demás corresponden a la carne deshuesada, limpia y dispuesta para cocer.

PESCADOS

Variedades	Minuta	Carta
Anguila	200 grs.	250 grs.
Lucio	220-250 grs.	300 grs.
Carpa	220 grs.	280-300 grs.
Fera	180-200 grs.	250 grs.
Salmón chevalier	180-200 grs.	250 grs.
Salmón de escamas	200 grs.	250 grs.
Palada	180-200 grs.	250 grs.
Perca	220-250 grs.	300 grs.
Filetes de perca	100 grs.	150 grs.
Salmón	180-200 grs.	250 grs.
Trucha de río	150-180 grs.	220-250 grs.
Trucha de vivero	150-180 grs.	220-250 grs.
Trucha asalmonada	180-200 grs.	250 grs.
Trucha de lago	180-200 grs.	250 grs.
Rubio	220-250 grs.	300 grs.
Barbada	250-270 grs.	350 grs.
Abadejo	230-250 grs.	300 grs.
Pescadilla	230-250 grs.	300 grs.
Platija	250 grs.	300-350 grs.
Pijota	230-250 grs.	300 grs.
Raya	300 grs.	400 grs.
Lenguado	200-220 grs.	250-300 grs.
Rodaballo	300 grs.	400 grs.

CONTROL DE COCINA

Después de lo dicho referente a los precios de coste y venta, se comprenderá que el control de una cocina es absolutamente indispensable; que debe estar sometida a la verificación administrativa, al examen objetivo, a veces crítico y detallado, de todas las mercancías empleadas. Con ello se pondrá remedio a tiempo, precisando las causas de determinadas pérdidas y de ciertas "fugas" inexplicables.

Sin embargo, hay que considerar que un exceso de control puede producir el efecto contrario al deseado. Aparte de que exige un personal suplementario, se convierte en una carga para la empresa, fatigosa e inútil, y, fatalmente, producirá en los cocineros la impresión de que se sospecha de ellos.

El control de carnes y pescados (el más importante), a veces, se presenta muy difícil, si se quiere muy exacto, y, por lo tanto, sólo es posible con la estrecha colaboración de la oficina de control y del jefe de cocina.

En un establecimiento pequeño, la revisión diaria es fácil y rápida: basta comparar el número de cubiertos servidos con los restos de los víveres, fácilmente controlables. Pero la cosa cambia cuando se trata de ejercer un control serio en un negocio importante.

En este apartado nos limitaremos a tratar del control de la despensa, pero, antes, veremos cómo se efectúa el control de entradas de mercancías.

Los géneros para el servicio de la cocina se centralizarán en la oficina de control, situada en la entrada del pasillo que conduzca a la cocina, y bajo la vigilancia del jefe del economato. Los géneros deberán ir acompañados de facturas que indiquen:

peso o cantidad,
precios,
calidad.

Es un trabajo que debe hacerse con detenimiento. El jefe del economato distribuye a continuación los géneros a los locales destinados para su almacenamiento, cuidando que se dispongan con orden y método: las carnes suspendidas en los ganchos, dentro de las cámaras frigoríficas; las aves y la caza dispuestas en placas cubiertas con paños limpios; los pescados, en las neveras especiales; las hortalizas colocadas sin amontonamientos perjudiciales; las frutas, en estantes apropiados. También es de su incumbencia vigilar que los locales se ventilen y se mantengan absolutamente limpios.

El jefe del economato librará un "vale" atestiguando que los víveres se han entregado conforme a pedido; si es necesario, exigirá el "visto bueno" del jefe de cocina. Si procede así, en el momento del pago de facturas, evitará los errores que pudiera haber por una u otra parte, realizando, de ese modo, un doble control.

Control de la despensa (carnes y pescados)

Lo primero es establecer, con la mayor precisión, una lista de los pesos de las carnes y pescados servidos a los clientes, para atenerse a ella con rigor. Esta lista sólo puede establecerse sobre experiencias concretas, porque, como es lógico, un restaurante que sirva minutas a precios económicos no puede servir la misma cantidad y calidad que un restaurante de lujo.

Ya hemos dado una lista de pesos aproximados para las raciones, minutas o servicios a la carta, pesos que se entienden para las carnes ya limpias, sin huesos ni desperdicios. Como también hemos visto que esos huesos y desperdicios suponen casi un tercio del peso bruto, podemos hacer el cálculo siguiente:

Si de un *entrecôte* de 240 grs., peso bruto, se quita la tercera parte, no quedarán más que 160 grs. netos; si, por el contrario, sólo sabemos el peso neto del *entrecôte*, o sea, 160 grs., habrá que aumentar un 50 por 100, o sea, 80 grs. para conocer el peso bruto del mismo.

EL RENDIMIENTO

En efecto, si se realizan las operaciones pertinentes, se comprueba que la tercera parte del peso bruto representa el 50 por 100 del peso neto.

$$\frac{160 \text{ grs.} \times 50}{100} = 80 \text{ grs.}$$

Esto es válido, con las reservas lógicas, para todas las carnes de matadero.

Una vez establecidos los pesos de las raciones se recurre a estadillos impresos para anotar, además de las comidas, cenas y, si es posible, los *breakfasts*, todo lo que sea fácilmente controlable por medio de "vales". (La cocina no debe servir nada sin "vales".)

A continuación incluimos un modelo de estadillo que puede reducirse o aumentarse, según la variedad de platos a servir:

MODELO DE ESTADILLO DE CONTROL DE PEDIDOS

	Precios	Cantidad		Cantidad
Comida . . . . a ptas.	———	———	**Cordero**	
Comida . . . . a ptas.	———	———	**Cerdo**	
Cena . . . . . a ptas.	———	———	Carrés y solomillos	———
Cena . . . . . a ptas.	———	———	Tocino magro	———
Buey-vaca			Tocino graso	———
Lomo		———	**Aves**	
Cocidos		———	Poularde	———
Pierna		———	Pollo	———
Hígado		———	Oca	———
Riñones		———	Pato	———
Lengua salada		———	Pavo	———
Lengua fresca		———	Pichón	———
Huesos		———		
Ternera entera			**Caza**	
Pierna		———	Corzo entero	———
Mollejas		———	Corzo encebollado	———
Hígado		———	Liebre entera	———
Riñones		———	Lomo de liebre	———

DETALL DE ALGUNAS CARNES Y PESCADOS

MODELO DE ESTADILLO DE CONTROL DE PEDIDOS
(Continuación.)

	Cantidad		Cantidad
Morros	———	Encebollado de liebre	———
Sesos	———	Faisán	———
Perdiz	———	Gamba	———
Becada	———	Pescadilla	———
Etc.		Merluza	———
		Ostras	———
Pescados		Almejas	———
Salmón fresco	———	Etc.	
Salmón ahumado	———	**Charcutería**	
Trucha vivero	———	Salami	———
Trucha lago	———	Jamón crudo	———
Trucha río	———	Jamón de salazón	———
Trucha asalmonada	———	Jamón cocido	———
Lucio	———	Salchichón	———
Rodaballo	———	Chorizo	———
Abadejo	———	Lomo embuchado	———
Langosta	———	Longaniza	———
Bogavante	———	Morcilla	———
Cigala	———	Etc.	

El encargado de la despensa es el responsable de su control y, por lo tanto, quien debe anotar el número de almuerzos y comidas servido, así como la cantidad de platos servidos a la carta.

Ejemplo práctico

Si durante el día se han servido 4 *entrecôtes* y 5 *tournedos,* se anotará **9** en el apartado destinado al lomo, o, si existen apartados especiales para el solomillo y el lomo deshuesado, se distribuirán por clases. Esto es válido para todas las demás carnes: aves, caza y pescados.

Debidamente cumplimentado el estadillo, es muy fácil, al día siguiente, rellenar los impresos de inventario o resumen de la despensa.

A continuación se insertan dos modelos de inventario que difieren algo en la forma, pero que son fáciles de realizar:

EL RENDIMIENTO

	Existencias			Entradas			Total			Salidas			Total al cierre		
	Kg.	Precio	Ptas.	Kg.	Precio	Ptas.	Kg.	Precio	Ptas.	Kg.	Precio	Ptas.	Kg.	Precio	Ptas.
Buey-vaca															
Lomo															
Cocidos															
Pierna															
Hígado															
Riñones															
Lengua salada															
Lengua fresca															
Huesos															
Ternera															
Pierna y carré															
Mollejas															
Hígado															
Riñones															
Morros															
Sesos															
Cordero															
Carré-solomillos															
Tocino magro															
Tocino graso															
Jamón salazón															

DETALL DE ALGUNAS CARNES Y PESCADOS

	Existencias			Entradas			Total			Salidas			Total al cierre		
	Kg.	Precio	Ptas.	Kg.	Precio	Ptas.	Kg.	Precio	Ptas.	Kg.	Precio	Ptas.	Kg.	Precio	Ptas.
Aves															
Poularde															
Pollo															
Oca															
Pato															
Pavo															
Pichón															
Etc.															
Caza															
Corzo entero															
Corzo encebollado															
Liebre entera															
Lomo de liebre															
Encebollado de liebre															
Faisán															
Perdiz															
Becada															
Etc.															
Pescados															
Salmón fresco															
Salmón ahumado															

EL RENDIMIENTO

	Existencias			Entradas			Total			Salidas			Total al cierre		
	Kg.	Precio	Ptas.	Kg.	Precio	Ptas.	Kg.	Precio	Ptas.	Kg.	Precio	Ptas.	Kg.	Precio	Ptas.
Trucha de vivero															
Trucha de lago															
Trucha de río															
Trucha asalmonada															
Lucio															
Lenguado															
Rodaballo															
Abadejo															
Pescadilla															
Merluza															
Langosta															
Bogavante															
Cigalas															
Gambas															
Ostras															
Almejas															
Etc.															
Caviar															
Foie gras															
Charcutería															

DETALL DE ALGUNAS CARNES Y PESCADOS

Es posible que se crea oportuno complementarlo con un inventario resumen como el que se incluye a continuación:

INVENTARIO-RESUMEN

	Existencias anterior	Entradas	Salidas	Total de existencias
Buey-vaca				
Ternera				
Cerdo				
Cordero-carnero				
Aves				
Caza				
Caviar-foie gras				
Pescados				
Charcutería-fiambre				
Patatas				
Legumbres				
Hortalizas				
Frutas				
Mantequilla				
Quesos				
Confituras				
Leche				
Pan				
Salida de economato				

Entradas del día . . . . Ptas. ―――――
Recaudación total del día . . . . . Ptas. ―――――
Salidas del día . . . . Ptas. ―――――
Gastos del día . . . . Ptas. ―――――
Beneficio bruto . . . . Ptas. ―――――
Beneficio del 1 crt. del día . . . . Ptas. ――――― en % = ―――――
                                                        % del día = ―――――

EL RENDIMIENTO

2.º MODELO

Inventario de la despensa del .... 19......

Mercancías	Precio de compra		Existencia anterior	Entradas del día	TOTAL		Consumo del día	TOTAL	SUMAS		Saldo de existencias del día	Comensales servidos		
												Clientes	Personal	Patrón
Buey-vaca														
Lomo	140	00	84	28	100		M^{132} C^{36} E^{12}	37	800	4.292 00	74	500	168	12
Pierna														
Mollejas-hígado														
Riñones														
Lengua fresca .														
Lengua salada .														
Ternera														
Mollejas-hígado														
Riñones														
Morros														
Carnero														
Cordero														
Cerdo														
Carré														
Tocino magro .														
Tocino graso .														
Manteca														
Etc., etc.														

(*) Ver en página 321 los elementos de este inventario.

DETALL DE ALGUNAS CARNES Y PESCADOS

Como, por lo general, el inventario se hace cada 8 ó 10 días, ya que es prácticamente imposible hacerlo a diario, pues ello implicaría sacar todos los víveres de las cámaras y frigoríficos para pesarlos, hay que proceder empíricamente.

Ejemplo

Supongamos que se han servido:

132 minutas, comprendido el *roastbeaf*, ⎫ Todo
36 servicios a la carta, con *tournedos* y *entrecôtes*, y a ⎬ del
12 empleados, con los restos del lomo. ⎭ lomo

Supongamos también que las cantidades de carnes servidas son:

200 grs. bruto por minuta,
250 grs. bruto por servicio a la carta,
200 grs. bruto para cada empleado.

El resultado será:

132 minutas   a 200 grs. = 26,400 kgs.
36 a la carta   a 250 grs. = 9,000 kgs.
12 a empleados a 200 grs. = 2,400 kgs.

Véase ahora cómo se anotará en el apartado del "lomo" del segundo modelo de inventario.

CAPITULO XII

ALGUNAS GENERALIDADES SOBRE LA CIENCIA ALIMENTARIA (*)

LOS ALIMENTOS

Reciben el nombre de alimentos las sustancias que, después de transformadas en el tubo digestivo, atraviesan las paredes del intestino para nutrir al cuerpo. Los alimentos son reparadores de los tejidos del organismo humano y aseguran su desarrollo; son, igualmente, productores de energía, ya que su combustión, al contacto con el aire introducido en el cuerpo por medio de la respiración, proporciona calor y fuerza.

Los alimentos pueden ser de origen:
Animal: carnes, huevos, leche y pescados.
Vegetal: pan, hortalizas, verduras, cereales y frutas.
Mineral: aguas y sales.

A su vez se dividen en:
Ternarios: cuando están compuesto de carbono e hidrógeno (féculas, azúcares y cuerpos grasos).
Cuaternarios: cuando, además, contienen nitrógeno, como los albuminoides. (Los principales son la globulina, extraída de la carne; la caseína, de la leche, y el gluten, de los cereales.)

Además, contienen **vitaminas,** combinaciones químicas que actúan como fermentos sobre el metabolismo, pero que el cuerpo no puede producir por sí mismo. Las vitaminas están contenidas en las plantas, los frutos y los productos de origen animal.

La alimentación ha de responder a ciertas condiciones fisiológicas y económicas: edad, peso del cuerpo, clase de vida y trabajo, países, estaciones del año, gustos personales y recursos económicos. Además debe ser equilibrada y contener un mínimo de materias albuminoideas y grasas, así como cantidad suficiente de hidratos de carbono.

(*) Aconsejamos la lectura de la obra "500 recetas para adelgazar", donde se insertan unas exhaustivas tablas sobre la composición química de todos los alimentos, vitaminas, calorías, componentes orgánicos, componentes inorgánicos, etc.

TABLA DE ALGUNOS VALORES NUTRITIVOS

(Según las tablas de A. Schall y H. Sherman)

Por cada 100 gramos de producto limpio	Albúminas	Grasas	Hidratos de carbono	Calorías
Carne de buey semigrasa, sin hueso	20	8	0,5	156
Carne de buey muy grasa	16	30	0	345
Carne de ternera semigrasa	20	7	0,5	151
Carne de cerdo magra	18	10	0,5	167
Carne de cerdo muy grasa	10	50	0	496
Tocino ahumado y salado	9	73	0	714
Carne de cordero grasa	17	28	0,5	330
Carne de corzo	21	2	0,5	105
Carne de gallina	20	5	0	125
Hígado	20	4	3	133
Pescado magro	19	1	0	89
Pescado graso	17	10	0	163
Leche de vaca	3,4	3,8	4,8	70
Nata	3,5	20	4	219
Queso graso	26	30	2	394
Queso magro	38	2	3	185
Grasa, aceite	0	99	0	920
Huevo de gallina con cáscara (57 grs.)	8	7	0,5	99
Clara de huevo, 1 clara, 31 grs.	4	0	0	18
Yema de huevo, 1 yema, 19 grs.	3	6	0	67
Huevo de gallina sin cáscara, por 100 grs. ...	14	12	0,5	175
Trigo	12	2	69	348
Harina blanca de trigo	11	1	76	355
Harina completa de trigo	13	2	72	360
Pan blanco	8	1	50	247
Pan moreno	9	1	45	240
Pastas alimenticias	11	2	73	363
Arroz limpio	8	0,5	78	356
Azúcar de remolacha	0	0	100	410
Patatas	2	0	20	90
Hortalizas frutos y raíces	2	0	6	37
Hortalizas de hojas	2	0	4	25
Tomates	1	0	4	25
Leguminosas	24	2	52	330
Soja	40	19	24	440
Frutas frescas (manzanas)	0,5	0	13	60

La ración normal de un adulto debe contener:
        de 70 a 80 gramos de grasa
        de 80 a 90 gramos de albúmina
        de 135 a 450 gramos de hidratos de carbono.

El hombre raramente se come los alimentos sin someterlos antes a una serie de preparaciones. El arte culinario, en el sentido más amplio de la expresión, tiene la misión de favorecer el trabajo de la digestión, ablandando y enterneciendo las sustancias alimenticias por medio de la cocción, y enriqueciéndoles el sabor con la adición de condimentos sabiamente dosificados.

Los trastornos, a veces serios, del metabolismo (intercambio de materia y energía entre el organismo vivo y el medio externo) son frecuentemente las consecuencia de alimentaciones excesivas (nutrición demasiado rica o absorbida en excesiva cantidad), y, sobre todo, consecuencia de un insuficiente desgaste físico.

Por el contrario, la subalimentación puede estar provocada por digestiones defectuosas, faltas de nutrición, alimentaciones demasiado uniformes e incluso por un tipo de vida anormal, como ocurre en las depresiones nerviosas.

También hay que evitar una nutrición demasiado fácilmente digerida, como las tabletas de glucosa, por ejemplo, o una nutrición "masticada" de antemano, como ocurre con los aparatos trituradores.

EL TUBO DIGESTIVO Y LA DIGESTION DE LOS ALIMENTOS

Veamos, muy brevemente, una parte de la transformación que sufren los alimentos a su paso a través del organismo.

De arriba a abajo del tubo digestivo se suceden una serie de reacciones que transforman las distintas partes que constituyen el bolo alimenticio; éste es casi totalmente asimilado después de atravesar el tracto digestivo. Las secreciones digestivas, que se suceden desde la boca al intestino grueso, se relacionan fisiológicamente unas con otras, de tal modo que la acción de una prepara la acción de la siguiente. En la *boca*, la lengua y las mejillas remueven constantemente el bolo alimenticio bajo los dientes que reducen y trituran los alimentos; la aportación de la saliva facilita la deglución de los alimentos y, gracias al fermento que contiene (la ptialina), transforma el almidón insoluble en almidón soluble. La faringe, que se abre tras el velo del paladar, conduce el bolo alimenticio a través del esófago hasta el estómago.

El estómago, cuya capacidad es de 1 a 2 litros, está cubierto por millones de glándulas que segregan el jugo gástrico (pepsina y ácido clorhídrico), que, muy ácido, digiere ya, en parte, los albuminoides (tejido conjuntivo). Los alimentos dejan el estómago y, por la abertura del píloro, pasan a través del duodeno hasta el **intestino delgado.** Durante este paso las grasas son emulsionadas por la bilis y saponificadas (transformadas en ácido graso) por el jugo pancreático. Este es el más importante de los líquidos digestivos, pues es el que termina la disolución de las sustancias feculentas y albuminoides que la saliva y los jugos del estómago habrán realizado de modo incompleto. Además, el intestino libera igualmente un fuerte jugo que contiene varios fermentos digestivos, de los cuales, uno, *la invertina,* transforma la sacarosa en glucosa, y otro, la *eripsina,* termina la disolución de las sustancias nitrogenadas. De unos 7 metros de largo, el intestino delgado extrae del bolo alimenticio las sustancias nutritivas y las incorpora al organismo. El intestino grueso tiene por misión retirar el agua del bolo alimenticio para espesarlo. Por este último conducto es por donde los residuos llegan al recto para ser evacuados.

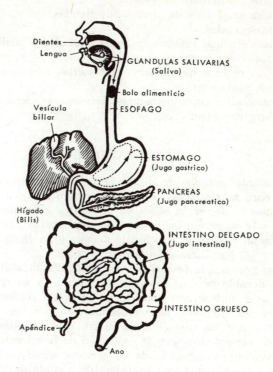

Fig. 117
Tractus digestivo

LAS CALORIAS

Para determinar el valor energético de un alimento se emplea como medida la caloría. La gran caloría es la cantidad de calor necesario para aumentar de 0 a 1 grado centígrado la temperatura de 1 kilogramo de agua líquida. En fisiología se toma una unidad de medida 1.000 veces más pequeña: caloría pequeña o caloría gramo. Esta corresponde a la cantidad de calor necesario para aumentar un gramo de agua líquida de 0 a 1 grado centígrado.

ALGUNAS GENERALIDADES SOBRE LA CIENCIA ALIMENTARIA

Los diversos alimentos proporcionan las cantidades de calorías siguientes:
1 gramo de hidratos de carbono (almidones y azúcares) 4,1 calorías
1 gramo de albuminoides (clara de huevo, pescado) 4,1 calorías
1 gramo de cuerpos grasos 9,3 calorías

Para un adulto, las necesidades diarias en calorías son del orden de:
1.500 a 2.000 para un hombre en reposo.
2.000 a 2.500 para empleados de oficinas, de tiendas, secretarios, trabajadores intelectuales.
2.500 a 3.000 para los que realizan trabajos musculares medianos: zapateros, tipógrafos, pintores decoradores, etc.
3.000 a 3.500 para obreros de fábricas, carpinteros, albañiles, pintores, yeseros, caldereros, etc.
3.500 a 4.000 para mineros, trabajadores de canteras, leñadores, forjadores, y hasta 5.000 para deportistas, etc.

LAS VITAMINAS

Los conocimientos actuales de la ciencia permiten determinar algunas normas prácticas para satisfacer las necesidades vitamínicas del organismo. Dado que las vitaminas se dispersan entre los diferentes alimentos, es aconsejable, por necesario, que se varíen las minutas lo más posible. Hay que dar preferencia a ciertos alimentos por ser fuente de una gran cantidad de vitaminas, especialmente a las hortalizas y frutas.

Una cocción prolongada (e incluso una cocción rápida al aire libre) acarrea una considerable pérdida de vitamina, debido a su fragilidad. La llamada cocción *a la inglesa,* que consiste en cocer las verduras en abundante agua salada, es justamente el peor procedimiento para las vitaminas. También se deben evitar los utensilios de hierro que no estén protegidos por cromo o níquel, porque provocan la oxidación de la vitamina C.

El almacenamiento prolongado de los géneros, como las hortalizas y frutas, lleva consigo igualmente una considerable pérdida de vitaminas. Incluso hay especialistas que dicen que las patatas conservadas más de cuatro meses pierden hasta un 50 por 100 de sus vitaminas. El lavado de las verduras en agua corriente, sobre todo si se han troceado muy menudo, elimina la casi totalidad de las vitaminas hidrosolubles. El secado es también nefasto, sobre todo si se hace a temperatura alta. Según las investigaciones del sabio alemán V. Hahm, las hortalizas y frutas se clasifican, en cuanto a su contenido en vitaminas, del siguiente modo:

Hortalizas

Muy ricas en vitaminas: coles blancas, lombardas, coliflores, coles de Bruselas, apios, colinabos.

Ricas: nabas crudas, col rizada, guisantes, espárragos, rábanos crudos, zanahorias.

Bastante ricas: nabas, espinacas, lechugas, judías amarillas.

Pobres: puerros, endivias, pepinos, calabazas, calabacines, acelgas.

Frutas

Muy ricas en vitaminas: fresas, naranjas, limones, grosella negra.
Ricas: grosella gruesa, frambuesa.
Bastante ricas: grosella espinosa, mandarinas.
Pobres: cerezas, ciruelas, ciruelas pasas, plátanos, ananás, melocotones.

La cocina dietética

La cocina dietética es la ciencia que regula la aportación de alimentos al organismo humano enfermo y sano. En este caso se trata de dietética preventiva, tan útil como la curativa. La dietética se estudia en función de la aportación química y bioquímica de los alimentos, de su absorción y asimilación. También determina las funciones y procesos alimentarios.

En los últimos diez años, la dietética se ha enriquecido con una serie de conocimientos, por una parte, en cuanto al valor energético de los alimentos y, por otra, en cuanto a las vitaminas, como factores indispensables de la nutrición. Hoy apenas se concibe un tratamiento médico sin una dieta especial, adaptada a la enfermedad del paciente.

La dietética tiende a utilizar los alimentos tal como nos los procura la naturaleza, es decir, sin alterarlos por medio de procedimientos industriales, cocciones o esterilizaciones prolongadas. Busca eliminar los excesos de nutrición que provocan el engrosamiento de los tejidos adiposos y los trastornos circulatorios. Y rechaza todo preparado artificial, así como todo tipo de sucedáneos.

Sin embargo, surgen reformas contradictorias. Hay quienes pretenden que la cocina vegetariana es la mejor y otros dicen que la alimentación a base de frutos crudos es soberana. Creemos que el abuso de ciertas teorías, demasiado uniformes, corren el riesgo, a la larga, de perjudicar la salud. Por lo tanto hay que desconfiar de todo régimen alimenticio demasiado estricto y preferir una alimentación mixta en la que dominen, naturalmente, las hortalizas y las frutas bien maduras, consumidas inmediatamente después de su recolección. A pesar de ciertas opiniones, los alimentos cárnicos son excelentes auxiliares de la cocina de régimen, dada su riqueza en proteínas.

Para que la cocina dietética sea efectiva debe ser experimentada, pues los regímenes varían según los tipos de enfermedades y las reacciones de los enfermos.

Hay que procurar elegir sabiamente los alimentos, consiguiendo de ellos el máximo valor curativo. Esto exige un conocimiento profundo de las trans-

Efectos y orígenes de algunas vitaminas

Clasificación	Acción	Avitaminosis	Orígenes
A **	Antixeroftálmica (previene la ceguera), elemento de crecimiento y de protección del epitelio (previene las infecciones).	Retraso del crecimiento, desarrollo anormal de huesos y dientes, predisposición a las afecciones oculares.	Productos lácteos, huevos, pescados grasos, *carótenos* (hortalizas verdes y zanahorias), frutas frescas.
B^1 *	Antineurítica, previene inflamación de los nervios, favorece el desarrollo, el buen funcionamiento de los músculos y sistema nervioso.	Polineuritis (beriberi), nerviosidad, fatiga, trastornos cardíacos, dolores de cabeza.	Principalmente en los cereales y sus subproductos (salvado, embrión del trigo, levadura de cerveza).
B^2 *	Estimula el crecimiento, preventiva de alteraciones cutáneas.	Detención del crecimiento o de la nutrición, alteración de ciertas glándulas endocrinas, efectos graves sobre el sistema nervioso.	Carnes, levadura, yemas de huevo, espinacas, perejil, productos lácteos y legumbres secas.
PP *	Pelagro-preventiva.	Pelagra (enfermedad de la piel), trastornos sensoriales, caminar indeciso, carácter sombrío.	Carnes, vísceras, productos de la pesca, huevos, derivados de cereales, levadura seca, salvado.
C *	Antiescorbútica, mejora el funcionamiento de las venas y mucosas. Desintoxicante. Síntesis de la cortisona.	Escorbuto (hemorragia), anemia, caída de dientes, dolores articulares, predisposición a enfermedades infecciosas.	Todas las hortalizas verdes, sobre todo el perejil, el apio y las coles, el limón, la naranja y demás frutas, las carnes crudas.
D **	Antirraquitismo, hace posible la calcificación de huesos y dientes.	Trastornos óseos, raquitismo, mala dentición, fatiga.	Las mismas fuentes que la vitamina A, aceite de hígado de bacalao, acción del sol sobre la piel.
E **	Reproducción.	Trastornos neuromusculares y de la reproducción.	Hortalizas y frutas frescas, aceite del germen del trigo.

(*) Vitaminas solubles en agua (hidrosolubles).
(**) Vitaminas solubles en grasas (hiposolubles).

formaciones operadas por la digestión. Por lo tanto, no es suficiente con saber determinar el régimen apropiado de cada enfermo, sino que, además, hay que saber prepararlo, para evitar la pérdida de sales y vitaminas. Porque la eficacia de un régimen está subordinada a la capacidad culinaria del cocinero. No hay que olvidar que, en las manos de un neófito, la mejor materia prima puede transformarse en un elemento carente de valor.

Los platos deben presentarse con gusto, para que despierten la curiosidad, el interés y apetito del paciente, y, mucho más, si el régimen es monótono o excluye la sal.

En muchos hospitales se recurre a especialistas dietéticos. Estos especialistas han enriquecido sus conocimientos con cursos de Química, Física, Fisiología e Higiene Alimenticia, y, al estudiar la Dietética han aprendido las necesidades del organismo humano de sustancias energéticas, clasificadas por los químicos en tres grandes grupos: proteínas, grasas e hidratos de carbono, así como las sales minerales, orgánicas y vitaminas.

También aprenden la cantidad indispensable de cada una de esas sustancias para el buen funcionamiento del cuerpo, teniendo en cuenta: peso del individuo, edad, estado fisiológico y patológico.

Naturalmente, el estudio de todos esos factores es difícil, pero no lo es tanto si lo hacen los médicos, sobre todo, si, además, están interesados en el problema. Sin embargo, se puede ser un sabio en el terreno teórico-dietético y carecer de habilidad suficiente en el terreno de la práctica. Lo ideal es que pudieran estudiar esa ciencia los cocineros profesionales, pues ellos adquieren, durante años de práctica, la competencia necesaria para coordinarla con los conocimientos teóricos y adaptarlos a las necesidades de este nuevo concepto de la cocina. Por ello creemos que los cocineros jóvenes deberían perfeccionar sus conocimientos con estudios de dietética, pues es muy previsible un rápido auge de esta nueva tendencia del arte culinario.

No entra dentro de las posibilidades de esta obra tratar de cada uno de los regímenes apropiados para cada enfermedad, por lo tanto, nos limitaremos a dar un breve repaso a los más conocidos. Al final del capítulo se insertan una serie de platos para regímenes, extendiendo la relación en los que corresponden al régimen de adelgazamiento, por razones de su mayor número de seguidores.

Régimen de adelgazamiento y contra la obesidad

La aplicación rigurosa de un régimen de adelgazamiento presenta, casi siempre, dificultades, ya que, muchas veces, el interesado contraviene secretamente las prescripciones del médico, por falta de voluntad y, sobre todo, de razonamiento. La tarea del terapéutico consiste en administrar un régimen que, a despecho de su pobreza en calorías, dé la sensación de saciedad. De modo general hay que suprimir, lo más posible, las grasas, las patatas, las pastas alimenticias, el arroz, los platos harinosos, las salsas y el pan, y prescribir alimentos ricos en albúminas, así como frutas, hortalizas y ensaladas.

Alimentos permitidos: Carnes de buey, vaca y de ternera, magras; jamón magro; estas carnes deben cocerse o emparrillarse sin grasa; pescados magros como la platija, el lenguado, la trucha, el lucio, la perca, la pescadilla y la merluza; huevos crudos mezclados con agua mineral, pasados por agua, escalfados, pero tomando dos unidades como máximo; todas las hortalizas, pero estovadas en su propio jugo, sin grasa, pero enriquecidas con hierbas diversas; ensaladas preparadas sin aceite, sino con zumo de limón o leche; frutas crudas, en zumos, en purés, en ensalada o compota, pero sin azúcar (sustituida por sacarina); quesos sin grasa; poca bebida: un litro como máximo, por día; zumos de frutas, infusiones, aguas minerales no gaseosas; leche descremada, hasta medio litro diario, y yoghourt.

Alimentos prohibidos: Carnes y pescados grasos, fritos, salsas, platos harinosos, pan, salvo el pan integral a razón de 80 a 100 gramos por día; sal, especias, azúcar, confituras, chocolate, cremas, pastelería y repostería, grasas, mantequilla: máximo 20 gramos al día; sopas, platos ricos en grasa, foi gras, sardinas, carnes ahumadas o saladas.

Base para la alimentación diaria:

Pan integral, 100 gramos = 250 calorías.
Leche descremada, 200 gramos = 130 calorías.
Carne, 200 gramos = 320 calorías.
Hortalizas, 400 gramos = 240 calorías.
Ensalada, 200 gramos = 20 calorías.
Mantequilla, 20 gramos = 156 calorías.
Huevos, una unidad = 74 calorías.
Aceite vegetal, 5 gramos = 46 calorías.
Total de calorías = 1.416.

Régimen para la arteriosclerosis

Todos los ancianos padecen de arteriosclerosis en cierto grado. Por tanto, no puede considerarse como enfermedad, salvo que sea precoz y aparezca hacia los cuarenta años o antes. Se trata del endurecimiento de las arterias con tendencia a la obstrucción.

Alimentos permitidos: Carnes magras, pero, sobre todo, de buy o vaca; pescados magros como la platija, trucha, lenguado, lucio, perca, merluza, y pescadilla; un huevo al día como máximo; hortalizas, como el tomate, pepino, rábano, guisantes, judía verde, apio, alcachofa, puerro, cebolla; las leguminosas, todas las ensaladas, las pastas alimenticias, los productos lácteos, excepto los quesos fermentados; bizcochos, pasteles, repostería, todas las frutas, cocidas o crudas, pero siempre muy maduras; aguas minerales, infusiones, café y té ligeros.

Alimentos prohibidos: Carnes mortificadas, saladas o ahumadas y las de caza; alimentos ricos en colesterina, como las vísceras y la levadura de cerveza; los pescados grasos u oleaginosos, crustáceos, mariscos y moluscos; los quesos fermentados, las especias y aromáticos, las setas, espinacas, espárragos y coles; las bebidas alcohólicas.

Este régimen es igualmente apropiado para los que padecen hipertensión.

Régimen para diabéticos

Esta enfermedad se caracteriza por la presencia en la orina de una cantidad, más o menos importante, de glucosa. El enfermo no emplea los hidratos de carbono de modo suficiente. El régimen, por tanto, no debe contener más hidratos de carbono que aquellos que el organismo pueda consumir. Comprende esencialmente albúminas y grasas.

Alimentos permitidos: Todas las carnes: frescas, saladas y ahumadas; charcutería, aves, vísceras; todos los pescados, crustáceos y mariscos; los huevos, grasas y todos los productos lácteos; los vegetales, como los espárragos, apios, puerros, espinacas, acederas, y todas las ensaladas.

Alimentos tolerados (con prescripción médica): Manzanas, naranjas, fresas, frambuesas, grosellas, patatas, *chucrut*, coles, coles de Bruselas, coliflores, nabos, rábanos, judías verdes, alcachofas, setas, tomates, así como el pan de gluten.

Alimentos prohibidos: La harina no se emplea ni siquiera para ligar y el azúcar se sustituye por sacarina. Todos los cereales en forma de harina, sémola o granos; las leguminosas y las hortalizas como guisantes, zanahorias, remolachas, salsifís, cebollas, ajos, aguaturmas. Toda la repostería, pasteles y frutas, como los dátiles, uvas, higos, plátanos, melocotones, ciruelas, ananás y frutas secas.

Régimen para dispépticos

La dispepsia puede abarcar una serie de perturbaciones funcionales que afecten, bien al estómago únicamente o al estómago e intestino. Los trastornos pueden ser químicos, mecánicos o nerviosos. Por ello el régimen puede variar, según las reacciones experimentadas por los enfermos.

Alimentos permitidos: Sopas sin grasas; carnes magras emparrilladas o asadas, pero sin salsas; algunas vísceras: mollejas de ternera y sesos; pescados magros: trucha, lucio, perca, lenguado, platija, merluza, pescadilla y eperlano; huevos frescos: crudos, pasados por agua, revueltos; pastas y féculas; quesos frescos, compotas de frutas, pan tostado o toast; bebidas: aguas minerales no gaseosas e infusiones.

Alimentos prohibidos: Materias grasas, carnes ricas en grasas, todos los fritos, la caza, las carnes adobadas y las conservas; los pescados grasos, como las sardinas, anguilas, salmones, caballas, atún, rodaballos y rayas. Evitar los alimentos crudos y las hortalizas demasiado ácidas, los quesos fermentados, las frutas crudas y el alcohol en cualquiera de sus formas.

Régimen para hepáticos

Los trastornos hepáticos se observan en las cirrosis, las afecciones cardíacas descompuestas y las infecciones diversas. Durante las crisis no se puede dar ningún alimento. Después, se limita el consumo de los cuerpos grasos y de las albúminas, procurando una alimentación rica en hidratos de carbono y vitaminas. El enfermo sólo debe tomar comidas ligeras.

Alimentos permitidos: Sopas a base de harinas, hortalizas pasadas, ensaladas con zumo de limón y aceite, carnes magras cocidas o ligeramente asadas, patatas en purés, cocidas con piel, o al natural, pastas y farináceas diversas, compotas de frutas, zumos, aguas minerales no gaseosas y muy poco pan.

Alimentos prohibidos: Materias grasas, carnes y pescados grasos, todas las frutas y hortalizas ácidas, los aromáticos, los alimentos en conserva, las carnes mortificadas, los crustáceos y mariscos, así como todas las bebidas alcohólicas.

Conocimientos complementarios, platos y ejemplos de minutas para el régimen de adelgazamiento (*).

Lista de especies y aromáticos **carentes de calorías:**

Ajo	Worcester, salsa	Estragón
Canela	Limón	Enebrina
Cebolleta	Comino	Jengibre
Laurel	Curry	Sal de ajo
Hierbabuena	Pimienta	Sal de apio
Mostaza	Pimientos	Tomillo
Nuez moscada	Rábano silvestre	Sal de estragón
Nuoc-man	Romero	Jugo de tomate
Paprika	Sal	Perejil
		Vainilla

Algunos platos de régimen

Entradas y ensaladas

Apio relleno (50 calorías por ración): 2 hojas de apio, 2 aceitunas negras picadas, 1 cucharada de queso de Burgos, sin nata. Un poquito de sal y una pizca de paprika.

(*) Véase la obra de B. de Téramond "500 recetas para adelgazar" (sin dejar de comer) publicada por esta misma editorial. Madrid, 1988.

Se lavan y secan las hojas de apio cuidadosamente. Se rellenan con las aceitunas y el queso bien ligados. Se espolvorea con paprika y sal. Se sirve frío.

Coliflor Akron (100 calorías por ración): 100 gramos de coliflor nueva, 12 gramos de guisantes crudos, 2 cucharadas de *salsa de limón, tártara,* finas hierbas, etc., de bajas calorías.

Se seleccionan unos ramitos de coliflor, se lavan con cuidado, afilando los tallos. Se disponen con gusto en el plato, se rodea con los guisantes crudos y se cubre con la salsa elegida.

Pepinos en Salsa Poulette (125 calorías por ración): 1/4 de kilo de pepinos, una taza de leche desnatada, 1/2 cucharada grande de harina, una cucharada de postre de perejil picado, sal y pimienta.

Se pelan los pepinos, se parten en dos y se les quita las semillas. Se cortan en trozos gordos y se cuecen durante 20 minutos en agua hirviendo con sal. Se escurren, conservándolos al calor. Aparte se deslíe la harina en la leche y se hace una salsa blanca. Al servir, se cubren los pepinos con la salsa y se salpica con perejil picado.

Lechugas rellenas con queso (40 calorías por ración): 30 gramos de queso de nata fresco, 1/2 cucharadita de perifollo picado, una pizca de sal, una hoja grande de lechuga, 1/2 cucharadita de perejil picado y 1/4 de cucharadita de cebollino picado.

Se mezclan todos los ingredientes, menos la lechuga, hasta obtener una pasta homogénea. Repartirla por la hoja de lechuga y meter en la nevera.

Pimientos México (75 calorías por ración): 100 gramos de pimientos, 50 gramos de zanahorias y dos cucharadas de *salsa de mostaza.*

Limpiar los pimientos de semillas, partirlos en tajadas algo gruesas y rellenarlas con la zanahoria, finamente picada. Guarnecerlas con berros y cubrirlas con *salsa mostaza.*

Ensalada Arlequín (65 calorías por ración): 1/4 de manzana, berros a voluntad, 1/2 huevo cocido, 50 gramos de remolacha cocida, 1/2 cucharada de *salsa vinagreta especial.*

Se colocan en una ensaladera los berros y la remolacha. Se guarnece con el 1/2 huevo cocido, cortado en rodajas y la manzana finamente cortada. Se aliña con la *vinagreta.*

Ensalada de coliflor (120 calorías por ración): 200 gramos de coliflor, 50 gramos de tomate, 1/2 huevo cocido, unas hojas de lechuga, finas hierbas picadas, sal y pimienta.

Se cuece la coliflor, cuidando de que quede entera. Se escurre, se dispone en un tazón para que se moldee. Volcar el tazón en una fuente redonda, procurando que la coliflor quede bien moldeada. Se machaca el huevo y se dispone sobre la coliflor. Se salpica con las hierbas finas picadas. Se decora con el tomate en rodajas regulares y con las hojas de lechuga. Se aliña con 2 ó 3 cucharadas de *vinagreta especial.*

Ensalada de charcutería (180 calorías por ración): 25 gramos de jamón muy magro, cortado fino; 25 gramos de lengua ahumada, cortada fina; 2 lonchas finas de salchichón de Vich, 1/4 de taza de lombarda rallada, 1/4 de taza de col verde rallada, 1/4 de taza de apio rallado.

Se hacen montoncitos de lombarda, col y apio, intercalados con el jamón, la lechuga y las lonchas de salchichón. Alrededor se pone *salsa Ketchup*. Se sirve frío.

Ensalada de champiñones y gambas (90 calorías por ración): 100 gramos de champiñones, 50 gramos de gambas cocidas. *Vinagreta especial*.

Se cuecen los champiñones, se escurren y se cortan en lamas finas. Se pelan las gambas y se reservan las más gordas. Las otras se cortan en pedacitos y se mezclan con los champiñones. Aliñarlo todo con media cucharada de *vinagreta*. Se guarnece por encima con las gambas reservadas.

Salsa Ketchup "bajas calorías" (125 calorías por ración): 1/2 vaso de Ketchup, una cucharada de postre de leche desnatada, una cucharada de las de café de mostaza dulce y otra de perejil picado, una pizca de sal y un poco de pimienta.

Se baten bien los ingredientes y se pone en la nevera varias horas antes de utilizarla.

Huevos

Huevos Jocelyne (210 calorías por ración): Una alcachofa, 50 gramos de jamón muy magro, un huevo pasado por agua bastante hecho. Una cucharada de zumo de tomate.

Se cuece la alcachofa en agua salada, se le quitan las hojas duras, se limpian bien los fondos y se deja enfriar. Se pica el jamón y se guarnece con él la alcachofa. Se corona con el huevo y se cubre con zumo de tomate.

Huevos con riñones (150 calorías por ración): Un riñón de cordero, un huevo, sal y pimienta.

Se prepara el riñón como de costumbre, se parte a lo largo, sin separar las mitades y se pone en la parrilla unos minutos por cada lado. Sin esperar a la cocción completa se pone en un plato o cazuela para horno, se rellena con el huevo, se condimenta y se mete en el horno muy caliente durante 5 minutos, aproximadamente. Se sirve salpicado de perejil.

Huevos veneciano (120 calorías por ración): Un huevo, un tomate, sal y pimienta, 1/2 cucharadita de cebolla picada, 5 gramos de mantequilla y una hojita de laurel.

Se derrite la mantequilla, se agrega la cebolla picada y se sofríe unos minutos, se añade a continuación los tomates, previamente escaldados, o tomates de conserva. Se sazona con la sal, la pimienta y el laurel. Cuando todo esté bien caliente se le agrega el huevo y se bate hasta que esté cuajado. Se quita la hojita de laurel y se sirve.

Soufflé de espárragos (96 calorías por ración): 3 espárragos de conserva, una clara de huevo a punto de nieve, 1/2 cucharada de harina, 5 gramos de mantequilla, 1/4 de vaso de leche desnatada, sal y pimienta.

Se trocean los espárragos, se espolvorean con harina y se añade la leche y las claras de huevo, mezclándolas lentamente. Sazonar con sal. Engrasar con la mantequilla un pequeño timbal para *soufflé*, verter el preparado anterior y meterlo en horno caliente durante unos minutos. Reducir el fuego y dejarlo en el horno hasta que esté a punto. Aproximadamente, 20 minutos.

Despojos

Conchas de seso al gratin (210 calorías por ración): 100 gramos de sesos de ternera, 75 gramos de champiñones, 1/2 cucharada de vinagre, 1/2 cucharadita de mantequilla, 1/2 cucharada grande de perejil picado, 2 cucharaditas de zumo de tomate, 1/2 tostada.

Se pone en remojo los sesos, se limpian cuidadosamente y se ponen en agua fría con vinagre. Cocer a fuego lento durante unos 15 minutos. Se apartan, se escurren y se cortan en pedacitos. Se pasan ligeramente por la mantequilla fundida los champiñones, limpios y picados. Se le añade 1/2 cucharada de perejil y se pone todo con los sesos. Disponer sobre conchas de *vieiras,* cubrir con el zumo de tomate y espolvorear con pan rallado. Poner en el honro.

Hígado de ternera Boston (215 calorías por ración): 150 gramos de hígado de ternera, 1/2 vaso de zumo de tomate, ajo, sal y pimienta.

Se enjuga el hígado con un paño y se pone en adobo con el tomate sazonado durante 1/2 hora. Se escurre, se parte en dos lonchitas. Con el ajo se frota una sartén, se echa el sobrante de tomate, sal y pimienta y se calienta, se añade el hígado y se cuece durante unos minutos.

Lengua de cordero al Curry (185 calorías por persona): Una lengua pequeña de cordero, 1/2 cebolla picada, 60 gramos de tomate en conserva, una copita de jugo de tomate, sal, pimienta, tomillo y laurel.

Escaldar la lengua y ponerla en agua fría al fuego; se sazona con la sal, la pimienta, el tomillo y el laurel. Se cuece durante una hora larga, se escurre. Se prepara como de costumbre. Se pone la lengua en una fuente refractaria, se rodea con los tomates, se salpica con la cebolla, se añade el jugo de tomate y se mete en horno moderado durante una hora.

Mollejas de ternera al horno (235 calorías por ración): 150 gramos de mollejas de ternera, 1/2 huevo batido, 1/2 tostada, sal, pimienta y un limón.

Remojar en agua fría las mollejas durante unas horas. Después se mojan con caldo frío, con zumo de limón en vez de vinagre, se pone a cocer a fuego lento durante 10 minutos. Limpiar las mollejas de pieles, escurrir y dejar enfriar. Se hacen filetes pequeños, se rebozan con el huevo batido y con pan rallado. Poner en el horno durante unos 15 minutos. Se sirve con zumo de limón.

ALGUNAS GENERALIDADES SOBRE LA CIENCIA ALIMENTARIA

Pescados y mariscos

Besugo con mostaza (160 calorías por ración): 1/4 de kilo de besugo en un solo trozo, un vaso de vino blanco seco, 1/2 cucharada de mostaza dulce, 1/2 limón pequeño exprimido, una cebolla picada, tomillo, laurel, sal y pimienta. Una cucharada de perejil picado.

Se limpia y escama cuidadosamente el besugo, se coloca en una batea con mostaza, tomillo, laurel, sal y pimienta, se rocía con vino y el zumo del limón y se esparce el perejil. Se mete en el horno caliente y se cuece durante unos 3/4 de hora. Se le añade un poco de vino reservado, durante la cocción, para que la salsa no quede muy consumida.

Conchas de mejillones (B. C.) (100 calorías por ración): 1/4 de kilo de mejillones, 1/2 tostada mojada en leche desnatada, 1/2 vaso de vino blanco, cebolleta picada, perejil, sal, tomillo, laurel y azafrán.

Se limpian cuidadosamente los mejillones, se lavan en varias aguas y se escurren. Se ponen en una cazuela con vino, perejil, zanahoria, cebolla, tomillo y laurel. Al empezar a hervir removerlos para que se abran todos y una vez cocidos sacarlos de sus conchas. Machacar un poco de pan con las finas hierbas picadas y colocar sobre la concha de una vieira parte de este preparado, poner una capa de mejillones y terminar con el relleno otra vez. Cubrir con el tomate en rodajas y meter en el horno durante 10 minutos.

Filetes de rodaballo rellenos (355 calorías por ración): 150 gramos de filetes de rodaballo, 50 gramos de pescadilla, un vasito pequeño de leche desnatada, 1/2 tostada, 50 gramos de champiñones, el zumo de medio limón, sal y pimienta.

Se pica la pescadilla, limpia y quitada las espinas, con los champiñones, el perejil y el pan, previamente remojado en leche. Se añade 1/2 huevo batido y se trabaja todo hasta conseguir una masa firme. Se disponen los filetes de rodaballo en una besuguera, con perejil en rama alrededor, se sazona con sal, pimiento, laurel y se mete en el horno durante media hora. Se rocía con el limón.

Ostras rellenas (225 calorías por ración): 1/2 docena de ostras, 1/2 huevo, 50 gramos de champiñones picados, 1/2 vasito de leche desnatada, 1/2 rebanada de pan tostado, el zumo de 1/2 limón, 1/2 cucharadita de mantequilla.

Se abren las conchas y se pasan las ostras por un plato rociado con el zumo de limón. Se lavan 3 conchas y se llenan de nuevo, pero poniendo dos ostras en cada una. Se rehogan en mantequilla los champiñones, se moja el pan con la leche caliente y se mezcla 1/2 yema machacada. Se condimenta y se cubren las ostras con este relleno. Se meten en el horno bien caliente el tiempo suficiente para que se doren.

Rape Nelson (155 calorías por ración): 150 gramos de rape, 1/2 huevo cocido, 1/2 taza de leche descremada, una pizca de sal, pimienta, 1/2 cucharada grande de perejil picado, una pizca de nuez moscada.

Poner el pescado en una besuguera pequeña, añadir la leche, el perejil y sazonar con sal y pimienta. Se mete en horno suave. Si se secase, durante la cocción, añadir un poco de leche. La cocción dura una 1/2 hora. Se guarnece con rodajas de huevo duro.

Salmón Western (160 calorías por ración): 100 gramos de salmón de conserva, 1/2 cucharadita de mantequilla, un vaso de zumo de tomate, una cucharadita de Worcester.

Fundir la mantequilla, poner el salmón y calentar a fuego lento. Se cubre con el zumo de tomate sazonado con el Worcester.

Turbante de merluza (226 calorías por ración): 200 gramos de merluza, 1/2 clara batida, 5 gramos de mantequilla, 60 gramos de leche desnatada, 1/2 vaso de zumo de tomate, el zumo de 1/4 de limón, 1/2 tostada, sal y pimienta.

Se cuece la merluza en un caldo de hierbas finas, sustituyendo el vino por limón. Limpiar a continuación de espinas y piel. Triturar la merluza con un tenedor y agregar el pan mojado en leche, la clara batida, sal y pimienta. Mezclarlo todo bien. Engrasar un molde de bizcocho con la mantequilla, poner el preparado y cocer durante 20 minutos. Cubrir con el zumo de tomate hirviendo. Si se desea se puede enriquecer con nuez moscada molida, curry o paprika, según gustos.

Conejo y caza

Corzo con manzanas (350 calorías por ración): 180 gramos de pierna de corzo y 200 gramos de manzanas, 1/8 de litro de vino blanco, una cucharada pequeña de vinagre, 10 gramos de zanahoria, 15 gramos de cebolla en rodajas, pimienta, clavo, tomillo, laurel y ajo.

Se limpia la carne y se pone en adobo durante 3 días con el vino, el vinagre, la zanahoria, la cebolla, las especias y los aromáticos.

Se cuece unos minutos la carne y se deja enfriar. Luego se procede como con un estofado de vaca, pero añadiendo el adobo. Se cuece a fuego lento durante unas 4 horas, añadiéndole un poco de coñac poco antes de servirlo.

Lomo de conejo con tomate (253 calorías por ración): 125 gramos de lomo de conejo, 100 gramos de tomate, 25 gramos de cebolla, 1/2 vasito de vino blanco y el caldo necesario.

Se prepara un lomo de conejo y se pone en una fuente para horno, rociado con vino, sal y pimienta. Aparte se pone a consumir en un cazo los tomates, la cebolla y el caldo. Cuando está cocido se vierte sobre el lomo y se mete en el horno hasta su completa cocción.

Paloma nevada (275 calorías por ración): Una paloma de buen tamaño, dos cucharadas de mostaza dulce, el zumo de un limón, pan rallado.

Abrir la paloma por la espalda, dejándola unida por el estómago y sin quitarle el hígado ni los pulmones. Untar las mitades con la mostaza, cubrirlas con pan rallado y rociarlas con el limón. Emparrillar y cocer durante una media hora. (Receta para dos.)

Perdices con uvas (400 calorías por ración): Una perdiz, 250 gramos de uvas, 50 de jamón, sal, pimienta, tomillo y laurel.

Preparar cuidadosamente la perdiz, cortar el jamón en trocitos, colocar la perdiz encima y agregar las uvas lavadas, el laurel, la sal y la pimienta. Se cuece a fuego lento en una cazuela, herméticamente tapada, durante unas dos horas. Si es necesario, se añade un poco de caldo. Se sirve con las uvas alrededor.

Hortalizas y verduras

Acelgas con champiñones (120 calorías por ración): 200 gramos de acelgas, 75 gramos de champiñones, 1/2 vaso de caldo, pan rallado y una pizca de curry o más, según gustos.

Limpiar las acelgas y trocearlas. A continuación se cuecen en agua hirviendo salada. Sacar una cuarta parte y picarla menudo junto con los champiñones, agregar el curry y disponer las acelgas cocidas en una fuente de horno. Se cubre con el picadillo, se moja con el caldo, se espolvorea con el pan rallado y se gratina en el horno.

Apios al jugo (75 calorías por ración): 200 gramos de apio, raíz, un vaso de caldo, una cucharada de perejil picado, unas rajas de limón, sal y pimienta.

Una vez limpio y troceado el apio se pone en el caldo muy caliente, se sazona con sal y pimienta y se tapa. Se cuece a fuego lento hasta que esté tierno. Se añade agua si es necesario. Se sirve muy caliente con el perejil esparcido y se guarnece con las rodajas de limón.

Coles a la italiana (117 calorías por ración): 200 gramos de col, 25 gramos de tomate, cominos, laurel, sal y pimienta; unas gotas de zumo de limón, 5 gramos de queso parmesano rallado.

Limpiar y cortar finamente la col. Se estova el tomate con el comino, el laurel, el limón y se sazona con sal y pimienta. Se agrega la col bien escurrida y se cuece a fuego lento durante 15 minutos, aproximadamente. Se espolvorea con el queso y se sirve.

Espárragos al gratin (75 calorías por ración): 6 espárragos de conserva o frescos, 5 gramos de queso rallado, 5 gramos de mantequilla, un tomate, sal y pimienta.

Se colocan los espárragos en una fuente pyrex, se espolvorean con el queso, se rodean con los tomates cortados en rajas y se doran en el horno.

Flan de calabacines (165 calorías por ración): 200 gramos de calabacines, una yema de huevo, un vaso de leche desnatada, sal y pimienta.

Se bate la yema con la leche y se sazona con la sal y la pimienta. Se agregan los calabacines cortados en dados. Poner todo en una flanera y cocer en el horno durante una media hora.

Pastelitos de patatas (126 calorías por ración): 50 gramos de patatas, 100 gramos de cebolla, 5 gramos de mantequilla, sal y pimienta.

Se lava y ralla la patata y la cebolla. Se mezcla y se hacen unas croquetas aplastadas. Se rehogan en mantequilla, se sazonan y se sirven calientes.

Puré verde (175 calorías por ración): 100 gramos de patata, una lechuga, 1/2 taza de leche descremada, 1/2 yema de huevo, sal y pimienta.

Se cuecen juntas la lechuga y la patata y se pasan por el pasapurés. Se agrega la leche caliente con sal, se bate bien y se continúa cociendo unos minutos. Se añade la yema de huevo y se sirve.

Salsifís en salsa blanca (208 calorías por ración): 200 gramos de salsifís, un vaso de leche desnatada, 1/2 cucharada sopera de harina, 1/2 de perejil picado, un poco de nuez moscada y sal.

Se raspan los salsifís, se cuecen en agua hirviendo salada, previamente limpios. Cuando están en su punto se escurren. Se deslíe la harina con la leche, se pone a fuego lento. Cuando espesa la salsa se agregan los salsifís. Se espolvorean con la nuez moscada y el perejil. Se sirven muy calientes.

Zanahorias con jamón (175 calorías por ración): 200 gramos de zanahorias, 50 gramos de jamón magro, un vaso de caldo, sal, apio y pimienta.

Se escaldan las zanahorias durante unos 5 minutos y se ponen a enfriar. Se escurren y se pelan frotándolas con un paño limpio. En un cazo se pone las zanahorias con el jamón picado, se añade el caldo y se cuece a fuego lento durante unos 45 minutos, aproximadamente, sazonándolas antes con sal y pimienta.

Carnes

Escalope de ternera con jamón (265 calorías por ración): 100 gramos de escalope de ternera, 50 gramos de jamón en loncha, 2 aceitunas negras, 1/4 del zumo de un limón, 1/2 vaso de zumo de tomate, sal, tomillo y laurel.

Se aplasta bien el escalope, se deshuesan las aceitunas, se pican y se ponen en el escalope. Se enrolla éste, se envuelve con la loncha de jamón y se ata. Se pone la carne en una fuente pequeña, se rocía con el limón, mezclado con el tomate, se agrega la sal, la pimienta, se pone el laurel y el tomillo. Se mete en el horno templado durante media hora, rociando la carne con frecuencia.

Hamburguesa con tomate (215 calorías por ración): 100 gramos de carne de vaca, picada, 50 gramos de tomate, una cucharadita de perejil picado, 1/2 cucharadita de cebolla picada, ajo, pimienta y sal. Una cucharada sopera de vino blanco.

Se forman unos filetitos redondos con la carne. Se pone el tomate en una cazuela, se agrega el ajo picado, la cebolla y el perejil. Se moja con el vino y se sazona con sal y pimienta. Se reduce, se ponen los filetitos, se tapa la cazuela y se deja cocer.

Pastelitos de carne (235 calorías por ración): 50 gramos de carne magra de vaca, picada; 50 gramos de carne magra de ternera, picada; 25 gramos de jamón magro, picado; 1/4 de taza de leche descremada, 1/2 cucharada sopera de perejil, 1/2 tostada, 1/2 cebolla picada.

Se hace una pasta con las carnes y el jamón, junto con el pan, mojado en la leche, y el resto de los ingredientes. Se forman dos pastelillos, se envuelven en papel de aluminio y se meten en el horno, moderado, hasta que estén hechos.

Rabo de vaca con salsa de rábano (260 calorías por ración): 250 gramos de rabo de vaca, 50 gramos de zanahorias, 50 gramos de nabos, 50 gramos de puerros, 50 gramos de col, 1/2 vasito de caldo, 1/2 vasito de vino blanco, una cucharadita de salsa de rábano silvestre, sal, pimienta, tomillo y laurel.

Preparar la carne y verdura como si fuera un cocido, pero estrictamente cubiertas por el agua. Cocer a fuego lento durante unas tres horas.

Se prepara la salsa de rábanos tostando 1/2 cucharada de harina, se moja con el caldo y el vino, se agrega el rábano silvestre y se sirve muy caliente acompañando a la carne.

Solomillo de vaca con lechuga (363 calorías por ración): Un filete de solomillo de 60 gramos, 2 lechugas, 25 gramos de zanahorias, una cebolla picada, 1/2 vaso de caldo, sal y pimienta.

Se lavan y limpian las lechugas y se blanquean. En una cazuela se funde la mantequilla (5 gramos), se agregan las zanahorias, cortadas en rajas finas, y la cebolla picada. Se ponen las lechugas, se moja todo en el caldo y se deja cocer durante una hora, aproximadamente. Antes de servirse se dora la carne en la parrilla y se dispone sobre las lechugas.

Ternera Geraldine (230 calorías por ración): 2 chuletas de ternera, 5 gramos de mantequilla, una cebolla picada, una cucharadita de hierbas finas picadas, 1/2 vaso de vino tinto de Burdeos, sal y pimienta.

Derretir la mantequilla en una sartén, agregar la cebolla y dorar a fuego lento. Se agrega el vino, se sazona con estragón, sal y pimienta. Se pone la carne y se deja cocer con la sartén tapada. Se le da vueltas a la carne varias veces y, si fuese necesario, se añade un poco de agua.

Aves

Pichón con guisantes (250 calorías por ración): Un pichón grande, 400 gramos de guisantes desgranados, una loncha de jamón.

Una vez preparado, meter el pichón en el horno, muy caliente, y dorarlo durante un cuarto de hora.

Se cuecen los guisantes con agua salada. Se saca el pichón del horno y se sazona con sal y pimienta. Enrollarlo con la loncha de jamón, atarlo y ponerlo en una cazuela con los guisantes. Se tapa bien y se cuece durante unos 45 minutos. Si fuese necesario, se puede añadir agua con limón. (Receta para dos personas.)

Pollo a la española (250 calorías por persona): 250 gramos de pollo, troceado; 60 gramos de tomate, 3 aceitunas picadas, 1/4 de limón, picado; 1/4 de pimiento, picado; alcaparras, sal y pimienta.

Ponerlo todo en una cazuela con bastante agua, para cubrir, tapar la cazuela y cocer a fuego lento una hora y media.

Pollo al romero (150 calorías por ración): Un pollito de 1/2 kilo, una ramita de romero, sal y pimienta.

Limpio el pollo se le introduce el romero y se sazona con la sal y la pimienta; se pone en horno muy caliente para que se dore bien, luego se reduce el fuego para que se cueza del todo. (Receta para dos personas.)

Pollo "San Francisco" (175 calorías por ración): 1/4 de kilo de pollo troceado, agua, 1/2 cucharadita de vinagre, 1/2 vasito de zumo de tomate, un poco de paprika y un chorrito de Worcester, un poco de mostaza dulce, una cebolla picada, ajo picado, sal y pimienta.

En una fuente para horno, mezclar la cebolla, la mostaza, el agua, el vinagre, el zumo de tomate, el Worcester, la paprika, la sal, la pimienta y el ajo. Poner al fuego y cuando hierva agregar el pollo y meter en el horno caliente. Cocer el pollo rociándolo con frecuencia.

Salsas

Mayonesa "bajas calorías" (17 calorías por cucharada de postre): Una yema de huevo cocido, una yema de huevo crudo, 1/2 yoghourt, 1/2 cucharadita de mostaza dulce, una pizca de sal y pimienta, 1/2 cucharadita de zumo de limón y 1/2 cucharadita de cebolla picada.

Se machaca la yema cocida y se pasa por el tamiz, se agrega la yema cruda y se bate todo en la batidora. Agregar los demás ingredientes poco a poco. Se sirve fría. (Las cantidades dan 10 cucharadas de postre con un total en calorías de 170.)

Salsa "bajas calorías" (para carnes frías. 15 calorías por cucharada de postre); Un poco de sal y pimienta, una cucharadita de mostaza dulce, una cucharadita de vinagre, una cucharada sopera de leche descremada y un huevo.

En un cacito se pone el huevo y la mostaza, se bate mientras se le agrega la leche y el vinagre. Se sazona con la sal y la pimienta, se pone al baño maría. Batir hasta que tome consistencia. Dejarla enfriar y meterla en el frigorífico para servir muy fría. (Las cantidades dan 6 cucharadas de postre con un total de 90 calorías.)

ALGUNAS GENERALIDADES SOBRE LA CIENCIA ALIMENTARIA

Salsa curry (15 calorías por cucharada de postre): Un yoghourt, una cucharadita de zumo de limón, una cucharadita de mostaza dulce, un huevo duro machacado, una cucharadita de curry, o más, según gustos.

Se pone el yoghourt en un bol con el huevo y la mostaza. Se bate bien todo, se le agrega el zumo de limón y, luego, el curry. Poner en sitio fresco dos horas antes de servir. (Las cantidades son para 10 cucharadas de postre con un total de 150 calorías.)

Salsa de limón (6 calorías por cucharada de postre): Un yoghourt, una cucharada sopera de zumo de limón, una cucharadita de mostaza y una cucharadita de perejil picado.

Se mezclan cuidadosamente todos los ingredientes y se pone en sitio fresco. (Estas cantidades son para 10 cucharadas de postre con un total de 60 calorías.)

Salsa de mostaza (6 calorías y media por cucharada de postre): Un yoghourt, 3 cucharaditas de mostaza dulce, una cucharadita de perifollo picado, sal y pimienta.

Se trabaja bien la mostaza y el yoghourt. Se agrega el perifollo picado y se sazona con la sal y la pimienta. Poner en sitio fresco. (Estas cantidades son para 10 cucharadas de postre con un total de 65 calorías.)

Salsa finas hierbas (6 calorías por cucharada de postre): Un yoghourt, 2 cucharaditas de mostaza dulce, 1/2 cucharadita de hierbas finas, muy picadas —estragón, cebolleta, perifollo y perejil—.

Mezclar el yoghourt y las hierbas finas. Añadir la mostaza dulce. Batir todo bien y poner en sitio fresco. (Cantidades para 10 cucharadas de postre con un total de 60 calorías.)

Salsa rusa "bajas calorías" (8 calorías por cucharada de postre): Un yoghourt, sal, pimienta, un pepinillo gordo muy picado, una cucharadita de tomate concentrado, una cucharadita de cebolleta picada.

Mezclar cuidadosamente todos los ingredientes. Poner en sitio fresco. (Cantidades para 8 cucharadas de postre con un total de 64 calorías.)

Salsa tártara "bajas calorías" (12 calorías por cucharada de postre): Una yema de huevo, un yoghourt, un poco de pimienta, sal y paprika, una cucharadita de vinagre, una cucharadita de mostaza dulce, una cucharadita de aceitunas picadas, una cucharadita de perejil picado y un pepinillo picado.

Batir bien todos los ingredientes con la batidora; meter en la nevera. (Cantidades para 10 cucharadas de postre con un total de 120 calorías.)

Vinagreta especial (salsa acalórica): 1/2 vaso de aceite de parafina, un zumo de limón, 3 cuchadas soperas de Ketchup, una pizca de pimienta, una cucharada sopera de mostaza, 1/2 cucharadita de paprika, 2 cucharaditas de salsa de rábano silvestre —horseradish—, dos cucharadas soperas de vinagre y dos cucharadas de Worcester.

Mezclarlo todo bien y servir.

Postres de frutas

Compota de naranja y manzana (75 calorías por ración): 1/2 naranja grande, 1/2 manzana grande, 1/2 vaso de agua y canela a voluntad.

Pelar la naranja y la manzana, trocearlas, limpias de pepitas, reservando dos rodajas de naranja. Ponerlas a cocer con el agua durante 20 ó 30 minutos, a fuego lento, retirar y pasar por el tamiz. Llenar dos flaneras con la mezcla, cubrir con las rodajas de naranja, meter en la nevera. Se sirve fría espolvoreándola con canela.

Ensalada de frutas (170 calorías por ración): 1/2 plátano, 1/2 manzana, 1/2 pera, 1/2 naranja, 1/2 cucharada sopera de pasas, 1/2 cucharada sopera de ron, el zumo de media naranja.

Se pelan, limpian y trocean las frutas. Se rocían con el ron y el zumo de naranja. Se decora con las pasas y se sirve muy fría.

Manzanas Isabel (85 calorías por ración): 3 manzanas y una naranja.

Se pelan y limpian las frutas, se disponen en forma de corona en un plato refractario, se agrega agua y se pone a cocer a fuego lento por espacio de una hora. Se corta la naranja en cuartos y se coloca sobre las manzanas. Se sirve caliente. (Emplear manzanas dulces.)

Melón con melocotones (110 calorías por ración): 1/2 melón pequeño, un melocotón deshuesado y cortado en dados, 50 gramos de grosellas y 1/2 cucharadita de kirsch.

Quitar las semillas al melón. Mezclar las grosellas con los dados de melocotón, rociar con el kirsch y rellenar el melón. Servir frío.

Naranjas sorpresa (120 calorías por ración): Dos naranjas, 1/2 manzana, 1/2 pera, 1/2 plátano, 1/2 rodaja de piña fresca, 1/2 cucharada de ron.

Cortar un casquete a cada naranja. Vaciarlas, cortar la pulpa en pedacitos y hacer lo mismo con el resto de la fruta. Ponerlas en un plato hondo y rociar con el ron, mezclar, rellenar las naranjas vacías, tapar con los casquetes y meter en la nevera.

Piña al ron (100 calorías por ración): 100 gramos de rodajas de piñas, 1/2 vasito de ron blanco, unas pasas.

Se pelan las rodajas de piña, se disponen en un plato, superpuestas, se colocan las pasas en el hueco del centro, se rocían con el ron caliente y se flamea ante el comensal.

Quesos de bajas calorías

Quesos semigrasos y magros. (De 20 a 40 por 100 de grasa.)

Vachard, descremado, fabricado en Auvernia.

Rocroi, descremado, fabricado en las Ardenas.

ALGUNAS GENERALIDADES SOBRE LA CIENCIA ALIMENTARIA

Ceniza de Champagne, 20 %, curado en ceniza.
Hoja de Dreux, 30 %, fabricado en Ile de France.
Bolita de Asvesnes, descremado, se fabrica en Thiérache.
Gaperon de Auvernia, hecho con suero.

Zumos de frutas y hortalizas

Calorías por cada 100 gramos, sin azúcar:

Albaricoque	75 cal.
Ciruela	85 "
Manzana	60 "
Naranja	65 "
Piña	70 "
Pomelo	49 "
Tomate	25 "
Zanahoria	45 "

El zumo de limón tiene de 5 a 6 calorías por cucharada sopera.

El desayuno

Una fruta o zumo	60 cal. aprox.
Un huevo, cocido o escalfado, o 50 gramos de jamón magro	75 " "
2 tostadas	50 " "
	185 calorías

Ejemplos de minutas

1.000 calorías:

Desayuno

Un vaso de zumo de naranja
50 gramos de jamón magro
2 tostadas
Café o té, sin azúcar ni leche

Almuerzo

Rábanos, 100 gramos
Un cuarto de Pollo Carlota
Arroz al vapor, 50 gramos
Cebollitas nuevas, 150 gramos
Una tostada
Un vaso de leche desnatada

Cena

Un filete de vaca emparrillado
Tomates al horno, 200 gramos
Ensalada de luchaga
Una rueda de piña fresca
Una tostada
Un vasito de vino

1.250 calorías:

Desayuno

Un vaso de zumo de pomelo
50 gramos de jamón magro
2 tostadas
Café o té y dos cucharadas de leche descremada

Almuerzo

2 ramas de apio
Escalope de ternera emparrillado, 125 gramos
Cebollas y bacón (1 lonchita) con salsa de tomate
Queso Vachard, 15 gramos
Medio pomelo
Un vaso de leche desnatada

Cena

2 chuletas de cordero
Puerros en salsa Poulette
Ensalada de cardillos
1 tostada
Un vasito de vino

1.500 calorías:

Desayuno

Un vaso de zumo de tomate
Un huevo revuelto
Cuatro tostadas
Café o té y 2 cucharadas de leche descremada

Almuerzo

Zanahorias ralladas con zumo de limón, una taza
Filete de vaca a la parrilla, 125 gramos
Gruyère, 15 gramos
Una naranja
Una tostada
Un vaso de leche descremada

Cena

Ternera Geraldine
Espinacas al natural, 200 gramos
Espárragos, 250 gramos
Medio pomelo
Una tostada
Un vasito de vino

Platos especiales para otros regímenes

Laxantes:

Acelgas en salsa.—En una sartén con aceite caliente se rehoga una acelga, previamente limpia y troceada, se moja con agua y se pone sal. Se cuece durante unos 45 minutos.

Se prepara una salsa con aceite, harina y agua caliente, se bate y se hierve unos 10 minutos. Se agregan las acelgas y se cuece todo durante otros 10 minutos. Servir caliente.

Ensalada de coliflor.—Cocer una media hora una col bien limpia. Se prepara una salsa fría con cebolla, ajo, perejil, sal, limón y aceite. Cortar la coliflor en pedacitos y rociar en caliente con la salsa.

Gazpacho caliente.—Doscientos gramos de pan integral, un pimiento seco, uno y medio litro de agua, dos dientes de ajo, una naranja agria, cuatro cucharadas de aceite.

Se hierve el agua con el pimiento y la miga del pan. Se retiran y se majan en el mortero, junto con los ajos. Cuando está todo bien ligado, se trabaja lentamente con el aceite, se moja con el agua y se pone a hervir, rociándolo con el zumo de la naranja, y sazonándolo con la sal. Ha de quedar como una sopa espesa.

Trigo con tomate.—Se pone en remojo la víspera media taza de trigo y en la misma agua se cuece durante tres horas.

Se rehogan en aceite un diente de ajo, una cebolla, picados, hasta que se doran. Se agrega el trigo y se cuece otros 20 minutos. Se sazona con puré de tomate. Se acompaña con ensalada.

Para convalecientes:

Caldo de verduras.—En una cacerola se pone agua y, una vez limpias, se ponen las verduras (col, lechuga, puerros, tomate, cebolla), se cuecen durante una hora y se le vierte la cebolla, picada y sofrita en aceite. Se deja cocer unos 20 minutos más, se sazona con la sal, perejil y perifollo picado. Se pasa por el tamiz y se sirve.

Flan de manzanas.—Se limpian y se cortan unas manzanas en rodajas finas, se ponen al fuego con azúcar y, con una cuchara de madera, se remueven constantemente. Se enfrían y se mezclan con huevos batidos y bizcochos.

Se tapiza una flanera con azúcar quemado, se vierte el preparado y se deja cocer al baño maría durante 45 minutos. Se puede servir frío o caliente y decorado con nata.

Puré de cebada.—Se deslíe harina de cebada integral en agua y sal y se pone a cocer, a fuego lento, removiéndola hasta que hierva. Se le agrega tomate *concassé,* ajo y cebolla rallada y se deja que cueza todo unos 45 minutos. Se cuela y se mezcla con el jugo de unas espinacas o lechugas.

Setas con tomate.—Se escaldan unos tomates, se pelan, se tamizan y se reducen a puré. Se fríen unas setas con cebolla y ajo. Se agrega el puré de tomate y se pone a cocer a fuego lento durante una hora. Se acompaña con arroz y patatas.

Para la colitis:

Arroz oriental.—Poner arroz a remojar la víspera. Se prepara un caldo de verduras y se pone a cocer a fuego lento. Cuando hierve se le pone el arroz escurrido y se deja cocer durante una hora. Se retira, se cuela y se escurre el arroz. Se calienta aceite en una sartén, se agrega cebolla picada y el arroz, sofriéndolo todo durante unos 10 minutos. Se vierte en una fuente, se espolvorea con perejil picado y se acompaña con una ensalada.

Croquetas de arroz.—Se sofríe cebolla en poco aceite, se agrega el arroz y se rehoga un poco, se moja con agua, se sazona con sal y pimienta roja y se deja que se cueza durante unos 45 minutos, a fuego lento. Se retira, se le agrega un huevo batido y se deja enfriar la mezcla. Con la masa se forman croquetas, se rebozan con harina, huevo batido y pan rallado y se fríen en abundante aceite. Se escurren y se guarnecen con puré de tomate.

Macarrones rehogados.—Se hierven los macarrones en agua salada, durante unos 20 minutos. En una sartén se sofríe un ajo y se agregan los macarrones, rehogándolos unos 10 minutos. Se disponen en una fuente, se espolvorean con perejil y se sirven con puré de tomate.

Patatas con menta.—Se pelan las patatas, se cortan en rodajas gruesas y se cuecen al vapor durante una media hora. Se escurren, se disponen en una fuente, se rocían con mantequilla derretida y se espolvorean con menta muy finamente picada.

CAPITULO XIII

ALGUNOS ARTICULOS DEL CODIGO ALIMENTARIO ESPAÑOL SOBRE EL COMERCIO DE ARTICULOS ALIMENTICIOS Y UTENSILIOS DE USO

Los epígrados recopilados en este extracto del Código Alimentario siguen en vigor tal y como se reproducen. Existen posteriores enmiendas que en nada modifican el contenido de este articulado.

CAPITULO II

1.02.00. *Alimentos, productos y útiles alimentarios*

1.02.01. *Alimentos.*—Tendrán la consideración de alimentos todas las sustancias o productos de cualquier naturaleza, sólidos o líquidos, naturales o transformados, que por sus características aplicaciones, componentes, preparación y estado de conservación sean susceptibles de ser habitual e idóneamente utilizados a alguno de los fines siguientes:

a) Para la normal nutrición humana o como frutivos.

b) Como productos dietéticos, en casos especiales de alimentación humana.

1.02.08. *Alimento adulterado.*—Tendrá la consideración de adulterado todo alimento al que se haya adicionado o sustraído cualquier sustancia para variar su composición, peso o volumen, con fines fraudulentos o para encubrir o corregir cualquier defecto debido a ser de inferior calidad o a tener ésta alterada.

1.02.09. *Alimento falsificado.*—Tendrá la consideración de falsificado todo alimento en el que se haga concurrir alguna de las siguientes circunstancias:

a) Que haya sido preparado o rotulado para simular otro conocido.

b) Que su composición real no corresponda a la declarada y comercialmente anunciada.

c) Cualquier otra capaz de inducir a error al consumidor.

1.02.14. *Utiles alimentarios.*—Tendrán la consideración de útiles alimentarios los vehículos de transporte, maquinaria, utillajes, recipientes, envases, etiquetas y precintos de todas clases en cuanto usualmente se utilicen para la elaboración, fraccionamiento, conservación, transporte, rotulación, precintado y exposición de alimentos o de productos alimentarios.

2.04.07. *Revestimientos y coberturas* ....
....

a) El estaño empleado en revestimientos que estén en contacto directo con los alimentos será de la riqueza mínima indicada en el artículo 2.04.02 (99 por 100 de pureza), y no contendrá más de *cinco* partes por *mil* de plomo y *tres* partes por *diez mil* de arsénico.

b) Los esmaltes a base de compuestos de plomo estarán completamente vitrificados.

c) El revestimiento con cadmio o sus aleaciones, únicamente se permitirán en los recipientes empleados para contener alimentos secos y no ácidos.

CAPITULO X

3.10.00. *Carnes y derivados*

3.10.30. *Extractos y caldos de carnes* ....

Los extractos de carnes que lleven el nombre de una especie animal, clase o categoría de carne o víscera determinada de que procedan estarán elaborados exclusivamente de la carne o vísceras correspondientes. Cuando no se indique la procedencia se entenderá que es vacuno.

No contendrá más condimentos que la sal comestible ni otros componentes que los de la carne de procedencia adicionada de las grasas, especias y hortalizas autorizadas.

Se distinguen los siguientes grupos:

a) Caldo de carne: es el producto perfectamente limpio obtenido de la carne en agua potable, sometida a procesos técnicos adecuados, con o sin adición de sal común y de especias o sus extractos, destinado a ser consumido sin dilución.

Su contenido en agua será de 85 por 100.

Creatinina en residuo seco, cantidad mínima, 1,5 por 100.

b) Caldo de carne concentrado: es el producto obtenido por evaporación del extracto acuoso definido en el apartado anterior, con o sin adición de sal, de especias y legumbres o sus extractos.

Humedad máxima, 68 por 100.

Creatinina en residuo seco, cantidad mínima, 1,5 por 100.

c) Extracto sólido de carne o simplemente extracto de carne: es el producto obtenido transformando por evaporación un extracto acuoso de carne con o sin adición de sal de cocina, de especias o sus extractos.

Contenido en agua, máximo, 20 por 100.

Creatinina en residuo seco, cantidad mínima, 2 por 100, en aves; 4 por 100, en balénidos, y 5 por 100, en el resto de los animales.

d) Tabletas, bloques, granos, polvo o pasta de carne: son los productos obtenidos en las formas especificadas, a partir de carne o su extracto acuoso, con sal comestible y mezclados o no con grasa, especias o extractos de especias y/o hortalizas.

Humedad máxima, 20 por 100.

Creatinina en residuo seco, mínimo, 0,6 por 100.

Art. 3.10.31. *Gelatinas alimenticias.*—Son los preparados obtenidos por extracción al calor de tendones, cartílagos, huesos, etc., con adición o no de condimentos, especias, sal de cocina y azúcar. Diluidas en agua después de calentadas y metidas en un molde; por reenfriamiento, las gelatinas toman la forma de aquél.

Art. 3.10.32. *Envasado de extractos y gelatinas.*—Los envases conteniendo extractos de carne llevarán en su cara exterior una inscripción indicando su contenido ....
....

Art. 3.10.33. *Sucedáneos de extractos.*—Son los productos o preparados que por sus características organolépticas se parecen a los extractos de carne. No podrán ser designados con nombres parecidos a éstos y que induzcan a error al consumidor ...
....

CAPITULO XIV

3.14.00. *Huevos y derivados*

Art. 3.14.01. *Denominación.*—Con la denominación de huevos se entienden única y exclusivamente los huevos de gallináceas. Los huevos de otras aves se designarán indicando además la especie de que procedan.

Art. 3.14.03. *Huevos frescos.*—Son aquellos que, presentando un olor y sabor característicos, no han sufrido más manipulaciones que una limpieza en seco. Observados al ovoscopio, aparecerán completamente claros, sin sombra alguna, con yema apenas perceptible y cámara de aire pequeña, de no más de siete milímetros de altura. La cáscara será fuerte, homogénea y limpia; la clara, firme, transparente, sin enturbiamiento, y la yema, de color uniforme, pudiendo oscilar del amarillo claro al anaranjado rojizo, sin adherencias con la cáscara y conservándose centrada y entera.

Art. 3.14.04. *Huevos refrigerados.*—Son aquellos enteros que se mantienen durante un tiempo superior a quince días, sin exceder de treinta días, desde su puesta, aislados del medio ambiente, en cámaras frigoríficas o en locales con temperaturas que no excedan de 4 grados centígrados.

Art. 3.14.05. *Huevos conservados.*—Son los que han permanecido en cámara frigorífica, a 0 grados centígrados, por un período superior a treinta días e inferior a seis meses.

Art. 3.14.09. *Derivados de los huevos.*—Son los productos constituidos total o parcialmente con huevo de gallina, desprovisto de cáscara y destinados a servir de materia prima para la elaboración de productos alimenticios.

Los derivados obtenidos con huevos distintos a los de gallina, se designará además la especie animal de que proceden.

Serán elaborados por procedimientos tecnológicos que ineludiblemente presupongan la aplicación de un proceso de pasterización de las materias primas. No contendrán microorganismos patógenos vivos ni más de 150.000 gérmenes por gramo o centímetro cúbico de producto elaborado.

Art. 3.14.15. *Rotulación.*—Los huevos "conservados" y "refrigerados" deberán llevar marcado en la cáscara, con caracteres bien visibles e indelebles:

a) La clase de huevo de que se trate.

b) La fecha de entrada en la cámara frigorífica o el medio de conservación utilizado.

c) La procedencia y los extranjeros, además, la indicación "IMPORT".

Art. 3.14.16 *Envases*.—Los envases deberán proteger a los huevos de posibles roturas y contaminaciones, y tanto ellos como los materiales utilizados en su elaboración las condiciones exigidas en el capítulo IV de este Código y disposiciones complementarias.

En los derivados de huevo que lleven añadidas sustancias autorizadas, se consignará este extremo y sus cantidades.

Los envases de los huevos congelados y productos compuestos deberán rotularse, indicando las sustancias que lleven añadidas.

CAPITULO XV

3.15.00. *Leches y derivados*

Art. 3.15.01. *Definición*.—Se entiende por leche natural el producto íntegro, no alterado ni adulterado y sin calostros, del ordeño higiénico, regular, completo e ininterrumpido de las hembras mamíferas, domésticas, sanas y bien alimentadas.

Art. 3.15.02. *Denominación*.—Con la denominación genérica de leche se comprende única y exclusivamente la leche natural de vaca. Las leches producidas por otras hembras de animales domésticos se designarán indicando además el nombre de la especie correspondiente: leche de oveja, leche de cabra, leche de burra, leche de yegua y leche de camella.

Art. 3.15.05. *Características de las leches*.—En el momento de su venta reunirán las siguientes características:

3.15.05.1. Leches naturales:

a) Leche natural (vaca).

Materia grasa, como mínimo 3 por 100 en peso.

Lactosa, como mínimo 4,2 por 100 en peso.

Proteínas, como mínimo 3,2 por 100 en peso.

Cenizas, como mínimo 0,65 por 100 en peso.

Extracto seco magro, como mínimo 8,2 por 100 en peso.

Acidez, expresada en ácido láctico, como máximo 0,2 gramos por 100 milímetros de leche.

Impurezas microscópicas expresadas en grados de la escala de impurezas, como máximo grado 1.

Prueba de la reductasa microbiana con azul de metileno, más de 2.

Art. 3.15.06. *Preparación de las distintas clases de leche, su envasado, consumo y venta*.—A partir del momento de su obtención se exigirá obligatoriamente:

ALGUNOS ARTICULOS DEL CODIGO ALIMENTARIO ESPAÑOL

3.15.06.1. Leches naturales:

a) La filtración e inmediata refrigeración a menos de 15 grados centígrados.

b) El envasado en recipientes limpios y asépticos, de cierre con ajuste adecuado y precintados para su entrega al consumidor.

3.15.06.2. Leches higienizadas:

a) La previa eliminación de impurezas macroscópicas de la leche por medios mecánicos.

b) El calentamiento uniforme de la leche a la temperatura y durante el tiempo adecuados.

c) La inmediata refrigeración a menos de 4 grados centígrados, seguido del envasado definitivo en recipientes limpios, asépticos y convenientemente cerrados.

d) La conservación, en todo momento, a temperatura no superior a ocho grados centígrados hasta su entrega al consumidor, que deberá efectuarse dentro de las treinta y seis horas siguientes a la higienización.

e) La leche higienizada podrá estar normalizada y homogeneizada.

f) La venta de leche higienizada que se efectúe directamente al consumidor en lechería y a domicilio se realizará en envases autorizados de único uso o de fácil higienización, con cierre de ajuste adecuado y de capacidad no superior a dos litros.

g) Los envases llevarán marcado en su cuerpo, precinto o cierre, en forma clara e indeleble, la fecha límite de venta, el nombre del centro higienizador y la indicación de "leche higienizada o pasterizada".

h) La venta de leche higienizada para su consumo en centros y establecimientos colectivos podrá efectuarse en envases de mayor capacidad, con cierre de ajuste adecuado y precintados, figurando en éstos la fecha límite de venta y el nombre del centro higienizador.

i) La venta de leche higienizada para su consumo en establecimientos públicos se efectuará en envases individuales precintados en origen.

j) En todo caso, cuando se trate de leche higienizada homogeneizada, se indicará esta circunstancia en el cuerpo, precinto o cierre de los envases.

3.15.06.3. Leches certificadas:

a) En circuito cerrado se realizará el ordeño, la inmediata filtración y la refrigeración a menos de 8 grados centígrados, seguidos del envasado definitivo en recipientes limpios e higienizados, con cierre que garantice su pureza y sanidad.

b) Hasta su entrega al consumidor, que deberá efectuarse dentro de las veinticuatro horas siguientes, deberá conservarse, en todo momento, a temperaturas que no excedan de los 8 grados centígrados.

c) Las condiciones higiénico-sanitarias del ganado y las higiénicas de establos anejos y equipos precisos serán acreditados mediante inspecciones oficiales.

d) La venta de leche certificada que se efectúe al público consumidor directo en lecherías y a domicilio se realizará en botellas u otros envases autorizados, figurando en ellos o en sus cierres la fecha límite de venta, y siempre en el cuerpo el nombre del centro productor y la indicación de "leche certificada".

e) El suministro de leche certificada que se realice a hospitales y otras instituciones bajo dirección o vigilancia médica, también podrá efectuarse en bidones con cierre de ajuste adecuado, precintados, con la fecha límite de venta en el precinto y el nombre del centro productor en el aro superior.

3.15.06.4. Leches especiales:

a) Leches desnatadas: las destinadas al consumo directo habrán de estar higienizadas o esterilizadas.

— Para su venta y consumo se cumplirán los requisitos exigidos en los artículos 3.15.06.2 y 3.16.06.5.

— Será obligatorio que los envases lleven inscritos en colores distintivos la indicación de "leche desnatada" o "leche parcialmente desnatada" y en este último caso se señalará a continuación el correspondiente porcentaje graso.

c) Leches fermentadas o acidificadas: para su obtención se partirá de la leche natural, concentrada o no, entera o total o parcialmente desnatada, en estos dos últimos casos habrá que indicar en el cierre del envase el porcentaje graso y la fecha límite de consumo. En los envases de yoghourt y kefir se pondrán cápsulas de distinto color, según que hayan sido elaboradas con leche total o desnatada.

3.15.06.5. Leches conservadas.

c) Leche condensada: se preparará a partir de la leche natural higienizada, concentrada o no, total o parcialmente desnatada, envasada en recipientes que resulten apropiados a la naturaleza del producto y garanticen su inalterabilidad, esterilizados y herméticamente cerrados.

— Se permite la adición de sustancias estabilizadoras autorizadas por este Código y necesarias al proceso de fabricación, contenidas en las listas positivas.

— Los envases irán grabados, litografiados o revestidos de etiqueta, figurando en ellos los datos relativos a la denominación del producto, peso neto, fórmula de reconstitución y equivalencia en leche natural, trimestre y año de fabricación y el nombre y domicilio de la empresa productora, o de la que garantice la fabricación.

— Se admite la venta de "leche desnatada condensada" siempre que tenga como mínimo un 24 por 100 en peso de extracto seco total procedente de la leche y de que en la etiqueta o rótulo vaya seguida la denominación del producto de la palabra "desnatada".

d) Leche en polvo: se obtendrá a partir de la leche natural o de la leche total o parcialmente desnatada, higienizada al estado líquido antes o durante el proceso de fabricación y sin adición de neutralizantes, conservadores o cualquier otra sustancia ajena a la composición de la leche.

— Se permite la adición de sustancias estabilizadoras autorizadas por este Código y necesarias al proceso de fabricación, contenidas en las listas positivas.

— Se envasará en recipientes herméticamente cerrados que aseguren protección total contra las contaminaciones, absorción de la humedad y acción de la luz.

— Sobre los envases figurará la denominación del producto (leche entera en polvo, leche desnatada en polvo o leche parcialmente desnatada en polvo), su peso neto, instrucciones de reconstitución y equivalencia en leche natural, trimestre y año de fabricación y el nombre y domicilio de la empresa productora o que garantice la fabricación. Cuando se trate de leche parcialmente desnatada se indicará además la proporcionalidad en peso de la materia grasa que contenga el producto.

3.15.10. *Nata.*—Se entiende por nata de leche o simplemente nata el producto rico en materia grasa separado de la leche por reposo o por centrifugación.

La nata se elaborará con leche de vaca, procedente de animales que no padezcan procesos infecciosos, peligrosos para la salud pública, y forzosamente habrá de ser sometida a un tratamiento de higienización.

Si se fabrica con leches de otras especies deberá añadirse a la palabra nata la de la especie de que proceda.

3.15.13. *Características de las natas.*—Las natas destinadas al consumo directo deberán reunir los requisitos siguientes:

a) Menos de 100.000 colonias de gérmenes por mililitro.

b) Ausencia de coliformes en 0,1 mililitro.

c) Acidez, expresada en ácido láctico, como máximo 0,65 gramos por 100 mililitros.

d) Prueba de la fosfatasa negativa.

e) Prueba de la reductasa microbiana con azul de metileno, más de dos horas.

f) No presentará aspectos grumoso, filamentoso, coposo, ni tendrá mal sabor o mal olor.

g) No sobrepasará los límites de impurezas establecidas en las listas de tolerancias, complementarias del capítulo XXXV de este Código.

h) Materia grasa, como mínimo 18 por 100 en peso.

Las características de su materia grasa corresponderán a las de la leche.

3.15.14. *Clasificación de las natas.*—De acuerdo con su contenido en grasa, las natas se clasificarán en:

Doble nata: la que contenga como mínimo 50 por 100 en peso de grasa.

Nata: la que contenga como mínimo 30 por 100 en peso de grasa.

Nata delgada: la que contenga como mínimo 18 por 100 en peso de grasa.

3.15.18. *Envasado y rotulación.*—La venta de la nata al público podrá efectuarse en envases de materiales autorizados, con cierre adecuado. Llevará impreso en éste o en el cuerpo del envase la clase de nata, el tanto por ciento de grasa y la fecha de producción. En el cuerpo del envase debe figurar, además de los datos exigidos en el capítulo IV de este Código, el número de registro sanitario.

MANTEQUILLA

3.15.19. *Mantequilla.*—Es el producto graso obtenido por procedimiento mecánico de la leche o nata higienizadas.

3.15.20. *Características.*—La mantequilla o las diversas clases de mantequilla deberán presentar en el momento de su venta las siguientes características:

a) Consistencia sólida y homogénea.

b) Color amarillo más o menos intenso, olor y sabor característicos.

c) Humedad, máximo 16 por 100 en peso.

d) Extracto seco magro, máximo 2 por 100 en peso.

e) Materia grasa, mínimo 80 por 100 en peso.

f) Prueba de fosfatasa, negativa.

g) Ausencia de gérmenes coliformes en 0,1 gramos.

3.15.23. *Prohibiciones.*—En la manipulación o tratamiento de la mantequilla queda prohibido:

a) La mezcla con margarina y/o cualquier otra clase de grasas.

b) La adición de cualquier materia extraña no autorizada.

c) La adición de agentes conservadores, neutralizantes, antioxidantes o cualquier aditivo no incluido en las listas positivas ni autorizado para este fin.

d) La adición de fermentos distintos a los lácticos.

e) Almacenar, elaborar o manipular en las fábricas o almacenes de mantequilla otras grasas alimenticias o industriales, así como productos que puedan suponerse destinados a su adulteración.

3.15.24. *Envasado y rotulación.*—La mantequilla se presentará al consumidor en bloques o porciones de cualquier medida o peso, y en todo caso envuelta en papeles o envasada en recipientes de materiales autorizados por la correspondiente reglamentación.

Los envases contendrán el número de identificación del lote y llevarán en el exterior de la envoltura o tapa una leyenda impresa, en la que de manera clara figure, además de los datos establecidos en el capítulo IV de este Código, la palabra "mantequilla" y el número de registro sanitario.

Se prohibe su fraccionamiento para venta al público.

La mantequilla de oveja o cabra está sujeta igualmente a las normas y obligaciones impuestas para la mantequilla, sin más variación que sustituir la palabra "mantequilla" por "mantequilla de oveja o cabra", según sea la procedencia, y se hará figurar la leyenda con caracteres claros y en tinta roja. El calificativo de "oveja" y de "cabra" deberá ponerse en los mismos caracteres, color y tamaño de letra que los utilizados para la palabra "mantequilla".

Aquellos productos alimenticios o cocinados en cuya designación entre la palabra mantequilla o similar sólo podrán contener el referido producto lácteo.

QUESOS

3.15.26. *Quesos.*—Es el producto fresco o madurado obtenido por separación del suero, después de la coagulación de la leche natural, de la desnatada total o parcialmente, nata, suero de mantequilla o de sus mezclas.

3.15.27. *Clasificación.*—Los quesos se clasifican:

I. De acuerdo con el procedimiento de elaboración, en:

a) Frescos.

b) Afinados, madurados y fermentados.

c) Fundidos.

II. De acuerdo con su contenido graso, calculado en peso sobre el extracto seco, en:

a) Doble graso, el que contenga un mínimo del 60 por 100.
b) Extragraso, el que contenga un mínimo del 45 por 100.
c) Graso, el que contenga un mínimo del 40 por 100.
d) Semigraso, el que contenga un mínimo del 25 por 100.
e) Magro, el que contenga menos del 25 por 100.

Para los quesos fundidos, el porcentaje del extracto seco total no será inferior al 40 por 100.

3.15.30. *Quesos fundidos.*—Son los obtenidos mediante la molturación, mezcla y fusión de una o más variedades de queso con ayuda de tratamiento térmico y, en su caso, de agentes emulsionantes autorizados, con o sin adición de leche o productos lácteos, así como de otros productos alimenticios.

Cuando se utilicen denominaciones tales como "queso fundido para untar o extender" o "crema de queso..." (aquí la variedad de un queso), deben tener, como mínimo, un 45 por 100 de materia grasa, expresada en sustancia seca.

3.15.32. *Prohibiciones.*—En el curso de la preparación y venta de quesos se prohibe:

a) Utilizar para la elaboración de toda clase de queso materias primas que estén adulteradas, alteradas, contaminadas o parasitadas, así como las consideradas extrañas a su composición.

b) Cualquier manipulación en la elaboración del queso que tienda a sustituir total o parcialmente la grasa natural de la leche utilizada en su fabricación por grasas distintas.

c) La adición de agentes conservadores no autorizados.

d) La adición de sustancias destinadas al aumento de peso.

e) La venta de productos análogos al queso en los que la totalidad de la materia grasa no provenga exclusivamente de la leche.

f) La venta y consumo de quesos adulterados, alterados, contaminados y parasitados.

g) La tenencia y venta de queso rallado a granel. El queso rallado sólo podrá venderse bajo la envoltura de origen con la rotulación reglamentaria.

3.15.33. *Envasado, rotulación y venta.*—Se ajustarán a las siguientes normas:

a) Los materiales utilizados para envasado y embalado de los quesos deberán ser apropiados y autorizados y no contener sustancias peligrosas, prohibidas o que alteren las características organolépticas.

b) La rotulación o etiquetado de los quesos recogerá su denominación, entidad productora o, en su caso, envasadora o importadora, lugar o país de origen, riqueza grasa y clase de leche empleada cuando ésta no sea exclusivamente de la vaca.

No podrán venderse quesos fundidos bajo denominación específica de variedad reconocida si no se ha empleado esta clase de quesos en su elaboración en las cantidades mínimas expresadas en la reglamentación correspondiente.

Quedan exceptuados aquellos quesos cuyo nombre específico indique una especialidad tradicionalmente conocida como de elaboración con leches distintas que las de vaca.

c) La venta de quesos fraccionados se autorizará siempre que no pueda dudarse de la identificación del mismo.

CAPITULO XVI

3.16.00. *Grasas comestibles*

3.16.01. *Grasas comestibles.*—Son los productos de origen animal o vegetal cuyos constituyentes principales son glicéridos naturales de los ácidos grasos, conteniendo como componentes menores otros lípidos.

Se aplicará la denominación genérica de aceites a los productos grasos líquidos a la temperatura de 20 grados centígrados, y a la de sebos y mantecas, o simplemente grasa que, mediante tratamiento autorizado, haya sido neutralizado, decolorado y

3.16.08. *Grasas comestibles refinadas.*—Se considerará refinado todo aceite o grasca que, mediante tratamientos autorizados, haya sido neutralizado, decolorado y desodorizado.

3:16.13. *Prohibiciones.*—En la obtención o tratamiento de las grasas comestibles se prohibe:

f) La mezcla de grasas comestibles, de distinta naturaleza, excepto en el caso de las transformadas.

3.16.14. *Aceite.*—Se dará el nombre de "aceite de oliva", o simplemente "aceite", al líquido oleoso extraído de los frutos maduros del olivo "olea europaea" L., sin que haya sido sometido a manipulaciones o tratamientos no autorizados por este Código.

3.16.15. *Clasificación.*—Se distinguen los siguientes tipos de aceite de oliva:

1. Aceites de oliva vírgenes.

a) Extra.
b) Fino.
c) Corriente.
d) Lampante.

2. Aceites de oliva refinados.
3. Aceites puros de oliva.
4. Aceites de orujo de aceitunas.
5. Aceites refinados de orujo de aceitunas.
6. Aceites de orujo de aceitunas para usos industriales.

3.16.19. *Prohibiciones.*—Se prohibe:

a) La mezcla de aceites de oliva con los de semillas o con cualquier otra grasa.

b) La presencia en el aceite de oliva de aceites minerales.

c) La adición al aceite de oliva de cualquier sustancia que modifique alguna de sus características o constantes físicas o químicas.

ACEITES DE SEMILLAS

3.16.20. *Consumo humano.*—Se autoriza la utilización de aceites de semillas para consumo humano cuando reúnan las características que este Código determina para las distintas variedades.

3.16.21. *Clasificación de aceites de semillas.*—A efectos de este Código se establece la siguiente:

a) Aceite de soja.
b) Aceite de cacahuete.
c) Aceite de girasol.
d) Aceite de algodón.
e) Otros aceites de semillas.

GRASAS ANIMALES

3.16.27. *Grasas animales comestibles.*—Son las obtenidas por distintos procedimientos a partir de diversos depósitos adiposos de determinados animales en perfecto estado sanitario.

3.16.28. *Clasificación de grasas animales.*—A efecto de este Código se establecen las siguientes:

a) Manteca de cerdo.
b) Sebos alimenticios.

GRASAS VEGETALES

3.16.36. *Grasas vegetales comestibles.*—Son las obtenidas de frutos o semillas, de estado sólido a la temperatura de 20 grados, de buen color, limpias, exentas de impurezas y sin actividad a la luz polarizada.

3.16.37. *Clasificación.*—A efectos de este Código se establece la siguiente:

a) Manteca de coco.
b) Aceite de palmiste.
c) Manteca de palma.
d) Manteca de cacao comestible.
e) Otras grasas vegetales.

GRASAS TRANSFORMADAS

3.16.44. *Margarina.*—Es un alimento en forma de emulsión líquida o plástica, principalmente de grasas y aceites que no proceden de la leche o sólo proceden de ella parcialmente.

3.16.46. *Materias primas.*—Las materias primas para la elaboración de la margarina serán las siguientes:

a) Aceites y grasas comestibles que reúnan las condiciones exigidas en este Código.

b) Agua potable, leche natural o sus productos, en las condiciones exigidas en este Código.

c) Emulgentes incluidos en las listas positivas de este Código.

3.16.49. *Envasado y venta.*—La margarina se presentará en bloques o porciones normalizadas por la reglamentación correspondiente, de forma que no pueda haber confusión con los envases de mantequilla.

Se prohibe su fraccionamiento para la venta al público.

3.16.50. *Rotulación y publicidad.*—En las etiquetas, rótulos, propaganda y documentos comerciales se tendrá en cuenta lo dispuesto en el capítulo IV de este Código y en la reglamentación correspondiente, y además las siguientes normas:

a) La denominación de "margarina" figurará claramente impresa en los envases, así como el número de registro sanitario y el de identificación del lote.

b) Podrá añadirse la palabra "vegetal" si los componentes son exclusivamente de esta naturaleza.

c) No podrán usarse frases que induzcan a confusión con la mantequilla u otras grasas, así como emplear marcas o dibujos relacionados con la industria láctea.

3.16.51. *Margarina salada.*—Es la que contiene como máximo 5 por 100 de sal comestibles, expresada en cloruro. Se expresará con esta denominación.

CAPITULO XVII

3.17.00. *Cereales*

3.17.02. *Usos alimenticios.*—Cualquier cereal de los definidos en este Código podrá ser utilizado para la alimentación humana o del ganado.

Se considerarán útiles para la alimentación los siguientes cereales:

Alpiste, arroz, avena, cebada, centeno, maíz, mijo, sorgo, trigo, alforfón o trigo sarraceno.

CAPITULO XVIII

3.18.00. *Leguminosas*

Derivados

3.18.03. *Derivados de leguminosas.*—Son los productos obtenidos por la elaboración de legumbres secas, aptos para la alimentación o destinados a servir de materia prima para fabricción de productos alimenticios.

3.18.04. *Clasificación.*—Los derivados de leguminosas se clasifican en:

a) Legumbres mondadas. *b)* Purés de legumbres. *c)* Harinas legumbres.

3.18.08. *Condiciones especiales.*—Las legumbres secas y sus derivados presentarán un aspecto, olor y sabor normales, sin señales de haber sido atacadas por hongos, bacterias, insectos, ácaros o roedores, y su contenido máximo de humedad será del 15 por 100.

CAPITULO XIX

3.19.00. Tubérculos y derivados

3.19.14. *Fécula de patata*.—Es el producto obtenido a partir de "patatas frescas", lavadas, peladas y trituradas, con decantación y desecación de los granos de almidón. Se conservará en envases con cierre de ajuste adecuado.

3.19.15. *Gránulos y copos de patata*.—Son productos obtenidos a partir de "patatas frescas", lavadas y peladas, mediante un proceso de cocción, enfriado y deshidratado de características determinadas. Su conservación se hará en envases con cierre de ajuste adecuado.

CAPITULO XX

3.20.00. Harinas y derivados

3.20.05. *Definición*.—Deberá entenderse por harina sin otro calificativo el producto de la molturación del trigo industrialmente limpio. Las harinas de otros cereales y/o leguminosas deberán llevar adicionado a su nombre genérico el del grano del cual proceden.

3.20.06. *Características de la harina*.

a) Las harinas estarán exentas de toda clase de impurezas, cualquiera que sea su origen.

3.20.007. *Harina enriquecida*.—Bajo esta denominación se incluye la harina a la que se ha adicionado algún producto que eleve su valor nutritivo.

3.20.08. *Harina acondicionada*.—Bajo esta denominación se comprende la harina cuyas características organolépticas y plásticas se modifiquen o complementen para mejorarlas, mediante tratamientos físicos o adición de productos debidamente autorizados.

3.20.09. *Harina mezclada*.—Es la resultante de la mezcla de harinas de diferentes cereales.

3.20.10. *Harina integral*.—Es el producto resultante de la trituración del cereal, previa limpieza y acondicionamiento, sin separación de ninguna parte de él.

3.20.11. *Harinas alteradas*.—Se considerarán como alteradas, averiadas y enfermas, todas las que tengan olor anormal, sabor ácido o en las que el gluten presente propiedades anormales.

3.20.15. *Sémolas y semolinas*.

a) Sémola gruesa: es la sémola con gránulos de diámetro superior a seis décimas de milímetro.

b) Sémola fina: es la sémola con gránulos de diámetro comprendidos entre cuatro y seis décimas de milímetro.

c) Semolina: es la sémola con gránulos de diámetro comprendido entre dos y cuatro décimas de milímetro.

PRODUCTOS AMILACEOS

3.20.23. *Féculas y almidones.*—Son las materias amiláceas que se obtienen por tratamientos adecuados de determinadas especies de tubérculos, rizomas, raíces tuberosas, granos de cereales y de leguminosas, así como de otras partes de los vegetales.

3.20.25. *Tapioca.*—Es la fécula extraída de la raíz de yuca, género "manihot", lavada y desecada, en granos duros e irregulares.

3.20.26. *Sagú.*—Es la fécula extraída de la médula de la palmera sagú, género "metroxylon".

OTROS DERIVADOS DE HARINAS

3.20.47. *Pastas alimenticias.*—Con este nombre se designarán los productos obtenidos por desecación de una masa no fermentada confeccionada con harinas, sémolas finas o semolinas procedentes del trigo duro o recio, o trigo candeal o sus mezclas y agua potable.

3.20.49. *Prohibiciones.*—Queda prohibido:

a) Poner a la venta con la designación de "pastas alimenticias de huevo" productos que contengan menos de 150 gramos de huevos frescos o congelados o 40 gramos de huevo en polvo entero por kilogramo de harina de sémola o semolina.

b) Contener cualquier colorante u otras sustancias no autorizadas en este capítulo.

c) La venta a granel de las pastas alimenticias.

3.20.55. *Polvos para productos de confitería y respostería.*—Son los formados por una mezcla en la que figuran varias de las siguientes sustancias:

a) Harina de cereales o de leguminosa.

b) Féculas de cereales, de patata o de otros tubérculos.

c) Huevo en polvo.

d) Leche en polvo, entera o desgrasada y/o sueros lácteos.

e) Frutos secos, deshidratados o enteros.

f) Zumos concentrados de frutas.

g) Vainilla, cacao, canela, extractos de café.

h) Especias y aromas autorizados.

i) Colorantes y estabilizadores incluidos en las listas positivas de este Código.

j) Levadura natural o gasificantes autorizados.

k) Azúcares y sal comestible.

l) Grasas comestibles.

3.20.56. *Manipulaciones y rotulación.*—Los polvos para productos de confitería y repostería irán siempre convenientemente envasados y etiquetados.

Los productos cuya denominación indique que contienen leche o productos lácteos deberán tener, como mínimo, una riqueza del 10 por 100 de éstos, expresados en materia seca.

Los productos cuya denominación indique que contienen huevo deberán llevar como mínimo 150 gramos de huevo fresco o su equivalente en polvo por cada kilogramo.

Los elaborados deberán contener los elementos correspondientes a su denominación.

CAPITULO XXI

3.21.00. *Hortalizas y verduras*

3.21.12. *Condiciones generales.*—Las hortalizas destinadas para el consumo en fresco, para la desecación o deshidratación, para la congelación y para la elaboración de derivados y conservas, reunirán las siguientes condiciones:

a) Estarán bien recolectadas o en perfectas condiciones de conservación, desprovistas de humedad exterior anormal y sin olor ni sabor extraños.

b) Estar exentas de lesiones o traumatismos de origen físico o mecánico que afecten a su presentación o apariencia.

c) Estar exentas de artrópodos, gusanos, moluscos y de partes o excrementos de cualquiera de ellos.

d) Estar exentas de enfermedades criptogámicas.

e) Estar libres de partes marchitas y de materias extrañas adheridas a su superficie.

f) Estar exentas de agentes microbianos patógenos.

g) No tener impurezas de pesticidas en proporción superior a los límites de tolerancia de este Código.

HONGOS O SETAS

3.21.20. *Condiciones especiales para setas.*—Para que las setas puedan destinarse al consumo deberán reunir, además de las condiciones generales que señala el artículo 3.21.12, las especiales siguientes:

a) Autorización para el consumo, previo examen facultativo.

b) Presentarse enteras; no pudiendo venderse mezcladas varias especies.

c) En perfecto estado de conservación.

3.21.21. *Setas venenosas.*—Se prohibe la venta y consumo de todas aquellas especies reconocidas como venenosas o *sospechosas*.

3.21.22. *Setas desintoxicadas.*—Queda terminantemente prohibido el tratamiento de las setas venenosas para privarlas de sus principios activos y su ulterior venta o consumo.

CAPITULO XXII

3.22.00. Frutas y derivados

3.22.01. *Definición y caracteres de la fruta* ....
....

Las frutas frescas se presentarán para el consumo enteras, sanas y limpias, exentas de toda humedad externa anormal, y carecerán de olor o sabor extraños. Deberán presentar aspecto y desarrollo normales, según la variedad, estación y zona de producción.

3.22.09. *Fruta fresca.*—Es la destinada al consumo inmediato, sin sufrir tratamiento que afecte a su estado natural.

Los frutos deben hacer sido recogidos a mano o con aparato recolector adecuado, y en el momento de la recolección deben tener la madurez comercial adecuada para que se presenten al consumidor en condiciones normales.

3.22.10. *Fruta desecada.*—Es el producto obtenido a partir de frutas frescas a las que se ha reducido la proporción de humedad por la acción natural del aire y el sol.

Las frutas destinadas a la desecación deberán ser limpias y sanas, y haber alcanzado la maduración adecuada, tendrán el aroma, color y sabor característicos de la variedad.

CAPITULO XXIII

3.23.00. Endulcorantes naturales y derivados

3.23.01. *Azúcar.*—Con el nombre específico de azúcar (sacarosa) se designa exclusivamente el producto obtenido industrialmente de la caña de azúcar, de la remolacha azucarera y de otras plantas sacarinas en suficiente estado de pureza para la alimentación humana.

3.23.02. *Clasificación.*—A efectos de este Código se distinguen las siguientes clases de azúcares y derivados del azúcar:

a) Azúcares crudos: azúcar terciado, azúcar blanquilla, azúcar pilé y azúcar granulado.

b) Azúcares refinados: azúcar refinado, azúcar de pilón, azúcar cortadillo, azúcar cande, azúcar granulado.

c) Mezclas: melado, melaza de caña, melaza de remolacha.

d) Derivados del azúcar: azúcar glacé, azúcar caramelizado.

e) Otros azúcares: azúcar invertido, jarabe de fécula, azúcar de fécula, glucosa anhidra, jarabe maltosa, lactosa.

3.23.04. *Azúcar blanco cristalizado o azúcar blanquilla* ....
....

Contendrá un mínimo de 99,7 por 100 de sacarosa calculada sobre materia seca.

ALGUNOS ARTICULOS DEL CODIGO ALIMENTARIO ESPAÑOL

 3.23.05. *Azúcar refinado* ....

....

 3.23.06. *Azúcar refinado.*
Contendrá un mínimo de 99,9 por 100 de sacarosa.

 3.23.16. *Azúcar invertido.*—Es el producto obtenido por hidrólisis de soluciones de azúcar, y constituidos por mezcla de sacarosa, glucosa y fructosa.

Se presenta como líquido denso, viscoso y contendrá, como máximo, 30 por 100 de sacarosa, 35 por 100 de agua, 0,35 por 100 de acidez expresada en ácido sulfúrico y 0,5 por 100 de sustancias minerales.

 3.23.21. *Lactosa.*—Es un producto obtenido del suero de la leche, que se presentará en cristales o en polvo, inodoro y completamente soluble en agua, dando un líquido neutro.

Contendrá, como máximo, 0,5 por 100 de sustancias minerales, 3 por 100 de humedad y, como mínimo, 95 por 100 de lactosa.

CAPITULO XXIV

 3.24.00. *Condimentos y especias*

 3.24.21. *Condimentos aromáticos.*—Se designa con el nombre de condimentos aromáticos a las plantas, frescas o desecadas, enteras o molidas, que, por tener sabores u olores característicos, se destinan a la condimentación o a la preparación de ciertas bebidas.

 3.24.59. *Denominaciones.*—Toda especia entera o molida debe llevar el nombre vulgar de la especie vegetal de procedencia.

Las mezclas de las especias se pueden admitir bajo un nombre de fantasía o con denominación genérica de "condimento", con la designación de sus componentes principales o por el de su empleo, indicando preceptivamente estos nombres en las etiquetas de sus envases.

 3.24.64. *Azúcar vanillado.*—Mezcla de azúcar con vanillina sintética o etil-vanillina en proporciones mínimas de 7 ó 2 por 100, respectivamente. No podrá destinarse al consumo ni venderse bajo los nombres de "vainilla azucarada", "azúcar de vainilla" o de "extracto o esencia de vainilla".

 3.24.77. *Salsa picante "curry".*—Es la mezcla de varias especias de gusto muy picante constituida principalmente con diversas pimientas, jengibre con o sin condimentos o sustancias alimenticias siempre que el nombre de ellas figure en los rótulos. Podrán colorearse con sustancias naturales incluidas en las listas positivas de este Código.

El contenido de cloruro sódico no excederá de 5 por 100 en materia seca.

CAPITULO XIV

PRINCIPALES EPIGRAFES DEL REGLAMENTO ESPAÑOL DE MANIPULADORES DE ALIMENTOS

(Real Decreto 2505/1983, del 4-8-1983)

Título primero

Art. 2º. – *Definición.* Tendrán consideración de manipuladores de alimentos todas aquellas personas que por su actividad laboral entren en contacto directo con los mismos, como consecuencia de los siguientes supuestos:

2.1. Distribución y venta de los productos frescos sin envasar.

2.2. Elaboración, manipulación y/o envasado de alimentos o productos alimenticios en los que estas operaciones se efectúen de forma manual, sin posterior tratamiento que garantice la eliminación de cualquier posible contaminación proveniente del manipulador.

2.3. *Preparación culinaria* y actividades conexas de alimentos para consumo directo sin envasar, tanto en hostelería y restauración, como en cocina y comedores colectivos.

Título segundo

Art. 3º. – *Condiciones generales del personal.*

a) Poseer el carnet de manipulador o documento acreditativo de tener en trámite su expedición.

b) Mantener la higiene en su aseo personal y utilizar en estado de limpieza adecuado la indumentaria y los utensilios propios de la actividad.

c) Lavarse las manos con agua caliente y jabón o detergente adecuado tantas veces como lo requieran las condiciones de trabajo y siempre antes de incorporarse a su puesto después de una ausencia o de haber realizado actividades ajenas a su cometido.

d) El manipulador aquejado de enfermedad de transmisión por vía digestiva o que sea portador de gérmenes, deberá ser excluído de toda actividad directamente relacionada con los alimentos, hasta su total curación clínica y bacteriológica...

e) En los casos que exista lesión cutánea que pueda estar o ponerse en contacto directa o indirectamente con los alimentos, al manipulador afectado se le facilitará el oportuno tratamiento y una protección con vendaje...

Art. 4º. – *Prohibiciones* durante el ejercicio de la actividad:

a) Fumar y masticar goma de mascar.

b) Comer en el puesto de trabajo.

c) Utilizar prendas de trabajo distintas a las reglamentarias.

d) Estornudar o toser sobre los alimentos.

e) Cualquier otra causa de contaminación de los alimentos.

CAPITULO XV

COMPOSICION DE LOS ALIMENTOS ESPAÑOLES

El conocimiento de las Tablas de Composición de los alimentos (*) es de indudable interés para todo profesional del arte culinario. El hecho de familiarizarse con las diferentes sustancias de los alimentos y sus diversos valores nutritivos, le ayudará a equilibrar los menús, adaptándolos a sus necesidades profesionales o dentro de posibles preferencias en gustos o variedades del público.

De esta forma, todo profesional podrá valorar el conjunto de sus menús; recurrir a alimentos especiales, ricos en proteínas; ser más prudente en aquéllos que contienen calorías en exceso; cómo enriquecer un menú con vitaminas y minerales; y aprovechar tantos otros factores positivos que integran los alimentos.

No se debe olvidar que, actualmente, el acto de comer "fuera de casa" se ha convertido en un aspecto de las relaciones sociales muy desarrollado.

Sin embargo, en restaurantes y hoteles, se habrá observado sin duda que, dentro de la elección de un menú lo más exquisito posible, el público cuida con mucho más celo el hecho de poder comer bien... pero *guardando la línea*.

Ello obliga, pues, a todo profesional, a conocer lo más a fondo posible la composición de los alimentos. Seguramente se enfrentará más de una vez con la preparación de menús que exige un cliente a base de determinadas calorías. De hecho, en algunos establecimientos hoteleros muy selectos, se tienen ya minutas preparadas indicando el número total de calorías que contiene una especialidad o menú determinado.

Por todo ello, hemos creido aconsejable resumir en estas tablas los grupos de los alimentos que entran en juego en la mayoría de los platos que se pueden preparar en hostelería.

(*) Por cortesía del Ministerio de Sanidad y Consumo, Dirección General de Salud Pública. Estas tablas han sido elaboradas por los Doctores Vivanco y Palacios, iniciadores del Programa de Educación en Alimentación y Nutrición español, complementándolas con Tablas internacionales de la FAO y del INCAP (Instituto de Nutrición de Centroamérica y Panamá).

Composición de los alimentos españoles

ALIMENTOS	Desperdicios (%)	Calorías	Grasas gr.	Proteínas gr.	Calcio mgr.	Hierro mgr.	Vit.A U.I.	Vit.B_1 mgr.	Riboflav. mgr.	Niacina mgr.	Vit.C mgr.
Quesos:											
1 Requesón	–	80	0,8	16,0	100	0,3	50	0,02	0,30	0,1	–
2 Queso de leche de cabra	–	175	10,0	18,0	300	1,0	40	0,01	0,70	0,2	–
3 Queso de bola	–	352	27,5	26,2	900	1,0	310	0,01	0,45	0,1	–
4 Queso de Burgos	–	215	15,0	19,0	210	0,3	40	0,02	0,30	0,1	–
5 Queso de Cabrales	–	385	32,5	20,5	700	1,0	310	0,01	0,45	0,1	–
6 Queso de Camembert	–	305	26,0	18,0	162	0,5	240	0,05	0,47	0,4	–
7 Queso Gruyère	–	420	33,0	30,0	700	1,0	400	0,01	0,45	0,1	–
8 Queso Manchego	–	310	23,5	24,1	400	1,0	300	0,05	0,47	0,4	–
9 Queso de nata	–	300	21,5	26,7	300	1,0	300	0,05	0,47	0,4	–
10 Queso Rochefort	–	364	30,5	22,4	700	0,5	300	0,03	0,45	0,4	–
11 Queso porciones	–	191	15	10	110	–	–	–	0,3	0,1	1,5
G. 2.º: Carnes, huevos y pescados											
1 Carne de carnero	20	237	18,7	17,0	10	2,5	0,03	0,2	0,21	5,0	1
2 Carne de cordero	30	280	24,0	16,0	10	1,8	–	0,2	0,25	4,0	–
3 Carne de cerdo muy grasa	12	375	35,0	13,0	6	1,4	–	0,30	0,15	2,5	–
4 Carne de cerdo menos grasa	16	280	25,0	15,0	8	1,7	–	0,60	0,20	3,0	–
5 Carne de conejo	20	160	10,0	20,0	16	2,4	–	0,05	0,18	8,0	–
6 Carne de liebre	20	140	8,0	20,0	17	2,5	–	0,09	0,15	6,8	–
7 Carne de oveja	20	250	20,0	18,0	8	2,5	–	0,07	0,15	2,5	–
8 Carne de ternera (semigrasa)	18	190	12,0	19,0	10	2,1	40	0,06	0,16	3,6	–
9 Carne de ternera (magra)	20	156	8,0	19,5	11	2,4	20	0,14	0,25	6,3	–
10 Carne de vaca (grasa)	15	300	25,0	17,0	10	2,5	50	0,06	0,15	3,3	–
11 Carne vaca (semigrasa)	16	250	19,0	18,0	10	2,5	40	0,06	0,16	3,7	–
12 Carne de vaca (magra)	20	200	13,0	19,0	11	2,5	30	0,07	0,17	4,0	–
13 Pato	36	320	29,0	17,0	16	2,0	–	0,09	0,20	6,0	–
14 Pavo	33	260	20,0	20,0	21	4,0	–	0,09	0,15	8,0	–
15 Pollo (completo)	36	200	15,0	18,0	12	1,5	–	0,10	0,16	8,0	–
16 Chorizo	–	210	12,0	24,0	30	3,5	–	0,20	0,15	3,0	–
17 Jamón crudo (magro)	–	170	4,4	33,0	48	1,4	–	0,15	0,15	4,3	–
18 Jamón crudo (semigraso)	–	300	25,0	18,0	14	2,0	–	0,70	0,16	5,0	–
19 Morcilla	–	160	10,0	15,0	15	40,0	–	0,05	0,10	3,0	–
20 Mortadela	–	190	12,0	20,0	15	2,0	–	0,20	0,05	2,5	–
21 Salchichas	–	400	35,0	13,0	10	2,0	–	0,30	0,10	2,5	–
22 Gallina	40	112	2,2	21,0	12	3,2	–	0,8	0,21	5,8	–
23 Paté	–	454	42	14,0	–	–	–	–	–	–	–
24 Jamón de York	–	454	43	17,2	14,2	1,6	–	0,75	0,28	4,25	–
25 Callos	–	99	3,4	18,0	12	1,6	–	–	–	–	–
26 Salchichas de Francfort	–	200	14,0	15,0	9	2,3	–	0,19	0,20	2,4	–
27 Salchichón	–	420	35,0	25,0	10	3,6	–	0,24	0,21	3,0	–
28 Hígado de vaca	–	130	4,0	20,0	10	14,0	7000	0,40	4,50	15,0	10
29 Riñones	–	130	7,0	17,0	20	5,3	300	0,50	2,00	6,0	–
30 Sesos	–	130	6,0	12,0	12	3,0	175	0,13	0,20	3,0	–
Huevos:											
31 Huevo gallina (100 g. útiles = dos piezas sin cáscara)	11	160	12,0	12,0	60	3,0	1000	0,15	0,30	0,1	–
32 Huevo pata	13	189	14,0	13,0	57	2,8	1200	0,15	0,30	0,1	–
Pescados y mariscos:											
33 Almejas	75	78	1,4	13,0	142	17,0	250	0,10	0,16	1,4	–
34 Anchoas frescas	50	95	13,0	20,0	25	1,4	50	0,20	0,50	2,0	–
35 Arenques frescos	50	160	8,0	19,0	100	1,1	–	0,05	0,15	3,5	–

Composición de los alimentos españoles

ALIMENTOS	Desperdicios (%)	Calorías	Grasas gr.	Proteínas gr.	Calcio mgr.	Hierro mgr.	Vit.A U.I.	Vit.B$_1$ mgr.	Riboflav. mgr.	Niacina mgr.	Vit.C mgr.
Pescados y mariscos (cont.)											
36 Atún fresco	50	180	10,0	20,0	38	1,2	100	0,10	0,20	2,5	—
37 Bacalao fresco	50	75	0,5	17,0	20	0,6	—	0,06	0,08	2,2	—
38 Besugo fresco	50	100	3,6	17,0	30	0,8	—	0,06	0,08	2,2	—
39 Bonito fresco	50	150	5,0	21,0	35	1,0	—	0,05	0,10	2,5	—
40 Boquerones	20	170	10,0	20,0	500	1,0	100	0,08	0,20	2,7	—
41 Caballa fresca	50	175	10,0	20,0	40	1,2	100	0,08	0,20	2,7	—
42 Chicharros y jureles	50	170	10,0	20,0	20	1,0	100	0,08	0,20	2,7	—
43 Calamares	20	80	1,0	14,0	144	1,7	250	0,07	0,16	1,4	—
44 Cangrejos	60	100	2,0	17,0	110	1,8	1000	0,10	1,00	2,8	—
45 Gallos	50	85	1,3	18,0	30	0,8	—	0,07	0,08	2,0	—
46 Gambas y similares	60	100	3,0	18,0	110	1,8	—	0,08	0,15	2,4	—
47 Langosta	60	90	2,0	17,0	100	0,5	—	0,13	0,60	1,9	—
48 Langostinos	60	115	4,3	18,0	190	1,7	—	0,13	0,15	2,4	—
49 Lenguado	50	100	2,5	19,0	22	0,8	—	0,07	0,08	2,0	—
50 Merluza	55	80	0,5	19,0	30	0,8	—	0,05	0,10	3,0	—
51 Mero	50	90	0,7	19,0	30	1,5	—	0,10	0,05	3,0	—
52 Palometa	30	125	5,0	20,0	25	0,7	—	0,05	0,08	2,2	—
53 Pescadilla	50	75	0,5	17,0	28	0,8	—	0,06	0,08	2,2	—
54 Pulpo	20	60	0,3	13,0	40	2,5	—	0,02	0,07	1,3	—
55 Rape	50	86	1,1	19,0	30	1,5	—	0,10	0,05	3,0	—
56 Salmonete	50	100	3,1	18,0	30	0,7	—	0,05	0,07	2,0	—
57 Sardinas	30	160	6,5	22,0	100	3,0	100	0,08	0,21	3,0	—
58 Trucha	50	162	10,0	18,0	30	1,0	—	0,05	0,05	2,8	—
Pescados salados:											
Ricos en grasa (arenque, sardina, salmón, caballa)											
59 Peces grandes	30	360	14,0	55,0	110	3,3	140	0,14	0,50	6,0	—
60 Peces pequeños	—	360	14,0	55,0	2200	3,3	140	0,14	0,50	6,0	—
Pobres en grasa (bacalao, besugo, etcétera).											
61 Grandes	30	310	5,0	62,0	93	2,5	—	0,12	0,25	6,0	—
62 Pequeños	—	310	5,0	62,0	2480	2,5	—	0,12	0,25	6,0	—
Pescados en aceite:											
63 Sardinas	—	300	22,0	25,0	340	2,2	100	0,05	0,38	7,0	—
64 Atún y bonito	—	300	22,0	23,0	42	1,2	100	0,05	0,20	10,0	—
65 Otros:	—	314	24,0	22,0	44	1,3	110	0,06	0,20	2,6	—
G. 3.º: Legumbres y tubérculos											
1 Garbanzos	—	360	6,5	20,0	130	8,0	150	0,45	0,18	1,6	—
2 Guisantes secos	—	346	2,0	22,0	60	5,0	100	0,55	0,15	2,5	—
3 Habas secas	—	330	2,0	25,0	100	5,0	100	0,50	0,30	2,3	—
4 Judías blancas, pintas, etc.	—	330	2,5	20,0	130	7,0	30	0,35	0,20	2,0	—
5 Lentejas	—	320	2,0	22,0	60	7,0	100	0,40	0,20	2,0	—
6 Patatas	15	85	0,1	2,0	10	0,6	—	0,10	0,03	1,5	20
7 Batatas y boniatos	17	115	0,5	1,3	35	1,0	4000	0,10	0,10	0,6	30
G. 4.º: Verduras y hortalizas											
1 Achicorias	10	16	0,2	1,2	52	0,8	7000	0,07	0,18	0,51	12
2 Ajos frescos	10	138	0,1	6,0	38	1,4	—	0,21	0,08	0,6	14
3 Acelgas	20	22	0,3	2,0	100	2,5	2800	0,05	0,06	0,4	35

Composición de los alimentos españoles

ALIMENTOS	Desperdicios (%)	Calorías	Grasas gr.	Proteínas gr.	Calcio mgr.	Hierro mgr.	Vit.A U.I.	Vit.B$_1$ mgr.	Riboflav. mgr.	Niacina mgr.	Vit.C mgr.
Verduras y hortalizas (cont.)											
4 Ajos	6	100	0,2	4,5	20	2,3	–	0,21	0,08	0,6	9
5 Alcachofas	50	50	0,2	3,0	50	1,5	280	0,20	0,01	0,8	5
6 Apio	10	20	0,2	1,1	50	0,5	30	0,05	0,04	0,4	7
7 Berenjenas	10	27	0,2	1,0	20	0,8	30	0,04	0,04	0,8	5
8 Calabaza.........	40	15	0,1	0,8	18	2,3	–	0,03	0,03	0,4	17
9 Cardo	20	18	0,2	0,5	100	1,5	–	0,01	0,03	0,2	1
10 Cebollas	10	40	0,2	1,4	35	1,0	50	0,03	0,04	0,2	8
11 Col Bruselas.......	20	47	0,3	5,0	40	1,5	200	0,16	0,16	0,9	90
12 Coliflor	40	30	0,3	3,0	25	1,0	100	0,15	0,10	0,6	75
13 Escarola	20	20	0,2	1,7	80	1,7	2300	0,07	0,12	0,4	11
14 Espárragos	40	20	0,2	2,0	20	1,0	1000	0,15	0,18	1,0	8
15 Espinacas	20	25	0,3	2,3	80	3,0	10000	0,10	0,20	1,0	50
16 Guisantes verdes	50	85	0,4	6,6	25	2,0	600	0,35	0,20	2,0	25
17 Habas frescas	70	100	0,4	7,0	30	2,0	200	0,30	0,18	1,8	25
18 Hortalizas frescas....	20	27	0,2	1,8	65	1,4	2400	0,07	0,09	0,6	40
19 Judías verdes	10	39	0,3	2,4	56	1,0	500	0,08	0,10	0,5	15
20 Lechuga	30	16	0,2	1,3	30	0,8	2000	0,04	0,08	0,2	18
21 Pepino	30	13	0,1	0,8	15	0,3	20	0,04	0,05	0,2	20
22 Perejil	–	43	0,6	3,2	190	3,1	6000	0,12	0,24	1,0	140
23 Pimiento	20	30	0,3	1,4	8	0,7	(verde 300) (rojo 1000)	0,07	0,08	1,0	100
24 Puerros	10	50	0,2	1,8	60	1,3	50	0,09	0,06	0,5	18
25 Rábano	40	20	0,1	1,0	30	1,2	30	0,03	0,03	0,3	24
26 Remolacha	30	42	0,1	2,0	25	1,0	20	0,03	0,06	0,4	10
27 Repollo	30	25	0,2	1,6	50	0,4	100	0,07	0,05	0,3	50
28 Tomates	3	20	0,3	1,1	11	0,6	1000	0,07	0,04	0,5	20
29 Zanahoria	20	40	0,2	1,5	40	0,7	10000	0,06	0,04	0,7	5

VOCABULARIO

ESPAÑOL	FRANCES	ALEMAN	INGLES	ITALIANO
abadejo	cabillaud	Kabeljau	codfish, fresh	merluzzo fresco
acedera	oseille	Sauerampfer	sorrel	acetosa
acedía	carrelet	Scholle	plaice	passerino
aceite	huile	Ol	oil	olio
aceituna	olive	Olive	olive	oliva
acelga	bette (blette)	Krautstiel-Mangold	beet	bietola
adobo	marinade	Beize, Salzlake	pickle, marinade	marinata
aderezo, adobo, preparación	apprêt	Zubereitungsarten	dressing, preparing	preparazione
adormidera	pavot	Mohn	poppy	papavero
agar-agar	agar-agar	Agar-agar	agar-agar	agar-agar
ahumado	fumé	geräuchert	smoked	affumicato
ajedrea	sariette	Bohnenkraut	savory	santoreggia
ajo	ail	Knoblauch	garlic	aglio
ala	aile	Flügel	wing	ala
alargar	allonger	verdünnen	prolong	allungare
albardar (envolver en tocino)	barder	mit Speck umwickeln	bard	lardellare
albaricoque	abricot	Aprikose	apricot	albicocca
albúmina	albumine	Eiweiss	albumin (white of egg)	albumina
alcachofa	artichaut	Artischoke	artichoke (globe)	carciofo
alcaparras	câpres	Kaper	capers	cappero
aleta	nageoire	Flossen	fins	pinna
alforfón	sarrasin	Buchweizen	buckwheat	grano saraceno
alimentación	alimentation	Ernährung	alimentation nourishment	alimentazione
alimento	aliment	Nahrungsmittel	aliment, food	alimento
almeja	moule	Miesmuschel	mussel	stampo
almendra	amande	Mandel	almond	mandorla
almidón	amidon	Stärke	starch	amico
alosa, sábalo	alose	Alse-Maifisch	alose, shad	agone
alteración	altération	Veränderung	deterioration	alterazione
amanita (hongo)	amanite	Blätterschwamm	puff-ball	amanite
amargo	amer	bitter	bitter	amaro
ananás, piña	ananas	Ananas	pineapple	ananasso
anchoas	anchois	Sardelle	anchovy	acciuga
Angélica	angélique	Engelwurz	Angelica	Angelica
anguila	anguille	Aal	eel	anguilla
anís	anis	Anis	aniseed	anice
ansarón	oison	junge Gans	gosling	papero
arándano	airelles	Preiselbeeren	cranberry	mirtillo rosso
arenque	hareng	Hering	herring	aringa
aroma	arôme	Aroma (Duft)	aroma, flavouring	aroma

375

VOCABULARIO

ESPAÑOL	FRANCES	ALEMAN	INGLES	ITALIANO
aromático	aromate	Gewürzstoff	aromatic, spice	aromatico
arroz	riz	Reis	rice	riso
asado	rôti	Braten	roast	arrosto
asador, espetón	broche	Spiess	spit	spiedo
asimilación	assimilation	Assimilation	assimilation	assimilazione
áspero, acre	âcre	herb	rough	aspero
aspic	aspic	Aspik	aspic-jelly	gelatina
atar	brider	verschnüren (Geflügel)	to truss	avvolgere dilardo
atún	thon	Thunfisch	tunny-fish	tonno
avellana	noisette	Haselnuss	hazel-nut	nocciola
avena	avoine	Hafer	oat (s)	avena
avitaminosis	avitaminose	Vitaminmangel	lack of vitamins	avitaminosi
azafrán	safran	Safran	saffron	zafferano
azúcar	sucre	Zucker	sugar	succhero
azúcar moreno	cassonade	brauner Zucker	brown sugar	zucchero grezzo
bacalao	morue	Stockfisch	salted of dried cod	merluzzo
baño maría	bain-marie	Wasserbad	bain-marie	bagno-maria
barbada	barbue	Butte, Meerbarbe	brill	rombo
barbo	barbeau	Barbe	barbel	barbio
batracio	batracien	Batrachin	batracian	batraco
becacina o agachadiza	bécassine	Moorschnepfe	snipe	becaccino
becada	bécasse	Schnepfe	woodcock	bécaccia
becerra, novilla	génisse	Färse	heifer	giovenca
berenjena	aubergine	Eierpflanze, Aubergine	egg-plant, aubergine	melanzane
berro	cresson	Kresse	watercress	crescione
besuguera	poissonnière	Fischkessel	fish-kettle	vivaio
bien cocido	bien cuit	durchgebraten	well done	ben cotto
blanquear	blanchir	blanchieren	to blanch	passare all'cqua bollente
boga de río	brème	Brasse	bream	reina
bogavante	homard	Hummer	lobster	gambero marino
boleto (hongo)	bolet	Steinpilz	bolettus (mushroom)	boleto
bordura	bordure	Rand, Kranz	border	bordura
brasear	braiser	schmoren	to braise	braciare
"brunoise" (dados pequeños)	brunoise	kleine Würfel	brunoise (very small dice)	brunoise
buey	boeuf	Ochse	ox, bullock	bue, manzo
buñuelo	beignet	Krapfen	fritters	frittelle
caballa	maquereau	Makrele	mackerel	sgombro
cabeza	tête	Kopf	head	testa
cabeza de ternera	tête de veau	Kalbskopf	calf's head	testina di vitello
cacahuete, maní	arachide	Erdnuss	Pea-nut, ground nut	arachide
calabaza	courge	Kürbis	marrow (vegetable)	zucca
calabaza	potiron	Kürbis	pumpkin	zucca, minestra
calabacín	courgette	Zucchetti	small vegetable marrow	zucchette

VOCABULARIO

ESPAÑOL	FRANCES	ALEMAN	INGLES	ITALIANO
caldo	bouillon	Fleischbrühe	meat-stock, broth	brodo
calor	chaleur	Hitze	heat	calore
callos	tripes	Kutteln	tripe	trippa
camarón, quisquilla	crevette	Springkrebs, Garnelle	shrimp, prawn	granchiolino
camarroya (achicoria silvestre)	barbe de capucin	wilde Chicoré	wild chicory	cicoria selvatica
canapé	canapè	belegtes Brot	open sandwich	panini
canela	cannelle	Zimt	cinnamon	canella
cangrejo de mar	crabe	Krabbe	crab	granchio di mare
cangrejo de río	écrevisse	Krebs	crayfish	gambero
capón	chapon	Kapaun	capon	cappone
caracol	escargot	Schnecke	edible snail	lumaca
cardo	cardon	Karde, Kardone	cardoon	cardo
carne	chair	Fleisch	flesh	carne
carne	viande	Fleisch	meat	carne
carnero	mouton	Schaf	mutton, sheep	montone
carne de buey hervida	boeuf boulli	gesottenes Rindfleisch (Siedfleisch)	boiled beef	manzo bollito
carnicero	boucher	Fleischer	butcher	macellaio
carpa	carpe	Karpfen	carp	carpione
cartílago	cartilage	Knorpel	cartilage, gristle	cartilagine
castaña	châtaigne	Kastanie	chestnut (sweet)	castagna
castaña	marron	Kastanie	chestnut	castagna
caviar	caviar	Kaviar	caviar	caviale
caza	gibier	Wild	game	selvaggina
cebada perlada	orge perlé	Perlgerste	pearl-barley	orzo perlato
cebolla	oignon	Zwiebel	onion	cipolla
cebollino	ciboulette	Schnittlauch	chives	cipollina
centeno	seigle	Roggen	rye	segale
cerceta	sarcelle	Wildente	teal	arcavola
cerdo	porc	Schwein	pig, pork	maiale
cereal	céréale	Getreide	cereal	cereale
cereza	cerise	Kirsche	cherry	ciliegia
ciervo	cerf	Hirsch	stag, hart, venison	cervo
cigala	langoustine	Languste	scampi, dublin-bay prawn	aragostina
cincelar	ciseler	schnitzen	to incise	cesellare
ciruela	prune	Pflaume	plum	prugna
ciruela pasa	pruneau	Backpflaume	prune, dried plum	prugna secca
clarificación	clarification	Klärung	clarification	clarificazione
claro	clair	klar	clear	chiaro
clavo (especia)	girofle	Gewürznelke	clove	garofano
clorofila	chlorophylle	Blattgrün	chlorophyl	clorofila
cobre	cuivre	Kupfer	rump copper	rame
cocer	cuire	kochen	to cook, boil	cucinare
cocer a fuego lento	mijoter	langsam dünsten	to simmer	cuocere a fuoco lento
cocer suavemente	frémir	gelinde kochen	to simmer gently	incominciare a bollire
codorniz	caille	Wachtel	quail	quaglia
col de Bruselas	choux de Bruxelles	Rosenkohl	Brussel sprouts	cavoli di Bruxelles
col, repollo	chou	Kohl	cabbage	cavolo
coliflor	chou-fleur	Blumenkohl	cauliflower	cavolfiore
colines	allumettes	Blätterteigstreifen	straws (cheese)	a forme di zolfanello
comida	repas	Mahlzeit	meal	pasto, pranzo

377

VOCABULARIO

ESPAÑOL	FRANCES	ALEMAN	INGLES	ITALIANO
condimento	assaisonnement	Würze	seasoning	condimento
condimento	condiment	Würzstoff	condiment, seasoning	condimento
conejo	lapin	Kaninchen	rabbit	coniglio
congrio	congre	Meeraal	conger eel	congro
consomé	consommé	Fleischbrühe	consommé	brodo
coral	corail	Koralle	coral	corallo
cordero	agneau	Lamm	lamb	agnello
cortar en tiras finas	émincer	Scheibchen schneiden	to mince	tagliato a fettine sottili
corteza de limón o naranja	zeste	Citronen-Orangen-Schale	zest of lemon	scorza
corteza de tocino	couenne	Schwarte	pig skin, rind	cotenna
corzo	chevreuil	Reh	roe-deer, roe-buck	capriolo
costilla de buey	côte de boeuf	Ochsenrippe	ribs of beef	costolleta di bue
costilla de ternera	côte de veau	Kalbsrippe	leg of veal	coscia di vitello
cotufa	topinambour	Erdapfel	Jerusalem artichoke	tartufo blanco
crema (nata)	crème	Sahne	cream	panna
"crêpe"	crêpe	Krauskuchen-Pfannkuchen	pancake	frittella
croqueta	croquette	Kroquette	croquettes	crochetti
crustáceo	crustacé	Krustentiere	crustacean, shellfish	crostaceo
cuarto trasero	culotte	Schwanzstück	rump	culaccio
cuenco, terrina	terrine	Napf	mixing-bowl, basin	catinella
culantro	coriandre	Koriander	coriander	coriandrolo
chalote	échalote	Schalotte	shallot	scalogno
chucrut	choucroute	Sauerkraut	sauerkraut	capucci garbi
dátil	datte	Dattel	date	dattero
derretir, fundir	fondre	schmelzen	to melt	fondere
desayuno	déjeuner	Frühstück	breakfast	colazione
despensa	garde-manger	Speisekammer	garde-manger, larder	dispensa
desperdicio	déchet	Abfall	scraps, waste	resto, avanzo
despojos (de ave)	abattis	Geflügelabfälle	giblets	frattaglie
despojos (de res)	abats	Schlachtabfälle	offal	rigaglie
diabetes	diabète	Zuckerkrankheit	diabetes	diabete
dorada (pez)	daurade, dorade	Goldmakrele	dorado	orata
dorada St. Pierre	dorée St. Pierre	St. Peterfisch	John dory	dorata
ebullición	ébullition	Aufkochen	boiling point	ebullizione
eglefino	aiglefin	Schellfisch	haddock	scroccone
"émincé"	émincé	Fleischschnittchen	mincen meat	tagliare a fettine sottili
empanadilla	rissole	Fleischpasteten	rissole, patty	frittella
enebrina	gènievre	Wachholder	juniper (berry)	ginepro
enharinar	singer (fariner)	mit Mehl bestreuen	to sprinkle and singe with flour	infarinare
enjuagar	dégorger	ausspülen	to rinse	recere
ensartar	embrocher	an den Bratspiess, Stecken, aufspiessen	to spit (a piece of meat)	infilar nello spiedo

VOCABULARIO

ESPAÑOL	FRANCES	ALEMAN	INGLES	ITALIANO
"entrecôte"	entrecôte	Zwischenrippen-stück	entrecote, steak cut from the sirloin	costoletta
entremeses	hors-d'œuvre	Vorspeisen	hors d'œuvre	antipasto
erizo (de mar)	oursin	Seeigel	sea-urchin, sea-hedgehog	riccio di mare
escalope	escalope	Kalbschnitzel	scallop, escalope	scalopina
escama	écaille	Schuppe	scale	squama
escorzonera	scorsonère	Schwarzwurzel	salsify	scorzonera
escurrir	égoutter	abtropfen	to drain, strain	spocciolare
espárrago	asperge	Spargel	asparagus	asparago
especia	épice	Gewürz	spice	spezia
espina	arête	Gräte (Fisch)	fish-bone	lisca
espinaca	épinard	Spinat	spinach	spinacci
espumar	écumer	abschäumen	to skim	schiumare
estameña	étamine	Siebtuch	tammy cloth, muslin	stamigna
estragón	estragon	Estragon	tarragon	dragoncella
esturión	esturgeon	Stör	sturgeon	storione
faisán	faisan	Fasan	pheasant	fagiano
fécula	fécule	Stärkemehl	potato-starch	fecola
fera	féra	Felchen	fera	agone
fermento	ferment	Gährungstoff	ferment, yeast	fermento
fibrina	fibrine	Faserstoff	fibrin	fibrina
filete de buey	filet de bœuf	Rindslende	filet of beef	filetto di bue
fondo (de un pastel)	abaisse	ausgerollter Teig	rolled dough	sfoglia
forrar	chemiser	überziehen	to line, to coat	camiciare
frambuesa	framboise	Himbeere	raspberry	lampone
fresa	fraise	Erdbeere	strawberry	fragola
fresco	frais, fraîche	frisch-kühl	cool, fresh	fresco
fríjol	flageolet	Wachs-Bohnen	flageolet	fave verdi
"fumet"	fumet	Duft	fish stock	odore, profumo
galantina	galantine	Farcewurst	galantine	galantina
gallina	poule	Huhn	Hen, fowl	gallina
gamo	daim	Damhirsch	fallow-deer, buck	daino
gamuza	chamois	Gemse	chamois	camoscio
ganga (ave)	gélinotte	Haselhuhn	Hazel-grouse, hasel-hen	gallina regina
gastrónomo	gastronome	Feinschmecker	gastronome	gastronomo
gelatina	gélatine	Gallert	gelatine	gelatina
glucosa	glucose	Traubenzucker	glucose	glucosio
gluten	gluten	Kleber (im Mehl)	gluten	glutine
gobio	goujon	Gründling	gudgeon	chiozzo
grasa	graisse	Fett	fat	grasso
grosella roja	groseille rouge	Johannisbeere	red currant	ribes
grosella verde	groseille vert	Stachelbeere	groseberry	ribes
guarnición	garniture	Garnierung	garnish, decoration	guarnitura
guinda	griotte	Weichsel	perfumed cherries	marasque
guisantes	petits pois	grüne Erbse	green peas	piselli

VOCABULARIO

ESPAÑOL	FRANCES	ALEMAN	INGLES	ITALIANO
haba	fève	Puffbohne	broad bean	fava
halibut o fletan	flétan	Heilbutt	halibut	fletano
harina	farine	Mehl	flour	farina
herbáceo	herbacé	krautartig	herbaceous	erbaceo
hervir	pocher	sieden	to poach	affogare
hierba de canónigos	doucette	Feldsalat, Nüssli	lamb's lettuce	valerianella
hígado	foie	Leber	liver	fegato
hígado de ganso	foie-gras	Gänseleber	goose-liver	fegato d'oca
hinojo	fenouil	Fenchel	fennel	finocchio
morro de buey	museau de bœf	Ochsenmaul	ox-muzzle	muso di bue
hongo, seta, champiñón	champignon	Pilz	mushroom	fungo
horno	four	Ofen	oven	forno
hortalizas tempranas	primeurs (les)	Frühobst	early fruit, early vegetable	primizie
hortelano (ave)	ortolan (orn.)	Fettammer	ortolan	ortolano
hostelero	hôtelier	Gastwirt	hotel-keeper	albergatore
hueso (fruta)	noyau	Kern (Obst)	stone, kernel	nocciolo
hueso	os	Knochen	bone	osso
huevo	œuf	Ei	egg	uova
huevos escalfados	œufs pochés	Eier poschiert	poached eggs	uova affogate
huevos fríos	œufs froids	Eier kalt	cold eggs	uova fredde
huevos fritos	œufs frits	Eier gebacken (Spiegeleier)	deep fried eggs	uova fritte
huevos pasados por agua	œufs à la coque	Eier gekocht (weiche Eier)	boiled eggs	uova da bere
huevos rellenos	œufs farcis	Eier gefüllt	stuffed eggs	uova ripiene
huevos revueltos	œufs brouillés	Eier gerührt (Rühreier)	scrambled eggs	uova maritate
indigesto	indigeste	unverdaulich	indigestible	indigesto
ingrediente	ingrédient	Zutat	ingredient	ingrediente
insípido	insipide	geschmacklos	tasteless	insipido
intestino, tripa	boyau	Darm	gut	budello
jabalí	sanglier	Eber (Wildschwein)	wild boar	cinghiale
jabato	marcassin	Frischling, Junges Wildschwein	joung wild boar	cinghialetto
jalea	gelée	Gelee	jelly	gelata
jamón	jambon	Schinken	Ham	prosciutto
jefe de cocina	chef de cuisine	Küchenchef	head-cook	capo cuoco
jengibre	gimgembre	Ingwer	ginger	zenzero
jugo, zumo	jus	Saft	juice, gravy	sugo, succo
jugo concentrado	coulis	durchgeseihte Kraftbrühe	sauce-pulp	sugo
lechaza	laitance	Fischmilcher	soft roe	latte di pesce
láctico, ácido	lactique	Milchsäure	Lactic	lattico
lamprea	lanproie	Neunauge	lamprey	lampreda
langosta	langouste	Languste, Hummer	spiny-lobster	aragosta

VOCABULARIO

ESPAÑOL	FRANCES	ALEMAN	INGLES	ITALIANO
laurel	laurier	Lorbeer	laurel, bay-leaf	lauro
leche	lait	Milch	milk	latte
lechón	cochon de lait	Spanferkel	sucking-pig	maialetto
lechuga	laitue	Lattich	lettuce	lattuga
lechuga romana	salade romaine	Bundsalat	roman-lettuce	lattuga romana
legumbre, verdura, hortalizas	légume	Gemüse	vegetable	legume
leguminosa	légumineuse	Hülsenfrüchte	leguminous plant	leguminosa
lengua	langue	Zunge	tongue	lingua
lenguado	sole	Seezunge	sole	sogliola
lenteja	lentille	Linse	lentil	lenticchia
levadura	levure	Hefe	yeast	lievito
liebre	lièvre	Hase	hare	lepre
limón confitado	citronat	Zitronat	candied lemon peel	cedrato
limpiar la carne	parer	herrichten	to trim	ornare, fregiare
lomo	cimier	Lendenstück	saddle (of venison)	cimiere
lomo entero	aloyau	Rippenstück	sirloin	lombo
lomo de liebre	râble	Rückenstück des Hasen	back, saddle	lombo
lomo de ternera	longe de veau	Kalbsnierenbraten	loin of veal	lombata
longaniza	andouille	Schlackwurst	chitterling	salsicciotto
lonja de pescado	marché aux poissons	Fischmarkt	fish-market	mercato di pesci
lota (pez)	lotte	Aalrutte	burbot, eel-pout	lasca
lucio	brochet	Hecht	pike	luccio
lucio pequeño	brocheton	junger Hecht	jack, pike	lucceto
macerar	macérer	beizen, einweichen	to macerate, steep	macerare
macis (corteza de la nuez moscada)	macis	Muskatblüte	mace	mace
machacar	piler	zerstossen	to pound	schiacciare
maíz	maïs	Mais	maice	formentone
maizena	maïzena	Maismehl	cornflour	maizena
mandarina	mandarine	Mandarine	mandarine, orange, tangerine	mandarino
manir	faisander	Wildgeruch annehmen lassen (abhängen)	to hang (game)	frollare
manteca	saindoux	Schweinefett	lard, pork fat	sugna strutto
margarina	margarine	Margarine	margarine	margarina
marisco	coquillage	Muscheltier	shell fish	conchiglia
masticación	mastication	Kauen	mastication, chewing	masticazione
mazapán	massepain	Marzipan	marzipan	marzipane
mechar	larder	spicken	to lard	lardellarera
médula	moelle	Mark	marrow (bone)	midolla
mejorana	marjolaine	Majoran	marjoran	maggiorana
melocotón	pêche	Pfirsich	peach	pesca
melón	melon	Melone	melon	popone
menta	menthe	Pfeffermünz	mint	menta
merluza	colin	Seehecht	hake, coal-fish	nasello
mermelada	marmelade	Marmelade	puree	marmellata

VOCABULARIO

ESPAÑOL	FRANCES	ALEMAN	INGLES	ITALIANO
mízcalo, níscalo, robellón	chanterelle	Pfifferling	chanterelle	cantarello
molleja (ave)	gésier	Vogelmagen	gizzard	ventriglio
molleja de ternera	ris de veau	Kalbsmilz	calf's sweet-bread	animelle
mondadura, piel, cáscara, corteza	pelure	Haut	skin, peel	pelle
mora	mûres	Brombeere	mulberries, blackberries	more
morcilla	boudin	Blutwurst	blood sausage	sanguinaccio
mortificar	mortifier	aushängen, mürbe machen (Fleisch)	to hang (meat)	frollare
morcillo, jarrete	jarret	Haxe	knuckle, shin	garretto
naba	rave	Rübe	french turnip	rapa
nabo	navet	weise Rübe	turnip	navone
naranja confitada	orangeat	Orangeat	candied orange, peel	arancia candita
nuez	noix	Nuss	walnut, nut	noce
nuez moscada	muscade	Muskatnuss	nutmeg	noce muscata
nutrición	nutrition	Ernährung	nutrition	nutrimento
oca	oie	Gans	goose	oca
ocimo ("ocimum basilicum")	basilic	Basilicum	basil	basilico
ortiga	ortie	Brennessel	nettle	ortica
ostra	huître	Auster	oyster	ostrica
oveja	brebis	Schaf	ewe, sheep	pecora
paloma torcaz	ramier	Ringeltaube	wood-pigeon ring-dove	palombo, piccione selvatico
pan rallado	chapelure	Semmelbrösel	bread-crumbs	pane gratugiato
panificación	panification	Brotbereitung	bread-making	panificazione
"panade" (relleno de pan)	panade	Brotfüllung	panada	panata
papillote	papillote	Papierhülse	buttered paper	cartoccio
parrillada	grillade	Rostbraten	grilled meat	carbonata
pasa (uva) corintas	raisin de Corinthe	Korinthen	currants	uva seca
pasta	pâte	Teig	pastry	pasta
pastel	gâteau	Kuchen	cake	focaccia
pastelería, repostería	pâtisserie	Backwerk	cakes and pastry	pasticceria
pastelillo	bouchée	Pastetchen	bouchées	pasticcio
paté	pâté	Pastete	patty of pie (of meat or fish)	pasticcio
pato	canard	Ente	duck	anitra
pato joven (patipollo)	caneton	Entlein	duckling	anitroccolo
pava	dinde	Truthahn	turkey	tacchino
pavo joven (pavipollo)	dindonneau	junger Truthahn	young turkey	tacchinotto
pecho, pechuga	poitrine	Brust	breast	petto

382

VOCABULARIO

ESPAÑOL	FRANCES	ALEMAN	INGLES	ITALIANO
pepinillo	cornichon	Essiggurke	gherkins	cetrioli
pepino	concombre	Gurke	cucumber	cocomeri
pera	poire	Birne	pear	pere
perca	perche	Barsch	perch	pesce persico
perdigón	perdreau	junges Rebhuhn	young partridge	pernicciotto
perdiz	perdrix	Rebhuhn	partridge	pernice
perejil	persil	Petersille	parsley	prezzemolo
perifollo	cerfeuil	Kerbel	chervil	cerfoglio
pescadilla	merlan	Weissling	whiting	nasello
pescado	poisson	Fisch	Fish	pesce
pescado blanco	blanchaille	Weissfisch	whitebait	bianchetto
picadillo	hachis	Gehacktes	minced meat, hash	ammorsellato
picante	piquant	scharf, pikant	piquant, sharp	picante
picar, triturar	hacher	hacken	to chop	tritare
pichón	pigeon	Taube	pigeon	piccione
pie	pied	Fuss	foot	piede
pierna de carnero	gigot	Hammel, - Lammkeule	leg	coscia
pierna de ternera	cuisseau de veau	Kalbshaxe	leg of veal	coscia di vitello
pimienta	poivre	Pfeffer	pepper	pepe
pimienta de Cayena	cayenne	Cayenne-Pfeffer	cayenne	pepe di cayenne
pimiento	piment	spanischer Pfeffer	pimento	peperone
pintada, gallina de Guinea	pintade	Perlhuhn	guinea fowl	gallina faraona
pistacho	pistache	Pistazie	pistachio-nut	pistacchio
planta de tubérculo del Japón	crosne	Knollenfrucht	Japanese artichoke	tuberifera del giappone
platija	flet	Flunder	flounder	passerino
platija	limande	Kliesche	dab, lemon-sole	lima (pesce)
pollo	poulet	Hähnchen	chicken	pollastro
postres	entremets	Zwischengericht	side-dish	dolce
poularde	poularde	Masthuhn	fattened, fowl	pollastre
preparar un fondo	foncer	auslegen	to line (a tin with pastry)	porre a fondo
puerro	poireau	Lauch	leek	porro
pulpo	poulpe	Krake	octopus	polpa
punta de espárrago	asperge pointe	Spargelspitze	asparagus tips	punta d'asparago
quenelle, albondiguilla	quenelle	Fleischklösschen	quenelle, fish cake or forcemeat ball	polpettina
queso	fromage	Käse	cheese	formaggio
quilla (de ave)	bréchet	Brustbein	breast-bone	sterno
rábano	radis	Radieschen	radish	ravanello
rábano silvestre	raifort	Rettich	horse-radish	rafano
rabo	queue	Schwanz	tail	coda
ragú	ragoût	Ragout	stew	intigolo
raja de pescado	darne	Scheibe (Fisch)	slice, steak	fetta
rana	grenouille	Frosch	frog	rana

383

VOCABULARIO

ESPAÑOL	FRANCES	ALEMAN	INGLES	ITALIANO
rape	baudroie	Angler (Seeteufel)	frog-fish rockling	lofio
raya	raie	Rochen	ray	razza, raia
recalentar	réchauffer	aufwärmen	to re-heat	riscaldare
reducir	reduire	einkochen, reduzieren	to reduce	ridurre
rellenar	farcir	füllen	ti stuff	farcire
relleno	farce	Füllung	stuffing	ripieno
remolacha	betterave rouge	rote, Beete, rote Rübe	beetroot	barbabietoca
reno	renne	Renntier	reindeer	renna
riñón	rognon	Niere	kidney	rognone
róbalo	bar	Meerbarsch	bass	ombrina
rodaballo	turbot	Steinbutte	turbot	rombo
romero	romarin	Rosmarin	Rosemary	rosmarino
roux	roux	Mehlschwitze	roux, cook flour and butter	color rossigno
ruibarbo	rhubarbe	Rhabarber	rhubarb	rabarbaro
sabor	saveur	Geschmack	savour, taste	sapore
sagú	sagou	Sago	sago	sago
sal	sel	Salz	salt	sale
salazón	salaison	Einsalzen, das Eingesalzene	Salting, curing (of bacon)	salatura
salitre, nitro	salpêtre	Sa'peter	salpetre	salnitrato
salmón	saumon	Salm, Lachs	salmon	salmone
salmonete	rouget	Rötling, Meerbarbe	red mullet	triglia
salmuera	saumure	Salzbrühe, Lake	brine	salamoia
salsa	sauce	Sauce, Tunke	sauce	salsa
salsifí	salsifis	Schwarzwurzel, Bocksbart	salsifys	sasefrica
salvia	sauge	Salbei	sage	salvia
sandía	pastèque	Wassermelone	water-melon	anguria popone
sangrante	saignant	blutig	underdone	sanguinante
sangre	sang	Blut	blood	sangue
sardina	sardine	Sardine	sardîne	sardina
sartén	poêle à frire	Bratpfanne	frying-pan	casseruola
sémola	semoule	Griess	semolina, semola	semola
sepia	sèche, seiche	Tintenfisch	cuttle-fish	seppia
seso	cervelle	Hirn	brain	cervello
siluro	silure	Wels	silurus, sheat-fish	siluro
silla	selle	Lende	saddle	schiena, sella
sopa	potage	Suppe	soup	zuppa
sopa de cangrejos	bisque	Krebssuppe	shell-fish soup, bisque	suppa di gamberi
soso, insípido	fade	unschmackhaft	insipid	sinsipido
sudar	suer	schwitzen	to sweat	sudare
tallarines	nouilles	Nudeln	noodles	tagliatelle
tamizar	tamiser	sieben	to sift	setacciare
tapioca	tapioca	Tapioka	tapioca	tapioca '.
tarta	tourte	Torte	cake, tart	torta
tartaleta	tartelette	Törtchen	tartled	tarteletta
templado, tibio	tiède	lauwarm	lukewarm	tiepido

VOCABULARIO

ESPAÑOL	FRANCES	ALEMAN	INGLES	ITALIANO
tenca	tanche	Schleie	tench	tinca
ternera	veau	Kalb	veal	vitello
ternilla	tendron	Knorpel	gristle	germoglio
tierno	tendre	zart, mürbe	tender	tenero
tocino	lard	Speck	bacon	lardo
tocino ahumado	lard fumé	Speck geräuchert	smoked bacon	lardo affumicato
tomate	tomate	Tomate	tomato	pomodoro
tomillo	thym	Thymian	thyme	timo
tordo	grive	Drossel	thrush	tordo
tortilla	omelette	Eierkuchen	omelete	frittata
tortuga	tortue	Schildkröte	turtle	testuggine
torrefactar	torréfier	rösten, brennen	to torrefy, to roast (coffee)	tostare
trigo	blé	Getreide	corn	frumento
triturar	concasser	zerkleinern, zertossen	to crush	pestare, acciaccare
trucha	truite	Forelle	trout	trota
trufa	truffe	Trüffel	truffe	tartufo nero
tubérculo	tubercule	Wurzelknolle	tuber	tubercolo
tuétano	amourettes	Rückenmark	spinal marrow of ox or calf	midollo vertebrale
urogallo	coq de bruyère	Birkhahn, Auerhahn	black cock, black game	gallo di macchia
uva	raisin	Traube (Wein)	grape	uva
vaca	vache	Kuh	cow	mucca
vainilla	vanille	Vanille	vanilla	vaniglia
vegetal	végétal	Pflanze, Gewächs	vegetable, plant	vegetale
venenoso	vénéneux	giftig	poisonous	velenoso
vinagre	vinaigre	Essig	vinegar	aceto
vino	vin	Wein	wine	vino
vivero (peces)	vivier	Fischweiher	fish-tank	vivaio (pesce)
volován	vol-au-vent	Teigpastete	vol-au-vent, puf-paste-patty	crosta di sfoglia
yema de huevo	jaune d'œuf	Eigelb	egg yolk	tuorio d'uovo

INDICE DE MATERIAS

	Páginas
PREÁMBULO … … … … … … … … … … … … … … … …	7

CAPÍTULO PRIMERO.—INSTALACIÓN Y ORGANIZACIÓN DE UNA COCINA

Locales de una gran cocina … … … … … … … … … … … …	11
Instalaciones y material de una cocina caliente … … … … … …	11
Instalaciones y material de la despensa … … … … … … … …	15
Instalaciones y material de la repostería … … … … … … … …	17
El depósito de hortalizas … … … … … … … … … … … …	19
El economato … … … … … … … … … … … … … … …	19
Distribución de las brigadas de cocina … … … … … … … …	19
Atribuciones del jefe de cocina y de sus subalternos … … … …	22

CAPÍTULO II.—LOS TÉRMINOS DE COCINA … … … … … … … … 25

CAPÍTULO III.—CONOCIMIENTO DE LOS PRODUCTOS

Cereales, harinas diversas y féculas … … … … … … … … …	32
La leche … … … … … … … … … … … … … … … …	37
Grasas animales, grasas y aceites vegetales … … … … … … …	39
Los quesos … … … … … … … … … … … … … … …	40
Los huevos … … … … … … … … … … … … … … …	41
Los condimentos … … … … … … … … … … … … … …	43

INDICE DE MATERIAS

Páginas

Condimentos alimenticios ...	44
Condimentos aromáticos ...	47
Otros productos complementarios ...	54
Los colorantes ...	55
Los pescados ...	56
Características de algunos pescados de agua dulce ...	59
El caviar ...	64
Características de algunos pescados de mar ...	65
Crustáceos, mariscos, batracios, moluscos y reptiles ...	71
Las carnes ...	75
Algunas normas sobre inspección de carnes ...	81
Características, aspecto y nomenclatura de las piezas y trozos de los distintos animales de carnicería ...	83
El buey y la vaca ...	83
La ternera ...	88
El cordero ...	91
El carnero ...	92
El cerdo ...	93
Las aves de corral ...	95
El conejo ...	98
La caza ...	98
Hortalizas y legumbres ...	105
Hongos y setas ...	106
Las patatas ...	109
Las frutas frescas ...	111
Clasificación de variedades ...	113
Cuadro general de épocas de las frutas ...	115
Principales defectos y enfermedades que desvalorizan la fruta ...	116
Conservación de la fruta ...	117
Locales para la conservación de la fruta ...	118
Presentación de la fruta ...	118

CAPÍTULO IV.—TÉCNICA CULINARIA

Métodos y procedimientos culinarios ...	120
Los fondos de cocina ...	125
Sopas, potajes y cocidos ...	126
Las salsas ...	140
Mantequillas compuestas para salsas y guarniciones ...	148
Los entremeses fríos ...	149
Los entremeses calientes ...	151

INDICE DE MATERIAS

Páginas

Los huevos ...	155
Pastas alimenticias, farináceas diversas y platos al queso ...	160
El arroz ...	161

CAPÍTULO V.—PREPARACIÓN DEL PESCADO ...   172

CAPÍTULO VI.—Las entradas ...   188

CAPÍTULO VII.—PREPARACIÓN DE LAS CARNES

Carnes de matadero ...	192
El buey y la vaca ...	192
La ternera ...	204
El cordero ...	218
El carnero ...	223
El cerdo ...	225
Aves de corral ...	232
La caza ...	238
Guarniciones para carnes de matadero y aves ...	241

CAPÍTULO VIII.—LAS HORTALIZAS

Cocción de hortalizas ...	244
Platos a base de hortalizas ...	245
Las patatas ...	256
Las ensaladas ...	258

CAPÍTULO IX.—LOS POSTRES

Clasificación ...	261
Algunas preparaciones auxiliares ...	262
Pastas diversas ...	266
Bizcochos diversos ...	267
Algunos postres calientes ...	269
Algunos postres calientes con frutas ...	272
Algunos postres fríos ...	273
Postres diversos ...	275
Algunos postres fríos a base de frutas ...	276
Los helados ...	278

INDICE DE MATERIAS

Páginas

CAPÍTULO X.—ESTUDIO DE LAS MINUTAS

Generalidades	282
Las diferentes clases de servicios	284
Correspondencia de los vinos con los platos	284
La ortografía en las minutas	285
Composición de las minutas	287
Las diferentes comidas	288
Desayuno y *breakfast*	288
Almuerzo o lunch	289
La comida	291
Minutas para cenas especiales	293
Minutas de vigilia	294
Minutas de régimen	294
Minutas para las grandes cenas	294
Minutas de fiestas	296
Los *buffets* fríos	297
El servicio a la carta	298

CAPÍTULO XI.—EL RENDIMIENTO

Comentario	300
Compras	301
Precios de coste y precios de venta	309
Detall de algunas carnes y pescados (pesos y tiempos de cocción)	314
Control de cocina	307

CAPÍTULO XII.—GENERALIDADES SOBRE LA CIENCIA ALIMENTARIA

Los alimentos	326
Tabla de algunos valores nutritivos	327
El tubo digestivo y la digestión de los alimentos	328
Las calorías	329
Las vitaminas	330
La cocina dietética	331
Algunos regímenes	333
Recetario para el régimen de adelgazamiento (bajas calorías)	336
Algunos platos laxantes	350
Algunos platos para convalecientes	350
Algunos platos para la colitis	351

INDICE DE MATERIAS

Páginas

CAPÍTULO XIII.—ALGUNOS ARTÍCULOS DEL CÓDIGO ALIMENTARIO ESPAÑOL

Alimentos, productos y útiles alimentarios	352
Carnes y derivados	353
Huevos y derivados	354
Leches y derivados	355
Mantequilla	358
Quesos	359
Grasas comestibles	361
Cereales	363
Leguminosas	363
Tubérculos y derivados	364
Harinas y derivados	364
Hortalizas y verduras	366
Frutas y derivados	367
Endulcorantes naturales y derivados	367
Condimentos y especias	368

CAPITULO XIV.– PRINCIPALES EPIGRAFES DEL REGLAMENTO ESPAÑOL DE MANIPULADORES DE ALIMENTOS 369

CAPITULO XV.– COMPOSICION DE LOS ALIMENTOS ESPAÑOLES 371

VOCABULARIO (español, alemán, francés, inglés e italiano) 375

INDICE DE MATERIAS 386
INDICE ALFABETICO 391

INDICE ALFABETICO

A

Abadejo, 65.
Abierto, 25.
Acedía, 66.
Aceites, 39.
Acelgas, 245.
Aderezo, 25.
Adobo, 25, 124, 238.
Afecciones parasitarias (carnes), 80.
Agachadiza, 101.
Agar-agar, 4.
Aguja de buey o vaca, 84.
Ahumar, 25.
Ajedrea, 52.
Al natural, 25.
Albaricoques a la antigua, 276.
Albaricoques al espejo, 276.
Albaricoques a la Condé, 272.
Alcachofas, 246.
Alcaparras, 49.
Aleta de buey o vaca, 84.
Alfóncigos (ver pistachos).
Alforfón, 36.
Aliño, 25.
Almejas, 73.
Almejas a la sanluqueña, 183.
Almejas al natural, 183.
Almejas marinera, 183.
Almendras, 54.
Almuerzo o lunch, 285.

Alondra, 101.
Alteraciones de las carnes, 79.
Ananás con frutas frías, 276.
Ancas de rana, 184.
Ancas de rana a las finas hierbas, 184.
Ancas de rana a la poulette, 184.
Ancas de rana fritas, 184.
Ancas de rana molinera, 184.
Anchoas (ver boquerones).
Angélica, 54.
Angulas, 59.
Anís, 47.
Apios, 246.
Apple-pie, 272.
Arenques, 66.
Armar, 25.
Arroz, 35, 161.
Arroz a la emperatriz, 270.
Arroz a la alcireña, 162.
Arroz abanda, 162.
Arroz al estilo de Elche, 163.
Arroz con ostras, 164.
Arroz criollo, 163.
Arroz egipcia, 163.
Arroz griega, 163.
Arroz marinera, 164.
Arroz marinera caldoso, 164.
Arroz milanesa, 164.

Arroz piamontesa, 164.
Arroz pilaw, 164.
Arroz con pollitos Mercedes, 165.
Asados de carnes en asador o a la broche, 121.
Asados de carnes en sartén o cazuela, 122.
Aspic, 25, 189.
Atriaux, 230.
Atribuciones de los puestos de cocina, 22.
Atún, 66.
Avefría y chorlito, 101.
Avellanas, 54.
Avena, 35.
Aves, 95, 232.
Azafrán, 50.
Azúcar, 44.
Azúcar de leche, 44.
Azúcar fondant, 263.
Azúcar glas, 44.
Azúcar moreno, 44.

B

Babilla de buey o vaca, 84.
Babilla de ternera, 204.
Bacalao (ver abadejo).
Bacalao a la vizcaína, 177.
Bacalao al pil-pil, 177.
Bañar, 25.
Baño maría, 25.
Barbo, 60.

INDICE ALFABETICO

Bardas de tocino, 25.
Barón de cordero, 25, 92, 218.
Barquitas, 153.
Bastoncitos, 154.
Bávaro diplomático, 273.
Bávaro rubanné, 274.
Bávaro vainilla, 274.
Bayas de enebro, 48.
Becada, 102.
Beluga, 65.
Berenjenas, 246.
Besugo a la donostiarra, 178.
Besugo a la española, 178.
Bircher-müesli, 277.
Biscuits, glacés, 280.
Bisque, 25.
Bitor, 102.
Bizcochos baturros, 267.
Bizcochos borrachos de Guadalajara, 268.
Bizcochos canarios, 268.
Bizcochos enrollados, 268.
Bizcochos genovesa, 268.
Bizcochos peregrinos, 268.
Bizcochos Saboya, 268.
Blanquear, 26.
Blanquette de ternera, 210.
Bocaditos calientes, 153.
Boga, 60.
Bogavante, 72.
Bogavante o langosta a la americana, 179.
Bogavante o pequeña langosta a la parrilla, 180.
Bolas de Berlín, 275.
Boletos (setas), 107.
Boquerones, 67.
Boquillas, 26.
Bortsch polonés (sopa), 129
Braseados de buey o vaca, 197.
Brasear, 26.
Bread and butter pudding, 270.
Bridar, 26.
Brigadas de cocina, 19, 21, 22.
Brochettes, 154.
Broqueta, 26.
Brunoise, 26.
Buey, vaca, 83, 192.
Buffets fríos, 297.
Bullabesa marsellesa, 134.
Buñuelos, 153, 269.

Buñuelos al queso, 168.
Buñuelos de frutas, 269.
Buñuelos soufflés, 269.
Busega a la milanesa, 130.

C

Caballa, 67.
Cabeza de ternera, 89.
Cacao, 45, 46.
Cacao en polvo, 46.
Cadera de buey o vaca, 84.
Café, 46.
Cagarrias o colmenillas (setas), 107.
Calabacines, 247.
Calabazas, 247.
Calamares, 184.
Calamares en su tinta a la santanderina, 184.
Calamares fritos a la andaluza, 185.
Calamares marinera, 185.
Caldo, 26.
Caldo blanco (ver fondo blanco).
Caldo corto para pescados, 26, 125.
Caldo de ave, 133.
Caldo de buey, 125.
Caldo de verduras, 132.
Calorías, 329.
Callos, 201, 214.
Callos a la burgalesa, 201.
Callos a la leonesa, 201.
Callos a la lionesa, 201.
Callos a la madrileña, 201
Callos a la milanesa, 202.
Callos a la moda de Caen, 202.
Callos a la riojana, 202.
Callos a la vizcaína, 202.
Camarones, 72.
Canapés o toats, 154.
Canela, 50.
Canelones, 167.
Cangrejos de mar, 72.
Cangrejos de río, 73, 182.
Cangrejos de río a la bordelesa, 182.
Cangrejos de río a la polaca, 182.
Cangrejos o centollos en conchas, 181.

Capón, 96, 232.
Caracoles, 74.
Caracoles a la española, 185.
Caracoles a la plancha, 185.
Caracoles a la riojana, 185.
Caracoles borgoñona, 185.
Caracoles en salsa, 186.
Características de algunos pescados de agua dulce, 59.
Características de algunos pescados de mar, 65.
Caramelo (punto), 26, 55.
Carbonada, 26, 199.
Cardos, 248.
Carnero, 92, 223.
Carnes de matadero, 75.
Carnes blancas, 76.
Carnes enfermas, 80.
Carnes fatigadas, 80.
Carnes febriles, 80.
Carnes jaspeadas, 76.
Carnes no alibles, 79.
Carnes nocivas, 79.
Carnes punteadas, 76.
Carnes repulsivas, 80.
Carnes rojas, 76.
Carnes salteadas, 122.
Carnes sanguinolentas, 80.
Carpa, 60.
Carré de carnero, 224.
Carré de cerdo, 225.
Carré de cordero, 92, 219.
Carré de ternera, 89, 207.
Castañas con leche, 272.
Caviar, 64.
Caza, 98, 238.
Caza de pelo, 99, 238.
Caza de pluma, 101, 239.
Cebada, 35.
Cebollas, 248.
Cebollinos, 52.
Centeno, 36.
Centollos con setas, 181.
Cerdo, 93, 225.
Cereales, 32.
Ciencia alimentaria (generalidades), 326.
Ciervo, 99.
Cigalas, 73.
Cincelar, 26.
Cinta de chuletas, 197.
Clasificación de consomés, gelatinas y jaleas, 123.

ÍNDICE ALFABETICO

Clarificar, 26.
Clases de cocción, 120.
Clavetear, 26.
Clavo, 50.
Cobertura de chocolate, 46.
Cocción al baño maría, 123.
Cocción al vapor, 123.
Cocción del arroz, 161.
Cocción del azúcar, 265.
Cocido andaluz, 138.
Cocido castellano, 138.
Cocido catalán, 139.
Cocido gallego, 139.
Cocido madrileño, 139.
Cocidos, 138.
Cocina dietética, 331.
Cocinero del personal, 24.
Cocktail de bogavante o langosta, 180.
Cocotera, 26.
Cochinillo asado, 232.
Código alimentario español, 352.
Codorniz, 102.
Colas de cangrejos a la Nantua, 182.
Coles, 248.
Coles de Bruselas, 249.
Coliflores, 249.
Colorantes, 55.
Comida, 287.
Comino, 48.
Composición de las minutas, 287.
Compotas de frutas, 277.
Compras, 301.
Concassé, 26.
Concentrar, 26.
Condimentos, 43.
Condimentos alimenticios, 44.
Condimentos aromáticos, 47.
Conejo, 98.
Congelación, 17, 78.
Congrio, 67.
Conocimiento de los productos, 32.
Consomé, 133.
Consomé brunoise, 134.
Consomé Celestina, 134.
Consomé doble, 133.
Consomé en gelatina, 133.
Consomé frío, 133.
Consomé juliana, 134.

Consomé madrileña, 134.
Consomé royal, 134.
Consomé Xavier, 134.
Contra de buey o vaca, 84.
Contra de ternera, 204.
Control de la cocina, 316.
Copa Aída, 279.
Copa Alejandra, 279.
Copa Bella Helena, 279.
Copa Denise, 279.
Copa Dinamarca, 279.
Copa Jacques, 280.
Copa Melba, 280.
Copa Mexicana, 280.
Copa Romanof, 280.
Copa Thäis, 280.
Copa tutti-frutti, 280.
Copas (helados), 179.
Cordero, 91, 218.
Cordón, 26.
Cortado-a, 26.
Corteza de limón o naranja, 27.
Corzo, 99.
Correspondencia de vinos y platos, 284.
Costrones, 27.
Coulis, 27.
Crema al caramelo, 262, 274.
Crema al chocolate, 262.
Crema Bella Ribera, 274.
Crema Chibouste o Saint-Honoré, 262.
Crema de mantequilla, 262
Crema inglesa, 262.
Crema pastelera, 263.
Crema praliné, 258.
Cremas dulces, 262, 274.
Cremas y veloutés, 128.
Crêpes flamenca, 269.
Crêpes Georgette, 269.
Crêpes normanda, 269.
Crêpes Suzette, 269.
Cromesquis de huevo, 159
Croquetas, 154.
Croquetas de huevo, 159.
Croûte al queso, 168.
Crustáceos, 71, 179.
Cuadro de épocas de frutas, 115.
Cuadro de épocas de hortalizas, 110.
Cuajar, 27.
Cuarto trasero, 86.
Cuello de cerdo, 228.

Cubrir, 27.
Culantro, 48.
Curry, 48.

CH

Champiñón de París o setas de los campos, 108.
Chamuscar, 27.
Charlotte de frutas, 273.
Charlotte de manzana, 269.
Charlotte rusa, 273.
Chateaubriand, 193.
Chicken-soup, 130.
Chifonada, 27.
Chocha (ver becada).
Chorlito (ver avefría).
Chucrut, 248.
Chuletas de carnero, 202.
Chuletas de cerdo, 226.
Chuletas de cordero, 219.
Chuletas de ternera, 207.
Chuletas de ternera a la castellana, 207.
Chuletas de ternera a la crema, 208.
Chuletas de ternera a la milanesa, 208.
Chuletas de ternera a la napolitana, 208.
Chuletas de ternera a la riojana, 208.
Chuletas de ternera en cazuela, 208.
Chuletas de ternera Pojarski, 208.
Chuletas y noisettes de caza, 239.

D

Dados, 27.
Decantar, 27.
Depósito de hortalizas, 19.
Desayuno y breakfast, 284.
Desbrozar, 27.
Desengrasar, 27.
Deshelar, 27.
Despensa, 15.
Despojos, 27.
Despojos de ave, 27, 233.
Despojos de buey y vaca, 27, 88, 200.
Despojos de cerdo, 228.
Despojos de cordero, 223.

INDICE ALFABETICO

Despojos de ternera, 27, 89, 211.
Diferentes clases de comidas, 288.
Diferentes clases de servicios, 284.
Dorada, 67.
Dorada Saint-Pierre, 67.
Dorar, 27.
Duxelles, 27, 125.

E

Eclairs al kirsch, 276.
Eclairs de chocolate, 271.
Eclairs de moka, 271.
Economato, 19.
Efectos y orígenes de las vitaminas, 332.
Empanadillas, 153.
Empanar, 27.
Emparrillar, 27.
Emparrillados de carnes, 121.
Encargado de la despensa, 23.
Encebollado de caza, 239.
Engrasar, 28.
Enharinar, 28.
Enriquecer, 28.
Ensalada a la griega, 259.
Ensalada a la húngara, 259.
Ensalada a la italiana, 259.
Ensalada a la rusa, 260.
Ensalada Aída, 258.
Ensalada americana, 258.
Ensalada andaluza, 259.
Ensalada Beatriz, 259.
Ensalada capricho, 259.
Ensalada Carmen, 259.
Ensalada de alcachofas, 258.
Ensalada de apios, 259.
Ensalada de espárragos, 259.
Ensalada de naranjas, 277.
Ensalada de pepino, 260.
Ensalada japonesa, 259.
Ensalada Mikado, 259.
Ensalada mimosa, 259.
Ensalada moscovita, 259.
Ensalada Ninon, 259.
Ensalada nizarda, 259.
Ensalada Opera, 259.

Ensalada parisina, 259.
Ensalada Parmentier, 260.
Ensalada Rachel, 260.
Ensalada Réjane, 260.
Ensalada siciliana, 260.
Ensalada Tosca, 260.
Ensalada Victoria, 260.
Ensalada Waldorf, 260.
Ensaladas, 258.
Entradas, 188.
Entrecôtes, 195.
Entremeses calientes, 151.
Entremeses fríos, 149.
Entremétier, 23.
Eperlano, 67.
Escaldar, 28.
Escalfar, 28.
Escarolas, 249.
Esencias, 55.
Espaldar de ternera, 89.
Espaldilla de buey o vaca, 84.
Espaldilla de cordero, 92.
Espaldilla de ternera, 208.
Espárragos, 249.
Especias, 45.
Especias-corteza, 50.
Especias-flores, 49.
Especias-frutos y especias-semillas, 47.
Especias-hojas, 52.
Especias-raíces, 50.
Espinacas, 250.
Espolvorear, 28.
Espumar, 28.
Estofado, 200.
Estofar, 28.
Estovar, 28.
Estragón, 52.
Estudio de las minutas, 282.
Esturión, 60.
Exprimir, 28.
Extractos de carne, 124.

F

Fabada asturiana, 252.
Faisán, 102.
Falda de cordero, 222.
Falda y pescuezo de carnero, 225.
Farsa, 28.
Farsa para quenelles, 125.
Féculas, 36.
Fera, 61.

Filete, 28.
Filete mignón de ternera, 89.
Filete mignón o medallón de cerdo, 227.
Finas hierbas, 28.
Flan de Lorena, 168.
Fondo blanco, 125.
Fondo de alcachofa, 28.
Fondo de caza, 126.
Fondo de pastel, 28.
Fondo o fumet de pescado, 126.
Fondo tostado claro, 126.
Fondo tostado ligado, 125.
Fondos de cocina, 28, 125.
Fondue vaudoise, 168.
Forrar, 28.
Fresas amerengadas, 272.
Fresas cardenal, 277.
Fresas Chantilly, 277.
Fresas Singapur, 277.
Fricassé de ternera, 210.
Frituras, 122.
Frutas a la crema, 279.
Frutas a la emperatriz, 277.
Frutas, clasificación de variedades, 112.
Frutas, conservación, 117.
Frutas frescas, 111.
Frutas, presentación, 118.
Frutas, principales defectos y enfermedades, 116.
Fumet, 28.
Fundido de tomate, 124.

G

Galantina, 190.
Gallina, 96.
Gallo (pescado), 68.
Gallo salvaje o urogallo, 104.
Gamo, 100.
Gamuza y rebeco, 100.
Ganga, 102.
Gelatina, 29, 54.
Glasa real, 264.
Glasear, 29.
Glucosa, 45.
Gobio, 61.
Grado, 29.
Granadinas de ternera, 206.
Grasas, 38, 91, 122.
Gratinados, 123.

Gratinar, 29.
Guarniciones para carnes de matadero y aves, 241
Guarniciones para consomés, 133.
Guarniciones para pescados, 186.
Guindilla, 48.
Guisado de buey o vaca, 200.
Guisado de ternera, 210.
Guisantes, 250.
Gulyás o goulasch, 198.

H

Habas, 251.
Hachepot a la flamenca (sopa), 130.
Halibut o fletan, 68.
Helado africana, 281.
Helado Aída, 281.
Helado Alejandra, 281.
Helado andaluza, 281.
Helado Batavia, 281.
Helado brasileña, 281.
Helado de chocolate, 278.
Helado de moka, 278.
Helado frú-frú, 281.
Helado marquesa, 281.
Helado Nelusko, 281.
Helado pistacho, 278.
Helado praliné, 279.
Helado Tosca, 281.
Helado vainilla, 279.
Helados, 278.
Helados a base de crema, 278.
Helados a base de frutas, 279.
Helados en moldes, 280.
Hígado de ternera, 91, 212.
Hígado de ternera a la inglesa, 212.
Hígado de ternera en brochettes, 212.
Hígado de ternera salteado, 212.
Hígado y riñones de buey o vaca, 88.
Hinojo, 48, 252.
Hochepot a la flamenca, 130.
Hongos y setas, 106.
Hortalizas, 110, 244.

Hortalizas y legumbres, 105.
Hortelano (ave), 103.
Huesos de ternera, 91.
Huevos, 41, 155.
Huevos a la antigua, 159.
Huevos a la crema, 158.
Huevos a la rusa, 160.
Huevos al bacón, 156.
Huevos al estragón, 158.
Huevos al plato, 157.
Huevos Argenteuil, 155, 160
Huevos Aurora, 155, 159.
Huevos Bercy, 157.
Huevos cazador, 157.
Huevos cenicienta, 156.
Huevos con jamón, 157.
Huevos Chimay, 159.
Huevos con mantequilla negra, 157.
Huevos con puntas de espárragos, 157.
Huevos duros y rellenos, 159.
Huevos en cocotte, 157.
Huevos en tortilla, 158.
Huevos escalfados, 155.
Huevos florentina, 156.
Huevos fritos, 158.
Huevos Gran Duque, 156.
Huevos indiana, 156.
Huevos Masséna, 156.
Huevos Meyerbeer, 157.
Huevos moldeados, 156.
Huevos mollets, 156.
Huevos Mornay, 156, 159
Huevos nevados, 276.
Huevos pasados por agua, 155.
Huevos Périgueux, 158.
Huevos portuguesa, 156.
Huevos rellenos, 160.
Huevos revueltos, 156.

I

Incisión, 29.
Instalación de la despensa, 15.
Instalación de la repostería, 17.
Instalación de una cocina caliente, 11.
Instalación y organización de una cocina, 9.
Irish-stew, 222.

J

Jabalí, 100.
Jabato, 100.
Jalea al vino blanco, 275.
Jalea de frutas, 274.
Jamón cubierto, 228.
Jamón fresco, 228.
Jamón salado y ahumado, 228.
Jamón de York, 95.
Jamones alemanes, 95.
Jamones de España, 95.
Jamones franceses, 95.
Jamones de Inglaterra, 95.
Jamones de Parma, 95.
Jamones suizos, 95.
Jefe de cocina, 22.
Jefe de guardia, 24.
Jefe de turno, 24.
Jengibre, 50.
Jubileo de cerezas, 273.
Judías blancas, 252.
Judías verdes, 253.
Jugo ligado, 126.
Juliana, 29.

L

Lamas, 29.
Lamprea, 68.
Langosta, 73.
Langosta o bogavante a la americana, 179.
Langosta a la Costa Brava, 180.
Langosta a la parisina, 180.
Langosta Thermidor, 181.
Langostas y bogavantes, 179.
Langostino, 73.
Langostinos, gambas y quisquillas, 183.
Laurel, 52.
Leche, 37.
Leche condensada, 38.
Leche en polvo, 38.
Leche esterilizada, 38.
Leche pasterizada, 38.
Lecho, 29.
Lechón, 95, 231.
Lechugas, 253.
Legumbres secas, 106.
Lengua de buey o vaca, 88, 200.

INDICE ALFABETICO

Lengua de cerdo, 228.
Lengua de ternera, 91, 216.
Lenguado, 68.
Levadura, 54.
Liebre, 101.
Limones confitados, 54.
Limpiar, 29.
Locales de una gran cocina, 11.
Locales para conservación de la fruta, 118.
Lombardas a la flamenca, 248.
Lomo de buey o vaca, 84, 195.
Lomo de cerdo, 94, 227.
Lomo de liebre, 239.
Lota, 62.
Lubina (ver róbalo).
Lubina a la jardinera, 178.
Lucio, 62.

M

Macedonia de frutas, 278.
Macerar, 29.
Macis, 48.
Maestro asador, 23.
Magrez extrema (carnes), 80.
Maíz, 36.
Manjar blanco, 273.
Manos de cerdo, 229.
Manos de ternera, 91, 215.
Manteca, 38.
Manteca de cacao, 46.
Mantequilla, 38.
Mantequilla amasada, 29, 148.
Mantequilla avellana, 148.
Mantequilla Bercy, 149.
Mantequilla Colbert, 149.
Mantequilla de anchoas, 149.
Mantequilla de bogavantes, 149.
Mantequilla de cangrejos, 149.
Mantequilla de caracoles, 149.
Mantequilla de cocina, 39.
Mantequilla fundida, 149.
Mantequilla Maître h'ôtel, 149.
Mantequilla negra, 149.

Mantequillas compuestas, 148.
Manzanas buena mujer, 273.
Manzanas enjauladas, 273.
Manzanas y peras de mesa, 117.
Margarina, 39.
Marinada o adobo, 124.
Marinar, 29.
Mariscos, 73, 183.
Material de cocina caliente, 11.
Material de despensa, 15.
Material de repostería, 17.
Mechar, 29, 121.
Medallones de mollejas de ternera empanados, 213.
Mejorana, 52.
Menta, 52.
Merengada italiana, 263.
Merengues, 263.
Merluza, 68.
Merluza en platitos con gelatina, 178.
Merluza en salsa verde, 178.
Métodos y procedimientos culinarios, 120.
Miel, 45.
Mille-fanti (sopa), 130.
Minestrone (sopa), 130.
Minutas de fiestas, 296.
Minutas de régimen, 290.
Minutas de vigilia, 294.
Minutas para cenas especiales, 293.
Minutas para grandes cenas, 294.
Mirepoix, 29.
Mock-turtle-soup, 135.
Mojar, 30.
Mollejas de ternera, 91, 213.
Mollejas de ternera a la financiera, 213.
Mollejas de ternera braseadas, 213.
Mollejas y tuétano de buey o vaca, 88.
Mondar, 30.
Montar, 30.
Morcillas, 231.
Morcillo de buey o vaca, 84.
Morcillo de ternera, 206.

Morena, 68.
Mortificar, 30.
Morros de ternera, 214.
Mostaza, 48.
Mostaza de Burdeos, 48.
Mostaza de Dijon, 48.
Mostaza inglesa, 48.
Mousses, 190.
Mújol, 68.
Mulligatawny-soup, 130.
Mutton-broth (sopa), 130

N

Nabos, 253.
Naranjas confitadas, 54.
Níscalo o robellón, 108.
Nitro, 53.
Noisettes de cordero, 92, 220.
Noisettes de ternera, 89.
Normas sobre inspección de carnes, 81.
Nouilles frescas, 161.
Nuez moscada, 48.
Nueces, 54.

Ñ

Ñoquis, 166.
Ñoquis a la piamontesa, 167.
Ñoquis parisina, 166.
Ñoquis romana, 167.

O

Oca, 96, 237.
Oca salvaje, 103.
Ocimo (albahaca), 52.
Orégano, 52.
Ortografía de las minutas, 285.
Osso-buco, 206.
Ostras, 74, 183.
Ostras a la florentina, 183.
Ostras fritas a la mariscala, 184.
Oxtail-claro (sopa), 130.

P

Paella valenciana, 165.
Paletilla de carnero, 224.

INDICE ALFABETICO

Paletillas de cerdo, 94, 228.
Paletillas de cordero, 222.
Paloma torcaz, 103.
Pan rallado, 30.
Panade o relleno, 124.
Parfaits (helado), 280.
Pasar, 30.
Pasas, 54.
Pasta azucarada, 266.
Pasta hojaldrada, 267.
Pasta para babás y savarines, 266.
Pasta para brioches, 266.
Pasta para crêpes, 266.
Pasta para freír, 124, 266.
Pasta quebrada, 267.
Pastas a la bolonesa, 160.
Pastas a la italiana, 160.
Pastas a la milanesa, 161.
Pastas a la napolitana, 161.
Pastas al gratín, 160.
Pastas alimenticias, 160.
Pastas diversas, 266.
Pasteles de queso, 169.
Pastelillos, 152.
Pastelillos a la americana, 152.
Pastelillos a la reina, 152.
Pastelillos de crema de chocolate, 276.
Pastelillos financiera, 152.
Pastelillos Joinville, 152.
Pastelillos marinera, 152.
Pastelillos Montglas, 152.
Pastelillos tolosana, 152.
Patatas, 109, 256.
Patatas a la crema, 256.
Patatas a la inglesa, 257.
Patatas a la menta, 257.
Patatas alsaciana, 256.
Patatas Ana, 256.
Patatas batalla, 256.
Patatas berrichonne, 256.
Patatas Bignon, 256.
Patatas bordelesa, 256.
Patatas bretona, 256.
Patatas buena mujer, 256.
Patatas Byron, 256.
Patatas con torreznos, 257.
Patatas croquetas, 256.
Patatas champignol, 256.
Patatas château, 256.
Patatas chatouillard, 256.
Patatas delfina, 256.
Patatas delfinesa, 256.
Patatas duquesa, 256.

Patatas enarenadas, 257.
Patatas fondantes, 257.
Patatas gastrónomo, 257.
Patatas húngara, 257.
Patatas lionesa, 257.
Patatas Macaire, 257.
Patatas menagère, 257.
Patatas Mirette, 257.
Patatas paisana, 257.
Patatas paja, 257.
Patatas panadera, 257.
Patatas persillés, 257.
Patatas Pont-Neuf, 257.
Patatas rellenas, 257.
Patatas sarladaise, 257.
Patatas soufflées, 257.
Pâte a choux, 267.
Pâté, 190.
Pâté de gazapo, 190.
Pato salvaje y cerceta, 103.
Pato y patipollo, 96, 237.
Pava y pavo, 97, 236.
Pavipollo, 97, 236.
Pecho de cerdo, 92.
Pecho de cordero, 92.
Pecho de ternera, 89, 208.
Pecho de ternera relleno. 208.
Pegar, 30.
Pepinillos, 253.
Pepinos, 254.
Peras Alma, 278.
Peras bourdaloue, 273.
Peras Réjane, 278.
Peras Richelieu, 278.
Peras y manzanas de mesa, 117.
Perca, 62.
Perdiz y perdigón, 104.
Perdiz real o perdiz roja, 104.
Perejil, 52.
Perifollo, 52.
Perlas del Japón, 37.
Pesajarabes, 30.
Pescadilla, 69.
Pescado, 56.
Pescado a la chambertin, 174.
Pescado a la molinera, 175.
Pescado a la Murat, 176.
Pescado a la Orly, 176.
Pescado Alexandra, 173.
Pescado Argenteuil, 173.
Pescado bella molinera, 176.

Pescado borgoñona, 174.
Pescado braseado, 172.
Pescado buena mujer, 173.
Pescado cocido al caldo corto, 172.
Pescado cocido al vino blanco, 173.
Pescado cocido al vino tinto, 174.
Pescado Chambord, 174.
Pescado Choisy, 173.
Pescado Dugleré, 174.
Pescado embajador, 174.
Pescado empanado a la inglesa, 176.
Pescado en filetes y escalopes, 176.
Pescado finas hierbas, 174.
Pescado florentina, 174.
Pescado frío, 175.
Prescado frito, 175.
Pescado gratinado y glaseado, 175.
Pescado grenobloise, 176.
Pescado Joinville, 174.
Pescado Marguery, 174.
Pescado marinero, 174.
Pescado Nantua, 174.
Pescado normanda, 174.
Pescado Opera, 174.
Pescados de agua dulce (tabla), 57.
Pescados de mar (tabla), 58.
Pescados emparillados, 174.
Pescuezo de ternera, 209.
Pescuezo y rabo de buey o vaca, 84.
Pesos y tiempos de cocción de algunos pescados, 312.
Picadillo, 30, 203.
Pichón, 97, 237.
Pierna de carnero, 223.
Pierna de cordero, 92, 221.
Pierna de ternera, 89.
Pilaw de bogavante o langosta, 181.
Pimentón o paprika, 48.
Pimienta, 49.
Pimienta de Cayena, 49.
Pimientos, 254.
Pintada (ave), 98, 237.
Pistachos, 55.
Platija, 69.

397

INDICE ALFABETICO

Platitos de pescado con setas y trufas, 178.
Platos a base de hortalizas, 245.
Plumcake, 268.
Pollo, 98, 232.
Pollo asado al horno, 233.
Pollo asado en sartén o cazuela, 233.
Pollo de grano, 98.
Pollo emparrillado, 234.
Pollo reina, 98.
Pollo salteado, 234.
Pollo tomatero, 98.
Pollo guisado, 234.
Porterhouse-steak, 197.
Postres, 261, 272.
Postres calientes, 261, 269, 272.
Postres fríos, 261, 273, 276.
Postres helados, 262.
Pot-au-feu, 130.
Potaje blanco, 137.
Potaje de coles, 137.
Potaje de garbanzos con espinacas, 137.
Potaje de habas secas, 137.
Potaje de vigilia, 138.
Poularde, 96, 232.
Precios de coste y venta, 309.
Preparación de la caza, 238.
Preparación de las aves, 232.
Preparación de las carnes 192.
Preparación de las hortalizas, 246.
Preparación del pescado, 172.
Preparaciones auxiliares para postres, 262.
Preparaciones de base, 124
Preparar, 30.
Productos auxiliares del economato, 44.
Pudding brasileño, 270.
Pudding de aroz a la emperatriz, 275.
Pudding de sémola, tapioca o arroz, 270, 275.
Pudding diplomático, 270.
Pudding soufflé de chocolate. 270.
Pudding soufflé de frutas, 271.
Pudding soufflé sajón, 271.
Pulpa de frutas, 279.
Punta, 30.
Punto, 30.
Puré bretona, 127.
Puré Camelia, 128.
Puré Condé, 127.
Puré Crécy, 127.
Puré cressonnière, 127.
Puré choiseul, 127.
Puré Darblay, 127.
Puré Dartois, 127.
Puré de cangrejos, 183.
Puré Esaú, 127.
Puré Faubonne, 127.
Puré flamenca, 127.
Puré Fontange, 128.
Puré freneuse, 127.
Puré garbure, 127.
Puré Imperator, 127.
Puré Lamballe, 128.
Puré Longchamp, 128.
Puré Marigny, 128.
Puré Parmentier, 127.
Puré Saint-Germain, 127.
Puré santé, 127.
Puré vaudois, 127.
Puré velours, 127.
Purés de judías o guisantes, 127.
Purés de lentejas, 127.
Purés simples y derivados, 126.

Q

Quaker-Oats, 35.
Quennelles de pescado, 177.
Queso Brie, 41.
Queso Camembert, 41.
Queso Chester, 41.
Queso de Burgos, 41.
Queso de Cabrales, 41.
Queso de Cáceres, 41.
Queso Edam, 41.
Queso Emmenthal, 40.
Queso Gorgonzola, 41.
Queso Gruyère, 40.
Queso manchego, 41.
Queso parmesano, 40.
Queso Roquefort, 41.
Queso Sbrinz, 40.
Queso Vacherin, 41.
Quesos, 40, 41.

R

Rábano silvestre, 52.
Rabo de buey o vaca, 203.
Raclette valaisanne, 169.
Ragús, 122.
Raja, 30.
Rana, 75.
Raviolis, 167.
Raya, 69.
Recetario para regímenes de adelgazamiento, 336.
Recetas laxantes, 350.
Recetas para convalecientes, 350.
Recetas para la colitis, 351
Recortes, 30.
Reducir, 30.
Refrigeración de los huevos, 43.
Régimen de adelgazamiento, 333, 336.
Régimen para diabéticos, 335.
Régimen para dispépsicos, 335.
Régimen para hepáticos. 336.
Régimen para la arteriosclerosis, 334.
Rehogar, 30.
Relleno o panade, 124.
Rendimiento de la cocina, 300.
Reno, 100.
Repostero, 23.
Riñones de ternera, 213.
Riñones de cerdo, 228.
Riñones de ternera salteados a la española, 214.
Riñones de ternera al jerez, 213.
Riñones de ternera en brochettes, 213.
Riñones de ternera en cazuela, 213.
Riñones de ternera salteados con champiñones, 214.
Risotto, 165.
Rizos o pulpetas, 198, 206.
Róbalo o lubina, 69.

Robellón o níscalo (seta), 108.
Rociar, 30.
Rodaballo, 70.
Rodaja, 30.
Romero, 52.
Roux, 30, 124.

S

Sagú, 37.
Sal, 53.
Salchichas y butifarras, 229.
Salazón, 59.
Salmón, 62.
Salmón Chevalier, 63.
Salmonete, 70.
Salmuera, 31, 124.
Salpicón, 31.
Salsa al Madera, 141.
Salsa al vino blanco, 145.
Salsa Albufera, 144.
Salsa alemana, 142.
Salsa andaluza, 148.
Salsa Aurora, 144.
Salsa bastarda, 143.
Salsa bearnesa, 146.
Salsa bechamel, 144.
Salsa bigarrade, 141.
Salsa bordelesa, 141.
Salsa buena mujer, 145.
Salsa cardenal, 145.
Salsa cazador, 141.
Salsa crema, 144.
Salsa Cumberland, 141.
Salsa curry, 143.
Salsa Chantilly, 148.
Salsa charcutera, 141.
Salsa chaud-froid, 142, 143, 144.
Salsa Choron, 146.
Salsa de alcaparras, 143.
Salsa de anchoas, 145.
Salsa de camarones, 145.
Salsa de champiñones, 143.
Salsa de mantequilla o falsa holandesa, 146.
Salsa de ostras, 145.
Salsa de rábanos, 143.
Salsa de tomate, 147.
Salsa diabla, 142.
Salsa diplomático, 145.
Salsa Dugléré, 145.
Salsa finas hierbas, 143.
Salsa genovesa, 145.

Salsa Gribiche, 148.
Salsa holandesa, 146.
Salsa Ivoire, 144.
Salsa Joinville, 145.
Salsa maltesa, 146.
Salsa marinera, 145.
Salsa mayonesa, 147.
Salsa medio glasa, 141.
Salsa Mornay, 144.
Salsa muselina, 147.
Salsa normanda, 146.
Salsa Périgueux, 142.
Salsa picante, 142.
Salsa poivrade, 142.
Salsa poulette, 143.
Salsa ravigotte, 148.
Salsa remoulade, 148.
Salsa rica, 144.
Salsa Robert, 142.
Salsa salmis, 142.
Salsa Soubise, 144.
Salsa suprema, 143.
Salsa tártara, 148.
Salsa tirolesa, 148.
Salsa tortuga, 142.
Salsa verde, 148.
Salsa vinagreta, 148.
Salsas, 140, 264.
Salsas de mantequilla, 146.
Salsas de pescados, 145.
Salsas frías, 147.
Salsero, 22.
Salsifís, 254.
Saltado, 31.
Salteado de cordero al curry, 222.
Salteado de ternera cazador, 210.
Salteado de ternera al minuto, 210.
Salteado de ternera Marengo, 210.
Salteado de carnes al minuto, 122.
Salteados de ternera, 209
Saltear, 31.
Salvia, 53.
Sardina, 71.
Savarines, 276.
Sazonar, 31.
Sémola, 35.
Servicio a la carta, 298.
Sesos de buey o vaca, 88, 203.
Sesos de cerdo, 229.
Sesos de ternera, 91, 211.

Setas, 255.
Setas de los campos o champiñón de París, 108
Silla de carnero, 224.
Silla de cordero, 92, 218.
Silla de ternera, 89, 206.
Soja, 36.
Solomillo de buey o vaca, 84, 192.
Solomillo de cerdo, 94, 227.
Sopa a la cerveza, 130.
Sopa a la marinera (al estilo de Cádiz), 135.
Sopa bourride a la provenzal, 130.
Sopa buena mujer, 129.
Sopa crema de langostinos, 135.
Sopa cultivador, 129.
Sopa de cangrejos, 136.
Sopa de cerezas, 131.
Sopa de harina a la alemana, 131.
Sopa de pescado a la donostiarra, 131.
Sopa de pescado a la barcelonesa, 132.
Sopa de tortuga, 136.
Sopa hortelana, 129.
Sopa mallorquina, 132.
Sopa normanda, 129.
Sopa paisana, 129.
Sopa parisina, 129.
Sopa segoviana del siglo 1, 132.
Sopa stchi, 131.
Sopa zamorana, 132.
Sopas de ajo (leonesa), 131
Sopas de ajo (madrileña), 131.
Sopas de cereales, 129.
Sopas españolas, 131.
Sopas, potajes y cocidos, 126.
Sopas sin pasar o sopas de verduras, 129.
Sorbetes, 281.
Soufflé de chocolate, 272.
Soouflé al queso, 169.
Soufflé Grand Marnier, 272.
Soufflé Rotchschild, 272.
Soufflé vainilla, 272.
Soufflés de carne o pescado, 169.

Soufflés de verduras, 169
Soufflés glacés, 281.
Spätzli, 168.
Subjefe, 22.
Sudar, 31.

T

Tabla de valores nutritivos, 327.
Tapa de buey o vaca, 84.
Tapa de ternera, 204.
Tapioca, 37.
Tapizar, 31.
Tartaletas, 155.
Tartaletas de queso, 153.
Tartas de fruta, 278.
Té, 47.
Té negro, 47.
Té verde, 47.
Técnica culinaria, 120.
Términos de cocina, 25.
Ternera, 88, 204.
Ternillas de ternera, 209.
Terrina, 190.
Tomates, 255.
Tomillo, 53.
Tordo, 104.
Tornear, 31.
Tortilla al ron, 271.
Tortilla cazador, 158.
Tortilla con setas, 159.
Tortilla con tocino o jamón, 159.
Tortilla de confitura, 271
Tortilla española, 158.
Tortilla Estefanía, 271.
Tortilla sorpresa o noruega, 271.
Tortilla soufflée, 271.
Tortuga, 75.
Tostadas con ananás, 271.

Tostadas con fresas, 271.
Tostadas con frutas, 271.
Tostón a la zamorana, 232
Tournedos a la Armenonville, 193.
Tournedos a la bordelesa, 193.
Tournedos a la forestal, 193.
Tournedos Clamart, 193.
Tournedos con morillas, 193.
Tournedos con setas, 193.
Tournedos Choron, 193.
Tournedos Enrique IV, 193.
Tournedos gourmets, 193.
Tournedos Helder, 193.
Tournedos Mac Mahon, 193.
Tournedos Masséna, 193.
Tournedos riche, 193.
Tournedos Rossini, 193.
Trabajar, 31.
Trabar, 31.
Trabazón, 31.
Trigos, harinas, sémolas, 32, 33, 34, 35.
Trucha, 63.
Trucha arco iris, 64.
Trucha asalmonada, 64.
Trucha de lago, 64.
Trucha de río, 63.
Trufas, 108.
Tubo digestivo y digestión de alimentos, 324.
Tuétanos, 203, 217.

U

Urogallo o gallo salvaje, 104.

V

Vaca o buey, 83.
Vainilla, 49.
Velouté, 142.
Velouté carmelita, 128.
Velotué o crema andaluza, 128.
Velouté o crema Argenteuil, 128.
Velouté o crema Bagration, 128.
Velouté o crema Derby, 128.
Velouté o crema Dubarry, 129.
Velouté o crema M.ª Luisa, 129.
Veloutés y cremas, 128.
Vinagre, 54.
Vitaminas, 330.
Vocabulario en cuatro idiomas, 369.
Volovanes, 152.

Y

Yerbabuena, 53.

Z

Zanahorias, 255.
Zarzuela de pescado a la levantina, 179.
Zumo, 31.
Zumos de frutas, 279.
Zungurru, 181.

Otros libros publicados por

LA COCINA SABROSA Y PRACTICA

Por J. Jamar
304 páginas. 19ª edición.

    1.100 recetas dedicadas a las amas de casa, especialmente a las que disponen de poco tiempo que dedicar a la cocina. Recetas muy sencillas, fáciles de preparar y de excelente resultado aún para los paladares más exigentes. Cocina casera, condimentada con el mayor esmero y guisos especialmente sabrosos y algunos platos más complicados, de más lujo o regionales, especialmente de cocina vasca.

    Las recetas que se proponen están divididas según el siguiente índice:

    Cocidos y sopas. Sopas secas. Pures y potajes. Salsas. Huevos. Tortillas y huevos revueltos. Arroz, macarrones, etc. Verduras. Fritos. Pescados. Carnes. Ternera. Cerdo. Fiambres. Cordero y carnero. Aves y caza. Caza. Ensaladas. Entremeses. Entremeses calientes. Bollos para el té. Emparedados y canapés. Emparedados calientes. Canapés. Repostería. Postres propios para niños. Postres de fruta. Pasteles y pastas variadas. Helados. Ponches calientes. Compotas. Confituras.

LA COCINA RUSA

Por A. Krasheninnikova
250 páginas

    El material utilizado para la publicación de este libro, incluye viejos manuscritos, libros de cocina, investigaciones etnográficas y selecciones populares de recetas.

    Por esta razón, el lector encontrará algunos platos nacionales rusos, olvidados desde hace mucho tiempo, y otros muchos populares hoy en día.

    Indice de materias: Prólogo. Pesos y medidas. Aperitivos. Sopas. Pescados y mariscos. Carnes. Aves de corral y aves silvestres. Salsas. Pelmeni. Platos vegetales. Champiñones. Cereales y púdines. Platos lácteos. Panes especiales y empanadas. Postres. Bebidas. Conservas caseras. Glosario. Indice alfabético.

MAKING IT IN THE KITCHEN SPANISH STYLE

Por M. Shapiro
323 páginas.

Los mejores y más típicos platos de la cocina española en un libro escrito por una norteamericana, y residente varios años en España.

Recetas de gran calidad para aprender a cocinar la paella valenciana, los callos a la madrileña, la tortilla española, el caldo gallego, la fabada asturiana y muchos más platos típicos.

Consejos para decorar estos platos antes de servirlos a la mesa. Y todo ello escrito en un inglés sencillo, ameno y claro para que pueda fácilmente comprenderlo cualquier ama de casa que no domine el castellano.

Indice de materias: Appetizers. Soups. Eggs. Vegetables. Rice, potatoes, macaroni. Beans. Salads. Fish. Meats. Chichen, duck, rabbit, and partridge. Sauces. Desserts. Beverages.

500 RECETAS PARA ADELGAZAR

Por B. de Teramond
184 páginas.

Libro excepcional que combina el arte del buen comer —basado en exquisitas recetas culinarias de infinitas variantes— con un régimen de adelgazamiento por el sistema de bajas calorías.

Todo el contenido del libro procura la eliminación de alimentos demasiado grasos o exceso de azúcares con un extenso recetario de la clásica cocina internacional, preservando nuestra salud al mismo tiempo que satisface cualquier apetito exigente.

Indice de materias: Clasificación de los alimentos. Hierbas y especias. Sopas. Entradas y ensaladas. Carnes y pescados. Verduras. Postres. Bebidas. Minerales. Calorías. Tablas de pesos corporales.